德國國民必讀

圖解世界哲學史

DTV-ATLAS PHILOSOPHIE

從中國、近東到西方，從古代、中世紀到二十世紀，
一本掌握哲學家的思想精髓，輕鬆讀通哲學理論的所有關鍵詞！

彼得·昆茲曼 *Peter Kunzmann* 法蘭茲·彼得·布卡特 *Franz-Peter Burkard* ——— 著

阿克瑟·維斯 *Axel Weiß* ——— 繪｜黃添盛 ——— 譯

本書簡介

關於存有的意義、萬物的本質、人在世界中的地位如何的問題，是我們的思想根基。因此，哲學——愛智——也被視為一切科學之「母」。從古代到今日，哲學所提供的答案隨境況而不斷改變，但在本質上，哲學卻又是始終如一。因此，瞭解哲學的工作永遠也是對它的歷史的觀察。

《德國國民必讀圖解世界哲學史》是一本哲學的理論史，由哲學家本身及其重要的主張、概念的介紹貫串而成，同時以彩色的圖頁做具體的呈現。本書圖文並陳的系統以兩頁為一個單位，左頁是彩色的圖像，右頁則是詳細的文字解說。

跟之前所有的版本一樣，第十五版也經過了作者的修訂與更新。

前言

本書透過最主要的代表人物介紹哲學思想史，幫助讀者熟悉哲學的根本問題與回答這些問題的方法及概念。每一章開首的概要勾勒了有助於瞭解哲學家思想成果的歷史背景。

《德國國民必讀圖解世界哲學史》的編纂構想有助於一目瞭然的陳述，卻也迫使我們必須做出涇渭分明的選擇與時期劃分。在有限的篇幅當中，不是所有的哲學家都能得到應有的發言權，內容上也無法做詳盡的鋪陳。是以，我們努力的重點在於簡單明瞭地展現哲學家或學派的根本思想或概念。

以圖畫與圖形來表現哲學思想的嘗試，讓我們跨入了一個哲學表詮上陌生的領域。畫頁的功能在於為文字帶來生動活潑的說明、補充或概述。它們的目標在於促進瞭解，引發讀者自己的提問。

對於日前逝世的同事法蘭茲‧魏德曼（Franz Wiedmann），我們永遠感懷他給予的建議與協助，才讓本書得以問世。

對於將我們的草圖轉化為美術作品的維斯，我們要衷心地感謝其親切的合作；對於 dtv 出版社的葛洛特（Winfried Groth）及其同事，特別是布赫娜（Lieselotte Büchner）與沃姆（Gabriele Wurm）（索引部分），我們要感謝其耐心的協助；同時我們還要感謝所有提供寶貴意見的人。

針對當前的這個版本，我們全面更新了參考書目，並以全新的編排方式呈現。

作者群

耶拿及伍茲堡，2011 年 3 月

目次

本書簡介   3

前言   4

導論   10

哲學的學門   12

東方哲學

概要   14

印度之一／奧義書；正統宗派之一   16

印度之二／正統宗派之二   18

印度之三／耆那教；佛教   20

中國之一／儒家；陰陽家   22

中國之二／道家；墨家   24

古代近東思想   26

古代哲學

概要   28

先蘇期之一   30

先蘇期之二   32

詭智學派   34

蘇格拉底   36

柏拉圖之一：理型論   38

柏拉圖之二：認識論、辯證法   40

柏拉圖之三：人類學、倫理學   42

柏拉圖之四：國家論   44

亞里斯多德之一：邏輯   46

亞里斯多德之二：形上學   48

亞里斯多德之三：心理學、倫理學   50

亞里斯多德之四：政治學、詩學   52

斯多噶學派之一／邏輯、物理學　　　　　　54

斯多噶學派之二／倫理學　　　　　　　　　56

伊比鳩魯學派　　　　　　　　　　　　　　58

懷疑主義；折衷主義　　　　　　　　　　　60

新柏拉圖主義　　　　　　　　　　　　　　62

中世紀哲學

概要　　　　　　　　　　　　　　　　　　64

教父時期　　　　　　　　　　　　　　　　66

奧古斯丁之一　　　　　　　　　　　　　　68

奧古斯丁之二　　　　　　　　　　　　　　70

早期士林哲學之一／伊利基那；坎特伯利的安瑟姆　　72

早期士林哲學之二／共相問題；亞貝拉　　　74

阿拉伯哲學　　　　　　　　　　　　　　　76

中期士林哲學之一／貝肯；波拿文圖拉；魯爾　　78

中期士林哲學之二／大亞伯特；聖多瑪斯之一　　80

中期士林哲學之三／聖多瑪斯之二　　　　　82

中期士林哲學之四／聖多瑪斯之三　　　　　84

中期士林哲學之五／鄧斯·司克脫；艾克哈特　　86

晚期士林哲學／奧坎的威廉　　　　　　　　88

庫薩努斯　　　　　　　　　　　　　　　　90

文藝復興

概要　　　　　　　　　　　　　　　　　　92

自然科學；培根　　　　　　　　　　　　　94

人文主義　　　　　　　　　　　　　　　　96

義大利哲學　　　　　　　　　　　　　　　98

政治、法律理論；宗教改革　　　　　　　100

啟蒙時期

概要　　　　　　　　　　　　　　　　　102

理性主義之一／笛卡兒之一　　　　　　　104

理性主義之二／笛卡兒之二　　　　　　　106

理性主義之三／史賓諾莎之一　　　　　　108

理性主義之四／史賓諾莎之二　　　　　　　　110

理性主義之五／萊布尼茲之一　　　　　　　　112

理性主義之六／萊布尼茲之二；窩爾夫　　　　114

經驗主義之一／霍布斯　　　　　　　　　　　116

經驗主義之二／洛克之一　　　　　　　　　　118

經驗主義之三／洛克之二　　　　　　　　　　120

經驗主義之四／巴克萊　　　　　　　　　　　122

經驗主義之五／休姆之一　　　　　　　　　　124

經驗主義之六／休姆之二；斯密　　　　　　　126

法國啟蒙運動之一／巴斯卡；伏爾泰　　　　　128

法國啟蒙運動之二／孟德斯鳩；維科　　　　　130

法國啟蒙運動之三／盧梭　　　　　　　　　　132

德國觀念論

概要　　　　　　　　　　　　　　　　　　　134

康德之一：純粹理性批判之一　　　　　　　　136

康德之二：純粹理性批判之二　　　　　　　　138

康德之三：純粹理性批判之三　　　　　　　　140

康德之四：實踐理性批判　　　　　　　　　　142

康德之五：判斷力批判　　　　　　　　　　　144

費希特之一　　　　　　　　　　　　　　　　146

費希特之二；史萊瑪赫　　　　　　　　　　　148

謝林　　　　　　　　　　　　　　　　　　　150

黑格爾之一　　　　　　　　　　　　　　　　152

黑格爾之二　　　　　　　　　　　　　　　　154

黑格爾之三　　　　　　　　　　　　　　　　156

十九世紀哲學

概要　　　　　　　　　　　　　　　　　　　158

叔本華　　　　　　　　　　　　　　　　　　160

齊克果　　　　　　　　　　　　　　　　　　162

實證主義　　　　　　　　　　　　　　　　　164

黑格爾左派　　　　　　　　　　　　　　　　166

馬克思之一；恩格斯　　　　　　　　　　　　168

馬克思之二 170

實用主義 172

新康德主義；歸納形上學 174

尼采之一 176

尼采之二 178

狄爾泰 180

二十世紀哲學

概要 182

自然科學之一／物理學之一 184

自然科學之二／物理學之二 186

自然科學之三／生物學之一 188

自然科學之四／生物學之二 190

生命哲學 192

現象學之一／胡塞爾之一 194

現象學之二／胡塞爾之二；梅洛龐蒂 196

現象學之三／謝勒 198

存在哲學之一／雅斯培 200

存在哲學之二／沙特 202

存在哲學之三／卡謬；馬賽爾 204

海德格之一 206

海德格之二 208

現代邏輯之一 210

現代邏輯之二 212

維根斯坦之一 214

維根斯坦之二 216

分析哲學之一／弗列格；維也納學圈 218

分析哲學之二／羅素 220

分析哲學之三／語言行動理論；後設倫理學 222

分析哲學之四／存有論 224

哈特曼；懷德海 226

馬克思主義 228

批判理論 230

社會哲學 232

批判理性主義 234

人類學；詮釋學 236

結構主義 238

人名外文─中文索引 240

人名中文─外文索引 245

內容外文─中文索引 250

內容中文─外文索引 263

參考書目 276

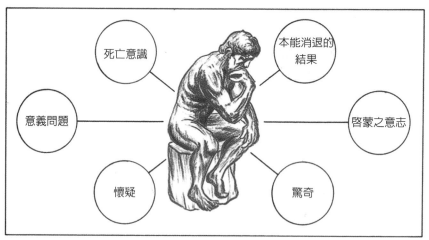

1　哲學思考的驅力

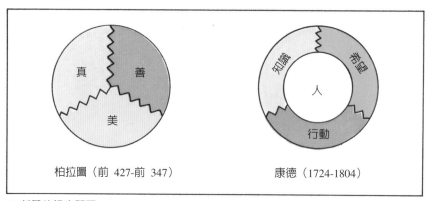

柏拉圖（前 427-前 347）　　　　康德（1724-1804）

2　哲學的根本問題

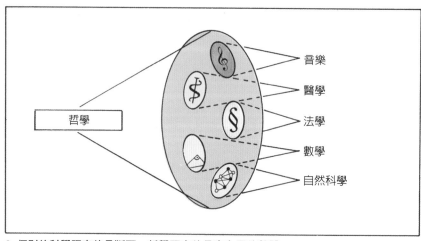

3　個別的科學研究的是斷面，哲學研究的是實在界的整體

「**哲學**」一詞源自希臘文，意思是**愛智**。同理，「哲學家」一詞指的是**智慧之友**（philós 為朋友，sophía 為智慧），其特色在於對各種知識的追求。**柏拉圖**與**亞里斯多德**便已追問過人類本身當中作為哲學**起源**的本能為何，他們的答案是**驚奇**。

> 「因為驚奇自古至今不斷地引發了人類的哲學思考……問題與驚奇讓人覺得自己無知……為了脫離無知，他便開始做哲學思考……。」（**亞里斯多德**）

人類並不僅僅被動地接受經驗世界的現狀，他會訝異，會找原因：「為什麼事物會存在？現象的背後是什麼在作用？我們為什麼而活？」

這種無時無刻不在湧現的問題讓日常的、理所當然的事物變得可疑。我們突然明白，在我們累積了許多片段的個別知識後，整體的本質與蘊含仍舊可能隱而不顯。

推動哲學思考並讓它始終繫於不墜的力量還有**懷疑**。我們自己的認知能力、傳統的價值與社會的規範都可以置於它的批判之下。

> 有人認為哲學的另一個起源是人類意識到了自己是走向**死亡**的存有。隨時可能逼近的終點制止我們日復一日過著毫無疑問的生活，逼迫我們反身自省，決定人生真正的要務何在。

痛苦與死亡是**臨界經驗**，戳破了人生舒適安全的表面，拋出了它的意義何在又如何**實現**的問題。

以生物學的角度來看，人類的特徵在於自然本能的**消退**。這迫使他以理性的規定取代其他動物與生俱來的本能反應，但這同時表示他得到了**主宰自我**的自由。

然而，這樣的存在者也必須不斷對自己的存在與行為實踐的基礎做出理性的反省。

> 「人類這種存在者想要的總是超過他的能力範圍，他的能力又總是超過他應該的範圍。」（**維克勒**）

哲學問題與每個人都有關，哲學思考是每個對自己負責的人的根本作為。因此，每種哲學都可以理解為**康德**定義下的**啟蒙**：

> 「啟蒙意謂一個人走出作繭自縛的蒙昧，蒙昧意謂沒有能力完全不依靠他人而獨立自主地使用理性。」

我們無法以一個明確的概念來掌握哲學究竟是什麼，因為它的性格隨其選擇的進路而定。因此，以下選錄幾個**嘗試性的描述**：

> 「哲學的起點是人，一個想在其內在與外在世界的謎團中尋找方向的人……試圖在個殊世界的萬花筒裡辨認出共同性與普遍性的準繩。」（**雷波勒**）

哲學可以界定為「為世界賦予理性的有方法而鍥而不捨的努力」。（**霍克海默**）

> 「以今日慣常的用法來看哲學，意思是指科學地處理與世界的認識及生命的智慧有關的一般性問題。」（**文德爾班**）

> 「當哲學家不能算是一個特定的行業；哲學家也不是一個可供他人師法的有形理想；一個哲學家存在的方式便是追求成為自己。這樣的生成過程在哲學思考的廣度裡得到空間、可能性與彰顯。」（**雅斯培**）

對於哲學的**根本問題**，柏拉圖列舉如下：

> 真、善、美。

到了近代，**康德**所表述的問題如下：

- 我可以知道什麼？（形上學）
- 我應該怎麼做？（道德）
- 我可以希望什麼？（宗教）
- 人是什麼？（人類學）

最後一個問題基本上涵括了其他的每一個問題。

與個別的科學不同的是，哲學的目標不是實在界中圈限出來的一塊領域（生物學：生命；化學：物質的組成），而是

> 一切的存有，旨在發現事物的本質與關聯網絡，並為人類發掘意義與價值。

單項科學從不可再後退的特殊預設出發，哲學的不同之處在於盡最大可能追求無預設的立足點，其方法與對象皆非現成，而是有待自己重新決定。

人類認清自己與世界的哲學過程沒有終點，在任何時代都是根本的要務。

哲學的學門

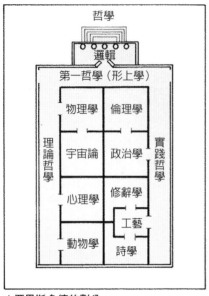

1 亞里斯多德的劃分

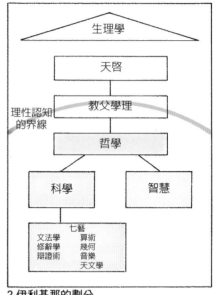

2 伊利基那的劃分

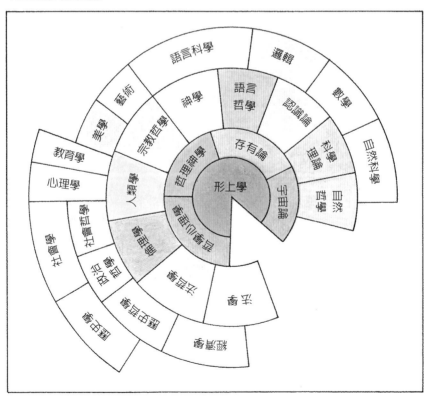

3 當今的哲學學門與相關的其他學科

隨著問題與對象範圍的不同，哲學也被劃分成獨立的研究領域（**學門**）。

人類學

認識人類本性的嘗試乃是哲學的基本課題之一。人類的普世通性的探索，有助於人們自我反思並釐清自己在這個世界上的特殊地位（例如他與其他生命體的差異如何），無論就個人的自我實現或人性社會的建立而言，都和實踐有關。

倫理學

倫理學的基本問題是何者為「善」。善決定了一個人的處世態度與實踐行為。倫理學的目標是方法性地揭露公正的、理性的、有意義的行為實踐與（群體）生活的根本基礎為何。倫理學的原理與論據不應訴求任何外在的權威與習俗，必須普遍有效而具理性說服力。因此，它的位階高於既有的道德規範，對它保有批判性的立場。

後設倫理學的課題是重新檢討倫理學命題的語言形式與功能。

美學

美學處理美的普遍性質、它在藝術與自然中的表現方式以及對欣賞者產生的作用。隨著自我設定的不同，它可以純粹是描述性的，也可以是規範性的。除了藝術理論外，它還可能討論審美判斷的問題以及審美感受與經驗的各種形式。我們還可以在較現代的美學中看到資訊理論與語言分析的路線。

形上學與存有學

發軔於**亞里斯多德**，由於它探尋的對象是存有物作為存有物的第一原理與本源，故稱為「第一哲學」；它的主題範圍是

存有自身（**存有學**）、神性的存有（**哲理神學**）、靈魂（**心理學**）以及一切存有物的總體脈絡（**宇宙論**）。

邏輯

邏輯學教導前後一貫而井然有序的思考。形式的**古典邏輯**，可細分為元素論（概念、判斷、推理）與方法學（研究過程與證成過程）。

現代邏輯追求形式化與數理化的最大可能，所執行的邏輯演算可理解為符號系統加上一套運算規則。此外它也引進了多值的系統，即命題除了「真／假」之外可以有其他的真理值。

認識論及科學理論

此乃關於知識之條件、本質與界限的理論，討論的範圍為認識的主體、對象與內容之間的關係。

科學理論探討個別科學的知識的預設與基礎，其方法、原則、概念與目標均一一予以釐清與批判。

語言哲學

語言哲學探討語言的形成、發展、意義與功能。**維根斯坦**所開啟的語言分析成了今日的主流，它又分為兩大旁枝。理想語言的系統嘗試透過語言批判與形式化創造一個具高度邏輯精密性的語言，以滿足精確科學的要求。反之，「日常語言哲學」則分析語言原始的、日常的應用與意義。

此外還有一系列跨科系的學門。

歷史哲學嘗試掌握與解讀歷史的本質、意義與過程，並透過歷史性來瞭解人類。

宗教哲學詢問宗教這種現象的本質並討論它對人類與社會的功能，或予以批判。

自然的整體性詮釋與說明為**自然哲學**的主題。在歷史上，它也包括了自然科學的研究。

法哲學探討的問題是法律的基礎為何，特別是成文法的訂定是否有位階更高的規準作為依據（如自然法）。

社會哲學與**政治哲學**討論國家與社會的結構、功能與意義。在此，人被視為社會性的存有者，其自我實現乃是在社會中完成。特別是在當代，它也含括了對現代工業社會的生活條件的批判。

東方哲學

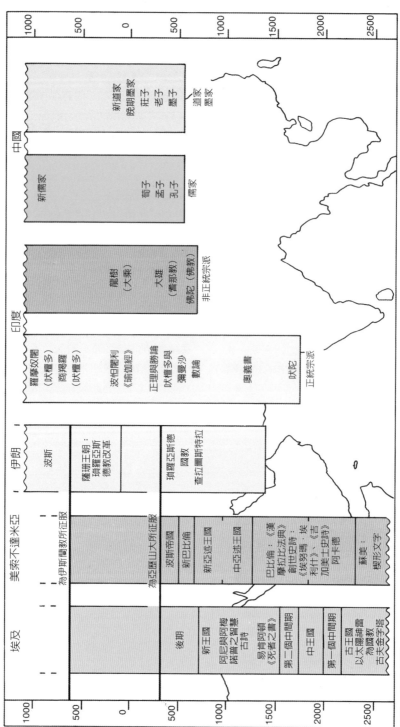

概論：東方哲學

印度哲學最早的文獻是**吠陀**（意為知識），確切年代不詳，不過據推斷，最古老的部分似乎可追溯到西元前 1500 年。這部卷帙浩繁的文獻集蒐羅了最早期的奧祕與宗教知識，供僧侶在宗教儀式中使用。

吠陀本集可劃分成四個部門：梨俱吠陀（頌詩）、娑摩吠陀（詩歌）、夜柔吠陀（祭祀儀規）、阿闥婆（咒語）。

其後各有一段解說的文字。

婆羅門應解釋祭祀的目標與意義以及如何正確地遵循儀規。

以哲學的角度而言，最重要者為**奧義書**，其中含括了印度哲學中具發展性的基本主題：

業與輪迴之理論以及梵我的合一。

大約西元前 500 年開始了**古典哲學**時期。有別於吠陀時期印度思想的統一性，此時出現了不同的學派，傑出的人物也陸續登場。

但這個時期仍然保留了印度思想的傾向，即將個人的重要性放在作品之後，歷史性的記載也不受重視。

不過，哲學的確開始打破藩籬，從婆羅門（僧侶）的控制圈中解放出來，打入了較為廣大的社會階層。此時的印度哲學可區分為承認吠陀啟示之權威性的正統思想與否認其絕對權威性的非正統思想。

六個古典的**正統宗派**是數論與瑜伽教、正理與勝論、吠檀多與彌曼沙。

非正統宗派包括佛教、耆那教等。

西元 1000 年後統稱為印度哲學的**後古典**時期。自十九世紀起有所謂的**現代期**，與西方思想的遭遇是它的特色。

古典時期**中國哲學**的主要代表有兩個學派，即儒家與道家。

此外還有許多其他的思潮，必須一提的大家有墨家、法家、名家、陰陽家。

儒家的奠立者是**孔子**（前 551- 前 479）。他本身也屬於一個更古老的傳統，其學說的內容主要是**保守的道德哲學與政治哲學**。

其最重要的繼承者**孟子**（前 371- 前 289）繼續充實了儒家的理論基礎。後來《四書》成了儒家最根本的經典：

《論語》、《孟子》、《中庸》與《大學》。

儒家在初期與道家以及後來傳入中國的佛教對立。然而

（從十一世紀起）**新儒學**被中國官方獨尊為正統哲學。同時，古典的道德哲學議題得到了來自陰陽家宇宙論的理論擴充。

道家建立在相傳為**老子**所作的《道德經》（約前五到前三世紀）上，其內涵為「正道」與「至德」。

在道家眼中，人的生命為自然天道的一部分，其根本思想為「為無為」。

道家的第二個重要代表人物是**莊子**（約前四世紀）。

創始人為**墨子**（前五到前四世紀）的**墨家**主張以人民福祉為依歸的**效用主義**。

陰陽家是古典哲學的一個旁枝，其重要典籍是《易經》。它主張宇宙間一切的變化

產生於陰（女性的、柔弱的、黑暗的）與陽（男性的、堅硬的、光明的）這兩個古老原理的交互作用。

這個宇宙性的規律直接關聯到人生、道德以及社會。

古代近東的文化中心是：

- 埃及：深受死後轉生觀念的影響，在其豐富的諸神世界裡蘊含了單一主神教與一神論的不同形式。
- 美索不達米亞：在幼發拉底河與底格里斯河之間曾出現蘇美、阿卡德、亞述與巴比倫等大帝國，孕育出許多描述創世的史詩。
- 伊朗：**查拉圖斯特拉**（瑣羅亞斯德）（約前 560）創立了一個具強烈二元主義傾向的一神論宗教。
- 近東是三大宗教的發源地：猶太教、基督教與伊斯蘭教均相信一個全能的創造神，透過先知與文字啟示人類。

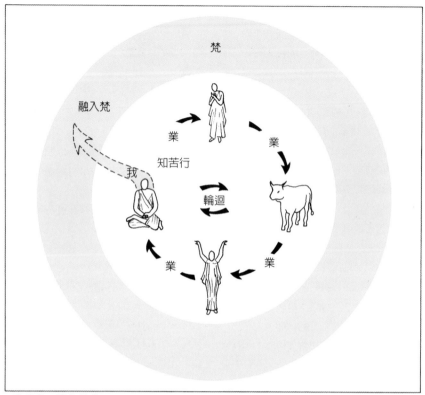

1 奧義書：業與轉世

主張（宗）：	山裡有火
理由（因）：	因為山上有煙
例證（喻）：	有煙處必有火， 如在廚房中
應用（合）：	如今山上有煙
結論（結）：	所以山裡有火

2 正理派—勝論派：推論法

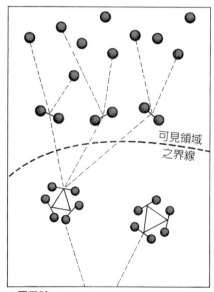

3 原子論

梨俱吠陀中的**創世歌**以韻文的形式見證了關於一切存有物來源的問題是如何激發了人們的思考：「一」是世界的根源，甚至早於有與無的分離與眾神的出現。

> 「彼時非無非有／沒有空氣，沒有天空覆頂／誰守護世界；誰擁抱它？／無底深淵何在，大海何在？彼時無死無不死／日夜未現／無風的氣息進入太初／只有一，除此別無一物。」

奧義書（前 800- 前 500）沒有統一的哲學學說，只有殊多的觀想，最著名且最具影響力之理論為**梵我合一之說**。

> 梵圓滿自足，為萬物的原始根基，並盈滿一切。
>
> 「我」意即一切個體的自我，指的是個別存有者的本質，與人的外在屬性有所區別。

人類所應求取的關鍵性知識如下：梵我基本上是合一的。貫穿宇宙的原理只有唯一的一個，自我與一切的存有皆以它為依歸。因而，個人可以在自己的內在深處尋獲存有永恆的內在本質。

> 「果然，梵便是一切……它也是我內心深處的自我。」

第二個重要的思想是**業**與**輪迴**的概念：

> 因為業的緣故，人必然會投胎轉世。

輪迴的鎖鏈是綿延無盡的，因為一切的行為讓靈魂的轉生不斷延續。

輪迴的概念（「回歸原點的流程」）意指人類陷入了這樣的宇宙流程。它蘊含了一個道德性的宇宙秩序，因為善行與惡行決定了一個人未來是獲得較高等還是較低賤的生命形式。

其背後的思想為永恆的**世界法則**（**法**）。它管理著宇宙間所發生的一切，為人類提供了行為的準則。

> 每個人都有責任順從他的法則而生活，在其中依其社會地位盡其義務。

此際，在奧義書時期裡出現了對於人類的存在轉趨悲觀的詮釋傾向。

在人的身上只看到痛苦與無常——在生與死無盡的更替裡不斷地有新痛苦產生。生命中外在的美好事物與恆常的梵比較起來顯得毫無價值。

如此萌生了**解脫**的願望，盼能跨出不斷轉世的輪迴。由於行為是輪迴的原因與繫帶，再多的善行也不能帶來解脫。

> 正道因此是斷絕一切行為與欲望（苦行）。
>
> 但沒有正知，這一切也將徒勞無功。

洞見梵的本質之最高且直觀性的智慧是解脫的力量；認識梵者即是梵。

> 「我即是梵：知道了這一點，便解除了一切的束縛。」

如河流無名無形地沒入大海，智者的個體存在也消失在無限的梵之中。

六大古典**正統宗派**均承認吠陀的權威性。

正理派與**勝論派**在後來融合成一個系統。

> 正理派主要的領域是**邏輯**與**推論**，勝論派則主張**原子論的自然哲學**。

統合之後的系統最大的特色在於範疇理論的建立。

其範疇有七：

> 實體、屬性、行為，以及三大關係相同、相異與內在（兩個部分之間必然的連結），再加上不存在。（實、德、業、同、異、和合、非有。）

推論之學以**五段論式**（五支作法）為基礎，圖 2 是一個常見的說例：

> 為做出正確的推論，主詞（山）、邏輯因或證據（煙）與邏輯果或待證者（火）必須有正確的排列。

果必須比因更有包容性，也就是說，

> 有煙存在時，一定有火的存在；但火存在時，煙不一定存在。

其自然哲學主張一切物由不壞的原子組成，但因原子的和合而構成的、肉眼可見的對象是可以散滅的。在一個世界歷程終結之後，原子的一切連結均煙消雲散，一直到經過一個停頓的階段以後世界又重新聚合而成。

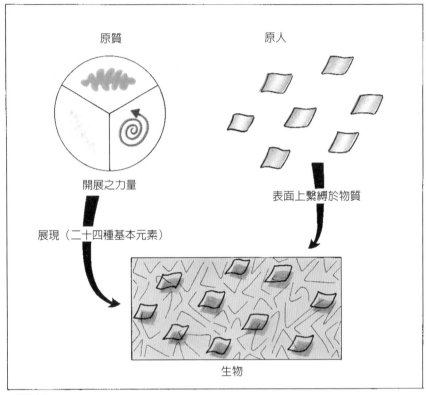

1 數論派

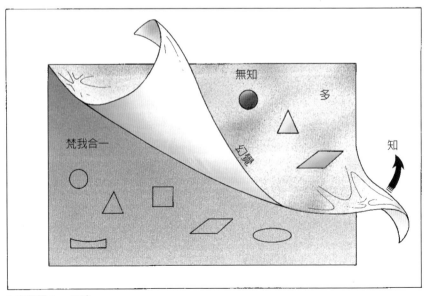

2 商羯羅：一元論

數論派主張二元論世界觀，兩個永恆的、不被創造的世界原理為**原人**及**原質**。

> 原人有意識，卻又是完全被動的，因此無法只靠自己創造事物。

最早期的數論認為有一唯一的原人涵攝一切，後來則主張有無數原人個體的存在。

> 原質是主動的，是造作的力量，但因無意識而毫無目標地存在。

只有在這兩個原理的互動之下世界才會產生。在原質當中有三種生成的力量（三態）：

> 光明的、愉悅的；
>
> 動態的、激情的；
>
> 黑暗的、阻礙的。

這些力量在一個世界歷程開始之前保持靜止的狀態，進入動態之後產生了二十四種**基本元素**，是乃物質世界的構成要素。

> （數論派把理性、自我意識與感官知覺包括在物質世界裡。）

物質性的原質與原人完全分離，兩者的關係是關照性的。因此，人類身心之間的連繫是虛假的，這一點可以藉由比喻來解釋：

> 就如在水晶之後放置紅色的物體，無色的水晶便顯現為紅色，精神也只是宛若受到感官世界的影響。一切我們可以經驗到的、發生在靈魂之中的心理變化其實皆屬於物質界。

人類脫離生死輪迴的**解脫**之道在於如下的認識：

> 其精神乃一切外在世界中的事物所不能涉及。

如此，造作新業的世俗行為便不再激起我們的欲望。

數論構成**瑜伽**的理論基礎，而瑜伽則是通往解脫的實踐方法。與數論不同的是，瑜伽主張有一最高之**人格神**的存在。

瑜伽的基礎思想是人類可以透過靜心、冥想與苦行達到心靈的純淨、較高的智慧，最後終可從物質性的原質中解脫出來。傳統的系統中包含八個階段，前五個階段強調肉體上的修練，後三個階段的重點在於精神性的知見：

（1）克制（夜摩）（道德戒律的遵循）

（2）紀律（尼夜摩）（淨身的規定、苦行、研習）

（3）養生（坐法）

（4）調息

（5）離相（制感）

（6）心思定於一點（執持）

（7）靜坐（靜慮）

（8）入定（等持）（精神與神合一、個人存在的解消）

吠檀多（完美的吠陀）在一開始指的是奧義書，後來用以統稱以吠陀詮釋為主體的思想系統。奧義書之外，吠檀多最重要的經典之一是**薄伽梵歌**。

最重要的代表人物是**商羯羅**（約 800），提出了嚴格的**一元論**。宇宙的根本原理只有一個，就整體而言是梵，就個人而言是自我（頁17）。

> 兩者的關係有如無限的空間與容器中之個別空間的關係。它還是同一個空間，只是被限定了。

因此，真理是「**不二**」，事物之「多」只是**幻相**。經驗界裡的殊多乃是因缺乏智慧而造成的無明所變現。

> 只有梵我合一的最高智慧，才能讓人獲得生死輪迴的解脫。

但是在吠陀經文中亦可看到多元主義的主張與對事物殊多性的承認。**商羯羅**的解釋是除了最高的智慧之外，還有一較低層的知識，以適應大眾的需要。

> 在這個層次上，可謂有個別靈魂之存在，以及與之分離的最高神性，一千萬種形式被崇拜。

後來又有不少思想家修正了**商羯羅**的嚴格一元論。

> 例如**羅摩奴闍**便主張一人格神的存在，而世界與個別靈魂均是祂的屬性。個別靈魂在進入太一之後仍然保有其個體性。
>
> **摩陀婆**主張多元論，神、靈魂與世界彼此相異。

彌曼沙派的主要工作是正確地詮釋吠陀的規則。為瞭解一段經文的意義，必須通過五個階段。

就其對象而言，彌曼沙最主要的著眼點是詮釋學與語言哲學的主題。

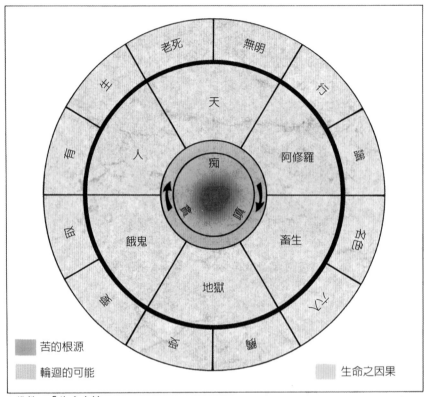

1 佛教：「生命之輪」

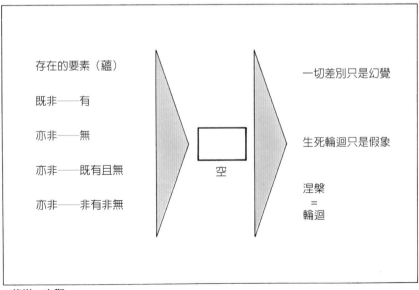

2 龍樹：空觀

耆那教的創建者是**大雄**（約前500）。如同佛教，它也是個不建立在吠陀權威上的系統。

構成世界最基本的部分是生來具備趨向完美的能力的**個別靈魂**與**非生物界**（包括空間、乙太與物質）。

靈魂無法充分實現其趨向全知與喜樂的自然稟賦，因為它為物質所滲透。因為行為之故，靈魂讓物質滲入了自己，業的材料也隨之進入。它因產生好惡之情而造成執著，以致靈魂被繫縛於生死輪迴之中。

解救的目的是靈魂的解脫與完美之境的追求。為達到這個目標，靈魂必須脫離業的束縛，其方法是藉由德行生活來防止更多外來的滲透，並以苦行來擺脫既有的業。

佛教源於**喬達摩**（約前580-前480）的行為與理論，他在悟道之後稱自己為**佛陀**。

對佛教而言，沒有任何恆常的存有，一切都在**變遷、流逝**當中。

因此**佛陀**亦拒絕「我」（靈魂）之概念，因為沒有任何不變的實體存在。

生成變化當中的世界的根本要素也不是物質性或精神性的實體，而是無常的性質與狀態。這些**存在的要素**（蘊）可以分成五組：

色、受、想、行、識。

一切有形的物象（礦石、動物與人）都是由五蘊組合而成。它們的出現與散滅都依循因果的相依性。

佛陀主張輪迴與業業相報的理論。由於沒有靈魂實體的存在，一個由舊的生命體基於其行為而產生的新生命就身、心而言與它都沒有同一性。在一個人死後繼續存在、導致新生命的，只是行為的因果鏈。

在這個脈絡裡，我們可以瞭解**十二因緣**的理論：

由（1）「無明」產生（2）「行」（造作諸業的衝動），然後造成（3）「識」與（4）「名色」（個體），接下來形成（5）「六入」（感官），從而有（6）「觸」（與外在世界的接觸，感官知覺）、（7）「受」（苦樂感受）。然後出現了（8）「愛」（渴

望），之後依次有（9）「取」（生命的執著）、（10）「有」（業的果報）、（11）「生」（新的生命）與（12）「老死」。

只有在無明與隨之而起的諸惡滅絕後，這種循環才有可能被打破。為我們帶來解脫的真理，其內容為**「四聖諦」**：

苦（一切的存在是痛苦的）

集（痛苦的原因在於生命的飢渴）

滅（痛苦的解脫之道是生命飢渴的寂滅）

道（滅絕生命飢渴的方法是「八正道」）

八正道的內容是佛陀的道德訓誡：

正見、正思維、正語、正業、正命、正精進、正念、正定。

人認識了四聖諦並走完八正道之後便可得到解脫。

其目標在於進入**涅槃**（滅度），意思是到達了生命衝動完全寂滅、不再轉世的境地。

證道者在有生之年便可完全超克一切欲念，死後則進入完全的涅槃。

佛陀死後，其思想在不同的方向上得到進一步的發展。

小乘佛教是僧侶的佛教，目標在於度少數人。

大乘佛教的目標是廣度大眾，其對**佛陀**的崇拜帶有有神論色彩，每個人在通往解脫的道路上都可以得到菩薩的扶持。菩薩為基於對世人的愛而放棄進入涅槃的覺者。

龍樹（二世紀）的《**中論**》相當重要。只有不需依靠他者而可獨立存在的存有者，才是有實在性者。由於一切法只能相依存在，因此都是無自性的，也就是說都是空的。因此，世界的整體也是空的，而且空乃是唯一的原理，超越有與無。

一切差別畢竟只是幻覺。因此，生死與涅槃也沒有差別。解脫的智慧是：

我們都在涅槃之中，空是唯一的真理。

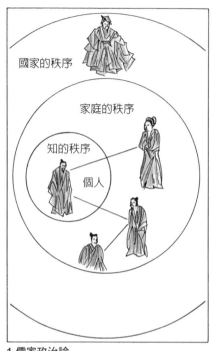

1 儒家政治論

2 與法家的比較

乾為天　　兌為澤

離為火　　震為雷

巽為風　　坎為水

艮為山　　坤為地

3 易經：八卦

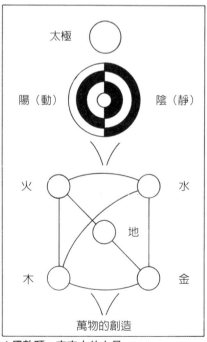

4 周敦頤：宇宙中的力量

儒家源於**孔子**（前551-前479）的學說。他以恢復一個古老的思想傳統為職志，本身並沒有著述，其學說由後人收錄於《論語》。

他的關切重點是具體的人生與現實的**行為實踐**，主張一保守的道德與政治理論，揭櫫的基本**德行**為：

　　仁、義、禮、智。

它們落實在幾種根本的人際關係上：

　　君臣、父子、兄弟、夫婦、朋友。

國家的穩定性決定於個人的道德，而家庭更是扮演了核心的角色。一個真正的統治者透過道德示範來統御人民。《大學》中有段文字扼要說明了從個人到整體層層推展的道德關係脈絡：

　　欲治國者必先齊家，欲齊家者必先修身。欲修其身者，先正其心。欲正其心者，先誠其意。欲誠其意者，先致其知。致知在格物。

為了確立正確的思考，儒家提出了層次分明的概念系統。

　　儒家的理想是有學問的仁者，稱為聖人。

因此，心智並重的教育至為重要。

孟子（前371-前289）主張人性本善。一切德行的基礎因此

　　在於人的天性，只要予以保存、發揚即可。

國家的整體情境決定於統治者的道德涵養，好的君王會自然而然地得到人民的順服，有如風行草偃，其最高的目標應在人民的福祉與道德實現。

相反地，**荀子**（約前313-前238）相信人性本惡，因此

　　只能藉禮教艱辛地引導到向善的道路。

法家採取了與儒家以道德為根基的政府論相反的立場。它的目標是一個強勢的、有效能的國家，其支柱為強大的王室、軍隊與農業，其根則是明文訂定的、全民一體適用的

　　律法，以一套賞罰分明的制度來確保其普遍遵守。

法家的權力政治體系是冷竣、現實、反傳統的。

從十一世紀起，**新儒學**成了中國的主流哲學。**朱熹**（1130-1200）主張二元論的系統，宇宙的兩個根本原理為

　　普遍的形式原理「理」（世界理性）與物質性的作用原理「氣」。

這兩個自然界的普遍原理也主宰人類：

　　理是一切世人共同的本質，氣則是造成個人特殊性的原理。

同時，人的道德天性也是宇宙形式的模仿，因而「理」也被看作是行為的規範。

相反地，**王陽明**（1472-1528）則採取一元論的立場，主張理性為唯一之世界原理，而人類的精神便是它的一部分。

　　人類在其天性中便有格一切物致知的能力。

如果人能克服自己的私欲，便能與世界理性成為一體。因此，道德實踐與智識密切相關。

陰陽家的典籍是《易經》，其內容是數字性的神祕思辨，將宇宙間的生成變化與人的生命歷程以相同的圖案系統聯繫在一起，其基本要素是：

　　八卦，象徵自然力與性格（圖3）。

它們又可排列組合成六十四（八乘八）個重卦，以便把宇宙間一切的力量納入一個符號系統之中。

兩個最古老的原理是

　　陽（男性的、堅硬的、光明的、主動的）與

　　陰（女性的、柔弱的、黑暗的、被動的）。

一切事物的生成與變化以及世間的一切事件都來自兩者的互動。

新儒學與道家都借用陰陽家的理論來形構其宇宙論。儒家哲人**周敦頤**（1017-1073）

　　以太極圖統攝宇宙間一切力的作用（圖4）。

太極（意為至高無上者）的運動產生了陽的力量，隨之而來的便是靜，從而有了陰的力量。陰與陽的互動又產生了五種元素，五種元素又構成了世界的一切。

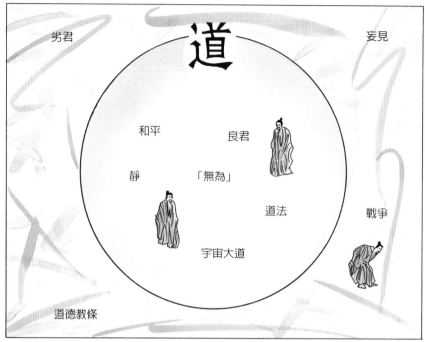

1 道

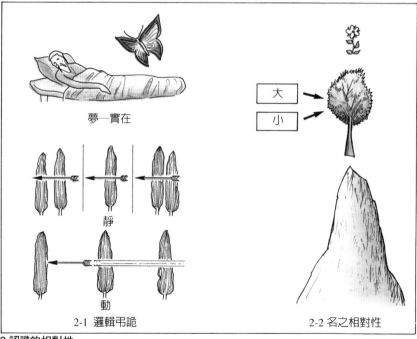

2-1 邏輯弔詭   2-2 名之相對性

2 認識的相對性

道家的典籍是《道德經》(約前五到前三世紀)，據傳為老子所作，但無法確定其人是否存在。

此書的主題是道與德，處理的是道與一般人的生命以及道與統治者之間的關係。**道**究竟為何物，無法以語言做確切的表達，它是無名的，因為一切名都是指稱特定的存有物，而道卻超越一切差別對立，是統御一切的**原理**，是「自然與個人的路途」。

「人法地，地法天，天法道，道法自然。」

因此，智者或有智慧的統治者應走的道路是「順應致道」。他必須由內而外揚棄一切主動的作為。

智者藉**「無為」**而為之。

這不表示「完全的消極被動」，而是對於天地間的生成變化不做不必要的干預。人為的計畫越少，事物就越能隨著道運行。

「道無為而無不為。」

國家與**統治機制**雖不需予以否定，卻應維持在最低限度。

「法令滋彰，盜賊多有。故聖人云：我無為，而民自化；我好靜，而民自正；我無事，而民自富；我無欲，而民自樸。」

繁多道德法規的存在本身便是**德行**淪喪的表徵。有德者不需要思慮，也不需要規則。智者的生活樸實，以弱為強，因此經常與水相比：

「上善若水。水善利萬物而不爭……天下莫柔弱於水，而攻堅強者莫之能勝。」

道家的第二個重要思想家是**莊子**(前四世紀)，同樣鄙視儒家瑣細的道德教條，認為它們即是原初的自然純樸已經喪失的明證。

莊子搖撼了世俗之見當中一切似是而非的確定性，指出經驗與價值標準的**相對性**。一個有名的例子是「莊周夢蝶」：

「昔者莊周夢為胡蝶，栩栩然胡蝶也。自喻適志與！不知周也。俄然覺，則蘧蘧然周也。不知周之夢為胡蝶與？胡蝶之夢為周與？周與胡蝶，則必有分矣。此之謂物化。」

莊子也指出了語言的界限：道只能以弔詭的、自我撤銷的陳述方式擬寫。

道只能透過神祕的路徑探求，欲描述之只能藉助圖像的說明。首先精神必須得到寧謐，就像靜止的水才能澄明一樣。它必須放棄一切的抗拒，像風中的一片葉子一樣乘道而遊。

對**墨子**(前五到前四世紀)而言，世間的一切罪惡源自缺乏**兼愛**的思想。若兼善天下的大愛可以實現，則和平與富庶將是必然的結果(**墨家**)。

政治行動的最高原則是人民的福祉。

墨子拒絕一切與人民福祉無益的主張，例如戰爭、奢靡，甚至一部分的文化，因為它的養護導致了對人民的剝削。

為得到一個可靠的理論，我們必須遵循特定的方法，其重要的面向有三：

與古人的看法做比較；

以經驗事實檢驗；

在社會實踐中驗證。

名家這個概念統稱許多不同的思想家，我們對他們的認識多來自其他哲學家的報導。他們的辯證術迫使其他學派必須以更嚴密的方式陳述理論。保存下來的斷簡殘篇顯示，他們處理了**語言哲學與邏輯弔詭**方面的問題。流傳至今的通常只有其弔詭的結論，而其論證方式如何與意義何在只能揣測。以下舉兩例：

「白狗是黑的。」

一個評注者做了如下的說明：如果狗有一對盲眼，我們就稱牠為盲狗；如果牠有一對大眼，我們卻不稱牠為大狗。為什麼我們不可以把一隻有黑眼睛的白狗稱為黑狗？

「飛矢非動亦非靜。」

這句話令人想起希臘的齊諾(頁33)，可以做如下解釋：飛矢在每個單獨的瞬間裡都是不動的，因此是靜止的。然而它還是可以到達目標，因此它是動的。

雷　安夢　阿奴比斯　裴塔　奧西里斯　瑪特　哈陀兒　圖特

太陽神、世界的主宰　創造神　死神　工匠之神　豐饒之神　秩序之神　愛與友誼之神　智慧之神

1 埃及的主要神祇

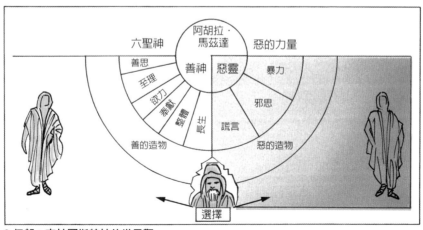

死者　圖特記錄結果　阿奴比斯將人心與正義置於天平兩端　奧西里斯為審判者

2 埃及的死後審判

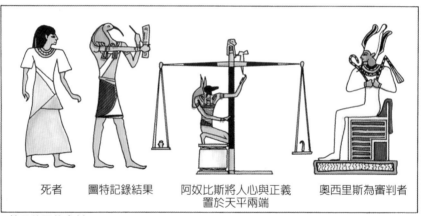

阿胡拉‧馬茲達

六聖神　惡的力量

善神　惡靈

善思　暴力

至理　邪思

欲力　謊言

壽歡　健體　虔主

善的造物　惡的造物

選擇

3 伊朗：查拉圖斯特拉的世界觀

埃及是最古老的文明之一：

古王國（前 2900- 前 2040）、中王國（前 2040- 前 1537）
與新王國（前 1536- 前 715），其中包括兩個中間期，
另外再加上一個後期（到前 332 年為止）（頁14）。

埃及的**宗教**裡有無數的神祇，部分原因可能是埃及
乃由許多部族融合而成。其中**太陽神**扮演了最為特
別的角色。隨著歷史演進，埃及的諸神世界歷經了
許多變貌與重組。

太陽神雷在新王國時期與創造神安夢結合成安夢
雷。（埃及王的名銜是「雷的子嗣」。）後來奧
西里斯取代了其王國主神的地位。

瑪特象徵著世界中的宇宙秩序與道德秩序。後來，
「瑪特」這個詞也代表了真理或真確的自我認識。
祂的父親裴塔是一切藝術家與工匠的守護神。哈陀
兒是愛與友誼的女神。

在西元前 1360 年左右，「異端國王」**易肯阿頓**試
圖貫徹一個真正的**一神教**思想。其宗教改革的目標
不在於崇拜眾神當中的一個元神（如安夢），而是
以阿頓（太陽圓盤）為唯一的禮拜對象。他在其
《太陽讚歌》當中寫道：

「你的作品是何等豐饒啊，它們卻是人眼所不能
見，你是唯一之神，除此之外不再有其他……你
安排了每個人的定所，滿足他們的需要，每個人
有了食糧，他們的壽命早已釐定。」

奧西里斯原是豐饒之神，卻在神話中與冥界相關：

由祂的妹妹伊西斯女神再度喚醒。

埃及宗教的主要特徵之一是它對於**彼岸**的生命十分
強調。《死者之書》把死者到達「西境」的場面形
容為一場審判（圖2）：

奧西里斯擔任法官，死神阿努比斯將人的心與
「正義」放在天平的兩端秤量。月神圖特同時也
是智慧之神，負責將結果記錄下來。

死者必須提出告白，為自己在世上的行為辯護。
屍體防腐的目的在於保存靈魂的生機，善者的精神
在死後得以與奧西里斯合而為一。

埃及的**智慧古詩**主要流傳自阿尼與阿梅諾普（約前
900）。它與聖經的箴言集相仿，在其中可找到關於
人的存在的觀想與為人處世的建議。

「如果一個人只有麵包但內心喜悅，也勝過家財
萬貫但充滿憂慮。暴烈之人像一棵最後淪為柴火
的樹木，謙卑之人則將成為在庭院中開花結果的
樹木。」

在**伊朗**，**查拉圖斯特拉**（希臘文為**瑣羅亞斯德**）
創立以阿胡拉‧馬茲達（「全知之神」）為唯一真神
的一神教。根據波斯的文獻，**查拉圖斯特拉**出現的
年代大約是西元前 560 年。該宗教亦稱馬茲達教。

阿胡拉‧馬茲達是睿智之主。祂的隨從是六聖
神，為神性的人格化表現，分別是

善思、至理、欲力、奉獻、整體與長生。

查拉圖斯特拉將世界解釋為兩個原理的對抗：

一方是善神，是馬茲達與其造物的媒介；另一方
則是惡靈。

兩者的**二元對立**宰制了整個世界歷程：

「世界的始初是這兩個有如雙胞胎的神靈，一者
自稱為善思想言行，另一者自稱為惡思想言行。
正行者在兩者之間做了正確的選擇。」

在這場鬥爭中，惡的力量是謊言、邪思與暴力。提
婆也被視為惡靈，會讓人偏離智慧與律則。

根據後來的學說，這個對抗將持續四個階段，每
個階段分別是三千年。

依照**查拉圖斯特拉**的說法，**人類**有一「帶骨」（即
肉體）的存有與一精神的存有。他可以在善與惡之
間做選擇，如果他的選擇正確，便有助於善的力量
得到最後的勝利。

世界歷程的最後是阿胡拉‧馬茲達王國的建立。
創世歷程的最後一個轉折點是**末世的審判**，每個個
人都必須對自己的思想與行為負責。

選擇惡的人將受到嚴懲，善人則得到至福與永恆
的生命作為報償。

阿胡拉‧馬茲達的莊嚴神聖王國在公正的秩序與至
善的思想中得到實現。

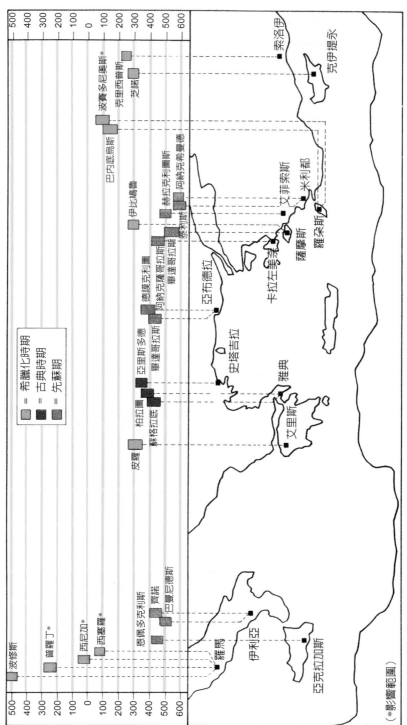

（*影響範圍）

概論：古代哲學

歐洲哲學的搖籃是地中海岸的**希臘殖民地**、愛歐尼亞的小亞細亞以及南義大利。與其他國家的頻繁貿易不只為希臘的殖民城市帶來了財富，也引進了其他民族的各種知識：

　　數學、天文學、地理學、曆法、鑄幣、造紙。

與外來文化的折衝擴展了精神視野。

其時代特徵在於貴族統治開始演變為其他政治型態（專制與民主），以及隨之而來的內政脫序。在這個重新尋找精神方向的時代裡發生了一個重大轉折，可以用「從神話到理智」來表述。從前人們習於以擬人的諸神來解釋現象，今後他們開始尋找

　　自然的、理性的原理，以便掌握宇宙的秩序與
　　人在其中的地位。

但這個轉折並非一種完全的斷裂，特別是在先蘇期哲學家身上，就連在柏拉圖思想裡，也仍可看到神話思想的迴光返照。

古代哲學的**基本特徵**是：

- 探尋世界的最初原理與根本法則，因而也尋找萬象當中的統一性原理。
- 與「無隱」這個概念相關的主題：**存有、真理與認識**。
- 人類的天性及其道德使命的探索：靈魂是什麼，何謂善與德行。個人倫理學還討論了如何得到幸福的問題。

時期的劃分

先蘇期：米利都學派的自然哲學、畢達哥拉斯學派、伊利亞學派、赫拉克利圖斯、後起之自然哲學家以及原子論者。

詭智學派一般也被歸併入先蘇期，但它的興趣在於人與社會。

　　在詭智論者的時代，神話的框架被進一步破除，
　　傳統的道德觀念也被一一質疑，因此也稱為希臘
　　的啟蒙時期。

古典時期：重要人物為**蘇格拉底、柏拉圖與亞里斯多德**，三人之間有師承關係。

哲學的中心移到了雅典。

蘇格拉底的進路必須透過詭智學派的背景來瞭解。他是自律倫理學的創建者，其思想始終圍繞著它的核心問題。**西塞羅**說他把「哲學從天上轉移到人間」。

柏拉圖重拾蘇格拉底與先蘇哲人留下來的問題，試圖在理型論與靈魂論的形上學框架中予以解決。

亞里斯多德可謂建立具系統性格與科學基礎之哲學的第一人。其哲學試圖網羅人類的一切經驗領域。

希臘化時期哲學：在歷史與社會大變革的沃土上（亞歷山大帝國的崛起與崩解，羅馬帝國的建立）出現了希臘化時期最重要的兩個學派：

　　斯多噶學派與伊比鳩魯學派。兩者的共同特徵是
　　倫理學的轉向。

斯多噶學派的歷史可以分成三個時期：

前期斯多噶創發並完成了斯多噶的思想系統，重要成員包括創始者**克伊提永的芝諾**與**克里西普斯**。

中期斯多噶最有影響力者為將希臘哲學帶入羅馬的**巴內底烏斯**，以及努力折衷舊斯多噶倫理學之嚴格主義的**波賽多尼奧斯**。

最後是羅馬晚期斯多噶，包括**西尼加、伊比克提特**與哲學家皇帝**奧里略**。

伊比鳩魯是伊比鳩魯學派創始人，其思想體現在羅馬詩人**盧克萊修**與**霍拉斯**的作品中。

其他思潮還包括**懷疑主義**與**折衷主義**。前者毫無保留地懷疑一切哲學體系，最具代表性的人物是**艾里斯的皮羅**；後者贊同融合不同哲學理論的作法（例如**西塞羅**）。

柏拉圖創立的**學院**與**亞里斯多德**創立的**逍遙學派**都有相當的影響力。

普羅丁的**新柏拉圖主義**將古代哲學推入新高峰。

波修斯檢視了古代哲學的傳統，把它帶入中世紀。在古代哲學晚期已經成形的基督教哲學（**奧古斯丁哲學與教父哲學**）通常被歸入中世紀哲學。

希臘哲學對歐洲思想留下不可磨滅的影響。它的整個精神發展史反映了希臘人提問與思考的方式。

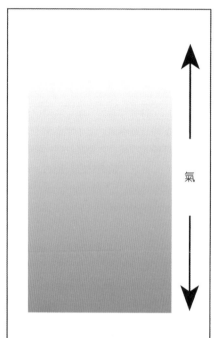

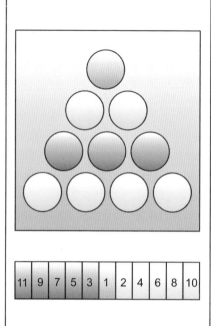

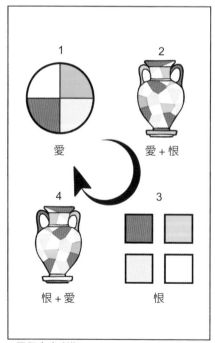

1 阿納克希曼尼斯

2 畢達哥拉斯

3 恩佩多克利斯

4 路西帕斯與德謨克利圖

米利都學派的自然哲學

引發最早的哲學理論的思想是

一切的存有者皆可回溯到一個共同的**最初原理**，即形成萬象世界的共同**原質**，也是經驗世界中一切變化產生的原因。

第一個哲學家被認為是**米利都的泰利斯**（前 624- 前 546），他認為宇宙的原質是**水**。

世間的一切由水構成，且本身充滿生命，因為最初原理理當是動態、有生命的（所謂**萬物有靈論**）。

此外泰利斯在數學（泰利斯定理）與天文學（預測了西元前 585 年的日蝕）皆有貢獻。

其門人**阿納克希曼德**（約前 611- 前 546）對於宇宙最初的本源有更抽象的界定，稱之為**無限**，也就是「非限定者」或「不定者」。一切互相對立之物都來自不定者，最終也回到不定者：

「萬物的本源是無限。它們從那裡來，最後也循必然之理回到那裡。」

阿納克希曼尼斯（約前 585- 前 525）又重新將最初原理解成物質，認為原質是**氣**。

氣的凝結形成冷體（如水、地、石），氣的離散形成熱體（如火）。

如此，他以量的變化解釋質的差異。人類的存在也是一樣，因為人的靈魂也是氣做成的。

畢達哥拉斯學派

由**畢達哥拉斯**（前 570- 前 500）所創的學派成員在克羅同（南義大利）過著僧侶般的團契生活，其學說環繞著**數字**的意義。

據信畢達哥拉斯學派因發現音階音程乃由琴弦長度比例所決定，從而發展了全體實在界的本質乃為數字所構成此一思想。

數字為不定者定形，予以界定，藉此為宇宙帶來了**秩序**。事物皆是數字的摹本，它們的本質也就是它們的數學構造。數字之間也有差異：例如 1 便在一切數字之上，也是它們的起源。奇數被視為有限的、完美的，偶數被視為無限的、不完美的。

畢達哥拉斯學派在不同的領域裡架構其數字理論：

在**數學**，他們致力於系統開展與公理建立。畢達哥拉斯定理導致了無理數的比例關係的發現。

在**宇宙論**，根據他們所創立的天文圖像，行星以固定的時程圍繞著一個不動的中心運行。

在**倫理學**，和諧也是一個核心觀念。畢達哥拉斯學派甚至在德行與特定數字間畫上等號。

雖然畢達哥拉斯學派對數學與音樂理論進行科學性研究，但他們始終具有濃厚的宗教性與神祕主義色彩，這一點在其**轉世觀**上尤其明顯。他們認為身體與靈魂是分離的：

靈魂是人真正的本質，必須從肉體中解放出來。

恩佩多克利斯（約前 492- 前 432）認為自然界有**四種元素**存在，由愛與恨兩種力量支配：地、水、火、風。在完美無瑕的愛中，它們形成一個同質性的整體，因為恨又被彼此拆離。若愛恨同時存在，彼此鬥爭，具體的事物便會在元素的混合當中形成。

在其感知理論當中，**恩佩多克利斯**主張事物流射出來的元素片若與感官的孔隙大小相當，就能進入而產生知覺，也就是同類相感才會造成認識。

對**阿納克薩哥拉斯**（約前 500- 前 425）而言，**根本物質的數量是無限的**，彼此也都有質上的差異。一切事物都是以根本物質特定的混合比例決定其特性，

事物每個再小的部分都可再裂解成根本物質。

基本物質的運動源於有計畫、有安排的**睿智**。

路西帕斯（前五世紀）公認是**原子論**的創始者，該理路由他的門人**德謨克利圖**承傳並進一步闡發。

一切都由不可分割的微粒組合而成。它們在材質上完全相同，只能透過形狀、位置與排列方式區別。原子的運動來自彼此擠壓與撞擊的機械力，原子與原子之間只有空無。物與物的差異完全是由原子的排列組合不同造成的。在**路西帕斯**的一篇斷簡中有一句因果律的陳述：

「沒有任一物的生成是沒有計畫的，一切都有意義，而且是必然的。」

機械性圖像認識論　　　　　　　初性與次性

1 德謨克利圖

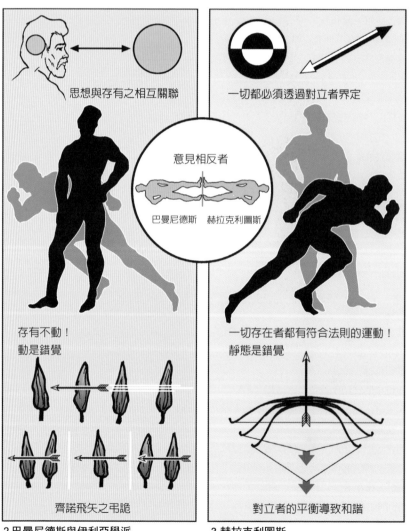

思想與存有之相互關聯　　　　一切都必須透過對立者界定

意見相反者

巴曼尼德斯　赫拉克利圖斯

存有不動！
動是錯覺

一切存在者都有符合法則的運動！
靜態是錯覺

齊諾飛矢之弔詭　　　　對立者的平衡導致和諧

2 巴曼尼德斯與伊利亞學派　　3 赫拉克利圖斯

德謨克利圖（約前 460- 前 370）將**路西帕斯**的原子論延展成**唯物論**的系統。

由原子排列組合而構成的物體本有的特性是所謂的客觀初性，如空間的占有性、惰性、密度與硬度。反之，顏色、香臭、味道等則是主觀的次性，隨人的知覺而起。知覺之所以可能，是因為物體向外流射了微小的圖像。

靈魂也是由微小的原子構成（火原子）。它們被外來的小圖像撞擊時，便產生了感官知覺。**德謨克利圖**還進一步將人類的理智活動還原為物質性的、原子層次的過程。

在**德謨克利圖**的倫理學中，人應努力的目標是達到靈魂的理想狀態，即平衡與安寧，途徑則是理性、節制、感官享樂的減抑與精神價值的強調。

「精神應習於在自己內在發掘喜悅。」

贊諾芬是**伊利亞學派**的第一個代表人物。他的中心主題是對抗荷馬與赫西奧德等人所留傳的擬人觀多神教，轉向一神論的觀點：

「在諸神與人類之間，有一最偉大之神，無論外形與思想和人均毫無相似之處。」

巴曼尼德斯（約前 540- 前 470）**存有為唯一**的理論在哲學史上影響深遠。存有特有的屬性是「不生、不滅、完全、不動、無時間性、唯一、連續」。

他否定了無的存在。因此他最根本的命題是：

「存有不可能不存在，非有不可能存在。」

遍布充滿的存有是**不動的、不會改變的**，否則就必須假設有別於存有的一個無有的存在，如此運動才能有去處，也才得以發生。他解消這個論點與日常經驗（顯示世界為變動不居）的矛盾的辦法，是把感官經驗定位為表面的假象。

因此，他嚴格區分了經驗性的觀察與理性的認識。真正的認識只能以唯一的、不變的存有為對象。

「然而，思想與存在不二。」

巴曼尼德斯的門人**伊利亞的齊諾**藉由一系列的論證來佐證**巴曼尼德斯**的學說。這些論證在古代就享有盛名。例如他指出，假設運動（物體發生在時間當中的位移）的存在會導致種種矛盾：

假設時間是一個不連續的時間點構成的序列。在此前提下，如果我們把一支飛矢的軌跡切割成無限的時間點，那麼在每個點當中，它將是靜止不動的，因此整體來看，它也沒有運動可言。

而若時間是一個無限的連續體，便會導致弔詭的結果。例如，阿奇里斯若與一隻先出發的烏龜賽跑，則他將永遠也無法趕上牠：在他抵達自己起跑時烏龜所在的位置時，牠已又前進了一段，所以兩者之間的距離雖然縮小，卻永遠不會消失。

赫拉克利圖斯（約前 550- 前 480）的立場與伊利亞學派相反。他強調萬物處於不斷的**變遷**與**流逝**當中：

「一個人不可能踏進同一條河兩次。」因為：

「一切都在流遷，無一物可以停留。」

他認為世界處於相反的性質不斷互換的過程之中：

「冷將變成熱，熱將轉為冷，濕將變成乾，旱象將轉為潮濕。」

一切都只能透過**對立面**來瞭解：

生與死、睡與醒、日與夜。

一切事件肇因於對立面的緊張關係。

在這個意義下，矛盾鬥爭（戰爭）作為對立面不斷的衝突乃一切物象之父。

但一切的一切都受到**道**的宰制。它是規定遷滅過程的理法，智慧便是對道的掌握。

道是普遍的立法者（包括倫理學意義下的法則），為一切所共有，是對立面的統一：

「一切歸一，一歸一切。」

有鑑於其對立面之統一的思想，**赫拉克利圖斯**可謂首位**辯證**思想家。同時，整然的、規定性的道為自然法學說奠立了基石。

跟**巴曼尼德斯**一樣，**赫拉克利圖斯**也區別了感官可知之事物與唯思想可及者。獲致真正智慧的唯一途徑是讓思想與道（即世界理性）相契：

「自然愛隱藏自己。多數人對日常發生在周遭的事物均不假思索，對自身的經驗也無有理解；對他們而言，一切都理所當然。」

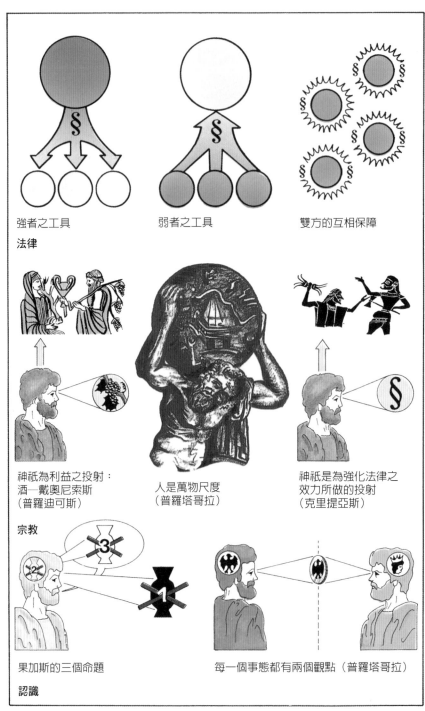

強者之工具　　　　　弱者之工具　　　　　雙方的互相保障

法律

神祇為利益之投射：　　　人是萬物尺度　　　　神祇是為強化法律之
酒—戴奧尼索斯　　　　　（普羅塔哥拉）　　　　效力所做的投射
（普羅迪可斯）　　　　　　　　　　　　　　　　（克里提亞斯）

宗教

果加斯的三個命題　　　　　　　每一個事態都有兩個觀點（普羅塔哥拉）

認識

詭智學派思想

隨著民生富裕，波斯戰爭後的希臘對**教育**的需求也日漸提升。同時，**民主**的政治型態也迫使市民必須具備高雅的表達能力。

在西元前五世紀的社會裡，收費傳授知識與辯論能力的人，統稱為**詭智術士**（意即智慧傳授者）。

詭智學派思想的發展基礎，是知識水準的普遍提升（例如透過對其他民族的觀察）及既有哲學理論的多元性。

辯術教師的課題是為任何事態做辯白，甚至「化不利為有利」。

由於人人既有的出發點不同，這就導致了**相對主義**。這種相對主義影響了各個領域：

法學思想：對現行法律的反思，讓詭智派在觀念上將**自然法**與**成文法**相互對立。根據柏拉圖的論述，**希比亞斯**便認為：「律法壓迫人類，多方強制其行違反自然之舉。」

成文法並非自然而然有效，而是順應**立法者利益**所產生的定制。

特拉希馬赫斯表示，成文法乃是**當權者的工具**，用以壓迫弱勢者。

卡里克雷斯則持相反的見解，法律為**幫助弱者抵禦強者**的保護牆。

里寇佛龍視法規為市民生命財產的相互保證。

道德哲學：道德價值亦非源於自然，而是產生自人際協定，因此在不同的時空環境中有不同的有效性。

宗教：宗教也被詮釋為人類發明。**克里提亞斯**表示：「法律可防範人們公然使用暴力，讓人只能在暗中行惡。於是似乎有個機靈的人，發明了對諸神的恐懼，讓惡人即使在暗中做壞事、出惡言或起邪念時也會感到害怕。」

普羅迪可斯的論證則是：諸神乃人類情感的表現，特別是感激之情。人類將有利的對象投射為神祇，例如埃及人便將尼羅河視為神明。

最後，**狄亞哥拉斯**也加入了論議，認為神的公平性

的假設與人世中充滿不公的經驗矛盾。

認識理論：在此，辯士生涯中形成的**相對主義**特質有深遠的影響。被公認為最重要之詭智學派思想家的**普羅塔哥拉**（約前480-前410）曾主張：「關於每件事都同時存在著兩個互相對立的命題。」

因此，同一個句子可能在一個情狀下為真，在另一個情狀下為謬。論其究竟，這表示**客觀的事實根本不存在**。進一步引申，便可得出**普羅塔哥拉**「人是萬物尺度」的名言：

「人類乃是萬物的尺度；存有者的有、非存有者的無均以人的測度為準。」

「人是萬物尺度」乃是詭智學派思想的核心命題：

人類規定存有，出此範圍者均應予否定（**懷疑主義**），而一切存有均無客觀性，皆為**主觀的、可變的**（相對主義）。

果加斯（約前485-前380）藉三個命題將詭智學派的懷疑論推到極致：

沒有一個東西是存在的；

即使有東西存在，也是不可知的；

即使有東西是可知的，也是不可言表的。

值此，任何發現客觀存有物與表述之的嘗試（例如伊利亞學派）成功的可能性也在一開始便遭否定。

人類永遠圍困在文字與意見的巨網之中。他本是「萬物的尺度」。

詭智學派的**重要性**：

· 不同於希臘自然哲學傳統，**人類**成了哲學探究的**中心點**。

· 思考本身成了哲學研究的主題。

· **語言**的問題與該主題密切相關，在詭智學派中舉足輕重。

· 對傳統價值尺度的批判為思想打開了一個全新的視野，也為一個精神自主、理性本位的倫理學鋪路。

最後，古典希臘哲學發展的下一個階段（**蘇格拉底－柏拉圖－亞里斯多德**）沒有詭智學派幾乎不可能出現。

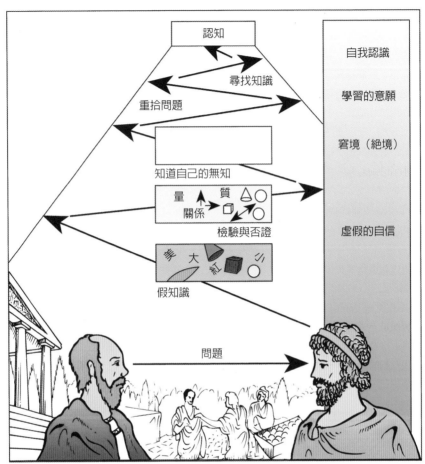

1 蘇格拉底的揭穿術

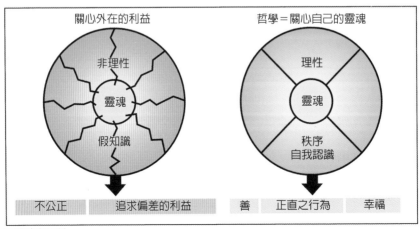

2 靈魂與理性

雅典的**蘇格拉底**（約前470-前399）標誌了希臘哲學古典時期的起點，被視為**自律性倫理哲學**的創始人。對於**蘇格拉底**學說的認識，最重要的來源是其學生**柏拉圖**的對話錄。我們看到他藉由對話來詰問其他市民，鞭策他們尋找符合正義的生活方式。他因此樹敵累累，最後在西元前399年以瀆神與誘拐青年的罪名遭到起訴，被判處飲毒的死刑。其哲學的核心問題是何者為**善**、何謂**德行**。在《自辯》中，**蘇格拉底**宣稱兩者的動力源自德爾菲神諭的銘文：

「認識你自己。」

在他的詮釋下，這個神諭旨在呼籲人類檢證其知識，並確認屬於人類的善該涵如何。在希臘人的理解當中，德行的意思是事物順乎本質的**效用**。就人類而言，它潛藏在自我中神性的、理性的部分：在**靈魂**中。

如此，善便是專屬人類靈魂的特殊效用，對它的認識與掌握便是一切思想工作中最根本者。

在與其他市民互動的過程中，**蘇格拉底**體認到，雖然眾人皆相信自己已明瞭善與德行的內涵，實際上卻都坐困在似是而非的**假知識**當中，禁不起**理性**在對話過程中所進行的嚴格檢驗。他發展了一種方法，以便獲取可靠的知識：

揭穿術（圖1）。

蘇格拉底藉由試探性的問題搖撼他人的假知識，直到對方終於省察到自己的無知為止。隨之而來的「絕境」成了轉捩點，從此人們就可在對話中以理性的共識為基礎，開始尋找真正的洞見。**蘇格拉底**尋找的知識是一種

實踐性知識，其內容是善與惡的認識，藉由批判性的自我檢視確立，目標在於實踐中的正確應用。

在這個過程裡，主要的特色是由個殊逐步跨向普遍，藉以掌握所研究的概念的**本質**。**蘇格拉底**的談話對象大多為表象所縛，只能藉由實例回答關於德行的問題，而不是藉由本質的定義。因此，**亞里斯多德**表示：

「可以明確歸功於**蘇格拉底**者有二：其一是採擷經驗以為論基，其二是普遍概念的形成。」

蘇格拉底的探索方針是倚賴理性，順其內在的法則，在理性對話中發掘真確的見解。

我將「僅聽從理性，在探索的路途上，它是最佳的指引」。

對**蘇格拉底**而言，追尋德行本質的哲學見解，不外是廣義下的「**對靈魂的關切**」。靈魂的狀態決定了整個人的善，因為它關注一切，也是在一切當中最應受關懷者。當洞見與理性占優時，靈魂就實現了屬於它的效用；但如果占優的是無知，它就曠廢了自己的效用，為惡所牽引。對人類而言，其他一切的利益均源自靈魂，包括**幸福**：它意味靈魂當中的秩序與和諧。

藉此，我們便可瞭解**蘇格拉底**的名言：

「沒有人出於自願（故意地）行不義之舉。」

因為每個惡行都是源於對善與惡的無知。知者即善人。

但多數人卻對生命本質持有謬誤的見解：

「追求財富，汲汲於聲名與權勢，你不以為恥；反之，竭盡心力追求洞見與真理，於此你卻無動於衷。」

蘇格拉底視自己的哲學為**接生術**，因為他只能扮演協助的角色；洞見與自知之明只能靠自己獲致，外人無法傳授。

蘇格拉底實現了思想與實踐合一的理想。一個「**內在靈魂之聲**」時時予以馳援，引導他的行為實踐，也提供了靈魂之神性特質的徵兆。

蘇格拉底的哲學理念本身決定了他不建立學派的作風。儘管如此，兩股完全相反的哲學思潮還是將他視為宗師：

昔蘭尼學派將幸福論拓展為享樂主義，將快樂奉為行為規準（**亞里斯底布斯**）。

犬儒學派將蘇格拉底對物質世界的蔑視推到極致（**西諾普的迪歐吉尼斯**便生活在一個鐵桶之中）。

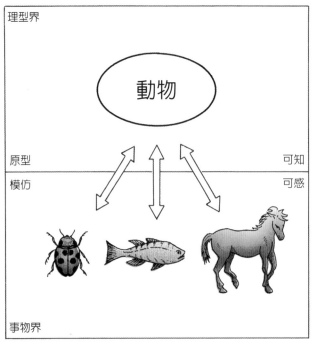

1 雙重世界理論

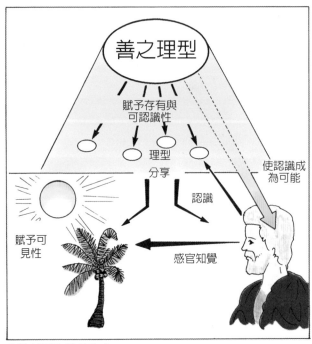

2 善之理型（「日喻」）

3「線喻」

隨著**理型論**的創立，**柏拉圖**（前 427- 前 347）不只建構了一個系統，得以由**蘇格拉底**的提問出發，再次統攝先蘇期哲學大部，也奠立了一個對西方精神發展史影響最深遠的思想體系。例如對**懷德海**而言，

一切西方哲學均應視為「柏拉圖的注腳」。

西元前 385 年建立的**柏拉圖學院**存在了幾乎有一千年。柏拉圖主義的黃金時期包括**普羅丁**在古典時期末葉所創的新柏拉圖主義與義大利文藝復興時期。

柏拉圖理型論的要旨在於主張一非物質性、永恆、不變的真理，亦即**理型**所構成的領域獨立的存在。

在柏拉圖的意義下，理型是實在界的原型，感官所及的世界裡的對象均是以它為依據而成形。

這些理型都有**客觀**的存在，即獨立於我們的認識與思想介面之外。因此，它們並非源於我們的意識的**定立**，而是僅為它所認識。是故，**柏拉圖**的立場可界定為**客觀觀念論**。釋例：

儘管昆蟲、魚與馬的外形迥然不同，我們卻都能認識牠們均為動物。我們可據此推斷有一個共同的原型「動物」存在，為所有的動物所分享，也決定其本質形態。如此，讓各個不同有機個體成為動物者的，乃是動物的理型。（圖1）

根據目前為止最切中的詮釋，即**雙重世界理論**，**柏拉圖**的出發點是不變的理型世界位階高於有生成變化的世界。如此，根據伊利亞學派存有理論的見解，第一個世界乃是實在的存有。

從倫理學與存有學的角度來看，感性的物理世界均臣屬於理型世界之下：依此，它必須透過對真正存在的理型世界的分享或摹仿才能存在。

除了柏拉圖哲學的認識論與方法論部分外，這個論述亦見於《共和國》中之「線喻」。據此，世界可以劃分成如下領域：

感官可及的世界
- 可間接觀察者（如陰影與鏡中影像）
- 可直接觀察者（如無生命物體與生物）

只有**精神**可及的世界
- 科學的領域，如數學超越了感性的材料（如幾何圖形），步入精神性知識的領域（如普遍的公理）
- 理型的範域，只有滌淨一切感性的存粹理性可以進入（圖3）

柏拉圖哲學的中心點是**善的理型**。善在**蘇格拉底**哲學裡已是首要課題，但在**柏拉圖**更加廣闊的思想架構裡，它的理論價值更遠遠超出倫理學，成了一切存有的目標和起點，因而不論在認識論或存有學中都具有樞紐地位。

善被視為一切理型的源本，其重要性無可比擬。一切理型乃至於整個世界的存有與價值均源自善的理型。它為世界帶來了**秩序、尺度與統一性**。

「然而，對**柏拉圖**而言，『善為何存在？』是個沒有意義的問題。我們可以問存有的背後是什麼，但不能問善的背後還有什麼。」（**吉岡**）

柏拉圖藉《共和國》中的日喻來說明，為何人類只能在善的光照下認識存有：

「知識對象之所以蘊含真理，認識主體之所以有認識能力，其源始我稱之為善的理型⋯⋯認識對象之所以有被認識的可能，甚至之所以能存在、蘊有本質，都必須回溯到善──它不再是一個存有，其尊貴與力量更勝於存有。」（圖2）

在思想領域裡，善有如感官領域裡的太陽：

「就像太陽在感官世界裡以其照耀讓存有物成為可見對象，使變化、成長乃至滋養成為可能，但自己卻沒有變化。」

柏拉圖的**物理學**思想記錄在《泰米亞斯》中：

不斷生成變化的物質世界，乃是由世界設計者德穆革聽從理性指令有計畫地完成（目的論），因為祂以理型界作為創造時的模仿對象。

因此，**柏拉圖**意義下的世界也是一個宇宙，即一個自然的和諧。

尚未被賦形的物質是實現理型仿造的基礎，**柏拉圖**稱為「容受者」。它是存有與變化間的第三者。

由於無理性的物質是世界形成的原因之一，這使得理型的仿造永遠不能臻於理想。

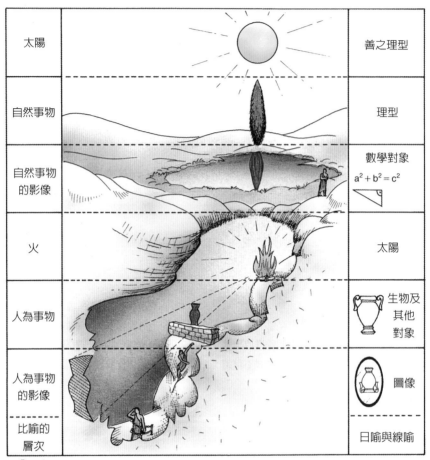

太陽		善之理型
自然事物		理型
自然事物的影像		數學對象 $a^2 + b^2 = c^2$
火		太陽
人為事物		生物及其他對象
人為事物的影像		圖像
比喻的層次		日喻與線喻

1 「洞喻」

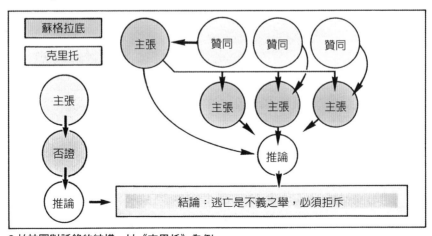

2 柏拉圖對話錄的結構，以《克里托》為例

柏拉圖介紹了理型論之後，他在認識論上的思考也得以超越前人。

伊利亞學派在主張宇宙為不動之存有之際，仍必須面對來自經驗界的否證，但柏拉圖卻可完全將感官世界排除在知識來源之外。

線喻（頁39）所蘊含的認識論之根本精神指向理性主義。認識對象的存有學層級越高，對它的認識越有價值，相關的知識便越確定，同時其來源便越明顯是理性，而非經驗性的觀察。

柏拉圖在線喻中論及的存有層次各有不同的認識等級：

> 「隨著我們的線條切割出來的範圍，靈魂也有四種不同境況：
>
> 對於最高存有的洞見，對於次高範圍的理性思度；第三個範圍中發生者為相信（信以為真），最後一個範圍裡則有臆測。」

「洞見」與「理性思度」所帶來的是真知，最不需仰賴感官經驗。蘇格拉底尚且承認由個殊推導出普遍的歸納法，柏拉圖則認為最高的認識形式不可還原到其他基礎上。理型不能透過將它「具體化」的事物抽象，只能無條件地直觀：

> 「理性層層探入，以致於回溯到一切存在物不再有條件的元始，以便能觸摸它，然後再度降抵凡境。當中它不需倚賴任何感官對象，所恃者唯理型而已，所以從一個理型走向另一個理型，最後也以理型為歸宿。」

那麼靈魂又憑藉什麼認識理型呢？柏拉圖為這個問題提供的答案與其人類學（頁43）精神一致：靈魂對理型的認識來自其前世的、另外一個世界的存在。理型不能被發展，只能被直觀——它被憶起。認識與學習都只是回憶：

> 靈魂在前世見過了理型，但在投胎進入肉體時又忘卻了。

洞喻是柏拉圖的著名比喻，陳述了人如何步步攀升到理型界之上。

> 人類有如被鐐銬在洞窟裡從來沒有看過真實世界

的存在者。他們將人為物件因某光源而投在窟壁上的陰影看作實在物。

回憶所指的，便是不幸的人類當中有人被導引到洞窟外，見到了自然的存在物與太陽的過程。

陰影與洞窟內的物件指的是感性經驗的世界，是外在於睿智領域（即只能為理智所見的範圍）的世界。

> 攀升的階段與線喻中的界域相應。（圖1）

驅使人類不斷步向真實存有與善的境域的動力，柏拉圖稱為「愛」。愛喚起人類全心全意投入理型尋覓的渴望，在《饗宴篇》裡，它被描寫成追求知識之美的哲學性努力。在感性世界與精神世界之間，它扮演著中間者的角色。在社會裡，它的教育性功能表現為讓他人也得以分享其知識。

通向這種知識的方法，柏拉圖稱為「辯證法」。不同於只研究經驗世界中之過程的物理學，辯證法乃是一切研究真實存有之科學的代名詞。

柏拉圖認為回憶的途徑是對話。在對話中被操作的概念有能力可以作為理型的代表。

理型應該在對話中透過交互辯證，在不求助於感性資料的條件下被呈現出來，同時理型間彼此的關係也應有進一步的理解。

> 其途徑是概念的分析與綜合，以及提出假說，以便能加以檢視、接受或揚棄。
>
> 因此，柏拉圖刻意安排對話錄中的人物採取相反立場，以便能徹底檢驗正論與反論。（圖2）

柏拉圖的著作大半是對話錄，由蘇格拉底扮演主角。它們在詮釋上之所以困難，在於它們歷經了綿長的發展過程，因此反映了一個學說的動態演變。此外，由於柏拉圖藉不甚嚴格的對話形式陳述其思想內容，因此可把當中的人物看作讓他隱身其後的面具。

被考證為真作的對話錄約有二十五部，涵蓋的主題從德行（大部分的早期對話錄）到認識論（如《邁諾》、《西依提特斯》）乃至於政治（例如《共和國》、《法律篇》）與自然哲學（《泰米亞斯》）。

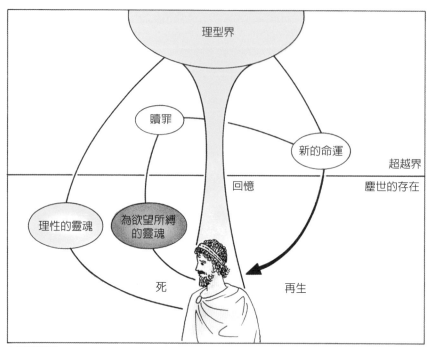

1 靈魂轉世

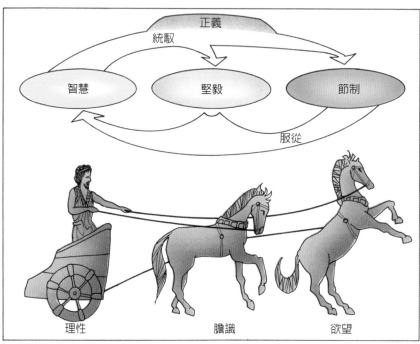

2 靈魂馭車之喻與根本德行

柏拉圖的人類學跟形上學一樣，採二元論的立場：
嚴格區分**肉體**與**靈魂**，靈魂為肉體的統取者。

柏拉圖從畢達哥拉斯學派與奧斐斯教吸收了**靈魂不朽**的觀點。對他來說，支持該主張的論證如下：

- 靈魂為單純無雜的**同質性實體**，類同於理型，等於是不死不滅者；
- 有類似才有認識：由於靈魂能認識純粹的存有（理型），自身必然也是類似於純粹的存有，與它有共同的本源；
- 靈魂是自己的動因；
- 辯證的導衍：靈魂的根本特徵是生命力，因此無法容納其對立面，即死亡。

柏拉圖在《斐多篇》將這些論證歸納為一句話：
「與有神性者、不死者、理性者、單一型態者、不毀敗者……最相似的便是靈魂。」

與靈魂的不朽密切關聯的是它的**前世**與**後世存在**。它在進入俗世之前與死後有同樣的存在。

一如回憶說，靈魂發源於睿智界，即神性、理性的界域，但因感性的飢渴而取得了肉身，此後便被禁錮在肉身中，「如同患病一般」。柏拉圖如此說明：
「肉體乃靈魂的墳墓。」

塵世生命的目標因此在於讓靈魂回返到初始的狀態：
但它與其源始的聯繫只能在**理性的統取**下建立。

柏拉圖還把靈魂本身區隔成三個部分，該劃分也反映了其二元論思想性格：
有本真神性者：
- **理性**
屬於經驗世界者：
- 較崇高之部分：**膽識**
- 較低等之部分：**欲望**

柏拉圖藉由馬車駕御來加以說明：
理性如同御器，膽識如同馴馬，欲望如同劣馬。
（圖2）

各部分各有其**德行**：

理性的任務是追求智慧：其德行為**智慧**。
膽識的任務是努力服從理性：其德行為**勇氣**。
欲望也必須聽從理性指示：其德行因此是**節制**。

柏拉圖認為，對應於靈魂的三個功能的三個德行之上還有第四個德行：
正義之德。

靈魂的正義，意謂各部分都恰如其分地完成其任務與工作。這充分表現出希臘人的精神取向，即在節制與和諧跟德行之間劃上等號。

直到今天，這四個德行仍稱為**根本的德行**。

理想國度的理性性格不只導衍出以理性為尚的設準及其在四個根本德行中的具體化，也導致肉體的貶抑。在此，柏拉圖的人類學暨倫理學與其認識論觀點若符合節：
在感性世界中，真正的知識絕無可能，只有不確定的素見。

在倫理學層次上，值得追求的也僅有精神性的世界。無論是在這裡，還是在認識論的層域裡，智者的意圖都是走出肉體與感性的監獄。

智者可以期待的報償之一是獲得**死後的生命**：
理性者的靈魂得以重新回到純粹精神的領域，非理性者的靈魂則無法躍升至理型界，因而必須贖罪。

德行的報償之二基本上在於其本身：
靈魂的起源與本質決定了其追求醒悟生命的必然性，因此在柏拉圖眼中，沒有比遵從知識的規定更美好的生命。

這同時包括了對理型的觀照與善的追求。

智者還有教育與政治使命。這可藉洞喻來闡明：
雖然有見者為理型之美震懾，他仍應帶其所見回返「日常世界」。

回返的主要目的在於幫助他人完成躍升的使命。

快樂也不應完全從生命中驅逐，因為理性地為善奉獻也是種快樂。所以柏拉圖在《費理布斯》中寫道，有價值的生命乃是由「快樂的甘蜜與智識的清水」調和而成。

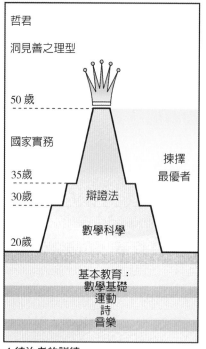

1 統治者的訓練

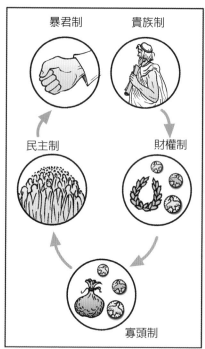

2 政體循環

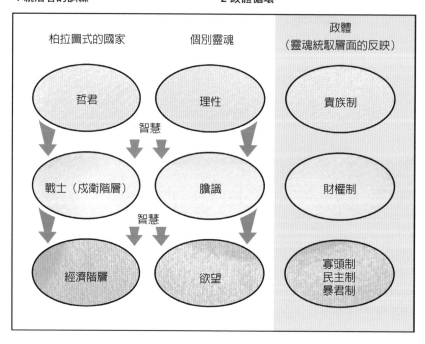

3 類比：靈魂─國家

在《共和國》及《法律篇》裡，**柏拉圖**設計了**理想國**的模型。雖然其中也提及希臘的具體問題，但柏拉圖的意圖不在描述真實現狀，而是介紹他的構想中最理想的國家。

因此，他的政治理論著作毋寧是**烏托邦**。

他不用人類建立國家的本能衝動來解釋國家的**形成**，而是

以個人力量的薄弱。由於每個人都只有特定的才能，必須與他人結合成團體。

因此，團體的基本特質在於**分工合作**。

柏拉圖國家論的根本特徵在於**與個人的類比**：如同靈魂分為三個部分，國家也分為三個**階層**：

· 統治階層：只有智者能思慮全體市民的生活方式正確與否，因此**柏拉圖**主張國家的最高統治者應為哲學家（**知識階層**）。
· 戍衛階層：負責國家安全（**防禦階層**）。
· 其他市民的階層：手工藝者、生產者、農民等，負責讓共同體衣食無虞（**經濟階層**）。

「**哲君**」才學過人，經過五十年的教育訓練，在各方面都有通達的知識。在他們身上，智慧與權力結合為一。

國家中居最特殊地位者為

教育：對柏拉圖而言，它是整個國家的基礎。

統治者權力不受憲法限制，國家福祉完全繫於其透過教育訓練所得到的真知灼見。

其教育訓練包括：

· 音樂、詩與運動的基礎訓練（直到二十歲）；
· 算數、天文學與和聲學（十年）；
· 辯證法（哲學）訓練（五年）；
· 國家實務（十五年）；
· 接下來接掌政權或過著靜觀冥想的生活。

過程中時時有嚴格的考驗與淘汰，以篩選少數適任哲君之人。

由於上兩個階層的人應該完全把生命奉獻給共同體的福祉，**柏拉圖**試圖藉財物的公有制度來徹底排除自我圖利的想法：

私有財產應予禁止。

女人與小孩也屬公有。（藉以杜絕戍衛階層對內運用其權力。）

連生育也受到國家管束，俾使國民產生於最好的揀擇。

如同個人的德能源自理性的優位，國家的德能也源自**哲學的優位**，即哲君的統治。

與膽識對應的戍衛階層以勇氣為德。

與欲望對應的經濟階層以節制為德。

但無論個人或國家，**正義**之德均非個別部分所能成就，它意謂整體的和諧，也就是各部分都能得到最大的發揮。

這是一種極權國家，毫無保留地收編人民的才能。

國家體制為**貴族制**，即菁英統治。

在**柏拉圖**描繪的**政體循環**中，貴族制將為**財權制**所竊占，此為過渡階段。隨著金錢的影響不斷擴大，下一個國家體制也逐漸成形，即權力與財力對等的**寡頭制**。在這種已距理想國相當之遙的政體裡，財富具關鍵地位。

「德行與財富的關係如何？它們彷彿各據天平的一方，一方下沉，另一方便浮起。」

它最後必終結於顛覆行動，因沒有財產而無法享受權力的人民將為**民主制**而抗爭。這個政體將導致無政府狀態，從而為最壞的政體形式鋪路，即暴君制。

總而言之，**柏拉圖**的理想國從來沒有實現過。（他曾在西西里實驗過，但最終失敗。）

在晚年之作**《法律篇》**中，**柏拉圖**不再以理想的統治者為前提：國家實務轉而為**法律**所規範。鉅細靡遺的序言應詮釋其意義，使之成為人民的導師。

古代哲學

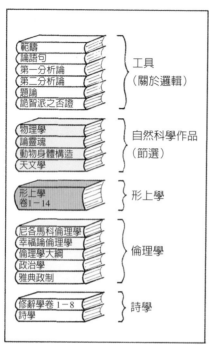

1 亞里斯多德著作選

工具
（關於邏輯）
- 範疇
- 論語句
- 第一分析論
- 第二分析論
- 題論
- 詭智派之否證

自然科學作品
（節選）
- 物理學
- 論靈魂
- 動物身體構造
- 天文學

形上學
- 形上學卷1－14

倫理學
- 尼各馬科倫理學
- 幸福論倫理學
- 倫理學大綱
- 政治學
- 雅典政制

詩學
- 修辭學卷1－8
- 詩學

2 亞里斯多德的範疇

實體：亞里斯多德

質：哲學家　　　　　　　量：171公分
關係：亞歷　　　　　　　場所：雅典
山大的
老師

時間：每日上午　　　　　位置：站立
狀態：泰然　　　　　　　作用：教學
遭遇：被放逐

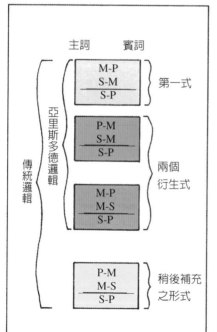

3 三段論的形式

主詞　賓詞

第一式
M-P
S-M
S-P

兩個衍生式
P-M
S-M
S-P

M-P
M-S
S-P

稍後補充之形式
P-M
M-S
S-P

亞里斯多德邏輯

傳統邏輯

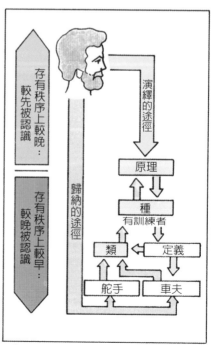

4 歸納與演繹

存有秩序上較晚：較先被認識

存有秩序上較早：較晚被認識

演繹的途徑

歸納的途徑

原理

種
有訓練者

類　　定義

舵手　車夫

亞里斯多德（前384- 前324）出生於史塔吉拉，在**學院**中當了二十年**柏拉圖**的學生。在西元前 342 年前後，他成了**亞歷山大大帝**的教師，後來在雅典建立了自己的學校**逍遙學院**。

　　亞里斯多德留下的著作大多是為其**呂克昂學院**所準備的講演稿（所謂的院內教材）。它們構成**亞里斯多德全集**，包括：邏輯學作品，後來稱為「工具」；自然科學作品；形上學；倫理學作品；美學著作。（圖1）

其**邏輯學**是西方哲學史上最重要的思想貢獻之一：

　　亞里斯多德是不（只）就思想的內容，而是就思想的形式探索其規則的第一人（**形式邏輯**）。

透過**波修斯**與**珮爾魯斯**的努力，**亞里斯多德邏輯學**成了傳統邏輯的根基。

跟他的老師**柏拉圖**一樣，**亞里斯多德**也把概念視為首要：一個概念便代表了一個**範疇**。

最完整的陳述是：

　　「就其本身而言，每個單獨的字詞指涉的對象無非是一個**實體**、一個**量**、一個**質**、一個**關係**、一個時間、一個場所、一個位置、一個狀態、一個作用或一個遭遇。」（圖2）

但字詞通常會合併成句子，一個有真假值的句子稱為**判斷**。

這種判斷可以根據理想的規則合併成**推論**。在《第一分析論》中，**亞里斯多德**闡述了這些規則。將兩個判斷併成第三個判斷的方法稱為**三段論**，其最純粹的形式，**亞里斯多德**陳述如下：

　　「若凡 b 皆為 a，同時凡 c 皆為 b，則凡 c 皆為 a。這種推論的方式稱為第一式。」

（後來通常以 P、M、S 取代 a、b、c。）

典型的三段論為：

　　（1）人皆會死
　　（2）蘇格拉底是人
　　（3）故：蘇格拉底會死

其中，命題（1）與（2）為前提，命題（3）為結

論。在此三段論中「人」是媒詞，不在結論出現。

　　除了第一式外，**亞里斯多德**的三段論還有第二式與第三式，差別在於作為媒詞的主詞或賓詞位置不同。（圖3）

一連串的結論可構成**證明**。這個方法是**演繹法**，即從普遍推演到個殊。

　　對**亞里斯多德**而言，科學的目標是從一個原因有效地推導出眼前的事實。

亞里斯多德意義下的證明是導衍。

與它相對的是**歸納**。在《題論》中，**亞里斯多德**闡示如下：

　　「歸納乃是由個殊推進至普遍，例如若最好的舵手為有訓練者，最好的車夫也是有訓練者，則在一切事物中最好的都是有訓練者。」

不同於**柏拉圖**，**亞里斯多德**認為可以經由歸納藉既有知識與感官經驗的結合來獲得知識。科學的目的雖然是有效地由普遍原因導衍出個殊事例，但達到目的的途徑卻是歸納法。

　　只有已完成的科學才是不可置疑的，它的知識卻來自歸納。

歸納法在同類個體中尋找共同點。整體的存有物的劃分帶來了**定義**的可能性。定義由類屬與種差構成（例如：人類是理性的動物）。

歸納與演繹的交叉作用造成先後關係的倒轉：

　　普遍者在存在上為先，在認識上卻後於個殊者。

（圖4）

但存在上最早者、最普遍者（**原理**）無從證明：

　　「原理乃一個證明中的一個直接成立的句子。直接成立者之前不再有更早先者。」

這一點必須成立，因為導衍復導衍最終必然導致無限後退。**亞里斯多德**將其中一種原理稱為**矛盾律**：

　　「在同一個觀點下，A 與非 A 就同一個主詞而言不可能同時成立。」

「此為邏輯學上最顛撲不破的原理。」（**特倫德倫堡**）

柏拉圖指向天上的理型界，亞里斯多
德指向塵世變化萬千的世界

1 依據拉斐爾《雅典學院》（約1510）所繪

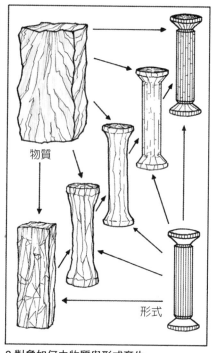

物質

形式

2 對象如何由物質與形式產生

動力因

材料因

目的因

形式因

3 亞里斯多德的四因說

「形上學」這個**概念**的形成純屬歷史偶然，不過是因為在第一部**亞里斯多德**全集裡十四卷關於一般性原理的作品被置於物理學作品之後，一個探求**自然的背後**的科學便因此得名。

在《形上學》裡，**亞里斯多德**告別了**柏拉圖**，並在第一卷裡批判其理型論：

> 「理型亦毫無助益，既不能藉此獲致關於他物的知識……也不能藉此瞭解其存有，因為它們並不存在於藉分享它們而存在的事物中。」

這句話點出了師徒間最重要的差異：**亞里斯多德**想克服柏拉圖主義中理型與實在界的二元論。他主張，**事物的本質存在於其自身當中**。

對**亞里斯多德**而言，事物的**實體**只能蘊含在其本身當中。雖然對他而言類型也可稱為實體，但卻是在引申的意義之下。

亞里斯多德另創了一個二元論：

物質與**形式**。

在對象物中，兩者只能同時出現：

> 我們無法發現純粹的物質，也無法發現純粹的形式。

亞里斯多德的目標在於完全解決前人的無解之謎。

他將物質論與形式論結合成**生成變化**的綜合理論：

> 在物質「基礎」上，對象物被賦予了形式。

在物質中，**本質**只是潛能，必須藉助形式才能得到實現／現實性。**事物的本質**不存在於超越它們之上的理型，而是在現象界一連串的形態演變中實現。

亞里斯多德稱本質的發展為**完型**。（圖2）

這個詞衍生自「目的」：

> 在**亞里斯多德**構想中，每個發展都預設了目的，即從本質的潛能步步走向其實現。

在此，對柏拉圖而言仍顯得神秘的**目的論**思想構成了其形上學的中心立場。

他提出任何實現的過程都有**四個原因**的理論：

- **形式因**。對象為形式所決定，如房子由設計圖所決定。
- **目的因**。根據**亞里斯多德**的目的論思想，一切事物都有目的，如房子的目的是遮風避雨。
- **動力因**。每個實現過程都需要驅動的動力，如房子的完成需要土木工人的勞力。
- **材料因**。每個對象物都有構成的材料，如蓋房子需要磚石。（圖3）

最後一個原因為對象物帶來了偶然性與不規則性：

> 物質「抗拒」著形式。

形式所欲規定的本質（**實體**）遭到物質的頑性「抵抗」，是乃純粹偶然發生的原因：

> 傳統上將之譯作「**屬性**」。

確定者、實體與概念上的可掌握性對應，不確定者、偶然者、屬性與概念上的不可掌握性對應。因此在**亞里斯多德**邏輯的預設下，一切屬性都被排除在科學範圍外。

理性在**亞里斯多德**哲學中的功能經常與 X 光相較：它穿透了感官可認識的、非本質性的範圍，進入可概念性地掌握的、本質性的範圍。

潛能實現的觀念也為**亞里斯多德**系統帶來**存在層級**的觀點，從最低下的純粹物質以次上升到最高的純粹形式，因此貫穿了**亞里斯多德**的整個物理學。

> 據此，最高的存有者（神），必然是純粹形式。

由於**亞里斯多德**把形式與思想相關聯，他的神也是純粹精神，同時也自己是自己的思維對象。

> 祂完全沉潛在理論之中，即純粹精神性的自我關照。

不斷變動的世界需要動因推動。由於運動的起因不能無限回溯，依此我們可以得出神的另一個表徵：必然有個最初的動因存在，且它只推動他者，本身不再運動。

> 這個**不動的動因**便是**亞里斯多德**的神。

在作為推動者的神與世界之間的關係裡，除了材料因外，其他的原因都相互交織。

亞里斯多德對神的刻畫蘊含著對世界的漠視：

> 神不干涉世界歷程，也不受世界影響。

由於祂自己是不動的，世界的運動並非由神的行動造成，而是導因於物質對祂的「飢渴」與盼望。

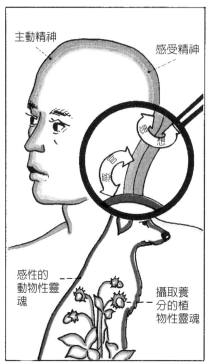

1 心理學

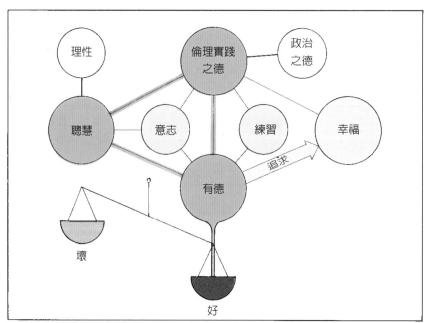

2 倫理實踐之德是兩個極端間的中道

3 倫理學的立場

在**心理學**裡，**亞里斯多德**把**靈魂**分成三個**部分**，符合自然當中的層級：

　　植物性靈魂、

　　感官性或**動物性靈魂**，最後是

　　只有在人類身上可以找到的**理性**。

植物性靈魂的功能在於營養，動物性靈魂司感覺作用與局部性的**運動**，理性負責精神性活動。

同時，靈魂作為一個整體乃是身體的形式：

> 「身體有發揮生命力的潛能，靈魂是其最高的完型。」

精神享有特殊地位：

> 它可再劃分成感受的（被動的）與**主動的**（創造的）精神，前者代表物質（潛能），後者代表形式（實現）。

被動性的精神與靈魂第二部分的知覺連通，接受思想對象的形式，而主動精神則是精神靈魂一切活動的最終來源。

> 不同於靈魂的其他部分，主動精神不須附著在肉體上，因此是**不死的**。

然而，由於思想只能連同知覺形成，肉體死後，精神便不再有個體性（與**柏拉圖**有異）。

亞里斯多德倫理學的對象範圍是人類的實踐行為，也就是以道德判斷為基礎的行動，因此有別於以不變者、永恆者為標的的理論哲學。

自然界中一切存有皆循其本性追求自己特有之**善**，在其中充分實現其本質。

　　人類的善意謂靈魂以理性為本的活動。

在其中，人類可以發現完全不為外在條件所左右的**幸福**，這便是其一切追求的終點。因此，在《尼各馬科倫理學》裡他說：

> 「若認為人類的特殊稟賦乃是追求最好的生活，同時它意謂靈魂的活動與合乎理性的行為……若卓越者意謂特殊稟賦的完全發揮，則對人類而言，善乃是靈魂依循其特有之才德（即理性）所實現之活動。」

為了進一步界定靈魂特殊的善，他區分了**知性之德**

與倫理實踐之德。知性之德是理性自身純粹的作用，他又將它區分為**觀照理性**與**實踐理性**。

　　對於兩者而言，倫理行為的決定性要素是**聰慧**。**倫理實踐之德**不需遠求。它們透過社會與城邦的既有秩序流傳下來，藉由傳統與大眾的承認而確保其有效性（如冷靜、大方）。

> 對**亞里斯多德**而言，熟悉城邦中固有的價值是道德養成的根本環節。

人類的**道德素養**源於聰慧與倫理實踐之德兩者的交互作用：

> 「……一個人沒有聰慧就不會有根本意義下的善，沒有倫理實踐之德也不能算聰慧。」

聰慧的功能在於認識通往善正確的方法與道路，倫理實踐之德則提供了目標。

兩者共同決定了追求善的**意志**，即透過真知為上進之心指出正確的目標。如此，人類本然的衝動被賦予了形式，激情得到了控制。**對亞里斯多德**而言，意志自由的存在殆無疑義。

> 「若倫理實踐之德為意志的表現，同時意志是有意識的追求，則見解必然為真，追求也必然正確，如此才有完善的抉擇，而且同時為思想所肯定，也為心志所渴盼。」

其立場的特色，在於**道德素養**並不僅靠見解，而是必須透過實踐來獲取：透過練習、積習與學習。

因此，**經驗豐富**之人的判斷與提供的榜樣也是進一步界定德行時的參考指標。

就其內涵而言，德行乃是兩個偏頗極端間的**中道**，如：果敢（懦弱—蠻勇）、有節（縱欲—刻板）、慷慨（吝嗇—揮霍）。

特別重要的課題是**正義**，在團體中，這是至高的德行。從**分配**的角度觀之，它促成社會中財物與榮譽恰如其分的取與求；從**平衡**的功能來看，它是人所遭受之損失的補償。

友誼也是一個根本的德行；它讓人類從個體過渡到社群。

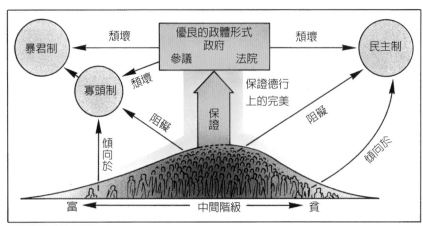

1 政體形式的問題

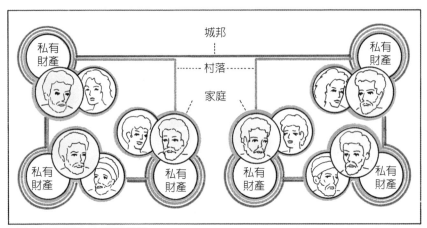

2 從市民到家庭、村落與城邦

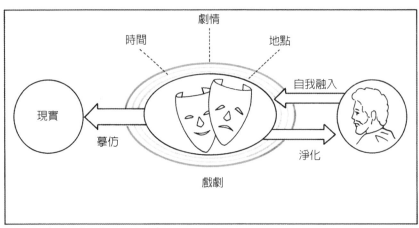

3 亞里斯多德的戲劇觀

從**亞里斯多德**的**政治理論**可以看出他在**方法**與**本質**上的幾個明顯特徵：不同於**柏拉圖**，「**經驗論者**」**亞里斯多德**的見解大多取材於比較性研究。

是以有人認為一部分析 158 種政治體制的作品出自他的手筆，其中只有《雅典政制》這篇斷簡流傳至今。

第二，師生兩人的不同見諸對**實在性**迥異的丈量標準。**柏拉圖**構想中的國家是個理想之境，**亞里斯多德**則著眼於可能性。

「我們應考慮的不只是最好的國家，還有可能的國家。」

不同於**柏拉圖**，**亞里斯多德**認為在國家形成的過程裡，讓個人結合為群體的誘因並非個人力量的薄弱，他強調國家的**起源**在於人類組織社會的**本然傾向**。他的典型論式是：

「人類就其本性而言即是政治動物。」

對**亞里斯多德**來說，語言的存在也表示人類的作為不僅僅以求生存為旨，而是以社群為目標，以便凝聚何為有利、善與公義的共識。

他與**柏拉圖**一樣，也認為國家的任務在於人民道德涵養的完美養成。它存在的目的是幸福美好的人生。只有透過國家，個體的德行才有充分的可能。

國家形成於群體不斷擴大的過程：

最初是**兩人**的群體（夫妻、父子、主奴），接著構成了家庭，然後擴大成村落，乃至於**城邦**，即許多村落的結合體。（圖2）

只有城邦才能真正地實現群體**自主性**（即自足、自決與存續）。

城邦的形式原理是**憲法**：

「國家是依一部既有的憲法產生的群體。」

跟**柏拉圖**一樣，**亞里斯多德**也將**政體**分成三種「正當」形式與相應的三種腐敗形式，以及政體如何被顛覆成另一種政體：

君主制與暴君制

貴族制與寡頭制

共和制與民主制

形式的判準是政府權力由多少人掌握：

一人－少數人－多數人。

好的政體形式以眾人福祉為目標，腐敗的政體形式則僅維護統治者的利益。

在三種「正當」形式裡，他基本上沒有偏好。最容易實現、最穩定的設計是**折衷的共和制**。它融合了其他政體形式的優點，在精神上符合倫理學中所闡述之避免極端取其中道的德行原理：

「最好的國家組織乃建立在中間階級上……它可發揮關鍵力量，以防止極端勢力取得優勢。」

此外，他從歷史性分析得到的結論，是每個地方最好的國家形式是最能適應當地環境與人民需要者。

對於國家內在的**秩序**，**亞里斯多德**認為**家庭**與**私有財產**均應受到保障：

家庭比村落更基本，村落又比國家基本，所以家庭作為社會自然秩序之所繫應受到特別的重視，雖然**教育**青年的責任必須由國家擔負。

就私有財產而言，**亞里斯多德**採取中庸之道。他拒絕（柏拉圖理論所闡釋的）公有財產制度。

他以斯巴達為例闡釋中道，

「財物仍舊私有，但為公眾共同使用」。

亞里斯多德不諱於將**奴隸制度**視為社會內在結構的一部分，乃至於把「非平等」（例如男女之間）視為自然的設計。自由的男人則彼此平等。

實踐哲學的一支是**詩學**。在同名著作裡，**亞里斯多德**奠立了**詩**的理論，其中最重要者為悲劇，因為它的影響超過一切。其基本概念為：

・**摹仿**：藝術應該摹仿現實，但不是紀錄（與歷史相反）。

・**情節、時間與空間的三一律**：情節應前後一致，一貫，完整，時間長度以一個白日為限。

・**淨化作用**：藝術應淨化心靈；讓觀眾融入劇情中，使之得以在另一個層面上得到情緒的宣洩。

就其**影響**而言，**亞里斯多德**與**柏拉圖**乃至近代的**康德**都不相上下。在中世紀，他成了**士林哲學**的一個基礎。直到近代，其作品仍被視為不墜的真理。

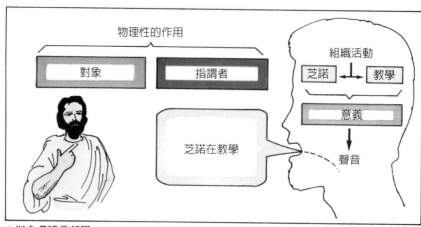

1 斯多噶語言哲學

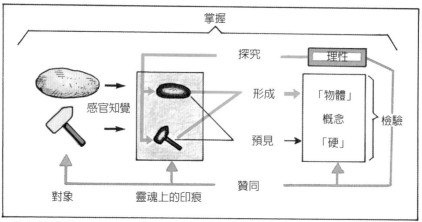

2 斯多噶認識論

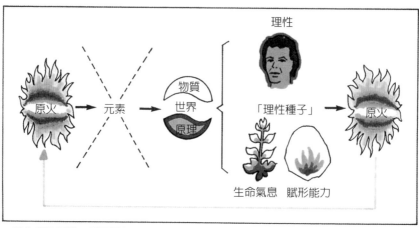

3 斯多噶物理學：世界歷程

從希臘化時期到古典時期末葉，**斯多噶**學派一直有很大的影響力。它的發展史一般劃分如下：

- 前期斯多噶：包括學派創始人**克伊提永的芝諾**（前 336- 前 264），其學生**克利安提**（約於前 232 年逝世）以及**克里西普斯**（約前 281- 前 208）。後者使各古典系統趨於完備，因此古詩云：「無**克里西普斯**即無斯多噶。」
- 中期斯多噶：**巴內底烏斯**（約前 180- 前 110）與**波賽多尼奧斯**（約 135-51）的貢獻是將斯多噶思想傳播到羅馬，並減緩其倫理學上的酷嚴。
- 晚期斯多噶：代表人物為**西尼加**（前 4- 65）、**伊比克提特**（50-138）與哲學家皇帝**奧里略**（121-180）。他們作品的核心論題是**生存問題**與**道德問題**。在這個階段，人們視其為通俗哲學。

斯多噶把哲學分門成**邏輯**、**物理學**與**倫理學**，可藉果園的比喻來說明各學門的意義：邏輯好比圍牆，物理學是不斷成長的果樹，倫理學則為果實。

除了形式性的探索外，斯多噶的**邏輯**還包括語言與認識論的理論。

斯多噶學派把三段論擴展成五個假設性與選言性的推論形式，其他一切有效的推論都能由它們合併而成。在此，變項所代表的不是概念，而是命題（「命題邏輯」）：

(1) 若 A 則 B。如今 A 成立，故 B 也成立。

(2) 若 A 則 B。如今 B 不成立，故 A 也不成立。

(3) A 與 B 不能同時成立。如今 A 成立，故 B 不成立。

(4) A 或 B 當中有一者成立。如今 A 成立，故 B 不成立。

(5) A 或 B 當中有一者成立。如今 B 不成立，故 A 成立。

斯多噶學派的語言哲學處理語彙形成的問題（字源學）。他們相信每個字的字源都是可追溯的。

如此，他們認為宙斯（Zeus）的所有格 Zenos 來自於 zen（生命）。

斯多噶學派的意義學區別了**指謂者**、**被指涉者**與**實際對象**。指謂者是語言中的聲音構造，有賴於發聲體的存在。對象也同樣屬於物理的領域。相反地，意義不是物體。它是精神活動的產物，因為要有理性的參與，發出來的聲音才能成為有意義的語言：

「說話乃是藉由聲音來表達腦中的思想。」

斯多噶學派的**認識論**從物質介面出發：

感官知覺改變我們物質性靈魂的狀態（**克里西普斯**），甚至留下印痕，有如蠟一般（**芝諾**）。

留下印痕的「印象」彼此連結，自然而然地，普遍的概念就可以在不同的印象中產生，斯多噶學派稱之為「預見」。

透過理性的作用，印象也可以融鑄成概念。跟感官知覺一樣，它們需要理性的認可，如此才有被掌握的可能。

因此，對於對象的真正掌握，預設了靈魂能如實地映現之，因而得到健康理性的認可：

「知識是對於對象堅定不移的、為理性所不能（再）撼動的掌握。」

在其**物理學**中，斯多噶學派只承認有因果作用的對象，即物體的實在性。

被動的果相當於物質，主動的因則與理性對應。理性是世界理性，是吹入尚無性質之物質的氣息，使得它能有計畫地發展成特定某物。每個對象都在自身中包含著「理性種子」，未來發展已如計畫般潛伏其中。

「理性與物質不可分離，與後者相混；前者流貫後者，塑造它，賦之以形，以此創造了宇宙。」

最初的元素是火，其他元素（風、水、地）及實際世界都是由它演變而來。它是流貫一切的熱，賦予生命的氣息。因此也是靈魂與理性地造就一切運動的力量。

斯多噶學派提出了永劫循環的理論：如同世界來自源始的大火一般，最終也將回歸大火。在宇宙大火之後，具體世界的事物又將形成。

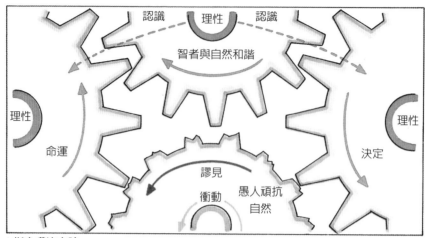

1 斯多噶決定論

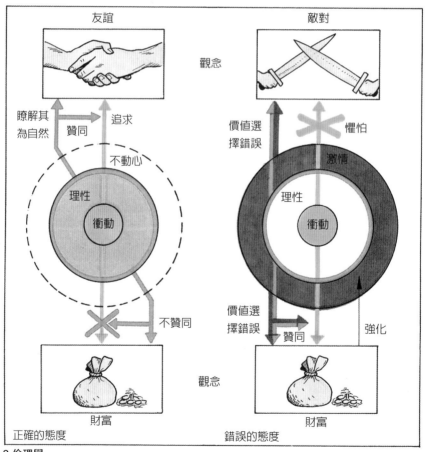

2 倫理學

斯多噶的**神學**環繞著理性：

神是創造性的原始力量，一切存有物的第一因。

祂是理性，蘊有成就一切事物的種子力量。

創造性的火、賦予秩序的理性及宙斯都被稱為神。
對斯多噶學派而言，宇宙便是一切生命與思想的孕
育者，因此本身也是生命體，它的靈魂是神性的。
隨著太初理性而來的，是一切事與物有目的、有計
畫的秩序：「據此可導出一個由層層目的條理分明
地規則化的世界，一切與一切有秩序、有意義的相
互關聯，乃僅由一神性力量所構想，並逐步實
現。」**（佛希納）**

這個既已決定的秩序稱為**命運**，其既定目標則稱**天
意**。世界由**必然性**宰制，無處可逃。

外在世界既定的**因果、目的**歷程也是斯多噶學派**倫
理學**的根本思想。由於外在的功益恆不可求，人類
力量所能掌握的只有內在的**心態**。**西尼加**寫道：

「有意志者，為命運所導引；無意志者，為命運
所吞沒。」

如此，人類的決定空間在於**順勢參與**。

人生的**目的**在於「順從（自然）的生活」。如此，
一個人可臻於

和諧，被引入「好的生命流向」與**幸福**。

只有保持靈魂寧靜，不為**衝動**所擾，才有獲致幸福
的可能。衝動乃是過度高漲的本能，就其成因而
言，它的基礎在於價值觀念的偏差，就其結果而
言，它會導致「**激情**」。由於它的對象絕少能完全
占有，人始終不能滿足。

斯多噶學派的理想是**不動心**，即不為此類衝動所
左右。

斯多噶學派區分了四種衝動：

好、惡、欲、懼。

它們必須藉由運用**真切無誤的**理性加以避免：

一個本能之所以能成為衝動，是因為理性**承認**其
對象的價值。

對於事物真實價值的認識，可以阻止我們從事錯誤
的追求，克服對於所謂的逆境的恐懼。其中所包含

的見解，是一切外在利益無助於獲致幸福。

「衝動之所以形成，是因為理性為本能找到錯誤
的目標，並因失敗而怨天尤人。」**（霍森菲德）**

斯多噶把存在的事物分成好、壞與**中性**。好是德
行，壞是其反面，其他一切都屬中性，因為它們
與幸福的追求無關。其中部分事物與幸福的追求完
全無關，如頭髮的數量；部分事物或應予「偏
好」，或應予「忽略」。應重視者為與自然天性相應
的事物。

因為在中性事物中我們時而必須有所揀擇，所以
應該擇其較接近自然者，如寧取健康而捨疾病。

值是之故，斯多噶學派也對行為做了區分：

行為當中有壞（依據錯誤的見解）有好（依據正
確的見解）。

兩者之間的**中**等行為被稱為「附加性的」，倘若在
其中一個自然天性得以實現的話。

它並非源於智慧，但卻也實現了一個自然的善。
幸福的決定因素是**德行**。它的根本要素是對事物價
值的道德識見，由此可進而推及其他德行（正義、
勇敢等）。

德行作為一種認識是可傳授的、不會忘失的。

德行與其對立面間無中間值存在，因為行為只有智
與不智可言。

若欲在外在事物與自身本能間建立正確的**關係**，就
必須以正確的理性運作為基礎。得到和諧便是得到
幸福。

斯多噶的中心思想之一是**占有論**。據此，人類的道
德追求生來就已蘊藏在其自然稟性中。占有意謂致
力於獲取自我省察時認為與自己相屬的事物。人類
占有符合其自然本性的事物，在對自己有利與有害
者間做區別。因此，每個有生命的個體也追求**自我
保存**。

在成長當中，人類終於認識到理性乃是他真正的
自然本性。

占有也將道德實踐的範圍擴大到群體：

對個人而言，不只他自己，同時父母、朋友等也
屬於他的所有，最後甚至擴及全人類。

偶然偏向

震動

原子結合
對象

大小不同
速度相同

1 伊比鳩魯原子論

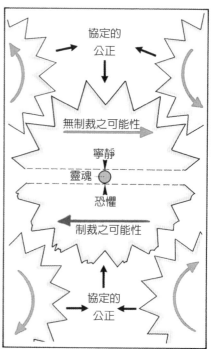

思想

假　　真

非感官對象

感官對象

假　　　　　　　對象　　　　　　真

否定　　　　圖像　　　未否定

未證實　　　　　　　　　證實

經驗

2 規準學

需要

自然而
不可或
缺

自然但
非不可
或缺

因錯誤
觀念而
產生

僅是快樂程度
上的變化

智慧的抉擇

沉重的占有造成不快

■ 一個行為的價值
■ 快樂的界線：無痛苦

3 智者選擇最大的快樂

協定的
公正

無制裁之可能性

寧靜

靈魂

恐懼

制裁之可能性

協定的
公正

4 伊比鳩魯論公正

伊比鳩魯（約前 342- 前 271）奠立了一個尤其以實踐為著眼點的學說。受其影響者主要有羅馬人**霍拉斯**與**盧克萊修**。後者的《自然論》（約前 50）是除了**伊比鳩魯**的幾冊珠璣集與書簡外最重要的文獻。

伊比鳩魯的**物理學**建立在三個原理上：

- 從無不能生有。
- 有不能過渡到無。
- 宇宙從永恆以來便如今日一般存在著，未來也將一直如此。

宇宙僅由物體與空構成。前者的存在透過感官知覺便可經驗，空的存在則是物體之所以能在某處與能運動的條件。

伊比鳩魯以**德謨克利圖**的原子論（頁 33）為本。一切物體均由**原子**組合而成。原子除了形狀、重量、大小外不具任何性質。它們在數學上是可分的，在物理上卻是不可分的。因為如此一來，我們才能解釋，為什麼它們不會在無當中解消，同時也顯示不同的形狀。由於原子有不同的形狀，物體也有了不同的外貌。

　　原子因其**重量**之故不斷在空間裡平行墜落。基於偶然的因素，其中有些改變了方向，撞擊到其他原子，與它們「交織」在一起，物體於焉形成。

原子的數量與空間一樣是無限的。因此，**伊比鳩魯**主張在宇宙中有無數**世界**存在。

伊比鳩魯的認識論稱為**規準學**，其物理學上的根基是圖像。圖像形成的原因是物體表面有原子游離，在觀察者物質性的（組織細微的）靈魂上留下了細微的印記。**感官知覺**乃是真理的試金石。

　　「確實被看到或經由觀察才為思想所掌握的對象方為真實者。」

圖像或印象的重複讓我們產生準概念，是乃理性作為的基礎。在理性當中產生出來的意見若關聯到感官對象，則它可能

- 為感官知覺所證實，因而是對的。
- 與感官經驗矛盾或得不到它的證實，因此為必須予以揚棄的「空洞之見」。

若它關聯到非感官的對象，則它可能是

- 錯的，因為它與感官世界衝突。
- 對的，因為沒有任何感官經驗可以否定它。

例如，空間的存在為運動現象邏輯上的要求，且未遭任何感官經驗否定。

　　「虛妄與錯誤恆常是在附著於感性對象上的思想裡發生，需要經驗證實或至少不被否證者沒有得到證實或遭到否證。」

倫理學是**伊比鳩魯**學說的核心，其原則是**快樂**。每個生命體都自然而然地追求快樂，避免痛苦。因此，生命以快樂為目標。**伊比鳩魯**將快樂定義為痛苦與不安的闕如。如此，在快樂與痛苦間並沒有中間地帶存在。當肉體痛苦（如因為匱乏）與精神痛苦（如恐懼）被排除了以後，快樂就已經得到了。

伊比鳩魯強調快樂是可獲致的。當根本需要在排除飢渴等匱乏而得到滿足後，快樂便不能再進階，只能求變化。快樂的感受只會更多樣化。

因此，**伊比鳩魯**將人的需要分成三組：

- 自然的，不可或缺的；
- 自然的，但非不可或缺的；
- 空無的，因錯誤觀念而產生的。

第一項需求毋需辛勞便能滿足。**伊比鳩魯**因此認為清心寡欲是重要的德行。人類的心智以「快樂測計術」全盤計慮好壞，避免會造成肉體痛苦與靈魂不安進而引起更多不快的快樂：例如政治活動會為生活帶來無數不確定因素，因此他建議隱居的生活。生活的**澹泊寧靜**除了沒有肉體痛苦外，還有免於心靈不安與混亂。其途徑之一便是注重德行。

　　例如智者會以公正為依歸，因為若不如此，他永遠無法免於可能受到社會制裁的不安。

公正是什麼取決於**約定俗成**，即眾人為維護利益而達成的協定。同時我們也該「運用**智慧**，它是通往快樂的路途上最佳的嚮導。」（**西塞羅**）掃除錯誤的觀念意見，便可免於危害澹泊寧靜的各種恐懼感。

　　根據**伊比鳩魯**的看法，**諸神**不會干預世事的演變。祂們過著愉快的生活，不會以「沉重的任務」來擾亂自己的寧靜。

他也不認為世界的歷程受**必然性**與命運的掌控。

古
代
哲
學

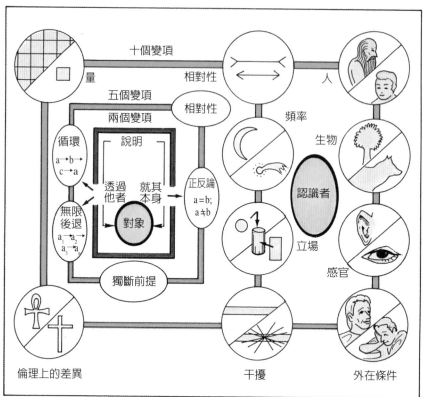

1 賽克圖斯之變項

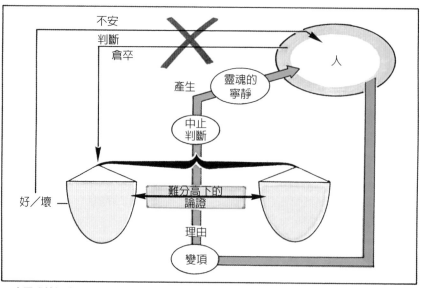

2 皮羅式懷疑主義之構想

艾里斯的皮羅（前365-前275）的**懷疑**（意為「左顧右盼」）的系統性論述，是由**賽克圖斯**（約200-250）所作：

「懷疑是一個藝術，將事物一切可能的出現方式與思想方式對立起來，以致我們因為對立的事態、論證難分高下而中止一切判斷，進而得到靈魂的安謐。」

皮羅式懷疑的出發點是**中止判斷**與**靈魂的寧靜**兩者的關聯。

一切的不安來自認識與評價事物的衝動。

認為事物有本然的好壞是一個**獨斷**的信念，為人們帶來迷惘與恐懼。當懷疑主義者

中止了一切判斷，達到了**漠然**的態度，他的靈魂便得到了安寧，兩者如影隨形。

皮羅式懷疑主義中止對事物本性的判斷的要求，理由在於「**正反雙方論證同樣有力**」：

無論任何命題都可找到同樣有力的反論。

懷疑主義者研究一切正反對立的可能，以利於中止判斷。一個現象或思想被拿來與一個（相反的）現象或思想做比較。對此，賽氏歸類了三組**變項**：

（1）**十個有相對性的變項**。有相對性的是

・判斷者：因為生命體、個人、感官以及知覺產生時的外在條件。

・判斷對象：事物因量的不同而有不同的顯象（沙粒為硬，沙堆為軟）。不同民族的道德標準與生活方式也有所不同。

・判斷者加上判斷對象：由於觀察角度不同，對象也顯得不同；有時兩者中有一個受到「干擾」。此外，現象發生的頻率也決定了它的地位。

（2）**五個變項**源自正反論的存在與每個論證無限後退的可能性，以及相對性、獨斷前提與循環論證。

（3）**兩個變項**：基本上，一物若非就其本身被認識，就是透過他物被認識。

第一個可能因為對同一事物彼此矛盾的命題確實同時存在而應予排除，第二個可能則造成無限後退或循環論證。

懷疑論者藉由特定的前綴來表達這種有方法基礎的

懷疑：

「不見得」（這個主張會比較對）、「或許」、「一切都是不確定的」等。

同時，這些前綴的**有效性**本身也沒有獨斷性，即其也是懷疑的對象。皮羅的學派嚴格遵從**現象**，懷疑主義者不做判斷，就不會與它陷入矛盾。如賽氏不否認蜂蜜嘗起來有甜味，但否認它是甜的。

據此，懷疑主義者也必須中止**行動**。但既然這是不可能的，他就依循「日常的生活經驗」，當中除了對自然的初步猜想與經驗上的自然束縛外，還包括社會環境既有的道德風俗與習得的技藝。

由於他（不武斷地）遵從這些既有的規約，他可以在行為中不帶有任何判斷。

阿克希勞斯（前315-前240）與**卡尼亞德斯**（前213-前128）為**新學院**帶來了一個懷疑主義的轉向。中止判斷的首要目的在於贏得更確定的知識。學院派的懷疑主義者反對斯多噶學派（頁55）有堅定不移、不能否決的觀點存在的主張。

沒有真理的判準，只有**或然率**。

一個觀點充其量是可信的，或者是「沒有阻礙」，即不與其他觀點衝突。如果一個觀點經過額外的「檢驗」，便能擁有最高限度的確定性：

可能影響「正常」知覺的一切錯誤的源頭都被過濾出來。

西塞羅（前106-前43）在作品裡融合了古典時期不同學派的思想，為**羅馬折衷主義**最重要的代表人物。他最特別的貢獻在於

・以適合羅馬帝國國情的方式引進希臘人的（政治學與倫理學）理論。

・古典**自然法**理論的發明。對**西塞羅**來說，法律性與理性都屬於人的本質。他把不變的自然法置於隨歷史改變的法律之上。

・**傳承**古典時期彼此對立競爭的哲學系統。

西塞羅將希臘哲學的概念轉譯成拉丁文，這是他對西方哲學傳統的重要貢獻。

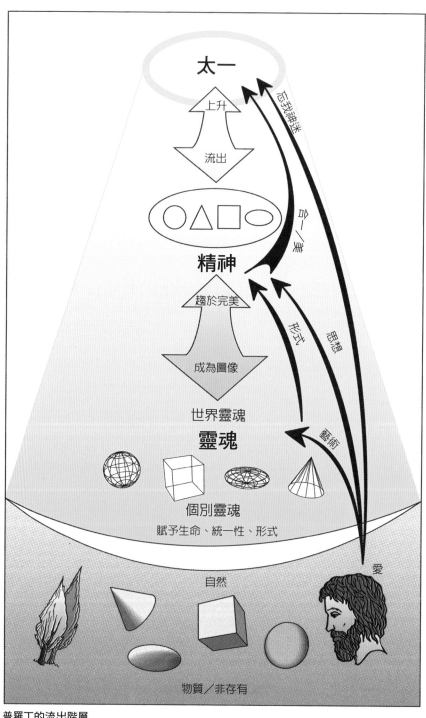

太一

上升

流出

精神

趨於完美

成為圖像

世界靈魂
靈魂

個別靈魂
賦予生命、統一性、形式

自然

物質／非存有

普羅丁的流出階層

古代哲學最後一個大型系統是**新柏拉圖主義**。哲學家重拾柏拉圖（頁 39-43）的宇宙論，結合他的理論與**亞里斯多德**及斯多噶的主張。

重要人物為：

- **阿摩紐斯**（約 175-242），**普羅丁**之師，在亞歷山卓創立該學派。
- **普羅丁**（約 204-270），新柏拉圖主義實際創立者。
- **普洛克羅斯**（約 410-485），已屬「士林哲學」思想家，使新柏拉圖主義具備系統完整性。

普羅丁的哲學見諸《伊尼亞德斯》，由學生**波斐留斯**集結出版。它描述從**太一**下降與往太一上升的運動。此太一**普羅丁**又稱為善，是絕對的統一與充滿。一切的善乃至於美都源自它。沒有任何存有物可以游離到與它的關係之外，**普羅丁**以太陽喻之：

> 光與太陽關係緊密，不能分離。光永遠與太陽俱在。以此類推，存有也無法離開它的源頭，即太一。

由於太一是絕對的統一體，所以不可能藉直接的、概念性的、解析性的手法接近。

> 「它不是存有物，否則在此一本身將成他物的謂詞；它……沒有名字，（我們）將之稱為一，當然這不表示，它本身是一特定的什麼，然後此外也是一個一。它毋寧必須透過其產物來認識，即存有。」

太一因其**充滿**而外溢，**普羅丁**稱之為「**流出**」。每個較高的存在層都在較低層映現自己，然而統一性與存有的充滿卻也層層流失，直到最後完全物質性的存有構成了物理世界。

最初從太一流出的是**睿智**。它是**觀念**的國度，觀念意謂一切事物永恆的原型。因此它是最高的存有。

這個**智性的世界**以太一為關照對象，但本身已有了分化：

> 睿智中有**思想**，於是要求思想者與思考對象的分離，以及對象之間的差異性。

因此，睿智除涵括存有、不動、自我同一（基於其永恆性）等**原理**外，還有思想行為本身所蘊含的動態與差別化。

在成熟的睿智中孕育著**靈魂**的果實。

> 如同話語是思想的反映，靈魂也是睿智的反映。

作為睿智的「外顯作用」，靈魂最高的活動便是回返觀照睿智。靈魂搭起了睿智界與物質界的橋樑。

世界靈魂遍滿整個宇宙，賦之以形，為它注入生機，為世界帶來**秩序**。

世界靈魂當中包含了個體靈魂。它與物質結合，形成了物理世界的個別物。**普羅丁**稱**物質**為非存有。它本身沒有形式，雜亂無章且醜陋。它是距太一之光最遠者，因此**普羅丁**曾有「物質之黑暗」之說。

> 靈魂與物質結合之後，其觀照睿智與己之所從出的太一的視線便遭到遮蔽。

向著太一**上升**的過程**普羅丁**稱為淨化。其動力為對原始的美及合一的愛。上升的道路是觀照。

> 例如藝術經由感官之美的鑑賞通往純粹的、自身完美的形式之美。

在**哲學**裡，靈魂也克服了如陰影般虛幻的物體世界，返回精神之中。至高無上的解脫是**忘我神迷**，即直接沉降至對太一的觀照中。

波修斯（約 480-524）也受新柏拉圖主義影響，人稱「最後一位羅馬思想家與第一位士林哲學家」：他翻譯、評注與編纂了古代哲學文獻（特別是**亞里斯多德**）。他為士林哲學留下了拉丁文的概念與製作專有名詞索引的風氣。遭誣陷而身陷囹圄的他寫下了《哲學的慰藉》，是他與哲學這位女醫師之間的虛構對話。「療效」的基礎在於關於**天命**的討論：

> 神是世界的創造者與擺布者，為它帶來統一性。

值此，他也保證了天命的恆定性。相反地，命運與在其中作惡的力量只是偏離了神性的中樞：

> 「因此……離開神的精神越遠者，跟命運的糾纏就越深……如果它觸及了屹立不搖的最高精神，那麼它……便超越了不可避免的命運。」

人應該把自己奠立在理性上，對於（反覆無常的）外在事物應淡然處之。如此，（表面看來）惡逆的命運之目的只在鍛鍊、提升或懲罰我。

中世紀哲學

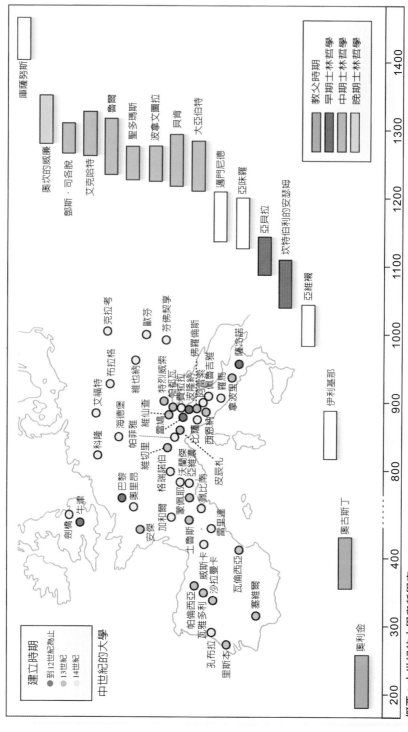

概要：中世紀的大學與哲學家

西方中世紀哲學的主要特徵是**基督教**與哲學的結合。

中世紀哲學是基督教哲學，就其內容取向而言是如此，就其代表人物而言也是如此——他們幾乎皆為神職人員。

因此，一個不變的主題便是**信仰與知識的關係**。但這不表示該時期的思想有獨斷的統一性。不同哲學流派在方向上的爭議以及教會權威對其論點的譴責在在顯示：

此時期的思想確實在彼此獨立、互異的軌道上發展。

第一個階段在時間上仍與古代哲學重疊：

教父時期（約二至七世紀）的特色是**教父**藉古代哲學來拓展、鞏固基督教的教義，反駁異教與靈知的概念。古代基督教哲學最重要、最有影響力的人物是

奧古斯丁。他深受新柏拉圖主義影響的作品是中世紀思想的主要泉源之一。

在古希臘哲學的時代結束後（象徵性的年代是529年，**查士丁尼大帝**關閉了柏拉圖學院），在幾百年間，其思想遺產主要在修院中得到保存、傳承，但哲學也喪失了獨立性。

從九世紀開始的時期一般以**士林學派**名之。

士林（意為學校）哲學家這個概念指的是在學校裡從事科學研習者，尤其是在**查理曼**建立的教堂學校與宮廷學校及後來的大學裡任職的教師。

不過，士林哲學指的主要是一種方法：

每個問題都理性地就正反面推究，直至找到答案。

士林學派的特徵是回歸傳統並批判地檢驗其知識，及其教授與傳承。

十二世紀起建立的**大學**成了精神生活的重鎮。教學活動分為四個基礎科系：

哲學（七藝）、神學、法學與醫學。

大學中進行的**論辯**遵循士林學派方法的嚴格公式。文藝復興時期批評這種哲學樣式拘泥於形式的僵化。

古代哲學裡供士林哲學汲取的思想源頭主要為：

奧古斯丁；新柏拉圖主義傳統（包括**託名戴奧尼索斯**的作品）；傳承亞里斯多德邏輯的**波修斯**；後來還及於**亞里斯多德**自己的作品。

中世紀思想一般分成如下階段：

早期士林哲學（十一至十二世紀）開始了士林哲學方法上的擴充。此時點燃的**共相之爭**在接下來的幾百年內一直是重要主題：普遍概念（類與種屬，如人類）是否具有獨立於思想外的實在性，或者僅存在於思想中？

阿拉伯世界影響了接下來的哲學發展。

在九至十三世紀，伊斯蘭文化圈保存了希臘哲學與科學的傳統。希臘人的作品透過阿拉伯人的**翻譯**傳到了西方，士林哲學因此獲致比從前更豐富的文獻資料，包括**亞里斯多德**自己的著作。

新一波的**亞里斯多德**研究決定了**中期士林哲學**（約十二至十三世紀）的基本性格。每個思想家都必須對**亞里斯多德**有透徹的認識。同時，以奧古斯丁為師的方濟會傳統與遵循亞里斯多德路線的道明會彼此抗衡。

聖多瑪斯在亞里斯多德主義與基督教哲學的融合上做了最廣泛的系統性嘗試。

部分亞里斯多德學說與基督教教義間的磨擦，導致教會在一段時間內禁止特定的**亞里斯多德**作品，並譴責了一系列的哲學論點。

艾克哈特將中世紀的**神祕主義**傳統帶到高潮；要旨在於反觀內在的精神之途以及與神性的融合。

其他代表人物為**索依瑟、陶勒**與**哲爾松**。

晚期士林哲學（十四世紀）以**奧坎的威廉**為首嚴格批判了舊學派的形上學系統。新道路（又稱唯名論）伴隨著自然科學的興起（**奧雷斯姆的尼各拉、布里丹**）。

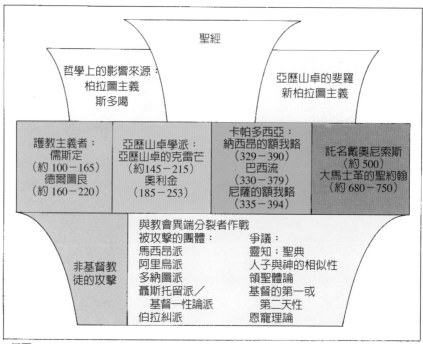

聖經

哲學上的影響來源：
柏拉圖主義
斯多噶

亞歷山卓的斐羅
新柏拉圖主義

護教主義者： 儒斯定 （約 100－165） 德爾圖良 （約 160－220）	亞歷山卓學派： 亞歷山卓的克雷芒 （約 145－215） 奧利金 （185－253）	卡帕多西亞： 納西昂的額我略 （329－390） 巴西流 （330－379） 尼薩的額我略 （335－394）	託名戴奧尼索斯 （約 500） 大馬士革的聖約翰 （約 680－750）

非基督教
徒的攻擊

與教會異端分裂者作戰
被攻擊的團體：　　　　爭議：
馬西昂派　　　　　　　靈知；聖典
阿里烏派　　　　　　　人子與神的相似性
多納圖派　　　　　　　領聖體論
聶斯托留派／　　　　　基督的第一或
基督一性論派　　　　　第二天性
伯拉糾派　　　　　　　恩寵理論

1 概要

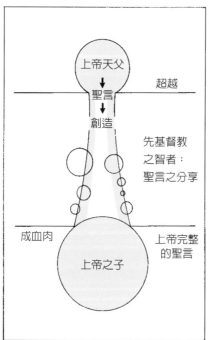

2 儒斯定：聖言之學理

無肉體（天使）　　　有肉體（人）

有理性　　　　　　　無理性（動物）

有感官　　　　　　　無感官（植物）

生物　　　　　　　　無生物

存有者

3 託名戴奧尼索斯：存有的層級

後使徒時期的古代基督教思想稱為**教父哲學**。「教父」的作品往往享有與聖經同等的權威性，但他們的思想缺乏系統與歷史上的連貫性，有如一段從基督教生活的辯護到學院性的神學的過渡期。

奧古斯丁影響深遠的作品是一個例外。

影響教父哲學者包括柏拉圖主義、**亞歷山卓的斐羅**（前25-40）的宗教哲學、新柏拉圖主義與斯多噶。

二世紀的護教主義者為新興的基督教辯護，抵禦「異教徒」的偏見與控訴。**儒斯定**便認為，

> 在耶穌出現之前的智者對創造宇宙萬物的聖言有片段的瞭解；經由聖言，一切受造物皆誕生，而聖言亦在基督身上成血肉。

諾斯替派試圖藉更高的知識來克服簡單的信仰。這樣的思潮與**亞歷山卓的克雷芒**（約145-215）建立正確基督教知識的方向相反；他結合古代哲學的形式與新興基督教的信仰內容。當時的重大爭議為：

> **哲學對信仰是有益還是無益，甚或有害？**

對**克雷芒**而言，哲學的存在是上帝的意旨，因此理性地加以利用是有益的。儘管希臘哲學尚且未蒙天啟，卻也是在上帝所賜予的自然了悟作用下才能有如此對世界的原始根本的認識。

不同於**克雷芒**調和雙方的努力，**德爾圖良**（約160-220）強硬地否定哲學。他不讓哲學侵入信仰的領空：

> 「耶路撒冷與雅典何干？」

自**奧利金**（約185-253）以降，哲學贏得了天啟內容反思者的角色。

> 上帝是非物質性的，從無中創造了世界。祂的兒子是道，在父親與世界間扮演中間者的角色。世間事物以道為摹本，不是父親本身的形象。

在起初，神所創造的一切精神性存有者一樣完美。它們的差異來自其自由意志，以此它們打開了惡的可能性。與上帝站在同一邊的精神存有是天使，而徹底墮落者則為惡魔。人的存在處在兩者中間。犯罪後，靈魂得到的懲罰是與肉體結合。從此，它也被賦予了滌罪的可能性。

世間的存在結束後，精神脫離了惡的束縛，一切又回到了與上帝合一之境。

尼薩的額我略（約335-394）把人類理解成感官世界與精神世界的中介。**靈魂是**

> 「被創造的、有生命的、理性的實體，為有機的、有知覺的肉體注入生命力與感覺能力」。

靈魂與肉體形成一個整體。因此，感覺活動與理智活動彼此依賴，但理智是主導者，感官有如它的工具。

人是上帝的肖像；不過，上帝非被創造者，因此是不變的存有，人則是被創造者，是會變化的。如下的可能性也因此存在：

> 人類因有自由意志而捨善就惡。

託名戴奧尼索斯（約500）影響了中世紀的哲學、神學與神祕主義。他據稱是使徒的學生，融合了新柏拉圖主義與基督教思想，在方法上為士林哲學鋪好了路。

戴奧尼索斯提出三種認識上帝的途徑：

> 肯定之道直指上帝的屬性（如三位一體）。
>
> 否定之道（**否定神學**）從被創造的存在者出發，否認它們的任何特性同時為上帝所有（如上帝無肉體）。

後者要求我們明瞭在談論上帝時我們在語言上的不足。一切的描述都只能當作是一個沒有名相者的象徵。因此歸根結柢

> **神祕之道**是由一切已知者躍升至無以形容者。

一切物的**原型**均存在於上帝中，作為祂的思想與意志表現。世界中的一切均出自祂，其本質也是源自對原型的分享。值此，一切存在物在本質上均包括對上帝的分享，反之上帝則不須對存在物分享，因為上帝的存在「超越一切存在」，本質「超越一切本質」。

事物由上帝中產生的過程有不同的階段，所以**存有的秩序**中也有**等級**的差異。

> 存有物的等級構成了士林哲學存有論裡的基本設計。（圖3）

一切造物皆以回到上帝為目標，祂是它們存在的最初根源。人類靈魂對上帝的渴望在與神性的太一發生神祕結合時得到了滿足。

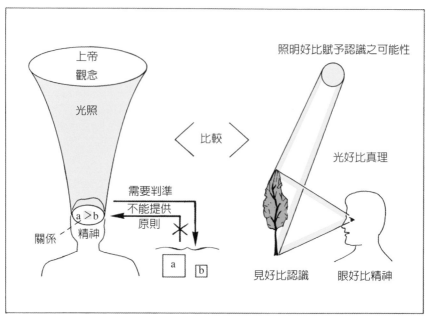

1 光照理論

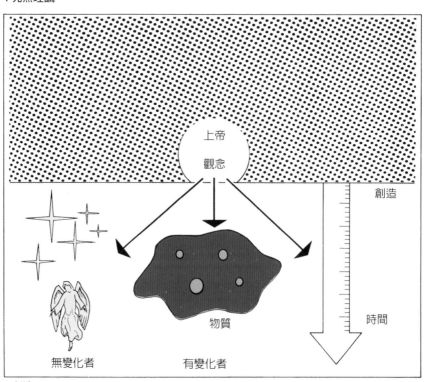

2 創造

奧古斯丁（354-430）的作品是西方精神發展史上最具影響力的典籍之一。他採擷古典哲學的遺產，在古典時期尾聲奠立了

「基督教哲學」的基礎，成為中世紀的思想先驅。其見解的影響延續到近代，甚至當代，例如**笛卡兒**哲學及**胡塞爾**的內在時間分析。

瞭解**奧古斯丁**其人最重要的文獻是他的《懺悔錄》。

在最初幾章裡，他描述了自己在皈依前內心充滿衝突的歲月。接下來的章節則包含了著名的「記憶理論」，關於經驗、意識與時間的反思。在這些探索裡，我們可以見到一個具前瞻性的意識哲學。

奧古斯丁的**自我認識途徑特殊之處在於轉向上帝**。

我只能在祂的真理之光中認識自己；透過（創造我的）祂，我恆常被認識。

在**信仰**中，人可以盡情開展認識的潛能，而人的解悟也會強化信仰：

「有信仰方有認識，有認識方有信仰。」

在探尋知識的先決條件的過程裡，**奧古斯丁**發現知識的基礎在於意識**內在的自知之明**。

在克服懷疑主義的努力中，他踏出了與**笛卡兒**的方法類似的思想步驟。對於外在於我的事物，我有犯錯的可能。但在我懷疑之時，我可以無誤地意識到我自己的懷疑。我的存在在一切判斷、懷疑、犯錯過程中都是一個已知、一個預設。

「如果我能犯錯，我必存在。」

因此，引領我們走向確切不移的知識基礎的道路是一條通往**內在**的道路。**奧古斯丁**最著名的論述是：

「莫向外求，回到你的內在；在內在的人裡面住著真理。」

尋找真理的人，始終行走在一條通往內在且基於對上帝的愛而不斷上升的道路上。他從感性的**外在世界**走向人類精神的**內在世界**，然後又從那裡走向心的**最內在**：

走向作為真理最後根源的上帝。

人在內在可以發現必然且**可靠的真理**。它超越時間與個人（如數學原理與矛盾律）。

這些真理並非源自感官經驗。事實上，若加以分析，將會發現它們也預設了某些**觀念**，因此它們並非可以完全沒有精神成分而自己成立。

例如統一性與平等性便是我們事先植入感官經驗的觀念。

同時，飄忽的感官印象也完全無法媒介關於事物的概念。我們必須將這些印象的畫面保存在記憶裡，將之重組並比較，才能清晰地瞭解感官事物的性質。那麼，我們如何獨立於感官之外掌握觀念？這個問題**奧古斯丁**以他的**光照理論**回答：

我們之所以能得到永恆的真理，是因為上帝的光照進了我的內在。

這可以以太陽光的作用比喻。眼睛有如精神的力量，被照亮的物體有如認識的對象，太陽則如真理的力量。

在此**奧古斯丁**使用了新柏拉圖主義傳統裡**光之形上學**的比喻。

觀念存在於**上帝**的精神中，是萬物的原始圖像。被創造的世界是這些原始圖像的摹仿與具體化。

神於無中創造世界。

這表示在世界被創造前物質與時間皆不存在。由於時間隨世界的創造而產生，上帝並沒有時間性。因此，世界在何時被創造便是無意義的問題。

構成世界的因素是**物質、時間**與**形式**（永恆的觀念）。部分的存有者上帝在瞬間便賦予究竟的形式（天使、靈魂與星辰），另一部分的造物則不斷改變（如生物的身體）。為了解釋這一點，**奧古斯丁**使用了**原始種子**的理論。

這些種子被上帝置入物質之中，於是產生了生物。

如此，若欲解釋發展的過程，除了上帝絕對的創造力外，不需要任何其他原理。

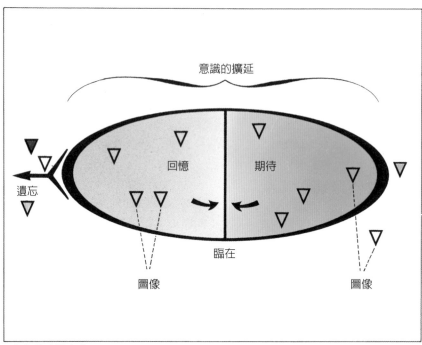

1 內在的時間意識

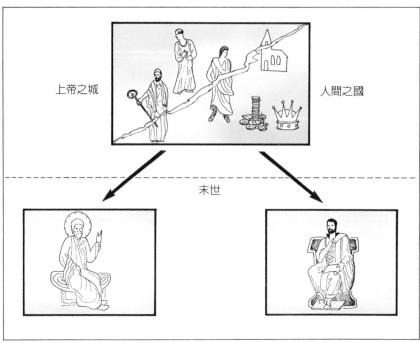

2 歷史神學

奧古斯丁在《懺悔錄》第十一書裡做了一段有名的**時間**分析。他不只發現了意識建構時間經驗的能力，甚至

> 基本上其反思也切入人作為時間性的存有者與永恆真理的關係，以及當中顯現的存在性質。

在此，**奧古斯丁**完成了古代哲學中的一個轉向，從宇宙性的時間理解走向內在時間意識的主觀層面。

如果時間被視為客觀性存在，它將必然裂解為毫無關聯的時間點。過去的時間不復存在，未來尚未存在，而現在則被極小化為過去與未來間的過渡點。

然而，我們卻擁有時間長度的意識、時間經驗與測量時間的尺度。這一切之所以可能，顯然是因為人類的意識擁有某種能力，可以將飄忽的感官知覺所留下的印象作為圖像保存在記憶裡，並以此帶給它們持久性。圖像臨在的方式將時間的三個向度確立為

> 「過去的臨在，即記憶；
>
> 現在的臨在，即當下所見；
>
> 未來的臨在，即期待」。

因此，過去與未來存在是不貼切的說法。有真實性的只有當下的體驗，它可以藉由臨在打開過去與未來的界面。我們在靈魂中量度時間，時間因此乃是**靈魂的擴延**。在深入過去與未來的擴延的兩端之外，圖像就消失在越來越濃的黑暗中。

由於精神以此建構了時間的界面，人的內在始終片斷化為期待、行動與回憶。

經驗到自己的時間性後，人類更進一步面對了關於不流遷變化者的問題。精神只有在把目標放在永恆的真理上時，才可以找到安寧。

> 「不是散亂在來來去去的雜多中，而是延展到先於一切存在者身上。」

一切存在者透過上帝而得到其存在；若精神對永恆的上帝凝聚自己，那麼人類便可以「分享永恆」。

根據奧古斯丁，人類是「由肉體與靈魂組成的，是有理智能力的實體」，他也承認靈魂的優位。人的內在實際上是

> 意識、理智與意志三者的合一，因此是神性的三位一體的表現。

奧古斯丁倫理學的基本概念是**愛**，其意義等同於意志。

人類一切追求的最終目標是**至福**。

但個別的世俗快樂所帶來的滿足並無法達到至福，只有在上帝之中才能得到；祂是恆常的，人類因愛祂而愛祂，非為其他目的。上帝以自己為目標創造了人類，而人類只有在祂之中才有完成自己的可能。

在真正的、以上帝為依歸的愛裡，人類可以找到行為的準繩。只要愛是真的，他就不需要其他道德法則。因此**奧古斯丁**可以說：

> 「愛，然後為汝之所欲為。」

然而，事實上人類多為自私之愛所俘，因此做了偏差的選擇。在此，**使用**與**享用**須予以區別。

> 外在的利益我們只能加以使用，藉以達到更高的目標，亦即在上帝之中的至福。在此，我們可以享用，不再求其另有他用。
>
> 但是，如果我們在外在事物及自身當中圖享用，便錯過了愛真正的目標。

奧古斯丁藉由歷史開端所招致的原罪來解釋人類墮落的傾向。人類無法靠自己的力量洗清原罪，必須仰賴上帝的**恩寵**。

人類去惡向善的自由根源於上帝的揀擇。

奧古斯丁在《上帝之城》中發表的**歷史觀**對歐洲歷史哲學與中世紀政治權力分配有巨大的影響。

歷史可理解為兩個國度的鬥爭史：上帝之城與人間之國。兩者建立在不同形式的愛之上：

> 「人間之國建立在私愛上，其極致乃對上帝的輕蔑；天國建立在對上帝之愛上，其極致乃世人對自己的輕蔑。」

教會與世俗政府雖然在外在形式上與之對應，但在這兩個人文秩序當中彼此都設有代表。如此，在實際的歷史過程中，兩個國度恆彼此相屬，一直到末世兩者分開，由上帝之城獲得最後的勝利。

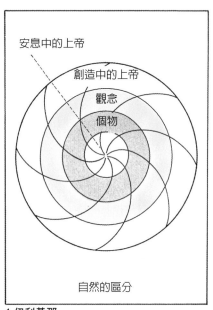

1 伊利基那

安息中的上帝
創造中的上帝
觀念
個物
自然的區分

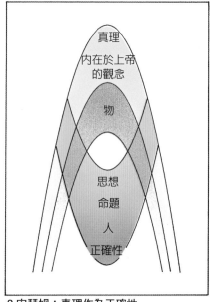

2 安瑟姆：真理作為正確性

真理
內在於上帝
的觀念
物
思想
命題
人
正確性

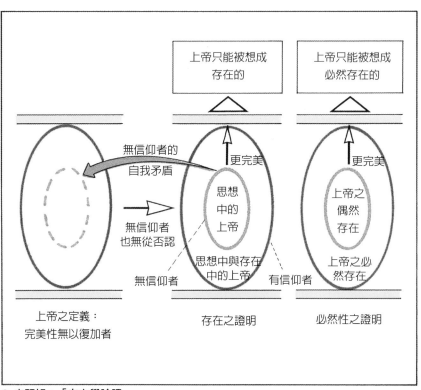

3 安瑟姆：「存有學論證」

上帝只能被想成
存在的

上帝只能被想成
必然存在的

無信仰者的
自我矛盾

更完美

更完美

思想
中的
上帝

上帝之
偶然
存在

無信仰者
也無從否認

無信仰者

思想中與存在
中的上帝

有信仰者

上帝之必
然存在

上帝之定義：
完美性無以復加者

存在之證明

必然性之證明

早期士林哲學

在古典時期淡出後數世紀的時期裡，思想界的主要建樹在於保存前人遺產。

一個例外是愛爾蘭人**伊利基那**（約810-877），他在850年前後受聘於**禿頭查理**的宮廷學院。

人類的一切求知欲望應以對**天啟**的**信仰**為起點，但天啟的意義詮釋則是**理性**的使命。信仰與真正的理性之間並沒有矛盾可言。教父的權威只要與天啟的精神一致，就必須服從。

倘若權威與理性衝突，則理性優先。（頁12圖2）

在《論天命》中，**伊利基那**加入了當時的一個重要論辯；他主張人類的意志自由與信仰在邏輯上有必然的連結，認為上帝不可能預先決定人類接受（下地獄的）懲罰的命運，因為這個理論與上帝的善有根本的衝突（地獄是悔悟）。

在代表作《論自然的區分》裡，他區別了

四種自然：

· 有創造力而不被創造的自然：**上帝作為創造者。**

· 被創造且本身有創造力的自然：上帝所擁有的**觀念**；它們是原始的範本。

· 被創造且本身無創造力的自然：**個別事物**（造物）。

· 既非創造者也非被創造者的自然：不再創造、安息中的上帝（造物的最終目標）。

整體的造物應理解為隱匿之上帝的**自我彰顯**與祂的自我定性。人類的精神是世界的鑰匙，可打開上帝的自我彰顯之門。

坎特伯利的安瑟姆（1033-1109）可謂十一世紀最重要的神學家，也是「士林哲學之父」。他認為**信仰**本身即催促我們追求理性的知解。雖然信仰恆常是根本的出發點，信仰的教條在內容上也不容任何理性原理的挑戰，但

真正的理性卻必然引領我們走向信仰的真理；因此，基督徒應試圖藉理智來瞭解自己的信仰。

安瑟姆試圖證明教義不需依靠任何權威（聖經、長老）便可純粹地從理性原理中開展出來。

在這個背景下，他陳述了著名的「存有學**論證**」，在《論證集》裡藉之理性地證明上帝的存在，令不信仰者也無從反駁：

上帝被認識為「其偉大（完美）無以復加者」。

這個句子非教徒也可以瞭解；而他一旦瞭解了它，這個句子就進入了他的理智。若我們必須承認，真實存在者比只在思想中存在者完美，則「完美性無以復加者」必然有真實的存在。

安瑟姆又擴充了他的論證，斷言依據最原始的定義上帝的不存在乃是不可設想的，

因為**必然存在者**較之其不存在的可能性可以設想者（即偶然存在者）更加完美。

這個證明直到中世紀結束後還受到熱烈討論，如**康德**便在《純粹理性批判》裡試圖推翻它。（頁141）

在上帝創造世界前，世界是個存在於祂精神中的**觀念**。事物的原型是上帝內在的話語，完成的造物則是其言語的摹本。造物無法靠自己延續其存在，時時刻刻需要上帝的保存。人類的**靈魂**是上帝的影像，有三個主要的稟賦：

記憶、認識與愛。

靈魂之所以被創造，目的在於讓它愛作為最高善的上帝。

在《關於真理的對話》裡，**安瑟姆**揭示了**真理**的三個層次：

在上帝之中的永恆真理（**觀念**）、**事物的真理**（規準是與神的真理一致），以及**思想與命題的真理**（規準是與事物的真理一致）。

「因此，事物之存在其真理乃是源於最高真理，本身同時也是認識行為與命題中之真理的基礎。」

安瑟姆對於真理最簡短的定義是：

「真理是只能在精神中掌握的**正確性**。」

就人本身而言，正確性意謂：將人的全部（包括思想、行為與意志）奠立於在上帝中發現的、永恆的存有基礎之上，正確地傾聽存有的本質，在其中與真理相遇。

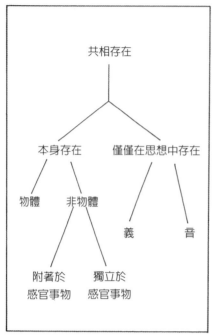

共相存在

本身存在　　　僅僅在思想中存在

物體　　非物體

義　　　音

附著於　　　獨立於
感官事物　　感官事物

1 共相問題

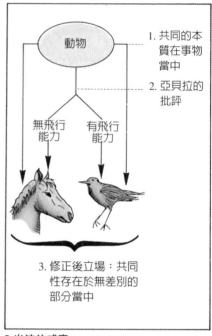

動物

無飛行　有飛行
能力　　能力

1. 共同的本
　質在事物
　當中

2. 亞貝拉的
　批評

3. 修正後立場：共同
　性存在於無差別的
　部分當中

2 尚波的威廉

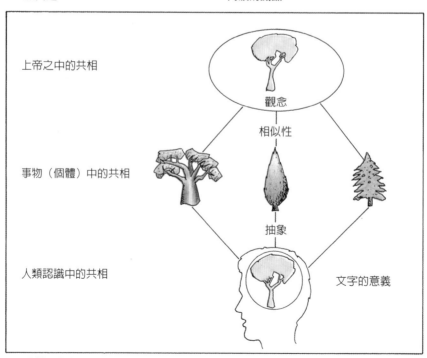

上帝之中的共相

觀念

相似性

事物（個體）中的共相

抽象

人類認識中的共相　　　　　　　　　　文字的意義

3 亞貝拉：共相

中世紀的一個核心議題是關於**共相**地位的問題。

共相是普遍概念、類屬（如生物、人類），異於**個殊事物**。

問題癥結在於：

是只有共相擁有實在的存有，而個殊事物只是無獨立性的衍生物呢？還是只有具體的個別事物擁有實在性，而共相只不過是人類所造的名稱？

這個議題的外在誘因是**波修斯**擷取自**波斐留斯《導論》**裡的一個問題：

種與類有本身的存在，還是僅存在於思想中？如果它們真的存在，它們是物體還是非物體？它們是獨立於感官事物之外，還是附著在其上？

對共相實在論者而言，實際存在者唯共相本身而已。個別事物只是附屬在共同本質下的次要形相。

例如**尚波的威廉**（1070-1121）便認為，所有人都有一個共同的本質，它是不可分的，存在於每個個人之中，而「人」這個字所指的便是這個實在的基礎。

亞貝拉對此提出了質疑：如此一來，同樣一個實體將會有相反的屬性。

例如假設「生物」這個不可分的實體同樣蘊含在人與動物裡，那麼它必須同時是理性的與非理性的。

因此**威廉**後來修正立場，表示同一個類屬中之成員的共同性存在於它們之間無差別的部分，即在差別的闕如中。

對唯名論者來說，實際存在的只有個殊事物（個體），共相僅存在於人類的精神中。共相可以理解成從事物抽象出來的概念或任意發明的名詞。

羅塞林（約1050-1124）便主張共相不過文字而已。

亞貝拉（1079-1142）在共相問題上採取了與唯名論相仿的立場，又稱**構想論**。

共相的存在先於人與事物，是其觀念（原型），為**上帝**精神裡的內涵。

在事物中，它們因其共同性的存在而存在。不過，這種符應並不是一種獨立的存在物，而僅僅是為人類的精神透過抽象而掌握。

因此，事物的概念不是任意捏造出來的，而是抽象的結果，而抽象本身的基礎乃在事物之上。

就人類的認識而言，有普遍性者只有**文字概念**──但也不是文字概念本身，而是它們的內容、它們的**意義**。

因此，**亞貝拉**區分了音與義。擁有普遍性的，只有文字的意義。

亞貝拉所提的另一個問題如下：共相的存在是否必須依附於它所指謂的事物？即使不再有事物的存在作為基礎，它是否仍能因其意義之故繼續存在？

如若不再有玫瑰存在，玫瑰這個名字是否存在？值此，**亞貝拉**區別了語詞的指謂功能與表意功能。如果沒有玫瑰的存在，玫瑰這個名字不能做任何對實物的陳述，但「世上沒有玫瑰存在」這句話還是有意義。

在《是與否》中，**亞貝拉**自聖經與教父著作裡蒐集了一籮筐自相矛盾的語句。他藉此證明權威經典有詮釋的必要，不可粗糙生硬地接納。以此，他為**士林學派方法學**的發展做出了重要貢獻，即

羅列許多不同的觀點及其佐證，加以檢驗，若有可能便進一步解決難題。

亞貝拉的**倫理學**開展在《認識你自己》中。外在行為本身在道德上是中性的，關鍵在於意圖或見解。

它表現於對一項作為發自內在的贊同行動。

在這個意義下，傾向本身也還沒有善惡可言。只有在不應然的行為被實際贊同時，罪惡才告成立。

善是對上帝意志的贊同，惡是對上帝的輕鄙。外在行為對這種內在行動毫無增減。

對於十二世紀的精神生活，教育單位（**學校**）的成立也相當重要。

較著名的是**夏特瑞學校**及巴黎的**聖維克托修院**。後者在**聖維克托的休格**領導下引起各方重視。**休格**致力於全面性科學系統的提倡，但他也與神祕主義的傳統有關。

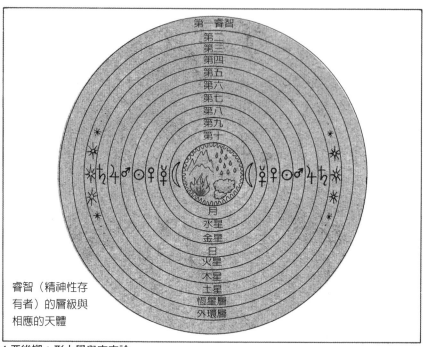

睿智（精神性存
有者）的層級與
相應的天體

1 亞維襯：形上學與宇宙論

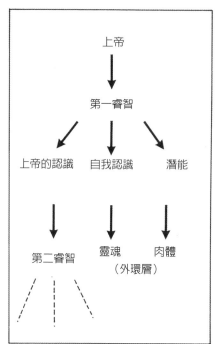

2 亞維襯：睿智的起源

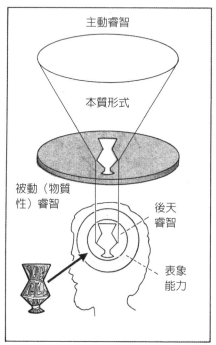

3 亞味羅：睿智及認識理論

阿拉伯哲學

對中世紀歐洲基督教世界的人文發展而言，阿拉伯世界的影響非同小可。阿拉伯人的科學遠遠凌駕西方，尤其是醫學。更重要的是，在九至十三世紀，伊斯蘭文化保存了希臘哲學與科學的傳統。

希臘人的著作在大型的翻譯學校中被轉譯為阿拉伯文，經由摩爾人統治下的西班牙傳入了西方。藉此，中世紀基督教世界才得以接觸亞里斯多德的全部著作（不只是波修斯所翻譯的邏輯作品）。其影響是經驗科學的興起。

法拉比（約 875-950）致力於綜合亞里斯多德與新柏拉圖主義的思想。因此他發展了一套包羅萬象的形上學世界體系，將普羅丁的流出理論與亞里斯多德的睿智說結合。

名醫亞維襯（980-1037）的哲學建立在一個根本思想上。其形上學的主要基礎在於區別自身必然存在者（上帝）與必然透過他者存在者。亞維襯認為唯一的必然存在者也只能有唯一的創造對象（因為它本身沒有多樣性），因此上帝從永恆以來便必然地創造了一個精神性的存有（第一睿智）。

上帝乃唯一本質與存在不可分離者，因此也是因其自身而必然存在者。

至於其他的一切，其必然性都是有條件的，可再劃分為永恆的存在者與無常的存在者。

從本身也是造物的第一睿智的精神活動，又產生了有層級的造物世界。（圖1、2）

在最低層形成了主動理性，其功能是照明人類接受性的被動理性，並為世間的物質賦予形式。

由於對象物與人類精神的來源相同，世界因此有充分認識的可能。生命的意義在於與主動理性合一。

這個構想招致神學界的批評，因為若世界必然被創造，且從永恆以來便被創造，那麼便無創造世界的行動可言。最具影響力的攻擊出自加匝里（約 1058-1111）。他試圖藉對認識力的批判來顯證哲學在討論上帝時所面臨的界限。

亞味羅（1126-1198）對亞里斯多德的作品做了鉅細靡遺的評注，為西方拉丁文化圈帶來深遠影響。如果亞里斯多德是哲學家的代表，亞味羅便是評注家的代表。他的作品可以分成三類：

- 簡述簡短地敘述亞里斯多德的思想成果。
- 中評注提供了亞里斯多德學說的內容解說，以及他自己的態度與立場。
- 大評注逐段為亞里斯多德的文字進行詳細的解說。

亞味羅致力於融合哲學與伊斯蘭宗教，因此他就人人個殊的理解力區別了古蘭經的各種理解層次。

在其睿智說裡，他區別了賦予知性形式的主動睿智與具接受能力的被動睿智。兩者均為永恆的、超越個體的。

就具體的個人而言，形式在被動睿智上的實現，造就了每個個人後天的睿智。

由於它與人結合在一起而有死，因此亞味羅的理論排除了個別的靈魂不朽的可能性。

中世紀最重要的猶太哲學家包括亞維采布隆（約 1025-1058）與邁門尼德（1135-1204）。兩者均在西班牙出生，主要著作均以阿拉伯文寫成。

亞維采布隆認為一切的存有均透過上帝的意志而由物質與形式結合而成。

一切存有（除上帝外）都由普遍物質構成，包括精神性存有。

但他所謂的物質並非一般的物體──它只是物質的一種特殊形態。物質是即將接受形式的純粹潛能，在形式加入後，它才有存在可言。

邁門尼德的影響力來自其作品《迷途指津》。他的對象是在研究過哲學後對信仰問題舉棋不定者，目的在於顯示如何透過科學的媒介重新獲得信仰。

若聖經文字與科學知識衝突，那麼它們應該當作譬喻來瞭解。

邁門尼德的路線是否定神學；關於上帝的本質，他主張我們只能做否定性的陳述。正面的謂詞只能觸及祂的事蹟，不能表現祂的本質。

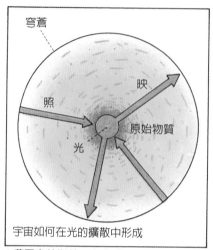

穹蒼

映

照

光

原始物質

宇宙如何在光的擴散中形成

1 葛羅塞特斯特：宇宙論

數學　　　　經驗

方劑

不科學的方法

假權威　習慣

偏見　假知識

假問題　　　方劑

語言素養　　光學

2 貝肯：知識的改革

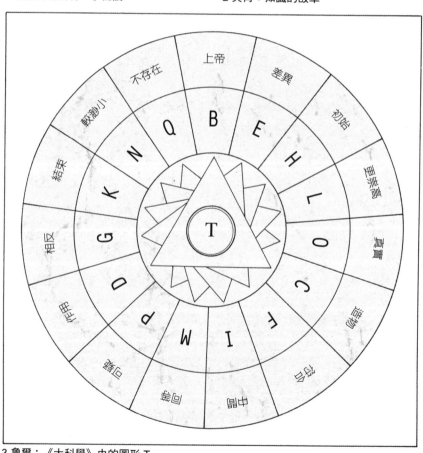

上帝

不存在　　　差異

較渺小　　　初始

結束　　　　更崇高

相反　　　　真實

作用　　　　偉大

回答　　　　存在

中間

3 魯爾：《大科學》中的圖形 T

貝肯（約 1215-92）屬於**葛羅塞特斯特**（約 1168-1253）在牛津大學建立的數理化**自然科學**研究傳統，在此，**光**的理論扮演著根本的角色。

光是一個自己產生自己的實體，是在自然中作用的一切力量的負載者。

因此，自然界中的一切作用可藉光所隨從的**幾何原理**加以認識。

貝肯企圖透過教會與社會的**改革**來提升人類的生活水準，並強化基督教的力量。為了達到這個目的，必須建立在方法上確切不移並以經驗為基礎的知識探索。

因此，在《大論著》裡，他首先列舉了**錯誤**的四個主要來源：

對**假權威**的盲從、暗藏錯誤的**習慣**、無知大眾先入為主的**偏見**，以及背後為空洞俗見的**假知識**。

他指責當時的神學家與哲學家使用不科學的方法，而且還耗神於假問題上。

他建議了四個**知識領域**作為救濟途徑：

- 聖經與哲學典籍詮釋必須以對**原典語言**的掌握為基礎（這在當時是革命性的要求）。
- 諸科學共同的基礎是**數學**。它是人類與生俱來的能力，如果它的自明性不存在，我們對自然就不可能有清楚的認識。
- 由於光的特殊地位，**光學**成了一門基礎科學，並且由光學推導出數學方法與實驗方法的應用。
- 知識建立在**經驗**上。關於自然的命題必須透過自然證實或否證。因此**實驗**的重要性大為提升。此外**貝肯**也承認內在經驗作為**覺悟經驗**的可能性，與它關聯的是精神性的內容與關於神的經驗。

根據他的看法，若能正確應用理性，便不會出現神學與科學的衝突，因為理性科學的真理與天啟的內容均建立在上帝的絕對知識之中。

波拿文圖拉（約 1221-74；自 1257 起為方濟會會長）屬於所謂的「舊方濟會學派」。作為亞里斯多德主義思潮的反動，他以**奧古斯丁**及新柏拉圖主義為宗師。不過他也採納了亞里斯多德的思想遺產，在「世俗」知識的範圍內承認亞氏的權威性。

但在形上學的範圍裡，亞氏錯過了最根本的要素，因為他不同意柏拉圖的觀念論，如此一來也否認了一切存有物存在於上帝精神中的**原型**。

波拿文圖拉倡議一種受到**葛羅塞特斯特**影響的**光之形上學**，要旨是光乃一切物體共有的**形式**。它帶來了物質的普遍形式，而存有物的特定形式則是來自基本形、混合形與靈魂形式。因此他認為在每個存有物中都有**複數的形式**。每個形式都源自上帝在最初置入物質中的種子形。

人類的**認識**之途通過了被創造的世界，他必須在其中目睹上帝的示現。**波拿文圖拉**將認識的內容依層級區分為神的陰影、跡象與圖像。

人類（作為有生成變化的存有者）要能掌握不變原理的真相，就必須得到上帝之光的啟發（**光照說**）。

在《心靈邁向天主的旅程》中，他描述了與上帝結合的神祕經驗的各種階段。在最高階段裡，理智的活動終於得以休息，心性完全融入上帝之中。

魯爾（1232-1316）在當時的哲學界是個有原創性的異類。但他的思想影響了**庫薩努斯、布魯諾**與**萊布尼茲**。後者特別強調他的合併式邏輯。

魯爾的《普遍科學》意在顯證形成一切科學之根柢的概念、原理與方法。它是一項「關於有待發現之真理的科學」，

是一個發現真理的藝術——它探索的不僅是形式性的關係，而是內容性的真理的原理。

魯爾以絕對原理（超越性原理）與相對原理（客觀關係）為出發點，兩者的關係以**合併式法則**解明。他為此發明了某些**圖形**。

例如所謂的圖形 A 便包含了列舉上帝的「根本尊嚴」概念，而這些概念同時也決定了世界的建構方式（例如善、偉大、持久）。

圖形 T 包含了意義區別的原理。（圖3）

圖形中可轉動的三角形或四角形可以用來解釋術語的相關性與一體性。

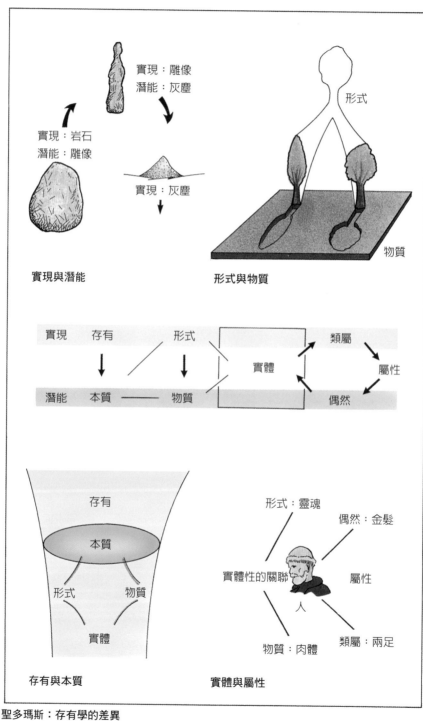

實現與潛能

形式與物質

存有與本質

實體與屬性

聖多瑪斯：存有學的差異

大亞伯特（約1206-80）因其全方位的學術訓練又稱為「全能博士」，他追求自古希臘以降所有哲學與科學精神財產的集總。他注釋了**亞里斯多德**的作品，且受到希臘及阿拉伯注釋家之新柏拉圖主義傳統的影響。此外，他也是當時最重要的**自然科學家**。

大亞伯特嚴格區分了可藉**理性**解決的問題與奠立在天啟上的**信仰**問題。

> 值此，世界是否永恆存在的問題非哲學所能回答，而其他可以理性探討的問題則全部必須通過理性的檢驗。

上帝是一切事物的存在與維繫的原因。上帝是最高真理與最高善，因此一切認識與行動均須以上帝為依歸，方有臻於圓滿的可能。

不同於**亞味羅**，**大亞伯特**主張個體靈魂的不朽。**主動睿智**是**靈魂**的一部分，是人類自身的形式原理。它因人而異，但作為神性流出的創造物，它同時也可分享普遍性，因此也可擁有普遍的客觀知識。

> 靈魂是一個整體，卻包含了不同的能力，例如生命力、感知力與理性能力。

在**宇宙論**中，**大亞伯特**讓有等級差異的睿智從神性的睿智流出：它遍照了一切的天體界、人類的理智，一直貫穿到世間的物質中。上帝在創世初始創造出來的原初實在界包括：

> 原初物質（物體形成時的被動接受原理）、時間、運動、天空的最外、天使。

在**倫理學**裡，他強調人類意志自由的存在。人類的道德責任在於藉**理性**來為本能衝動的欲望賦予形式。關鍵性的裁判者是**良知**，它既在基本態度上也在具體狀況上發揮作用。驅使人類向善的道德因子，是對於亞當夏娃墮落之前原初美好生命的回憶。

聖多瑪斯（1225-74）曾追隨**大亞伯特**數年，被認為是中世紀最重要的系統建構者。他的貢獻在於統合亞里斯多德主義與源自奧古斯丁的基督教哲學。

> 天主教教會在十九世紀宣布他的作品為基督教哲學的根本典籍。

在其卷帙浩繁的作品裡，必須一提的是《辯異大全》、《神學大全》，以及不同的《詰問錄》。

《神學大全》也應用了承襲自大學中論辯格式的詰問形式：

> 針對一個問題導向自己的答案的正方與反方論證皆被列舉出來。之後這些論證將逐一針對結論加以檢討。

信仰與**理性**不能彼此衝突，因為兩者都來自上帝。因此，神學與哲學也不可能通往不同的真理。但它們在方法上有別：

> 哲學從造物出發，步步趨向上帝，神學則以上帝作為開始。

由於天啟賦予人類在尋求救贖的努力中所需的知識，剩下來的獨立研究空間便是天啟未曾說明的事物。如果哲學能藉理性鞏固信仰的基礎並為它辯護，便是對於神學有所輔翼，因為：

> 信仰命題雖超越理性，卻非非理性。

聖多瑪斯的**存有論**以雜多的、顯而易見的感性**存有物**作為起點：石頭、動物、人等等。就關於存有物基礎原理的問題而言，**實現**與**潛能**的根本差異最為醒目。每個存有物都同時具有存在與不存在的可能性，也就是有生成變化。

> 若我們審視一塊岩石，那麼它具有成為一座雕像的潛能，但它仍沒有雕像的實在性。
>
> 在石匠賦予它形式後，它便得到雕像的實在性，但同時它還是有化為塵沙的潛能。

如果存有物有變化，我們就必須追問其同一性的原理為何，為何在不斷的變化之中它是同一個存有物、同一個特定的實體。

> 這個原理是**形式**。

如果形式乃為存有物確定相狀者，那麼它也需要一個被形塑的、被確定的對等原理。本身沒有確定性，但可以被確定（被形塑）者便是**物質**。

> 物質同時也是**雜多性**的原因，因為同一個形式可以依附在不同個體上出現。

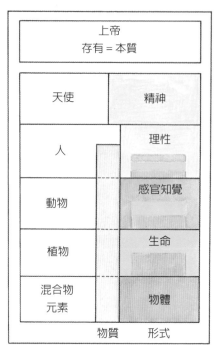

1 本質的階層

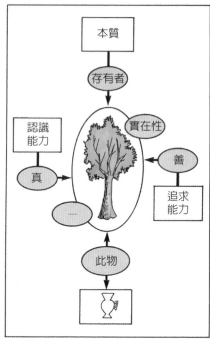

2 超越項

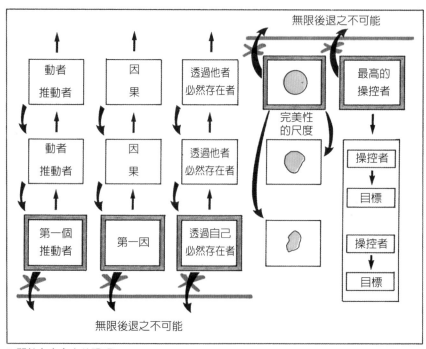

3 關於上帝存在的證明

形式與物質並非獨立的存在物，也不能彼此分離。它們是原理，存在者必須**透過**它們才得以存在為**此物**。**實體**是由形式與物質構成的整體。

此物的「是什麼」即其**本質**。在個別實體中，本質得到了實現，作為普遍概念是它被思考的方式。

本質所指的是形式與物質構成的整體，卻不等於實體，因為後者可能有偶然的、與本質無涉的特徵（**屬性**，如蘇格拉底是光頭）。

在下一步，**聖多瑪斯**又做了一個決定性的區別，亦即本質與**存有**的區別。例如我可以認識某物的本質，卻不知道它是否存在。存有是存有物之所以成為存有物的原理。

存有行動使得存有物成為存有物。存有之於本質，如同實現之於潛能。存有是純粹的實現，它在本質中固定自己，同時被限定。

可作為每個存有者謂語的概念為何？這個問題的探討讓**聖多瑪斯**最後列出了多種超越項：

就其存有的實現而言，每個都是**存有者**。

接著**實在性**表述了本質上的內涵。

由於它自身不可分，所以各存有者是一個**一**。

它是一個**此物**，與他者不同。

真與善關係到兩個存有者之間的符應，即靈魂與另一個存有者。因此「善」表述的是與**追求能力**的符應，「真」是與**認識能力**的符應。因此，**聖多瑪斯**對**真理**的定義如下：「真理是事物與理智的符應。」

聖多瑪斯存有論的一個基本思想是一切存有均被充分地納入一個**秩序**。每個存有物在存有的總秩序中都有上帝賦予的地位與目標。

在一切的造物中都存在著本質與存有的區別。只有在**上帝**身上存有與本質不二。

上帝的存有是絕對的完美，以致於對祂的單純性完全無法補充或否定什麼。

一切受造物的存有都被涵攝在上帝裡。被造的精神（**天使**）與上帝的差別，是它的存有與本質已有不同，儘管它沒有物質（因此是純粹形式）。在物質加入後，個別實體於焉形成，在其中存有與本質、形式與物質均有差異。

人類非物質性的、不死的**靈魂**之所以能保有其個體性，乃是因為它是肉體的形式，在與肉體分離之後，仍保有個體化的特性。

對於上帝的存在，**聖多瑪斯**提供了五個**證明**。由於人類（作為有肉體的存在）的認識由感官出發，**聖多瑪斯**於是拒絕接受上帝存在的先驗證明。因此，他的證明以經驗為起點。它們都是以無限後退在邏輯上的不可能作為論證的基礎。

- 一切運動與變化都要求一個推動者。推動者後面的推動者所構成的系列不可能無限回溯，否則將無開始可言，因此必然有**第一個推動者**存在，而且它本身是不動的，這便是上帝。
- 每個結果都有原因。由於無一物可以作為自己的原因（因為如此一來邏輯上它必須先於自己存在），而且原因的系列不可能無限後退，因此必然有個不再有其他原因的第一因存在：上帝。
- 我們發現有可存在可不存在的事物。若一切事物皆如此，則一切事物皆不存在便是一個可能情況。在此情況下，沒有任何一個事物可以開始存在。據此推之，可以得出有些存在者必然存在。必然存在者若非透過自己便是透過他者存在。由於透過他者而必然存在者的系列不可能無限後退，必然有**第一個透過自己必然存在者**：上帝。
- 一切事物都可有增有減。這樣的比較之所以可能，是因為有個尺度存在，在自身中蘊含了對**完美**的規定：上帝。
- 沒有理性的物件要能遵循一個目的，前提是有個有認識能力者決定目的（例如飛矢需要射手）。因此，井井有條的世界表示有個**最高的操控者**層層設置了目的。

上帝創造了一個整然無缺陷的世界，因此，世界中的**惡**並非源自祂。因為一切存在者其存在均得自上帝，惡不能算是真正的存在。因此，**聖多瑪斯**將之界定為一種**闕如**、應存在而未存在之善者的缺席。若惡應瞭解為闕如，那就表示有個它所缺乏的對象，即善。因此，惡不可能吞沒一切的存有，否則它同時也取消了自己的存在。

中世紀哲學

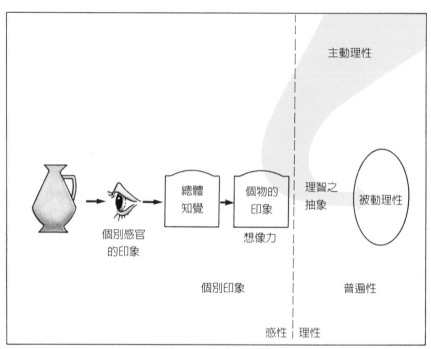

1 認識論

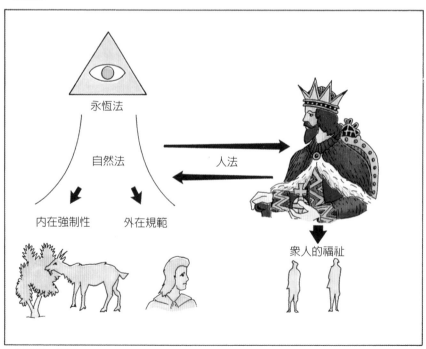

2 倫理學：律法

人乃是**靈魂**（形式）與**肉體**（物質）實質性的連結。兩者不能獨立存在，而是共同形成人不可分割的實體。因此人永遠同時具有靈魂與肉體。雖然**出離靈魂**在人死後可以脫離肉體繼續存在，因此是不死的，但作為人的靈魂它需要肉體，因為作為認識主體它需要感官的知覺。

因此，人類可說是一切造物的中心：

透過理性，他可以參與純粹精神的世界；透過肉體，他可以參與物質性的世界。

人類靈魂的形式可以放置在存在界中的層級階梯（從沒有生命的物體、植物、動物到人類）裡瞭解。

靈魂本身當中有許多不同的能力：**生命力、感官知覺、本能衝動、運動能力、理性能力**。

感官知覺的能力又分為個別感官知覺、總體知覺（統合個別感官的對象）、想像力（保持感官的個別印象）、感性判斷力（對於具體情狀的單純判斷能力）以及主動的記憶力。

理性分為**被動理性**與**主動理性**。在此，人類的認識能力與實際的認識互有差異。**認識的過程**如下：

一個物體首先在單獨的感官產生一個印象，接著它被送至總體知覺，然後作為一個個別印象在想像力中被保存下來。

到此為止我們都還停留在**感性**的範圍內。由於可能理性以**普遍性**為對象，這時現實理性介入，從感性的個別形式**抽象**出普遍形式，藉此促成了可能理性中的認識。

「善」這個超越項（頁 83）是存有論與**倫理學**的探討對象。

一個好的存有物對另一個存有物而言代表了一種完善，於是構成追求的目標。

如同**亞里斯多德**，**聖多瑪斯**認為善者是每個存有物的本質令其追求的目標。

在人類的諸多目標之上有個最高的目標，即幸福。由於人類就其形式而言其存在乃為**理性靈魂**所決定，達到這個目標的途徑便是發揮靈魂的理性作用。

聖多瑪斯將**德行**分成宗教的德行與自然的根本德行。對人類而言，前者只有在上帝的恩寵下才有獲致的可能（信、愛、望），而且基於愛，人類的一切行動都被統攝在最後的、神性的目標之下。根本德行為自然能力的最佳狀態，例如對理性而言它是聰明、智慧，對意志而言是公正，對心願而言是勇氣，對欲望而言則是節制。

德行決定了一個人內在的態度；外在的規矩與行為則有**律法**的約制。最高的立法者是上帝，因為祂為整個世界帶來秩序。

永恆法是上帝無所不在的智慧，一切均在其控管下。人類透過理性對永恆法的分享稱為**自然法**。意志自由並未因上帝的律法而受限。只有在非理性的自然界中，法則才會成為內在的強制性，對人而言，它在性格上屬於外在的規範。他參與天命的方式，是他

自己也可以知道自己與他人的天命。

由自然法產生了實踐的普遍性最高原理。若我們認識到善乃一切事物追隨的目標，我們就可得出實踐理性的最高原理：

趨善避惡。

由於自然法只提供大原則，群體生活組織中的細部問題就有賴國家秩序裡的人法加以解決。它必須以自然法為基礎，以眾人的福祉為目標。

若考慮大學的精神處境為何，便不難瞭解**聖多瑪斯**融合亞里斯多德主義與基督教哲學的意義如何重大。在大學裡，亞里斯多德主義與神學似乎水火不容。

十三世紀，**布拉班特的西格爾**（1240-84）與**達千的波修斯**代表的所謂「基進亞里斯多德主義」（拉丁亞味羅主義）導致了徹底反對神學與哲學混合的態度。哲學論證即使與神學衝突仍舊有效。此中蘊含的哲學自主性主張及部分亞里斯多德學說與基督教教義間的矛盾，使得特定書籍暫時遭到教會禁止，即一系列的哲學主張為巴黎主教所譴責（1277）。

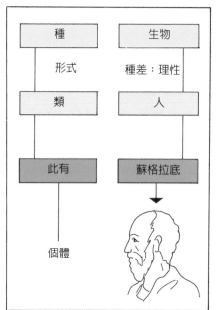

1 鄧斯·司各脫：「此有」

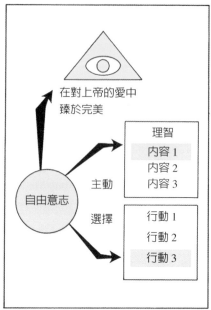

2 鄧斯·司各脫：意志之優位

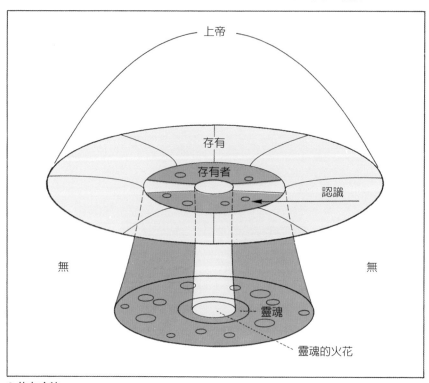

3 艾克哈特

鄧斯‧司各脫（1265-1308）代表所謂的「年輕方濟會學派」。他的綽號「精微博士」來自其銳利的析論與對前人學說批判性的檢驗。

我們的自然知識只有在它可回溯到感性知覺上時才有確定性。在這個途徑上，我們對超自然事物只能得到模糊、間接的認識。因此，對於自然理性所不能及的領域，人類需要的是啟示。形上學的對象不是上帝，而是**存有**。

> 形上學的上帝概念是抽象的，神學的上帝概念則是具體的。

存有是最普遍的概念，因為它理當可以在同樣的意義下用來指謂所有存有者。據此可推得，它在自身當中不包括其他的涵義。

> 存有因此可以用來指謂上帝與世界，不僅僅是類比。

不同於聖多瑪斯，鄧斯‧司各脫認為個別化的原理不是物質，**個體**毋寧本身即是一種存在方式（非形式亦非物質）：

> 「此有。」它決定了此個體之所以為此個體，因為它將種類（最終形式）變成「存有物的最終實在」，也就是個體。

鄧斯‧司各脫將超越項（可以指涉所有存有物的謂詞）分為等值項（即指涉範圍與存有等同）：

> 一、真、善

與選言項（即只能成對地覆蓋存有的範圍）：

> 有限—無限、必然—偶然等等

鄧斯‧司各脫主張自由**意志**之位階高於知性。

> 雖然意志只能追求理智已認識的對象，但在面對理智提供的內容項目時，它有獨立的選擇行為。

鄧斯‧司各脫尚且將意志的優先性也轉移到**上帝**身上。造物的全體源出於上帝意志，但上帝只能欲求邏輯上無矛盾者。道德秩序也依附於上帝意志：

> 好的事物之為好的事物，乃因它是上帝所欲。

意志的優位與愛的重要性是平行的。人性的完成在於至高無上的**上帝之愛**；這也是一切道德的基礎。

> 一個出於對上帝的愛所做的行為便是好的行為。

對**鄧斯‧司各脫**而言，某些誡律是絕對的，即使上帝也不能改變，否則祂將自我矛盾（這裡所指的是最初的十誡）；某些誡律則是上帝可隨人類生活條件改變而改變的（如一夫一妻制）。

> 後者在上帝有新命令前對人類而言也是絕對的。

中世紀的**神祕主義**傳統在十四世紀達到高潮，其宗旨在於內在地經驗上帝、與神合一。最重要的代表人物是**艾克哈特**（約 1260-1328）。他也受到士林學派神學與哲學傳統的影響。神祕經驗與哲學性反思一併決定了其作品的性格。

> **艾克哈特**曾撰作拉丁文及德文著作，配合聽眾需求而以德語發表的布道詞尤其深入人心。

在《巴黎問難集》第一部裡，他在回答認識與存有在上帝之中的關係時，主張認識的優位：

> 上帝存在，乃因祂認識。

例如約翰福音是說：「太初有道。」而非：「太初有存有。」艾克哈特藉此強調創造性的、本身不被創造的原初認識活動。

當然，上帝的確也是**存有**。**艾克哈特**想要說明的是，上帝的存有不是一般造物所擁有的存有，而是祂本身就是存有，且一切存有物都被涵括在上帝的存有裡。上帝是一切存有的保持者，沒有祂，一切物都是虛無。

在靈魂最深處，人可以分享上帝的存有：

> 在靈魂的火花裡。

與上帝的合一可在此發生，前提是人毫無保留地投入自己的最內在，並以之為生活的依循。靈魂隨時可以接納上帝的存在，因為它是在人的內在的**上帝出生地**。上帝藉由祂的兒子說出自己的本質。祂的兒子是道，祂的兒子讓話語進入靈魂：

> 「父親在永恆的認識中產生兒子。就如祂在自性中產生兒子一樣，祂也在靈魂中產生祂的兒子，祂產生兒子，讓靈魂擁有之……」

上帝給予祂的兒子的一切，祂也將給予人，只要他公正良善。在善的事物中，作為上帝之道的**善自身**得到重生。在創造性的善（天父）與被創造的善間沒有本質上的差異，只有個體上的差異。

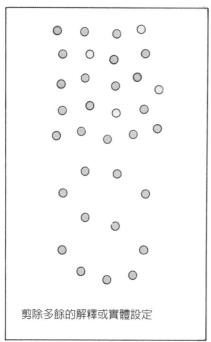

剪除多餘的解釋或實體設定

1「奧坎剃刀」

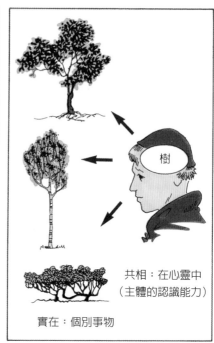

共相：在心靈中
（主體的認識能力）

實在：個別事物

2 共相

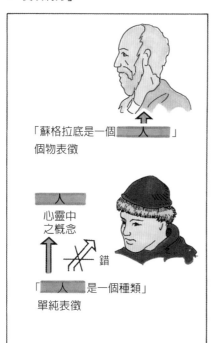

「蘇格拉底是一個 ▉▉人▉▉ 」
個物表徵

人
心靈中
之概念

錯

「 ▉▉人▉▉ 是一個種類」
單純表徵

3 表徵理論

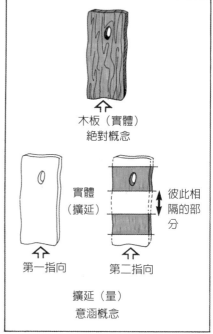

木板（實體）
絕對概念

實體
（擴延）

彼此相
隔的部
分

第一指向

第二指向

擴延（量）
意涵概念

4 絕對概念與意涵概念

奧坎的威廉（約 1280-1348）在中世紀末葉促成一場思想運動，為近代思想的基礎預作準備。**奧坎**引發的思潮形成了「新道路」，有別於以**大亞伯特、聖多瑪斯與鄧斯・司各脫**為宗的「舊道路」。

奧坎理論哲學的基礎主要有兩個原理：

- **全能原理**：由於上帝是全能的，這個世界有被創造成不同樣態的可能性，同時祂透過第二因（世界中自然的因果關係）間接促成者也可以自己隨時直接造就。據此可以推論，無論事物的存在或因果的關係脈絡，皆無法透過必然的根本原理認識。

  沒有一個存有者 A 在本身中蘊含著一個存有者 B 的存在。我們最多只能主張 B 在自然方式下規律地隨著 A 發生（如煙隨著火）。

因此對人類來說，被創造的世界只有偶然關聯的整體。於是它的認識斷無建立在先然原理上的可能，而只能以經驗及對實際存在、發生事物的研究為基礎。

- 所謂的**經濟原理**（「奧坎剃刀」）內涵是「若非必要，勿設繁解」。

  解釋事物時，一切非屬必要的理由均為累贅，因此必須剪除。

  這個方法性的原理也包含了建立在語言的基礎上的形上學批判，它所針對的是一個錯誤的成見，也就是每個語詞都一定對應到一個實在物，使得語言上的既成事實造成實在項目無端的繁衍。

奧坎的唯名論立場在**共相問題**上至為明顯。只有個體是實在的。因此，**奧坎**也不需要任何個別化原理；上帝所創造的一切存有物原本便均為個體。共相只存於心靈中。

「我堅決相信，在靈魂外沒有共相可以任何方式存在；一切普遍的、可以指謂多數事項者只存在於心靈中……」

普遍概念是認識機能所做的貢獻，人類藉此掌握事物。

概念乃指向他物的記號。因此共相是個記號，可用來指稱複數的事物。

概念發生在心靈中，在一個句子裡，它表徵了他物。

為瞭解語詞的意義，我們必須知道它所表徵者何。

奧坎把它們分成三類：

個物表徵：語詞代表它所稱述的實際對象，

例如在「蘇格拉底是一個人」這個句子裡，「人」這個字代表了一個特定的人。

單純表徵：概念代表它自己，

例如「人是一個種類」這句話並不表示特定的個人是一個種類。

語詞表徵：指謂的對象是文字，

例如「人是一個名詞」。

在主詞與述詞有同一個指涉時，一個命題為真。

奧坎區分了絕對概念與意涵概念。

絕對概念直接指涉實的個體。

意涵概念對事物有第一指向與第二指向的指涉。它預設了心靈綜合與組織的能力，因此不能代表獨立存在的事物。

如此，**奧坎**斷言，亞里斯多德的範疇（頁 47）中只有兩個直接指涉實在物，即「實體」與「質」。反之，類如「量」的第一指向是實體，第二指向是擴延性，也不能離開實體獨立存在。

就對事實的掌握，**奧坎**區別了**直觀知識**與**抽象知識**。

直觀知識毫無疑問地了知一個對象的存在。它關涉到感官所及的事物與個人內在的自我經驗。

抽象知識在概念的基礎上形成命題，對象不存在亦無妨，但也因此無法就對象物的存在與否提供訊息。因此，它恆常必須依直觀知識而成立。

例如靈魂的不朽不能在理性層面上予以證立，因為它沒有經驗性的基礎。

1328 年後，**奧坎**也涉入（教會）**政治性**主題。他竭力為方濟會放棄私有財產的權利辯護，主張世俗（君王）政權應不受教宗管制。他強調

俗世統治者正當性來自人民許可。

中世紀哲學

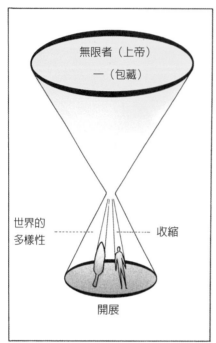

1 世界作為上帝的開展

2 數學性的象徵

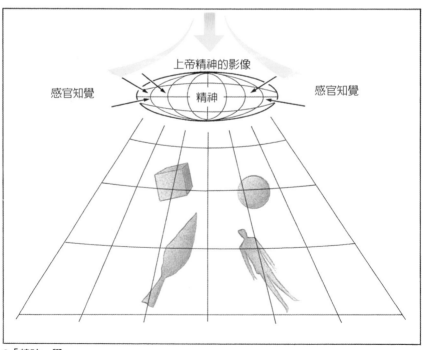

3「精神」學

庫薩努斯（1401-64）的思想處於中世紀與近代的過渡期。他受到新柏拉圖主義與神祕主義的影響，同時引進了大量的數學性玄思。在他的哲學思想裡可以找到許多近代人文與世界觀的基礎。

展現在我們面前的**世界**是多樣的、彼此對立的有限事物。它們的特徵源自彼此的差別，因此不斷湧現的他性在世界中便扮演著支配性的角色。

　理性之所以可以認識事物，乃因它將已知者與未　知者做比較，並在相似性的基礎上建立概念。
但由於在世界中永遠可找到較大或較小的相似性，沒有一個完美的尺度的存在，任何一個認識之外也都必然有更深入的認識。

　庫薩努斯以多邊形為例：角越多，多邊形就越趨　近圓形，但永遠不會成為圓形。
如此，我們在知識的追求當中便可認識到我們有一個畢竟的無知。讓人類明白這個無知的是他的理性，因為透過理性他得以觸碰到一切對立在無限之中的統一性。

　如此，人類便處於一種無知之知的狀態。

世界裡的多中之一源自**上帝**。祂是**無限者**，在其中有限事物的一切對立均告解消。**庫薩努斯**以數學性的例子來說明一切對立物在上帝之中的際會：

　圓的圓周越大，其圓弧便越接近直線，直到兩者　在無限當中重疊，同時它們的對立最後也被解　消。
庫薩努斯的另一個陳述是上帝同時是**極大與極小**；由於沒有任何事物存在於上帝之外，既無大於祂者，亦無小於祂者。上帝是一切有限之大小的尺度。

上帝的本質為智性所不能知，因為智性必須受到矛盾律約束。只有不斷向一接近的理性才能觸及它。在上帝之中一切的存有都被包藏為一，世界裡的多是它的開展。

　「一切存在或將存在者都被包藏在始源（上帝）　本身當中，而一切被創造或將被創造者均由此包

藏之本性當中開展。」一切的造物「皆為包藏在上帝中的上帝，就像它們在開展為造物時作為世界一樣」。
從最後一句話可清楚看出，**庫薩努斯**並不主張泛神論，因為事物在上帝之中與世界裡的存在方式並不相同。在世界中，無限收縮成不同的個別事物。
上帝又稱為「可能實在」，
　因為祂是祂將可以成為的一切，
祂是純粹的可能性，而在世界中，實在與可能不能並存，以致於一切事物皆落在其可能性之後。

庫薩努斯強調人類認識活動中的創造性。人類的**精神**在認識世界時也更新了世界。如同上帝在祂的認識當中創造了存有物，人類也創造了被理解的存有。

　「因為就如同上帝是實在的存有物與自然形式的　創造者一般，人類是思想性的存有物與人為形式　的創造者；這些都是與他的精神相似者，就如同　造物是與上帝的精神相似者一樣。」
人類精神是上帝精神的影像。事物的原型在其中皆已俱在，人便是在這個基礎上得以認識世界。但他只能以人力所及的方式認識事物，無法全盤掌握其作為上帝造物的內涵。

　精神重塑它所可以認識的世界；它以自己作為世　界的尺度。
如此，**庫薩努斯**把「精神」（mens）回溯到「量度」（mensurare）這個字上。
數學形式被賦予特殊地位。它們的內涵可以直接掌握，因為它們是人類精神本身的產物。
如同被造的世界是上帝的自我彰顯一般，人類認識中的一切事物皆為內返的精神的自我彰顯。
庫薩努斯將精神比擬為宇宙輿圖的繪製者——它根據差使（感官知覺）提供的資料繪製宇宙的輿圖，但繪製過程的根本依據是它自己所制定的形式、尺度與比例。

　它藉據自己的尺度所繪製的輿圖來認識世界。
這個想法直指近代隨觀察角度而異的世界觀。

文藝復興

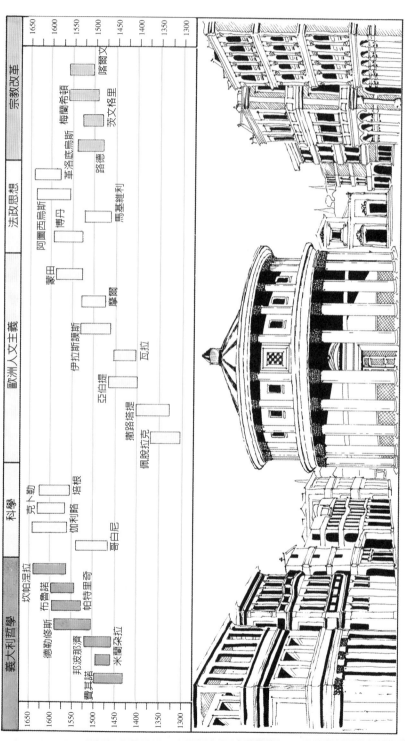

文藝復興思想家（下圖依據一位佚名畫家的《理想市景》所繪）

文藝復興（意為「重生」）是個過渡期：解體中的中世紀傳統與成形中的近代在此交會。它不是個孕育偉大哲學系統的時代，而是個實驗性、摸索新可能性、重新出發的時代。

這個哲學的新思維可以在文化史大變革的框架中瞭解，在這個背景下，文藝復興被稱為新發明與新發現的時代可謂當之無愧：

航海技術的改善（指南針）促成大型的發現之旅（哥倫布、達伽瑪），造成歐洲的擴張，也拓展了歐洲對異域與外族的認識。哥白尼奠立了日心說的天文觀；古騰堡發明了活版印刷，使思想成果可以以空前的數量與速度傳播。亞伯提發現了繪畫藝術的透視法原理。

貿易與金融業的興起帶來社會遽變，戰爭技術的更替亦然：騎士階級的地位迅速滑落。

中世紀世界是個階級分明、受教會控制的封閉社會，如今，一個較具活力的社會已蓄勢待發。

對僵化的士林哲學傳統的反感，引爆了由佩脫拉克與薄伽丘所奠立的人文主義思想運動。人文主義者認為中世紀思想陷入神學與邏輯的細部爭議而無法自拔，因此要求人類應該在古代精神的啟迪下重生。

它基本上是場文學運動，發軔於十四世紀的義大利，最後遍及全歐。哲學上重要的代表人物為

義大利的佩脫拉克、撒路塔提、亞伯提、瓦拉，荷蘭的伊拉斯謨斯，英格蘭的摩爾，以及法國的蒙田。

人文主義思想以人為中心，由此展開的相關主題是自然、歷史與語言。

在「以人為本的研究」中，時人回溯了古代的人文觀念，因而得出代表這整個精神運動的名字。

人文研究的要旨是全方位的精神與藝術教育，全才這個中心意象便是這樣的表徵，學養的高度同時也是道德水準的衡量標準。

文藝復興時期義大利哲學的主要特徵在於柏拉圖與普羅丁的再發現。希臘學者普萊桑將關於他們的知識帶進義大利；在梅迪奇的倡議下，柏拉圖學院在佛羅倫斯重新設立（1459）。文藝復興柏拉圖主義的代表人物是費其諾與米蘭朵拉。

透過費其諾的譯述，關於柏拉圖的知識流布至全歐。費其諾的哲學主要以新柏拉圖主義的流出理論及其對美的強調為依據。

亞里斯多德主義在此時也以帕都瓦為中心再度興起。

代表人物為邦波那濟與查拔瑞拉。

自然哲學也進入一個黃金時期。

除了當時最具包容性的思想家布魯諾外，還有德勒修斯、帕特里奇與坎帕涅拉。

文藝復興最大的成就之一是在新科學觀及方法意識的基礎上奠定現代自然科學的根基。

對克卜勒與伽利略而言，科學的對象是量化的、數學性的關係，傳統的本質問題應退居幕後。培根認為文明進步的衡量標準在於藉科學與技術發展來促進人類福祉。

在博丹、革洛底烏斯與阿圖西烏斯等所倡議的新國家論與法律哲學中，自然法、統治契約與主權等概念具有關鍵性的角色。馬基維利分離了道德與政治事實。

隨著路德所引發的宗教改革，時代精神的轉變也對教會造成衝擊。教宗對世俗世界的態度與其權力的過度擴張、基層神職人員神學教育的貧乏、教會的腐敗與道德的普遍頹壞均促使改革要求高漲。宗教改革在宗教領域、歐洲政治版圖以及政治與社會結構上均留下深廣的影響。

茨文格里與喀爾文（喀爾文教派）在瑞士所推行的改革形式（預定論；嚴格的工作倫理）也頗有影響。

文藝復興

大自然是本用數學語言寫成的書

1 克卜勒與伽利略

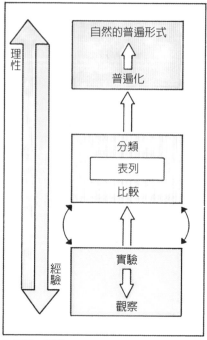

2 培根：歸納

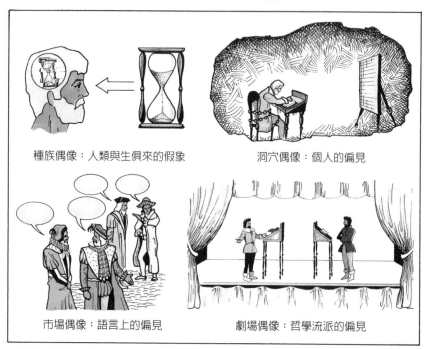

種族偶像：人類與生俱來的假象

洞穴偶像：個人的偏見

市場偶像：語言上的偏見

劇場偶像：哲學流派的偏見

3 培根：偶像理論

近代早期最重大的突破之一便是在自然科學**方法學意識**基礎上所建立的新**科學觀**。理性與經驗是一切確然的知識僅有的基礎。

> 「自然科學中的推論是真實且必然的，在此，一千個狄摩西尼與一千個亞里斯多德也無法乖違事實，將錯的扭轉成對的。」（**伽利略**）

傳統權威（特別是**亞里斯多德**自然哲學）桎梏的解除，以及**量化**思想的方法學發展為自然觀與宇宙觀帶來決定性的改變。

哥白尼（1473-1543）可視為近代思想轉向的象徵人物。在《論天體運行》中，他以**日心說**的宇宙觀替代了托勒密（二世紀）到當時為止普遍被接受的**地心說**：

> 這是突破封閉式的中世紀視野而跨入**開放式**的動態世界觀重要的一步。

克卜勒（1571-1630）將認識自然的量化方法又往前推了一步。

> 他以更完整的計算結果為基礎定立新的行星運行法則，修改了**哥白尼**仍然沿襲的錯誤假設，如行星運行軌道為正圓形（圓形的理想性使該假設自古便廣被接受）。

此外，他還在天文學中結合數學與動力學（物理學）描述。

伽利略（1564-1642）因其自由落體與運動定律及其為哥白尼的理論辯護而聲名大噪。對他而言，實在界的本質乃由**數字關係**所決定。只有瞭解數學符號並懂得藉定律掌握自然的人，才能獲得客觀知識。

> 「大自然是本用數學語言寫成的書，其字母是三角、圓與其他的幾何圖形。」

對於科學知識，理性與觀察同等重要。他在**方法**上的特徵為：

> 將描述的對象分解為簡單元素（現象分析）；提出假設；藉**實驗**檢驗（包括四向實驗）；**演繹性**地延伸推論；定立數學性的**自然定律**。

功能性概念對**本質性**概念的取代，對近代科學觀的奠立至關重要。在焦點轉移到可做數量性測量、可藉法則性關聯描述者，而事物的本質問題也退居幕後之後，自然科學得以長足地進步。

對於**培根**（1561-1626）而言，科學的目的在於征服自然以利社會。知識即力量。因此，**培根**認為自己的使命在於一切科學的**系統性**奠基與解明工作。

科學的分門與人類的天賦能力有關：

- 記憶：歷史
- 想像力：詩學
- 理智：哲學

最高的科學是**第一哲學**，其研究對象是一切科學共同的基礎。

為了真正洞悉事物本性，人類首先必須清除一切偏見，因為它們妨礙了客觀認識。

認識便是複印自然的真相，不製作有所扭曲的觀念。**培根**稱偏見為**偶像**（虛象），並在《新工具》中將它們分成四類：

- **種族偶像**：它們產生於人類特有的天性，因為我們的理性與感官只能根據人類的尺度掌握實在界。理性是面凹凸不平的鏡子，往往將自己與事物的本性混雜在一起，以此扭曲它們的真相。
- **洞穴偶像**：它們的原因在於個人，來自個人的資質、教育、習慣與偏好。
- **市場偶像**：語言本身因錯誤的意義指涉而誤導我們。文字擋在事物前，產生無謂的文字之爭或名相之辯。
- **劇場偶像**：它們是隨**哲學**流派的學說而流傳的錯誤，原因在於應用了顛倒的證明手法及天馬行空的理論發明。

為了達到真正的知識並打破偶像，正確的方法是**歸納**。

> 這個**方法性**、**實驗性**的作法以觀察資料的蒐集、比較為起點，然後在循序漸進的普遍化過程中掌握自然的普遍形式。

歸納並非以偶然的經驗為基礎，而是一項有計畫的工作，包含了有組織的觀察（表列）與有目標的實驗。

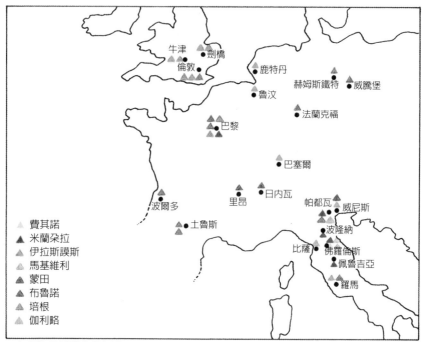

1 文藝復興哲學家的活動範圍

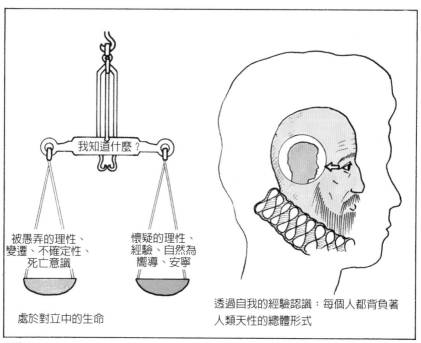

2 蒙田

人文主義（頁93）的創建者是**佩脫拉克**（1304-74）。中世紀僵化的大學教育刺激他去重新發掘古代的哲學與文學。古典時期的作品在內容與形式上都被視為典範。

整個思潮大體上帶有文學性格，最明顯的特徵是對古代文采的讚嘆。因此，**語文領域**（文法、修辭學、辯證術）成了人文主義思想的核心對象，古代典籍重新出版時所進行的文字學工作對此也有影響。

瓦拉（1407-57）的《辯證討論》是部探討概念、語句與邏輯推導的作品，從中可以瞭解邏輯問題如何從語言的角度被探索與解決。同時也蘊含對士林哲學的批判：它以荒謬的、與實在界毫無關聯的文字發明來墮人於疑霧之中。因此，此後的目標應是：

> 回到**事物本身**，同時明瞭文字與事物之間的相互隸屬。

然而，哲學的主要對象仍應是人、其歷史與政治的生活條件，以及其創造力的自由發揮。

> 因而有「人文主義」一詞，表示以人為本的研究。

人文主義的理想典範是**全才**：

> 一個超越階級、有全方位學養的人，不斷地拓展知識，以實現他作為一個有學習能力者的稟性。

這種對古代人文理想的尊崇也蘊含某種道德立場，主要特徵大致在於節制、公平的德行，審美感受，以及與自然合一。公民社會中的社會性美德也十分重要。北歐人文主義最重要的代表人物是**伊拉斯謨斯**（1469-1536）。他的職志在於調和**基督教哲學**與古代人文思想。

> 生命真正的表現在於多樣性與對立衝突，因此，人類所追求的智慧應兼容對立的兩面，不應有任何排他性。

這種開放性也要求宗教**寬容**，與之平行的是帶有人文氣息與世界公民性格的基督教。

在諷刺作《愚人頌》中，他批評了人類的根本弱點與他所處的時代。

在拓展其批判文字學理解的同時，理性獨立於權威外的意識也不斷成長。

> 因此，在信仰問題上，每個人只需對自己的良心負責。

雖然他的許多思想對宗教改革產生影響，但他後來卻與之保持距離，例如他與**路德**在**意志自由**問題上的爭論。**伊拉斯謨斯**力主言論自由的存在。

他的朋友**摩爾**（1478-1535）因《烏托邦》而頗負盛名。他提出理想國度烏托邦的構想，其主要基礎是宗教上的寬容、精神上的幸福與私有財產的廢除。

最重要的**法國人文主義思想家**的思想路線有別於義大利的文藝復興思想家：

蒙田（1533-92）以《散文集》創造了散文這種以沒有拘束的、主觀的形式為特徵的文體。

蒙田的格言「我知道什麼？」表明了其懷疑主義的出發點。這個世界處於不斷的變遷當中，在多樣性裡分崩離析，因而理性在相信自己可以掌握不變的、永恆的事物時，明顯是遭到了愚弄：

> 「論其究竟根本就沒有恆常性的存在，在我們的本質當中沒有，在事物的本質當中也沒有。我們自己、我們的判斷，以及一切有死的對象，都片刻不留地在流逝、衰滅中。」

因此，對他而言，自然科學不外是詭智派的詩作，哲學傳統則始終處於無政府狀態。

> 而人的生命也是充滿不安全感、不確定性，並時時受到死亡的威脅（後來的存在主義的基本觀念）。

這種懷疑主義的立場卻沒有導致絕望，而是把人從定見中解放，習得判斷的**獨立性**及內在的安寧。如此，自我**經驗**將成為最好的認識基礎，而自我也將成為最適合的認識對象。在對**內在**的自我觀察中，人可以找到自己的自然天性，同時也可以發現人性的總體形式。

> 「每個人在自身當中都背負著人類天性的總體形式。」

（斯多噶學派意義下的）**自然**的秩序便是行為的準繩，引導我們過一種與客觀條件相諧的生活。

			思想			
	有感覺	有感覺		有感覺		
	有生命	有生命	有生命	有生命	有生命	
存在	存在	存在	存在	存在	存在	存在

1 米蘭朵拉：人類的位階（依據玻維魯斯1509年畫作所繪）

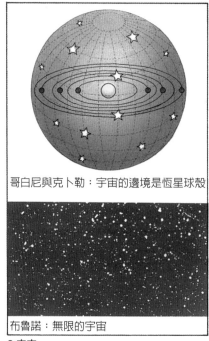

哥白尼與克卜勒：宇宙的邊境是恆星球殼

布魯諾：無限的宇宙

2 宇宙

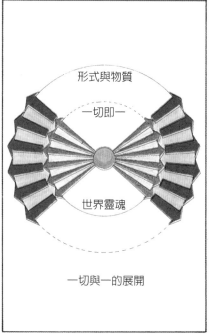

形式與物質

一切即一

世界靈魂

一切與一的展開

3 布魯諾

以**費其諾**（1433-99）為主要代表人物的文藝復興**柏拉圖主義**特別強調人類作為**精神性存有者**的特質。

　　人類不朽的靈魂是世界的中心與繫帶，因為它是連結完全的物質性層次與神性的純粹精神的中間者。如果它透過理性而得以解脫物體的束縛，便可重回神性的源始。

其學生**米蘭朵拉**（1463-94）在《人性尊嚴演說稿》中為源於精神層面的**自由**奠立了理論基礎：

在創世的最後階段，上帝已給盡了所有的性質，不再剩下任何可以給予人類的特性，因此祂對人說：

　　「你不受任何無法克服的限制約束，而是應該根據你的自由意志……預先決定你自己的本性。我讓你成了世界的中心點，以便你可以從那裡環視世界當中一切的一切……。你可以完全自行決定，是要讓自己在畜性的低等世界裡墮落，還是要透過精神性的決斷上升至較高的神性界域。」

基於其精神性，人可觀察上帝所創造的一切形式，也可自由創造自己的本性。他被放置在世界的中心點。這個構想的重要性在於強調**主體性**的自由，但這種柏拉圖主義還是保有將人類肉體與社會關係撇到幕後的傾向，以靜思冥想作為人生的理想。

邦波那濟（1462-1525）是**亞里斯多德主義**最重要的代表人物，強調靈魂與身體的相互隸屬關係。人類的靈魂要能夠認識，就需要感官印象的參與。因此，沒有身體的存在，它將一無是處。一切知識都是以經驗為基礎，因此，我們所能知道的，只有自然當中可經驗的關係脈絡，對於背後的存有原理我們則無從窺探。靈魂的不朽我們無從藉由理性原理加以證明，對於道德實踐而言，這個問題也微不足道，因為德行的追求不該以彼岸的報酬作為誘因。

德勒修斯（1509-1588）的**自然哲學**假設冷與熱是自然界裡的主動原理，物質則是被動原理，而一切存在物均由兩者交互產生。人之所以能認識自然界的事物，是因為自身當中有個物質性的靈魂。一切（包括邏輯與數學）知識、概念與判斷的最終基礎都是感官經驗。至於神性界域的事物，人類乃藉助上帝所呼出的精神靈魂之氣來加以認識。

布魯諾（1548-1600）構作了一個兼容並蓄的形上學。他受到新柏拉圖主義、**庫薩努斯**與**哥白尼**的影響。他的世界觀讓他與宗教法庭發生衝突，最後被判有罪並處死。

布魯諾接受**哥白尼**日心說的世界觀，卻捨棄他所假設的作為有限世界界限的恆星球殼，建立了宇宙**無限性**的思想。宇宙由無限個其他的世界所構成，同時它們可能跟地球一樣布滿了生命。雖然個別的世界是有變化的、無常的，宇宙的整體卻是永恆的、不動的，因為它不再有外面，是一切存有的全體。理由是**無限的上帝**只能創造無限的對象：「我們確然地知道，作為一個無限原因與無限原理的造物，這個空間必然在無限的方式之下是無限的。」

在神性的始源中的**一切即一**裡，一切的存有都被包藏起來，一切的對立被統攝在一起，世界裡的個物是它的**開展**。因此，神性的臨在遍及了自然當中的一切形式。上帝不是在世界之外，而是在它裡面。但在開展的個物中，對立者的一卻已遺失。由於在它們當中可能性與現實性也因此彼此分離，它們於是不再是它們本來可以是的一切，所以它們是不完美的、有變化的、無常的。

在自然中發生作用的因是**世界靈魂**。源於它的精神是個「內在的藝術家」，從**物質**的內部予以塑造，以此形成自然的多樣性。

　　物質並非被賦予外來的**形式**，它自己在內部就蘊含了形式，由內而外把它展開。

物質及世界的每個部分都為精神所遍布，因此是有生命的。

在晚期作品裡，**布魯諾**發展了

　　單子論思想。單子是最小、最簡單的單位，內含事物的本質，是自然的根本元素。

相對於宇宙的本質，人類的精神追求對無限的認識。無限是人不斷環繞著卻始終無法到達的中心。因此，精神的運動背後有種「英雄式的熱情」，它帶來意識的攀升並逐階擬似於神。

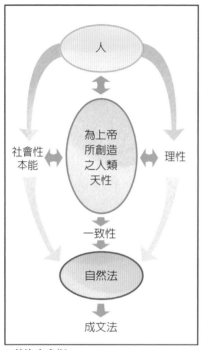

1 革洛底烏斯

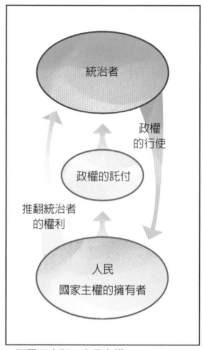

2 阿圖西烏斯：人民主權

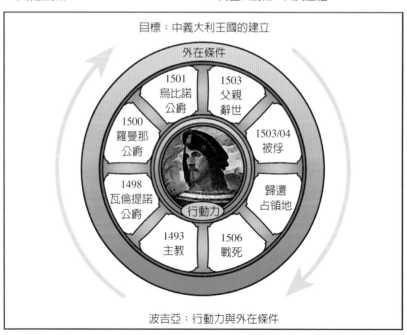

3 馬基維利

國家論的一個根本難題是**國家權力**的問題。**博丹**（1530-96）確立了**主權**這個作為國家特徵的概念的意義。它是絕對、恆久、最高的（命令）權力。主權（包括立法權、戰爭權、司法與財政管轄權）的擁有者是

> 極權的君王，除了上帝的誡令與自然法外不需服從任何人。他的權力授予是不可逆轉的。

不過，他也必須尊重人民的自由與私有財產。

阿圖西烏斯（1557-1638）則持另一種立場。他認為主權的所有者只有人民，人民將行使權託付給統治者，而且是可以收回的。

> 因此人民有權重新推翻統治者。

在《戰爭與和平法》裡，**革洛底烏斯**（1583-1645）就**自然法**的概念做了一般性的思考。他區別了成文法（有時空條件的法律）與永不改變的、具至高規定性的自然法。成文法只有在與自然法相諧時才具效力。

> 「自然法是理性的誡律，依據行為是否與自然的理性本身相諧，來判斷其為道德上的必然或道德上的醜陋。」

自然法的成立基礎有二：一是人類的社會性本能，它迫使人類形成有秩序的群體；二是人類的理性，它令人得以認識何者與（上帝創造的）人的自然本性相符。自然法的實質內容一方面可取材自能由人類天性直接得出的自明原理，另一方面可藉比較各文明社會的共同觀點予以充實。

馬基維利（1469-1527）以《君王論》開拓了政治哲學的新方向，因為他打破了政治與倫理自古以來廣被接受的連帶關係。他的目標不在描繪建立在倫理學理想上的國家，而是從事**真實現狀**的分析。

> 「……因為人的生活的應然與實然之間有著遙遠的差距，以致於人如果汲汲於追問應然而無視於實然，將會自毀生機，而非保證其生機。一個人如果永遠求善求美，必然在諸多不善之人當中滅

頂。」

馬基維利看到自己所處的時代因政治危機而動盪，同時人的內在也急邃敗壞，亟思找到建立長久國家秩序的途徑，由其機制強固人民的道德意識。其基本要件為統治者的精明與**權力意志**。因此，他描寫了一個有能力為國家帶來秩序並確保自己權力於不墜的統治者的種種特性。一種相當有效的手段便是**馬基維利**所倡議的政治與道德的分離。

> 統治者在不得已的處境下必須勇於為惡。作一個好人無助於權力的維持；他只要看來像好人，以此得到人民的尊敬。

他眼中的典範是**波吉亞**。人的幸與不幸端視其行動力與偶然的外在條件變化如何。因此，統治者必須有能力適應外來的挑戰，同時擁有足夠的行動力克服三心兩意的命運。

時代潮流所催生的思想轉型，最後也藉**宗教改革**衝擊了教會，導致其分裂。教會積弊所促成的改革需求，因**路德**（1483-1546）個人的信仰體驗而找到突破的窗口。

路德以人性徹底的惡與墮落為出發點，在這個前提下，人不可能透過自己的奮發或功德在上帝面前換取寬恕；得到救贖唯一的可能性，是透過上帝的**聖寵**以及對上帝的**信心**。天主教會自我宣稱的中介功能因此遭到駁斥：

> 在信仰行為裡，個人與上帝的關係是直接、單獨、自我負責的。

唯一值得承認的權威是聖經中上帝的言語。**基層教區**的模式與一切信眾皆牧師的思想取代了天主教會的層級組織。

信仰被完全定位在內在後所造成的結果，是人從此生活在兩個獨立的世界裡：內在的精神世界與外在的國家組織。

喀爾文（1509-64）認為上帝選民的記號是其在教區中職業與經濟上的成就。這種道德嚴格主義的新教發展出近代資本主義社會典型的**工作倫理**。

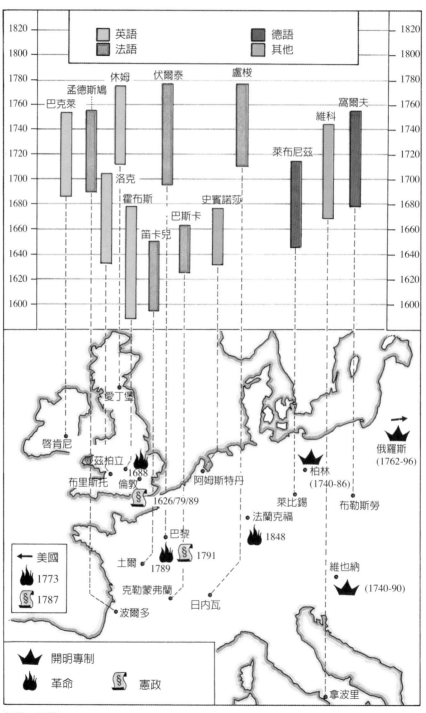

概要：啟蒙

精神發展史上的**啟蒙時期**所指的階段主要落在十七、十八世紀。**康德**為啟蒙下了一個古典的**定義**（1783）：

> 「啟蒙意謂人類走出自己招致的懵懂。懵懂是無法在沒人指導的情況下使用自己的理智。」

因此啟蒙的精神特質在於**理性**的運用與個人獨立的思考。是故，啟蒙更進一步的特徵是與傳統及權威的距離、對**自由**的珍視，以及藉理性解決所有問題的能力。

這個再出發有兩個方向：

（1）**理性主義**（主要在法國與德國）：它的主要代表人物主張，藉由純粹的思想原理可以認識實在界的構造。世界的邏輯秩序提供了以演繹思維認識它的可能性。思想的典範是數學方法——由少數的確定公理來推演與開展。

> 實在界由兩個（**笛卡兒**）、一個（**史賓諾莎**）或多個（**萊布尼茲**）實體構成，並由上帝做了完整的設計。

（2）**經驗主義**（主要在英國，後來在法國部分地成了唯物主義）：從**培根**（頁95）經**霍布斯、洛克、巴克萊**到**休姆**。它視認識的基礎為（感官）經驗，只有單獨的對象與現象才有實在性。理性的正確運用可以在當中理出秩序，並萃取歸納性結論。

> 這個路徑的有力之處主要見諸自然科學的形成，同時也表現在法哲學、政府論中對個人的強調。

不少啟蒙時期的哲學家在其他領域裡也有可觀的成就，例如作為數學家、物理學家、政治家或外交家等。

對傳統與權威的懷疑也導致對**宗教**的批判態度：

> 理性的檢證試圖排除宗教中的「迷信」，以較為理智的信仰取代。

啟蒙運動者的中心願景之一是宗教社群彼此的**寬容**，典型的見解表現在**自然神論**上：

> 上帝創造了一個完美無缺的世界，之後便不再干預。

數學與觀察的方法促成**自然科學**的突破。最重要的例子是**牛頓**：

> 他的機械論（1687）是全盤以量化方式解釋自然的理論，嚴格遵循因果關係，不做非必要的假設便能讓理論成立。

科學發現在這個時期紛至沓來。征服自然的成就感部分地造就了啟蒙時期的**進步思想**。

就**社會**層面來看，這個時期的特徵是**市民階級**的興起，背後的推動力量是經濟的發展。**自由主義**的思想主張隨之而起：作為經濟理論，它提倡自由生產與自由貿易。它的箴言是：

> 「放任所為，放任所行。」

另一個因素是個人在面對國家與他人時的權利在哲學裡的奠基工作。

> 在英國出現了保障個人自由的重要法律文獻：如《人身保護令》（1679）與《權利宣言》（1689）。

法哲學的重要成就是**自然法與人權**的新表述，如

> 美國 1776 年的《維吉尼亞人權宣言》：「每個人皆生而自由……擁有……與生俱來的權利，即生存權與自由權，並包括獲取與擁有財產及追求幸福與安全的可能性。」

啟蒙思想在**政府**組織上留下了深遠的影響。哲學完成了重要原理的論述：

- 契約論：統治權被視為人民與政府間的契約。
- 人民主權論：主權在民。
- 分權制度：為避免濫權，權力應由不同的、互相監督的政府組織行使。這個主張的古典表述是**洛克**與**孟德斯鳩**的貢獻。
- 人民全體以民主的方式共同參與權力的主張。

理論的實現有不同的途徑。英國採行了**君主立憲**的模式（在王國中，民主的法權由準憲法保證）。在歐陸則產生了**開明專制**，其原則是：

> 「一切決定不透過人民，一切決定皆為人民。」

1789 年的法國革命試圖實現關於國家與民權的新觀念。

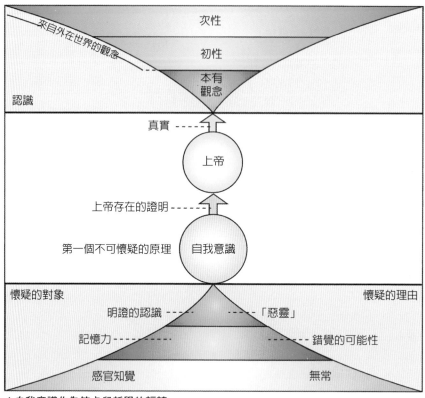

1 自我意識作為笛卡兒哲學的輻輳

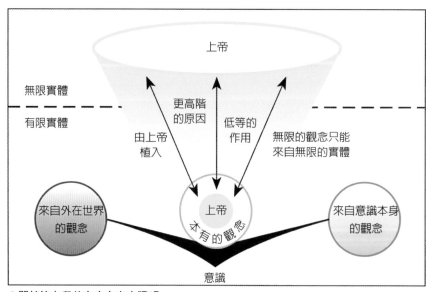

2 關於笛卡兒的上帝存在之證明

笛卡兒（1596-1650）將對傳統的懷疑與對理性的高度信任結合成一個啟蒙的功業。數學家**笛卡兒**承接了精確自然科學的成果與數學方法。他哲學中的其他啟蒙要素包括對於主體高度的強調與追求最大確定性的意志。藉由撤退到認識主體的懷疑論，**笛卡兒**確立了近代哲學的基本特徵。

笛卡兒在《方法導論》中介紹了其**方法**的根本特性。他提出的要求為：

* 避免一切偏見，僅承認可清楚明確認識者為真。
* 一個難題在處理之前盡可能先分解成部分。
* 從最簡單的對象「階梯式地」跨入複雜的對象。
* 藉由列舉來保證系統的完整性。

這種挪借自數學的方法應當應用在一切可能對象的研究上。它的目標是獲取關於「單純事實」的知識（分析法）：

　它們必須有立即的明證性（直觀）。

從這樣的認識（確定而明證的認識）應該可以演繹、導出可推論的句子。

笛卡兒哲學原本的**出發點**是懷疑：

　笛卡兒依循他方法上的精神，尋找一個不再可以被懷疑的起點。

從這裡開始，他要經由無瑕的推論逐步導出複雜但無可置疑的真理。

在《第一哲學沉思錄》中六個沉思的第一個裡，**笛卡兒**著手進行「一切意見的顛覆工作」：

他掏空了思想的每個基礎，不僅懷疑感官知覺，也懷疑記憶力，乃至於最明顯的事物：「在我把 2 跟 3 相加時，我不是也可能犯錯嗎？」

因為有可能是上帝或一個「惡靈」故意在每件事情上欺騙了人類。

懷疑過了一切之後，**笛卡兒**終於找到了最自明的、最不可懷疑的事實：**自我意識**。即使是在懷疑中，我也必須預設我的存在：

　「於是我觀察到，在我思及一切都不無虛假的可能之時，在作此想的我必然是一個什麼，而且我

發現『我思故我在』這個真理是如此牢固、確實，以致於……懷疑主義者也無法動搖它，因此我認為它可以是我尋找中的哲學第一原理。」

是以，**主體的自我意識**便是**笛卡兒**奠立其哲學其他部分的根基。

但這個我若不能重建自己與外在世界為懷疑所破壞的關係，將會被關閉在自我意識的確定性裡。藉由**上帝存在的證明**當中顛撲不破的判斷架構，**笛卡兒**完成這項重建的工作。他以自己的意識中的觀念為起點，間接地呼應了**坎特伯利的安瑟姆**（頁73）的存有學論證。觀念可能在意識本身當中產生，或來自外在世界，或由位階高於意識者植入：

　就關於上帝的概念而言，外在世界這個來源可以排除，因為它根本無法提供清楚的看法。

但意識本身也沒有自己產生上帝的觀念：

　「由於我自己也是實體，我擁有關於實體的觀念；然而，這不可能是無限實體的觀念，因為我自己是有限的。這樣的觀念只能來自一個真實的無限實體。」

笛卡兒又佐以如下的論證：因永遠比果有更豐富的存有實質。

　因此，存有論上較低階的觀念不可能是較高階的神性實體的原因。

上帝的觀念是一個「**本有的觀念**」。這樣的概念一方面代表了心靈起源學的論述，認為此種觀念乃由上帝植入靈魂之中，另一方面也賦予了它最確定的觀念的地位：這些彼此連貫的觀念不需透過外界便可在意識中找到。所以它們是最清楚的觀念；根據**笛卡兒**的看法，它們也有最高度的確定性。

再者，上帝的觀念當中不僅蘊含了絕對的**實在性**與**實際的無限性**。同時，**真實**更是「完美的存有者」的一部分。謊言與欺騙來自於缺陷。因此，「**惡靈**」的假設也告粉碎。

　上帝的誠實無欺保證了世界的確實存在與知識的正確性。

自然之光因此得到了一個究竟的基礎。

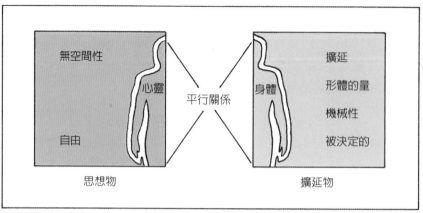

1 笛卡兒的二元論

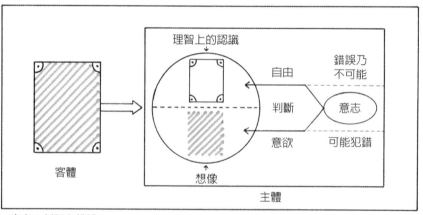

2 意志、判斷與錯誤

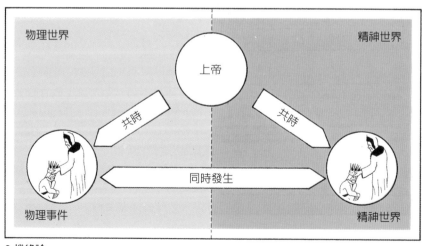

3 機緣論

笛卡兒研究了置身於一切懷疑之外的我，稱之為**思想物**，即有思想的存有者。它包括「精神、靈魂、智性、理性」。因此，思想之有是一

「懷疑、認識、贊成、否定、意欲、拒斥、想像、感受」之物。

它的對立面是**擴延物**，代表外在的物理世界。決定這些外在物體的主要參數是擴延與運動，其次是形狀、大小、數量、地點、時間。它們是物體的初性。此外它們受理性規定，因為它們可以量化地、數學地掌握。這個論述呼應德謨克利圖（頁33）在初性與次性上的劃分。在此，次性只是表象的特性：如顏色、氣味、口味等，都屬於質而不屬於量。感官對量的掌握停留在想像的層次，相反地，數學性的量則與真正的（智性）知識有關。

感官只為我們媒介了外在世界主觀而不清晰的印象，因此無法傳送自然真正的圖像。只有透過對象物的初性，理智才可能完成可靠的物理學陳述。針對像顏色這種只有主觀性的知覺，我們可以說：

「……我們對於對象產生了某些知覺，無法明確地界定它們是什麼，但是在我們身上喚起了一種特定的感覺，被稱為視覺。」

笛卡兒賦予理性的關鍵角色奠定了「**理性主義**」一詞的地位。他自己以及他之後的哲學都掛上了這個標籤。從笛卡兒「只有清晰而明瞭者可以為真」這個要求可以導出：

唯有邏輯與理性可以掌握者可以為真。

因此，理性的活動是真理的唯一保證。

兩種實體（思想物與擴延物）的理論蘊含著尖銳的**二元論**：

除了上帝不被創造的完美存有外，世界上有擴延性的物體與純粹思想這兩個互不隸屬的領域。

精神世界與物質世界的二元論在方向上和自然界在自然科學興起後被去精神化的事實相符：

物體始終離不開自然律的宰制，例如像壓力與推力等機械式的法則。

但精神卻是自由的。這種**自由**最低階的形式是出於平白無故的任意的判斷：

踰越分寸的意志擅自為理性的觀念做決定。

如果這發生在理性尚未完全掌握的對象上，錯誤就會因此產生。在認識不足的狀況下，若欲克服這個問題，就該中止判斷。

至於隨著自明的判斷而來的自由，笛卡兒則給予較高的評價：

「如果我永遠可以明白地看出何者為真、何者為善，我在做判斷或選擇之際都不會搖擺：如此我將是完全自由的，卻不是任意的。」

笛卡兒物體與精神的二元論也影響其**人類學**：

人類同時屬於兩個世界。

笛卡兒試圖藉由靈精說來解釋這兩個世界在人身上如何保持和諧；它提供了物體和精神雙向的通路。

在大腦的松果腺裡，它們將神經網絡的物理波動傳送到精神裡面。

在此，笛卡兒預設了作為人的部分的兩種互不相屬實體之間嚴格的平行關係：每種身體狀態都對應到一種靈魂狀態。精神當中的反射很可能同時也指出當下對身體最有利者為何。如在精神中有口渴的感覺產生之際，極可能是身體攝取水分的好時機。

善意的上帝的精心設計保證了這個系統的效力。

笛卡兒身心二元的看法促成主張**機緣論**的哲學學派的誕生，它的代表人物格林克斯（1624-69）與馬勒布龍雪（1638-1715）主張，只有透過上帝直接的干預，互不往來的精神性與物質性實體之間的聯繫才能出現：上帝設法在適切的時機讓物理世界與精神世界的過程平行推移，例如精神會時時獲得同時進行的物理性事件的訊息。

拉美都里（1709-51）的理論也建立在笛卡兒思想上：笛卡兒視動物為複雜的機器，人與機器唯一的差別不過精神而已。拉美都里撤銷了這個差異，宣布人也是機器。

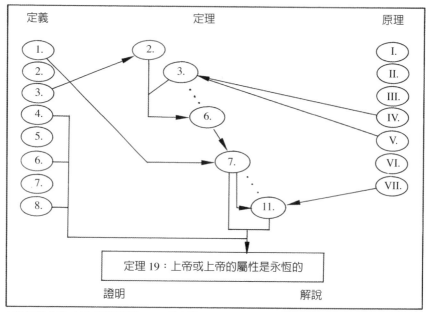

1 幾何學方法（以《倫理學》I, 19 為例）

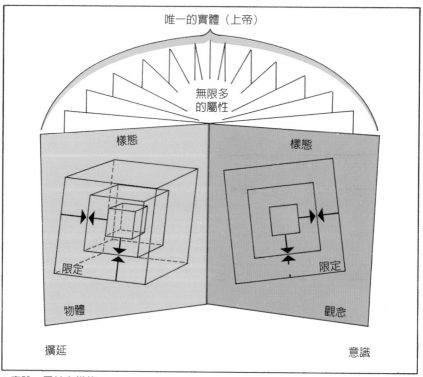

2 實體、屬性與樣態

有人認為**史賓諾莎**（1632-77）是個信仰熱切、純粹、深刻的哲學家，但也有人認為他是個沒有信仰、陰暗的泛神論者。

「學說」一詞相當適合**史賓諾莎**的作品，因為它流露出清明的寧靜。

《理智改正論》（1677）是其學說的方法性前置作業。主要作品《倫理學》（1677）跟第一部作品《笛卡兒的哲學原理》（1663）都是以**幾何學方法**論述。

每個段落都包含了定義、定理、主張與證明、引申句與輔助句、注解與設準（圖1）。

數學性的條理（如同中世紀的《大全》或維根斯坦的《邏輯哲學論叢》）不是以外在形式為目的，而是反映出哲學如同數學

可以從最高原理導出一切其他的命題。

史賓諾莎試圖證明這種論述方法所滿足的真理規準高於一般的普通設定：

它略去了人類慣於提出的**目的**問題。

因為最讓人類偏執者莫過於目的論思想：

以人類利益為出發點，將自然中的一切視為達到目的的工具。

因此，《倫理學》分成五部，分別是〈論上帝〉、〈論自然與精神的起源〉、〈論情感〉、〈論人的不自由〉及〈論理智或人類自由的力量〉。

以**上帝**而非人作為出發點所代表的意義是：

如果上帝的觀念有誤，對人的觀點不可能正確。

「上帝」在定義的部分被解釋為**實體**。實體的涵義是

「其概念不需要他者的概念便能自己成立者」。

實體奠立在表徵上，也就是被理智確認為有本質意義的特質。**史賓諾莎**稱實體的狀態為**樣態**。

史賓諾莎定義有限者為「被另一本性相同者限定者」。

「例如我們之所以稱物體為有限，是因為對於任何一個物體，我們都可設想一個更大的物體⋯⋯然而，物體並不受思想限制（因為兩者本性不同）。」

相反地，上帝是**絕對無限**的存有，自身當中不蘊含任何（限定的）否定性，因此擁有無限個表徵。**史賓諾莎**由此導出上帝的存在是必然的，同時祂是唯一的實體，因此也是不可分割的。

有擴延或有意識的事物因此非上帝的表徵即表徵的狀態。

如此，**史賓諾莎**首先決定何者為無限的實體，接下來決定何者為有限的樣態（世界與人）。這個區別除了用實體與屬性等概念外還可用別的方式說明：

能產的自然與所產的自然；

能產的**自然**與所產的自然不能混淆。但是：

「一切的存在者都在上帝裡面，一切沒有上帝便無法存在，也無法被認識。」

這不是泛神論嗎？**史賓諾莎**的回答是：

「如果有人認為上帝與自然（他們所瞭解的自然是物質或物體）是一不是二，那麼他們就犯了徹底的錯誤。」

「**上帝或（亦）自然**」這個等式的涵義是：

上帝是能產的自然，而一切存在物都是透過祂而存在並得到保持。

再者，**認識**便是明白上帝的表徵或樣態，「此外無他」。

在陳述過實在界最初與最後的基礎後，接下來的主題便是**人的形上學**。在這裡最根本的主張是擴延與意識是同一個實體可知的兩個表徵。據此可得出的結論是：

「觀念的秩序與連結和事物的秩序與連結為一體兩面。」

對**史賓諾莎**而言，事物與觀念只有在附屬於上帝的表徵之中時才有**實在性**。一般而言，物體是上帝在擴延的表徵下的樣態，觀念則坐落在意識的表徵之下。

就人而言，身體與精神的關係因此也被賦予了**平行論**的解釋：它們是同個個體的兩個「面向」。

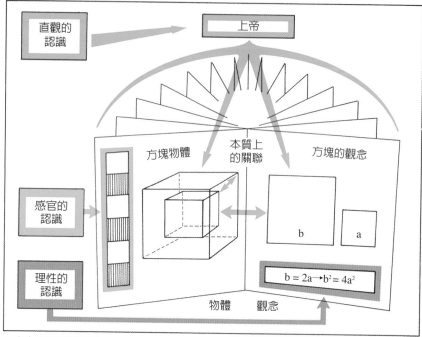

1 史賓諾莎的認識論

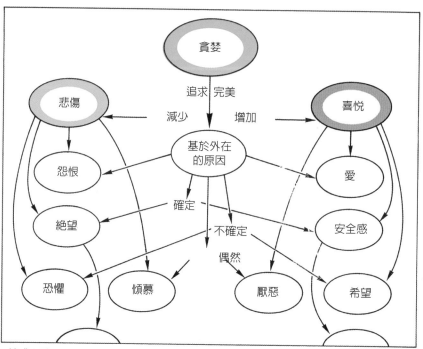

2 情感理論

根據**史賓諾莎**的**認識論**，人類精神中的觀念只有在關聯到上帝時才是充分、真實的。每個真實的觀念都在上帝之中，因為觀念是上帝思想表徵的樣態。真實的觀念是清晰而明瞭的，自身便包含了其真理的**確定性**，因為真理是它本身的尺度，除了自身之外沒有其他判準。

> 「觀念的充分性蘊含了……實際存在的事物的指涉……由上帝當中的觀念媒介……只有在我們的思想基本上也是上帝的思想時，我們的觀念才可能充分。」（**羅德**）

史賓諾莎區分了三種認識的**方式**：

- 感官的認識，透過感性形成，可以產生雜亂、未經整理的類型概念。
- **理性**的認識，藉由普通概念推理而得。
- **直觀**的認識，「在永恆的形相下」（即經由與絕對者的關係）認識。

只有第一種認識才會是錯誤的來源。

《**倫理學**》第三部處理**情感**的問題，**史賓諾莎**把激情當作「機械性的對象」探討：

> 「如同談論直線、平面、物體。」

「以幾何學方法闡述」的意義在此是：

> 人類行為的關聯性受制於普遍法則。

因此，第一個同時也是最高的原理是：

> 「每個東西都盡可能頑強地留待在它的存在之中。」

史賓諾莎假設了三種基本情感的存在：

> **貪婪**（有自我意識的自我保存衝動）、**喜悅**及**悲傷**。

其他情感都衍生自這些基本情緒。例如在他的定義下：

> 「**愛**是一種喜悅，伴隨著外在原因的觀念。」

從**倫理學**的角度來看，對情感本質的認識旨在探尋一個恆定、完美生活的可能性。

在**史賓諾莎**眼中，善與惡的衡量標準是對人的「權力」（實在性）有益或有害。

真正的**自由**是去熟悉那不能更改的必然性。理性的認識越充分，它就越能擺脫阻礙它趨向完美的情感。

> 人類認識到一切都必然奠立在上帝之上；人類要得到自由，就必須把自己託付給上帝必然性的決定。

最高的行動因此是真理的認識，其最高的形式又是**對上帝的認識**。

> 真正的宗教情操在於對上帝的愛。

《**神學政治論**》（1670）是**史賓諾莎**的偶然之作，裡面收錄了一篇針對無神論的指責所寫的辯護性作品。

這部作品的主旨是哲學與神學的**分離**。

史賓諾莎運用了一系列的**聖經解釋**原則，以此方法性地貫徹這個分離，同時建立了現代的歷史學及文字學的聖經批評。

> 他的作法不算是神學的注經學，而是對一部世界性的重要文獻裡的具體材料所做的哲學性批評。

它的導言是為國家的自然法表詮做準備工作，目的在於為「哲學思考與充分表達思想的自由」提出辯護。

他的措施是一方面跟神學保持距離，一方面要求當政者藉由保障充分的**思想自由**來確保國內和平。

> 「一般而言，從人的天性來看，他最難以忍受的莫過於正確的觀點被當作罪行來對待，使得他以虔敬的心面對上帝與別人的想法被等同於傷風敗俗。如此一來，他將鄙賤法律，容許自己與官方千方作對。因為這個原因而觸怒對方，不斷地挑起各種頑行，對他來說不是恥辱，反倒是榮譽。」

史賓諾莎哲學的特異之處在於生命與學說動人的一致性，也就是說，

> 生活中毫無妥協的真摯性與他的學說在思想上的純淨性並行不悖。

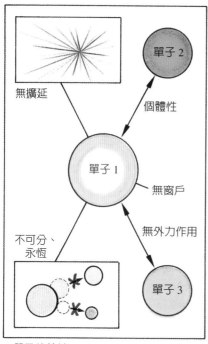

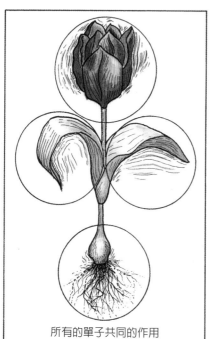

1 單子的特性

2 感覺與知覺的層次

啟蒙時期

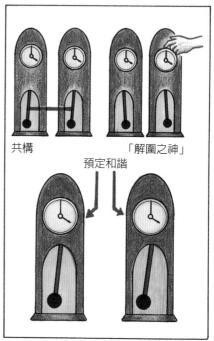

3 預定和諧

4 時鐘的比喻

萊布尼茲（1646-1716）可謂全方位的學者：集外交家、法學家、史學家、數學家、物理學家與哲學家於一身。**腓特烈大帝**曾說他「本身即為學院」。

在**邏輯學**上，他因發明**邏輯運算**的思想而成了現代邏輯的始祖：極為簡單、普遍的概念應可藉由通用的符號代表，這些符號又可進一步結合成理性詞。接下來應該以數學運算的模式組織這些符號詞。

目的在於讓一切的錯誤都轉化成「計算上的錯誤」，或以運算式來解決具爭議性的問題。

萊布尼茲哲學的核心是藉由**單子**的概念解決形上學的問題。**實體**不能有擴延（有別於**笛卡兒**的「擴延物」，頁107），否則它便是可分割的。因此，評量實體的判準是它的作用、它的**力量**。**萊布尼茲**稱這種「力粒子」為單子。

「如此，單子便是自然界裡真正的原子，即一切物的元素。」

這些原初實體的特徵如下：

- 它們沒有形狀，因為形狀蘊含著**可分割性**。
- 作為實體，它們既不能被**創造**，也不能被**毀滅**。
- 它們具**個體性**；沒有單子與其他單子完全相同。
- 作為獨立存有者，它們是「**無窗戶**」的。沒有實體或影響力可以由內在或外在對它施加作用。

不過，它們有經常性的、內在的變化：趨向完美的內在驅力，即所謂的**渴求**，促成了從一狀態到另一狀態的連續性過渡。這些狀態他稱為「**感覺**」。

這些「資訊」及它們的「程式」表示了單獨單子與世界中其他單子的關係，就像一個點可以匯集無限個方向。

由於單子沒有窗戶，卻又同時置身在與其他一切單子的關係中，因此必須假設：

「每個單子都是一面活生生的、有內在活動能力的鏡子，由它的觀點反映整個宇宙。」

由此可以推斷，每個單子都知悉其他單子的狀態。但它並沒有**意識**到這個事實。**萊布尼茲**區別了感覺的不同**層次**（圖2）：

- 簡單的，所謂「赤裸的單子」雖然蘊含著關於其他單子的全部資訊，自己卻不知道這個事實。
- 與此不同的是**知覺**，在此，感覺為對這個狀態的意識所伴隨。

如此我們就得到了一個連續體，從物質到動物的靈魂，再到人類具反省力的精神。**萊布尼茲**因此談到動物以經驗為基礎的「局限能力」，如同他在人身上也假設了一個無意識的存在：一種「小感覺」。

萊布尼茲以預定和諧來解釋所有單子之間的連動。單子聚合成整體、「聚合物」。有機物為其範例：

一個「中心單子」被無數的單子包圍著，扮演著它們的完形的角色。

再者，一般而言，每個單子都關聯到其他單子。由於單子沒有窗戶卻又一一連動，世界裡的一切必然有上帝的安排，以致於所有單子的映象彼此協調。時鐘是**萊布尼茲**的名喻，他藉此將預定和諧應用到靈魂與身體的關係上（圖4）：

為了讓兩個時鐘同步，我們可以把它們連接成一個共構，或者一再地調校它們，或者各自賦予它們完美精準的規律性。對**萊布尼茲**來說，只有後者值得考慮。

預定和諧理論不只解決了笛卡兒爭議不斷的「身心問題」，它更是**萊布尼茲**哲學系統真正的核心。上帝在一開始創造單子時便讓它們彼此精準協調。

「上帝在永恆當中早已排定了個別單子的知覺狀態的序列或其程式。今天我們可以說上帝已經替所有的單子寫好了程式。」（**史貝西特**）

從**認識論**來看，**萊布尼茲**的系統因此排除了純粹經驗作為知識來源的可能性。經驗論者主張說，在理智當中可以找到的一切，事先都可以在感官當中找到，對此，**萊布尼茲**補充了幾個字：除了理智之外，也就是說，本有的觀念與認識的形式結構。

把經驗內容排列組合起來所能得到的只是**或然**的成果，相反地，建立在理性認識之上的結論卻是清晰而正確的。**萊布尼茲**區別了理性真理與事實真理：前者是必然的，與它矛盾者不可能成立；後者是偶然的，與它相反者也有成立的可能。

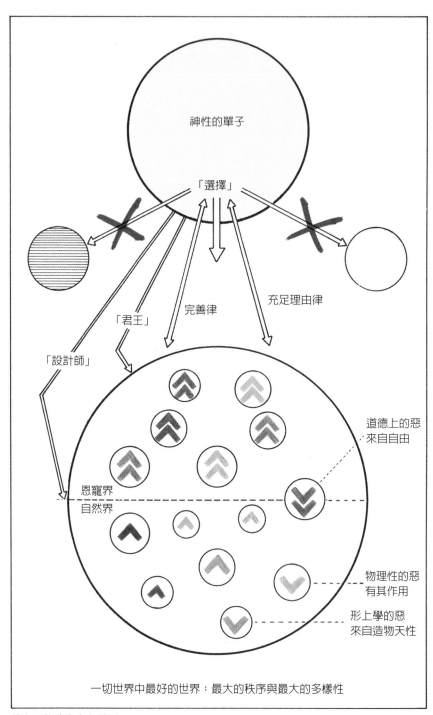

一切世界中最好的世界：最大的秩序與最大的多樣性

萊布尼茲論上帝與世界

相對於理性真理與事實真理的區別，**萊布尼茲**也劃分了兩個彼此和諧聯繫的領域：**目的因**的領域（靈魂的領域）與**作用因**的領域（物體的領域）。

同樣地，**自然界**與**恩寵界**（在上帝統御下由精神性、道德性個體形成的群體）也彼此和諧。**上帝**的力量無遠弗屆，例如祂是預定和諧的原作者。不過，精神性存有與祂的關聯更為密切，因為它們能**有意識**地分享上帝的偉大與良善：它們可以認識宇宙系統，甚至有部分模仿的能力。

因此，**萊布尼茲**認識到「上帝是宇宙這部大機器的設計師……也是精神的上帝之國的君王」。

再者，上帝的存在是**充足理由律**下的必然結論。**萊布尼茲**認為，充足理由律是一切理性知識除了**矛盾律**外的另一個基礎，它的內涵如下：

> 「世間的一切都有充足的理由可以說明為何這樣而非那樣，否則沒有一件事實會是真實的、存在的，沒有一個命題可以是正確的，即使這些理由在大部分的情形下並不為我們所知。」

最終究的充足理由必然是上帝。據此，**萊布尼茲**又推知，神性的實體只有一個，而且它是**完美**的。

可能的世界有無限多個，它們都有可能據其完美的程度而存在。但根據**完善律**，上帝只創造了一個有實際存在的世界，因此它也是一切可能世界中最好的一個。相較之下，它有最高度的內在協調性：

> 「基此，我們可以得到最大程度的多樣性，同時搭配以最大限度的秩序，也就是說，我們得到了在可能範圍內最大的完美性。」

《**辯神論**》（1710）的中心難題，是為何在可能範圍內最好的世界裡還是有惡的存在。它的內容是有鑑於惡的存在為上帝**辯護**。他將惡區分成三類：

- **形上學意義下的惡**，它源自造物的天性；一切被創造者必然是不完美的，否則它們將與其創造者一樣有神性。
- **物理性的惡**（如痛與苦）因其功用而得到解釋；它可以有正面的助益（如有助於個體的保存）或作為懲惡遷善的工具。
- **道德上的惡**，也就是罪惡，這是人類的自由的結果，也是基督教的救贖的緣由。

上帝並未屬意於惡，只是容許了它，且善占有絕大的比重。

窩爾夫（1679-1754）的貢獻在於其德文著作對德國哲學語言的形成功不可沒。他的系統大抵是**萊布尼茲**思想的重塑與擴建，以致有「**萊布尼茲—窩爾夫哲學**」這種說法。透過**窩爾夫**的學生，它成了德國啟蒙主義影響最深遠的學說。

窩爾夫將哲學定義為

> 「關於一切可能事物如何及為何可能的科學」。

它以**系統**的姿態出現，其基礎是**存有論**。如同**萊布尼茲**哲學，其根本原理是充足理由律與矛盾律，只不過**窩爾夫**認為前者衍生自後者。存有論作為「最高的理論性理性科學」的任務在於：

> 為對象物的可能性與秩序釐清無矛盾的釋理。

個殊的**形上學**分別探討「上帝、靈魂與世界」而成為神學、心理學與宇宙論。

在**倫理學**中，他從自然本身的完美導出以下律則：

> 「讓你及你的狀態更加完美的事，為之；讓你及你的狀態更加不完美的事，捨之。」

窩爾夫認為政治的最高目標是大眾的福祉。

德國啟蒙運動的其他重要人物：

- **賴馬魯斯**（1694-1768）抬高了自然神論的**理性宗教**，將天啟宗教的地位相對化：
  上帝所創造的唯一奇蹟是有意義的創造。聖經中的奇蹟出自使徒的手筆；自然宗教可以提供救贖的保證。
- 在**歷史哲學**的架構裡，**萊辛**（1729-81）在教育與天啟間發現了平行的關係：
  「教育之於個人，等於天啟之於全人類。」天啟原來是上帝給人類的「基礎教材」，現在應以理性釐清。他對宗教獨斷主義的批評與自然宗教的思想及宗教寬容有關。
- **孟德爾頌**（1729-86）致力於猶太教的解放：
  他在《耶路撒冷》主張猶太教應受到同等對待。

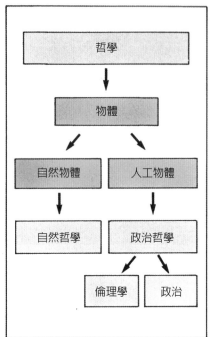

1 哲學的劃分

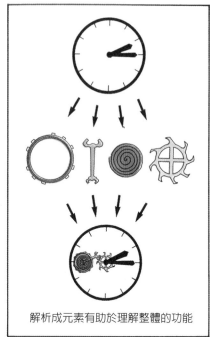

解析成元素有助於理解整體的功能

2 解析方法

啟蒙時期

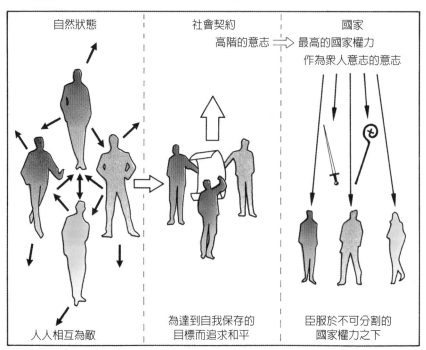

3 國家的形成：社會契約

霍布斯（1588-1679）的目標，是建立一個滌淨形上學假設而完全以當時的自然科學與數學為根據的哲學系統。主要作品為《哲學要素》與《利維坦》。後者的社會契約論影響深遠，為政治哲學經典。

對**霍布斯**而言，哲學是對因果關係的理性認識，而且在此作用所指的恆是物體的作用。

因此，哲學是追溯原因的探索。它的對象是**物體**，其形成與特性均應以概念來掌握。物體有自然的（如人），也有人工的（如國家）。

哲學的工作是將複雜現象**解析**為它的**元素**，以便把它還原到普遍原理之上。解釋自然中的關係脈絡的第一個原理是**運動**。一切過程都可以用機械論的模式解釋。他的**知識論**的出發點，是有某種印象內容與獨立於思想外的物相符應。外在對象對我們的感官產生機械性的刺激作用，它們又透過內在的「活精神」所做的反應在大腦中產生相應的印象。

經驗的直接對象不是物本身，而是**印象**。

接下來，印象被賦予了符號（名字），對個人而言，它的功能是作為記號，在溝通時，它的功能是訊息傳遞。

哲學性的邏輯所應處理的課題因此被轉化成文句的印象內容。

真理所關涉的是**命題**，不是物。

藉概念的分析可斷定一個句子是否為真，其基礎是已敲定的定義與概念的連結規則。

在關於情感與價值的理論中，**霍布斯**認為情緒與意志也是由外在物體所引起的刺激產生的，因此也可以用機械論的模式瞭解。

快樂產生於活精神的生命動力的增強（見上述），而產生這個結果的對象便被認為是善。

以此他得出**自我保存**是最根本的價值的結論：

每個生命組織都追求生命動力的維持，即躲避死亡。

因為自己的自我保存是最高的價值，每個個體的行為都是**自私**的；更高的標準並不存在，

每個人自己決定什麼對他是好的。

這個思想直接過渡到**政治哲學**。**霍布斯**在此也是以國家組織的基本單位為研究起點，即個人及其天性。他否定了傳統觀念，即人類天生有建立國家的本性。在**自然狀態**下，即在法律和國家的管制外，

人類願意形成集體唯一的理由，是從他的自然本性來看，這樣做符合他的利益。

在自然狀態下，每個人都是平等的，因此，他也有一切的權利，即他可以擁有想擁有的一切、做想做的一切。每個人都擁有發揮其天賦能力並使用一切手段以維持自我的自由。由於每個人在追求自己的好處時會損及他人，而且永遠有許多人想要競逐同一個目標，因此顯而易見地，

「人類的自然狀態在聯合成一個國家之前必然是戰爭，而且是人人相互為敵的戰爭」。

這個戰爭可以永遠持續下去。人的生命是寂寞、可憐、短暫的，因為無人可期望長保自己的生命。但由於自我保存的衝動畢竟高過一切，因此人類開始嚮往有安全保障的和平。第一條自然法因此是：

「人類會盡其可能尋求和平。」

其他法則可自此衍生而出。

獲致安全保障的唯一途徑，是不再維持每個人對於一切的權利，而是委託或放棄部分的權利，其基礎是對每個人普遍具約束力的契約。

為了確保自然法被遵循，個人必須讓其意志臣屬於唯一的一個意志之下。於是，人們便訂下了具文的**社會契約**，規定

每個人都向每個人承諾，不違抗他所臣屬的一人的意志。

這便是國家的形成，它被定義為一個機制，基於眾人的契約關係，它的意志被視為眾人的意志。最高的國家權力掌控者可以是一個人或一個議會，其權力不受限制、不可讓渡、不可分割。

霍布斯將之喻為聖經裡的巨獸利維坦，以象徵其巨大、無敵的力量，或象徵其為

「在不死的神之下一個凡俗的神，為我們帶來和平與安全」。

國家權力掌控者最高的責任是人民的福祉。為了維持整體的統一性，教會必須置於國家管理之下。

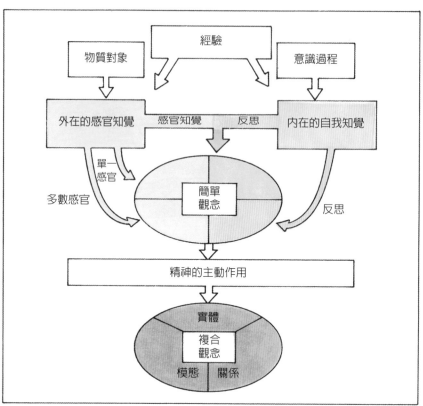

1 觀念的形成與種類

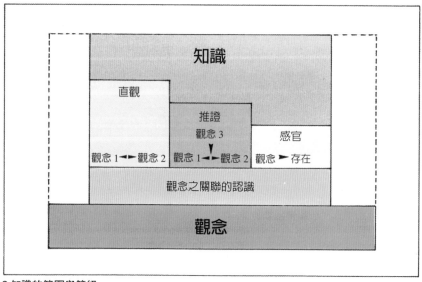

2 知識的範圍與等級

洛克（1632-1704）是英國**經驗論**的代表人物，這是一種以經驗為基礎的哲學：

　　每個知識都形成於經驗，並必須接受經驗檢驗。
洛克的重要性在於他有關國家、宗教寬容、教育等主題的思想，他也影響了啟蒙運動及政治自由主義。

洛克哲學的中心是呈現在《人類悟性論》裡的**知識論**，其任務是揭示人類知識的來源與基礎及理智認識能力的界線。

每個人都可隨時在意識中找到一些印象，**洛克**稱之為**觀念**。
　　「精神可以在自身中觀察到的一切，或是感覺、
　　思想、理智最直接的對象，我都稱之為觀念。」
觀念是怎麼來的？它們完全來自經驗。**洛克**否認人類有天生的、在一切經驗發生前便已為他所有的觀念（所謂的本有觀念論，如**笛卡兒**）。
　　一個人初出生時，理智有如一張白紙。
一切具特定內容的觀念都是隨時間流逝在經驗中得到的，但產生觀念的能力卻是本有的。

經驗有兩個來源：
　　外在的感官知覺與內在的自我知覺。後者指涉
　　思想、意志、信仰等行動。
產生於這兩個來源的觀念都是簡單或複合的。
簡單觀念又細分成：
- 只透過一個感官得到的觀念（如顏色、聲音）
- 透過多數感官得到的觀念（空間、運動）
- 由反思產生的觀念（內在的意識流程）
- 內在反思與外在感官共同產生者（時間、欲望）
精神與這些簡單觀念的關係是被動的：
　　它們直接由來自對象的刺激形成。
洛克又將感官知覺區分為
　　初性：為外物本身所擁有（如擴延、形狀、密
　　度、數量）
　　次性：即主觀性質，如顏色、氣味、口味等只是

主體的感受
精神還有主動性的能力，可以透過比較、分離、結合與抽象創造複合的觀念，它們的構成單位是簡單的觀念。
複合觀念有三種：實體、模態、關係。
　　實體是自己獨立存在的單獨個物或種類（例如
　　人、植物）。
　　模態是不能自己存在，必須依附實體出現的複合
　　觀念（例如一日是時間的一個簡單模態）。此外
　　還有混合式的模態，道德觀念便是其一（例如正
　　義）。
　　關係是類如原因與結果的觀念。

《人類悟性論》第四卷探討**知識**的本質：
　　「除了自己的觀念外，精神在思考推理之際沒有
　　其他直接的對象……因此我們的知識顯然只與我
　　們的觀念有關。我認為認識不外是明瞭我們的觀
　　念之間的關係脈絡、相符或不相符與矛盾。」
知識範圍因此是局限的：它出不了我們的觀念的範域與它們的相符或不相符如何明瞭。實際上我們也無法全盤掌握我們的觀念與它們所有可能的關係。因此我們的知識只能有限地包括事物的真相，而且只能到達我們的感官所及的範圍。

洛克又根據明晰度區別了知識的不同等級：
- 明晰度最高的是直觀知識。在此，精神在自身當中便可判斷兩個觀念相符與否（如一個圓不是三角形）。
- 在**推證**的知識中，精神雖可掌握觀念的相符與否，但不是直接的，而是藉助於其他觀念。它包括以證明為基礎的推理導衍。
- 最後是關於外在的個別、有限事物的存在的感官知識。

對**洛克**而言，**真理**只指涉命題，因為它只是文字記號正確的結合或分離，判斷的依據是與所論述的事物符應與否。

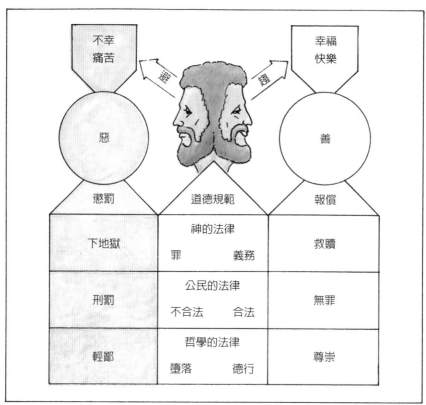

1 道德規範

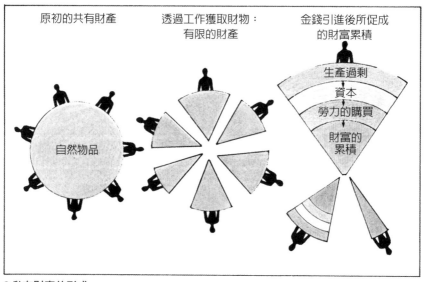

2 私有財產的形成

由於我們的知識是有限的，而確定性在大部分的領域裡無法獲得，因此為了在實際生活中補足我們知識上的缺乏，**或然**的知識扮演了重要的角色。它所關涉的是我們基於自己經驗或他人見證而有足夠理由信以為真的句子。

精神對於這樣的句子所採取的態度，我們稱為相信、同意或持見。

洛克實踐哲學的內容包括一切

「一個人作為依據理性與知識的存有者為達到一個目標，尤其是自己的幸福，所應採取的行動」。

善與惡由快樂與痛苦的產生判定。人類所追求的是快樂的獲致與痛苦的避免，因此兩者便成了行為的判準。因此，規準性的原理（即道德律）與報償或懲罰關係密切。

「因此，道德的善惡不過是我們有意志的行動與既予的法則之相符或不相符，基此，在立法者的意志與權力下，我們有了善或惡的標籤。」

道德法則有三種：

- 神的法律：它是罪與義務的尺度，由上帝直接加諸人類身上，並結合了彼岸的懲罰與報償。
- 公民的法律：這是國家加諸人民身上的規則，明訂不法行為的刑罰。
- 輿論（公眾意見或名聲）的法律：又稱哲學法律，因為哲學與它關係最為密切；它們是德行與墮落的判準，導致尊崇與輕鄙。

洛克的政治哲學鋪陳在《政府二論》中。為了回答國家起源的問題，他與霍布斯一樣動用了自然狀態與社會契約的假設。

在**自然狀態**下，即人們結合成國家前，每個人都享有充分的**自由**，而且完全**平等**。

個人對自己及其財產有完整的支配權。

然而，每個人都受到**自然法**的支配，最高律則包括維持上帝創造的自然。

因此，自然法禁止我們傷害或毀滅他人的生命、健康、自由與財物。

因此，不同於**霍布斯**的主張，倘若沒有個體不遵從自然法，自然狀態也可以是和平的。眾人的平等繼續存在，因此每個人都有仲裁的權利，也可以自己審判、懲罰破壞和平狀態的人。

然而，因為每個人都成了與自己有關的事件的裁判人，所以若沒有一個更高的司法機構來行使為眾人所普遍接受的審判與執法工作，這在實際上將會導致一個持續性的戰爭狀態。

基於和平與**自我保存**的目標，個人於是以社會契約為前提結合成公眾，其方式是將立法權、司法權與行政權託付給一個更高的機構。

但國家的權力受到自然法的約束，尤其必須尊重個人自我保存的追求、其自由與私人財產，而公眾福祉更是無可迴避的規準。

為了避免權力絕對化，必須有**分權**的設計。

若統治者違背法律，則人民有權革命。

在宗教信仰上，**洛克**要求國家應該採取**寬容**的態度。

每個人應可自己選擇信仰上的歸屬，國家不應干涉其內容。

洛克為私有財產的辯護相當特別。在自然狀態下，一切物品都是共有的。自然所提供的物品若要能被利用而有利於自我保存，就必須被取得。變成私有財物的轉化過程是**工作**。

每個人都是自己人身的所有人，而他透過工作從自然中贏得的物品由於蘊含了他所帶來的附加價值，也是他的私人財產。

但由於每個人只有權利累積他自身能夠消耗的量，在一開始並不存在大型財產。

這種情形在金錢於大家同意下被引進後出現了改變。

因為人有了理由生產比自己的需要更多的物品，於是有了財富的累積，甚至產生了地主。

由於金錢的引進經過眾人同意，因此所造成的財富分配不均早在自然狀態便普遍被默認為合法。

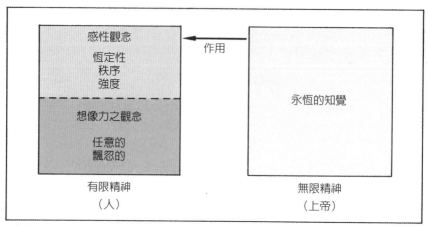

1 觀念與精神

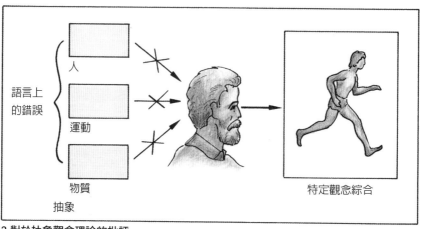

2 上帝協調感官知覺

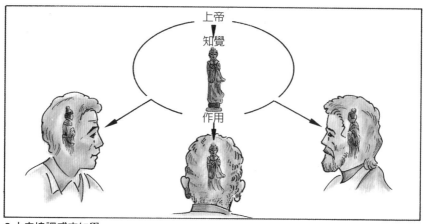

3 對於抽象觀念理論的批評

在對**笛卡兒**、**馬勒布龍雪**與**洛克**的學說做了批判
性的研究後，愛爾蘭哲學家、神學家、主教**巴克萊**
（1685-1753）發展了**非物質主義**理論。

巴克萊以**洛克**的前提出發點，認為只有觀念可以
是意識的直接對象。**觀念**有兩個群組：

· 可以任意改變，因此是來自主體**想像力**的觀念。

· 主體不能任意製造的觀念，也就是從外在獲得的
感官知覺。

一般認為第二個群組起源於外在世界的物質性事
物。**巴克萊**反對這種「物質主義」，試圖證明在觀
念的背後不需再假設物質性事物的存在，客體之為
客體，不外是**被感官知覺**而已。

「如果我說，我用來寫字的桌子存在，那麼這句
話的意思是：我看到了、感覺到了它；如果我在
書房外，那麼我可以在另一個意義下說它存在：
假設我在書房的話，便可以知覺到它，或者目前
有另一個精神主體正知覺到它……這些事物的存
在不外就是被知覺。它們不可能在知覺它們的精
神或有思想的主體的外部有任何形式的存在。」

巴克萊的根本思想因此是：

存在便是被知覺（對象）或知覺（主體）。

存在的只有**觀念**與**精神**，沒有物質。精神與觀念的
差別是它是知覺者，也就是觀念存在的所在。它的
活動是意志、想像、記憶、判斷觀念之間的關係。

巴克萊認為物質存在的主張源自於錯誤地假設**抽象**
觀念的存在。相對地，他主張一個沒有具體內涵的
觀念根本無法想像。

我們設想一個關於運動的觀念時不可以沒有快或
慢的事物，設想一個擴延的觀念時不可以沒有顏
色、大小，也就是不可以沒有任何感性的性質。

抽象觀念存在的假設之所以可能，是因為在語言中
有可以普遍應用的語詞。從而我們把語詞當作名
字，認為一個有普遍指的名字必須對應到一個實
際存在的普遍性對象。

物質存在的假設所代表的不過是「無規定性的物」
這個抽象的觀念，根據**巴克萊**的說法，這是無法

設想的。

巴克萊並沒有全盤放棄獨立於主體之外的外在實在
界。但由於它不是物質性的，而所有的觀念都存在
於精神中，於是感官性的觀念的「對象」必然存在
於另一個可以知覺它們的精神中。

「……真實的、獨立於我的精神之外存在的一棵
樹，乃是為上帝的無限精神所切實地認識、掌
握。……由造世主自己直接壓印在我們感官上的
觀念，我們稱為真實事物……因此它們表現了某
種程度的恆定性、秩序與相關性，而不是可以隨
興變現的。」

因此，對巴克萊來說，「物」不外是觀念的聚合
體，為**上帝**所知覺，另一方面透過我們的**感性**在我
們的精神裡浮現。上帝在此所使用的秩序與關聯稱
為**自然律**。

如此，**巴克萊**並不否認我們透過感官所經驗的外在
世界的真實性，只否認它的物質性。

「我的雙眼所見到的、雙手所觸摸到的事物存在
著，確確實實地存在著，這一點我沒有絲毫的懷
疑。我唯一不贊同其存在性的，是哲學家所說的
物質性實體或物體。」

觀念不能影響觀念，因此觀念必須在不同的主體中
以相同的方式出現（例如在它們觀察同一棵樹
時），使得觀念也可以彼此溝通，並對他物或彼此
產生作用，對此，**巴克萊**認為

必須藉**上帝**的干預來解釋：祂必須不斷協調不同
的知覺與不同的行為。

對於自然科學而言，**巴克萊**的立場意謂它所研究的
並不是物質間的作用關係；它僅僅是對法則的觀察
與描述。而這些法則又符合上帝藉以讓觀念產生、
讓它們關聯的永恆秩序。

巴克萊的目的是透過其學說來鞏固道德與信仰，因
為在他眼中，物質主義是無神論出現的原因之一。

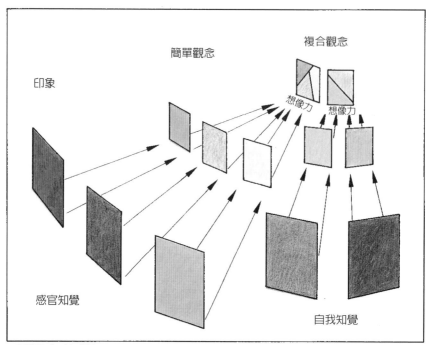

1 意識內容（知覺）

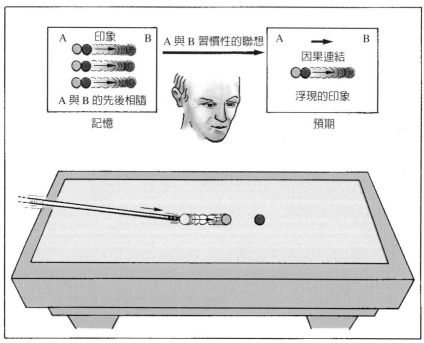

2 因果

休姆（1711-76）的首要課題是「將經驗性的探索方法引進人類的科學中」，也就是以經驗和觀察為倚靠。他抱持軟性懷疑主義的立場，為人類認識的可能性畫出批判性的界線。他的代表作是《人性論》，隨後陸續發表了關於認識、道德、政治與宗教的論述。

康德曾說，**休姆**是把他從「獨斷的迷夢」中喚醒的第一人。

我們的經驗直接的對象只是我們的**意識內容**（知覺）。它可分成兩個群組：

印象與觀念。印象是我們的一切感官知覺與直接湧現在靈魂中的內在自我知覺（喜好、情緒、意志）。觀念是印象的再造，得自我們對它們的思索、回憶、想像。

兩個群組的區別在於**強度**不同，例如我們受傷時疼痛的感受與對它的回憶有程度上的差別。

從印象可以產生簡單的觀念，因此

若非我們曾有直接經驗者，我們不可對它有觀念或思想。

然而人類擁有**想像力**，可從這些簡單的觀念組織**複合的觀念**，它們並不是產生於直接的印象。

觀念的聯結受制於**聯想**的法則，它指的是從某些觀念過渡到其他觀念的傾向，其原則是：

相似性、時空上的接連、因果脈絡。

概念只有在與它對應的觀念的構成要件可以還原到印象時才有意義。而形上學的概念並非如此，因此應排除在哲學之外。

「如果我們懷疑一個哲學語詞在被使用時沒有意義也沒有相應的觀念（這種情形發生的頻率太高了），那麼我們只需追問，這個觀念究竟來自哪個印象？」

現在的問題是我們怎能做出逾越直接知覺與回憶的判斷？**休姆**在這裡先區別了**概念表述**（理性真理）的判斷與**事實**（事實真理）的判斷。

前者屬於數學與邏輯的範圍，在這裡，絕對的確定性是可能的，因為與一個概念真理相反者在邏輯上沒有成立的可能。然而，這種判斷並不蘊含任何關於對象實在性的命題。另一方面，與一個事實命題相反者雖然可能是錯的，它卻永遠擁有邏輯上的可能性。

事實的命題以經驗為依託，受制於觀念聯想的法則，同時也藉助於**因果關係**。

「一切涉及事實層面的思想行動似乎都以因果關係作為根本原理。」

例如我們在看到撞球檯上的一顆球向另一顆滾去時，就會根據過去的經驗對結果產生預期。

然而，根據**休姆**的看法，因和果之間的關係並不是內在於客體當中的、本質上的必然連結，也因此無法純粹透過理性、完全不依賴經驗加以認識。

「總之，每一個果都是與它的因相異的事件……必然性只存在於精神裡，不存在於對象裡。」

如果 A 跟 B 的先後關係被觀察到幾次，因而 B 的觀念會基於我們的習慣聯想性地尾隨 A 的觀念，我們就會說 A 跟 B 有因果關係。但這種命題只能涉及觀念的習慣性相隨，並不能涉及外物的本質。

對人類來說，一切過程裡真正的起始與原因永遠是祕密。

休姆認為**道德哲學**的使命在於不從思辨性預設出發，而是純粹以經驗性方法為基礎，解釋實際存在的道德評判。**理性與感覺**在道德中各有其角色，但較為根本的還是**道德感**：

「因為德行本身便是自己的目的，是一個終極目標……道德追求的目的也純粹只是它本身所帶來的直接滿足感，是故必然有個可被觸動的感情的存在，一個內在的傾向、內在的感受……在道德的善惡之間做區別。」

行為如果對個人本身、他人甚或群體有益或令人愉快，就會被評斷為正面的。在此，主觀的感受有兩個原理：**自愛與同感**。

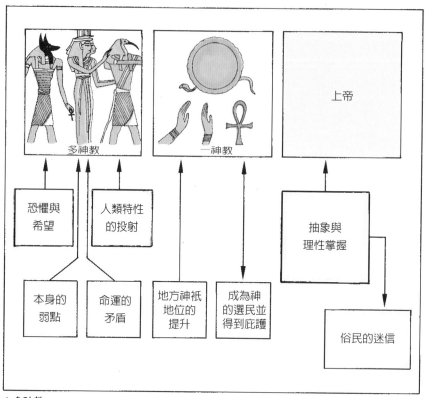

1 多神教

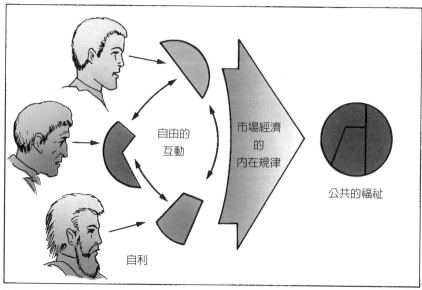

2 斯密：國富論

個人並不僅僅追求自己的利益。作為社會動物，他也有能力體會他人的感覺與利益，因為他的存在與群體有盤根錯節的關聯。因此，道德的基礎之一是同感，即推己及人的感受能力。

如此，道德價值必然的**相互主體性**便成為可能。道德判斷的產生，在於個人對某行為的贊同與不贊同有了普遍有效性的訴求。達到這種普遍性的途徑，是抽離特別的環境因素與矯正片段性的個體利益所造成的片面性觀點。如此在一個社會裡就會發展出普遍的、超越個人的道德標準。

在其**國家論**裡，**休姆**拒絕理性主義的自然法理論與社會契約論。他認為，法律秩序之所以產生，是因為人類所需的物資自然會出現匱乏，同時也因為人類有個本然的天性，就是會設法保有已經得到的東西。

因此，維持和平與安全的秩序是必要的。個人之所以願意遷就，是因為雖然他從某些角度來看必須忍受一些缺點，整體而言卻得到較大的好處。

國家秩序長久維持的條件是**公正**與（對契約的）**誠信**這兩個德行。

同感也十分重要，因為在這個基礎上，個人才會以國家的前景為慮。

在批判性的**宗教哲學**裡，**休姆**致力於闡明歷史上對神的不同觀念如何產生，並剖析它們的可信度。對他而言，宗教並沒有超自然的來源，只是人類精神的產物。

宗教的起源是心理現象，尤其是**恐懼與希望**；它們源自對弱點的意識與存在的不確定感。

在一開始，一切的宗教都是**多神教**。人類有種賦予外物與其他生物自己所熟悉之特性的傾向。值此之故，他在自然中看到與自己相似卻高於自己的力量在作用，並予以神性化。

過渡到一神論的理由起初並不是理性的，而是基於人自己的需要，即將一個他尤其仰賴的神的地位提高到其他神祇之上，以獲得特別的庇護。

一神論恆常導致寬容度的減低。

隨著歷史演進，神的觀念越來越抽象而理性，卻也因此超出了大眾的掌握能力，也因此造成迷信的氾濫。

休姆在《自然宗教對話錄》裡深入地批判了理性的「上帝證明」，也徹底地進行了世界觀的分析。

斯密（1723-90）跟**休姆**一樣，強調道德判斷對**感覺**的依賴。角色最特別的是同感；基於同感能力，我們可藉由設身處地的著想（較為微弱地）感覺別人如何感覺。

如果一個人對行為者的感覺產生同感，就會贊同他的行為與態度，也就是領會到它與事態相稱，因而換作自己在這個立場也會有同樣的感覺，跟受到這個行為**影響**的人的感覺（如感激之情）也會有共鳴。

評判我們自己的行為的方法，是自問一個立場中立的「**旁觀者**」是否會與我們的動機產生同感。

透過抽象與普遍化，我們可從個別的贊同與不贊同過渡到一個普遍有效的道德判斷的高階判準。

斯密的成名作是《國富論》，這是**國家總體經濟**的經典之作。他認為在自然中恆常有個（有目的的）規範性力量在作用，在這個前提下，如果每個個人的力量能自由發揮，他們著眼於改善自己生活條件的努力便會自然而然地擴大公共福祉。因此他反對經濟上的控制手段：

「每個人都以為自己只是在追求個人利益，但總體經濟的公共利益事實上也因此間接得到了最有力的增進。個人在此被一隻看不見的手引導著，完成一個他自己並不刻意追求的目標。」

工作是財富的基礎，也是貨物價值的創造者。生產力的要件在於人類交易的天性與**分工**。

沙佛茲伯里與**哈屈森**的「**道德感**」概念深深影響了英國啟蒙運動道德哲學的發展。它指的是對善與惡的贊同與不贊同的當下、立即的感覺。

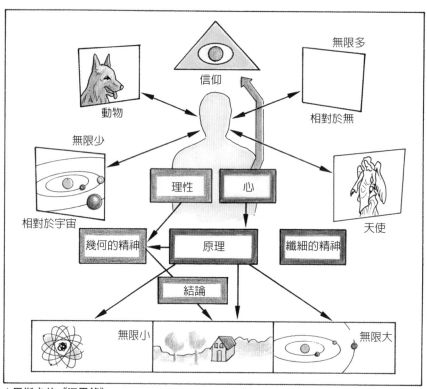

1 巴斯卡的《沉思錄》

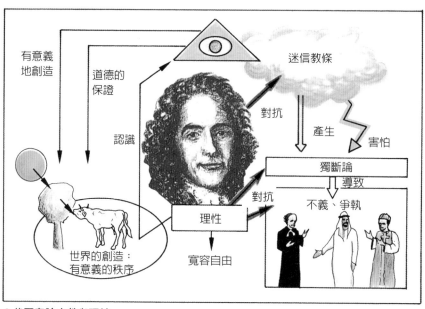

2 伏爾泰論宗教與理性

天才數學家與物理學家**巴斯卡**（1623-62）深受**笛卡兒**理性主義的影響。他有過一次終極性的皈依經驗（1654，見《回憶錄》），之後便把生命奉獻給信仰：

> 「亞伯拉罕的上帝、以撒的上帝、雅各的上帝，而不是哲學家的上帝、學者的上帝。」

他離開了笛卡兒的抽象，轉向宗教性的個人存在。**巴斯卡**積極地為一個頗受神寵理論影響的天主教支派**楊森主義**辯護。

《沉思錄》是部為基督教辯護的未完成著作，以斷簡的面貌流傳於世。**巴斯卡**將人描寫為存在於無限與無限之間者，即跨足在無限大與無限小之間。由於理性只能在有限性的界域中伸展，認識力的真正所在乃是**心**：「我們不僅透過理性、還透過心認識真理；我們用後者的方式認識第一原理。」理性只能後續地追加證實這些第一原理（外在世界的確定性、空間、時間等）。

> 隨心而走的精神是「**纖細的精神**」，受縛於理性的精神是幾何的精神。

這兩種精神必須偕行，因為數學家不能離開定義與原理，纖細的精神也不能離開理性的論證。因此，理性最光榮的事蹟是它的自我設限。

心還必須做最重要的決定，即接受**信仰**與否。巴斯卡的用語是賭注：

> 在決定上帝是否存在時，如果一個人選擇上帝，那麼他所下的注是有限的（他自己沒有價值的存在），卻可以贏得無限（他永恆的至福）。

在做出這個決定性的選擇後，他便只會謙卑地把生命交給上帝。對**巴斯卡**而言，這便是走出悲慘的存在的出路；人是可憐的**中間物**：因為精神之故，他幾乎是天使；因為他的低劣，他幾乎是動物。

> 「人只是一枝蘆葦，但他是一枝會思想的蘆葦。」

法國啟蒙運動在文壇的代表人物是**伏爾泰**（1694-1778）。其作品涵蓋諷刺劇、小說、戲劇、歷史作品及書簡。透過**寫作和政治參與**（他曾在**腓特烈大帝**處客居），他對啟蒙的思想積澱有很大的影響。如同許多當時的文人，他在哲學上接納了諸多英國思想界的精神要素。在《哲學書簡》裡，他讚許了英國政治與哲學的進步。

伏爾泰的思想依附**洛克**（頁 119）與**牛頓**的觀點。他與他們並肩對抗**獨斷論**，為人類的自由而戰。他跟經驗論取向的英國前輩相偕努力打破成見，尤其是理性主義者先入為主的觀念。

這個**全面反形上學**的立場，**伏爾泰**概括如下：

> 「在形上學的每個章節後面，我們幾乎都必須加注三個字：不清楚。」

伏爾泰對**宗教獨斷論**的攻擊尤其尖銳：他認為這是偏執的根源，導致不自由、迫害、不公。他的戰鬥口號為「粉碎下流之輩」（即教會）。

伏爾泰視大部分的歷史宗教為需清理的**迷信**，應以可促進道德的理性宗教取代。

> 上帝的存在可以從造物的存在推證，然而祂的屬性（宗教教條的內容）是不得而知的。

伏爾泰的立場接近**自然神論**。根據這種典型啟蒙時期的上帝觀念，上帝是自然秩序的創造者，但創造的工作完成後，祂便不再干預世界。

> 「如果上帝不存在，我們就必須發明祂，但是整個自然傳來了呼聲，告訴我們祂的確實存在。」

> 「**百科全書**作為一部作品，就如伏爾泰的為人。」（伍瑟瑙）

拜爾（1647-1706）的百科全書以形上學與宗教批評者的辭典為範本，並把它視為啟蒙最重要的文宣利器，在 1751 至 1780 年間共出版了二十八冊。這個龐大的計畫吸引了許多當時的頂尖人物加入：

- **狄德羅**（1713-84）是個多面性的哲學家，從自然神論者變成了泛神論者。身為發行人與執筆人，他是百科全書的引擎之一。
- **達朗貝爾**（1717-83）為百科全書所作的序言讓這個計畫頓時聲名大噪。在哲學上，他可算是**實證主義**早期的代表人物。
- **霍爾巴哈**（1723-89）是無神論者，主張決定論式的**感官主義**。

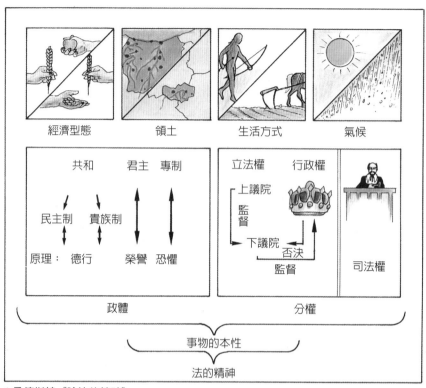

經濟型態　　　領土　　　生活方式　　　氣候

共和　　　君主　專制

民主制　　貴族制

原理：　德行　　榮譽　恐懼

立法權　　行政權

上議院

監督

下議院

否決

監督

司法權

政體　　　　　　　　分權

事物的本性

法的精神

1 孟德斯鳩《論法的精神》

衰落	興起	世代	語言	傳承
		人類	散文	歷史
		英雄	詩	傳說
		諸神	有形	神話

2 維科《永恆的理想歷史》

孟德斯鳩（1689-1755）的影響力主要來自將啟蒙思想移轉到社會秩序及其基礎，即**法律**。

孟德斯鳩在《波斯書簡》（1721）中間接對法國的現狀提出了控訴。跟**伏爾泰**一樣，他認為英國社會值得效法。

他的代表作《論法的精神》（1748）以英國的先驅者為鑑，尤其是**洛克**。

他的研究以社會的環境架構與法律制度的比較為出發點。**孟德斯鳩**站在**自然法思想**的基礎上，證得成文法並非為了用以遏制自然的戰爭狀態而專斷制定（駁霍布斯論，頁117）。事實上，它也有自然的立足點，**孟德斯鳩**稱為

事物的本性。從這裡又可得出

法的精神：

「不同的因素決定了人的存在……由此可產生普遍的精神。」

這些**因素**是自然的條件：

- 領土會影響憲法，幅員廣大的國家傾向於君王制，小國較易接受共和制。
- 溫暖地區的氣候有益於既存秩序的穩定性。
- 此外還有社會、歷史因素如**宗教**、**習俗**、**歷史**、**經濟**，但更重要的是政府的最高**指導**原則。

這些因素在各種治理狀態下有不同的比重。

孟德斯鳩區別了三種**政體**，各有其原理：

- **專制**，其原理是恐懼。
- **君主**，其基礎是榮譽。
- **共和**，若非民主制即為貴族制，成因是德行。

好的政體是路線溫和的政體，因為如此自由才有保障。自由的另一個保障是藉權力來限制權力，即**分權**，將國家的權力分成：

- **立法權**負責監督政府，分成兩個單位，監督性質的上議院與立法性質的下議院。
- **行政權**可對立法機關行使否決權。
- **司法權**必須完全脫離行政機關的控制。

維科（1668-1744）在義大利進行了一項龐大的計畫，試圖將**歷史**變成人類知識最主要的領域。

在代表作《新科學》裡，他從「真理是創造的事實」這個命題出發：

認識的意思應該是我們知道一個事物如何**產生**。因此，對於我們自己創造的東西，我們會有最深刻的認識。

維科因此推得人類精神的場域應是文化。

在數學中，如果它的概念因人而有效，認識便是可能的。物理學的成果只是或然的真理。

維科因此嘗試在歷史中尋找普遍性的法則：

其目標是「**永恆的理想歷史**」。

在這方面，他發現了**通識**：

在根本的觀念上，各民族所見略同。

這代表人類的精神裡有個源自天命的普遍通性。因此，歷史的結構也會透露人類本性裡的結構。**維科**的研究材料主要是**語言與傳統**。**字源學、神話與詩**等豐富的資源都見證了歷史的發展。歷史發展有固定的**階段**：

「一個民族的民族性一開始粗俗，然後強悍，接下來變馴柔，又轉為細膩，到最後又風俗敗壞。」

民族的**興起**有三個階段：

（1）**諸神**的世代：神明與宗教掌握一切權力；人們粗俗不文，語言的表現直接（如象形文字）。

（2）**英雄**的世代：「諸神之子」嚴格的道德深入人心；語言發展成詩文。

（3）**人類**的世代：達到萬全的自我意識的人類開始脫離神明與英雄崇拜；他們完全信賴自己的能力，並得到散文式語言的支持。

接著社會耽溺在奢華中，它的**衰落**導致全面的淪亡，新的階段又隨之開始。

所以在羅馬帝國淪亡後，蠻族就開始興起，從神權政治進入封建主義的英雄世代，最後形成文藝復興的文化。

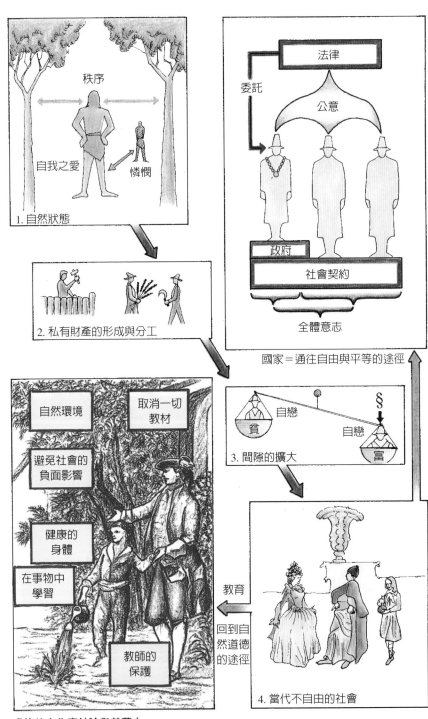

盧梭的文化腐蝕論與其藥方

盧梭（1712-78）在啟蒙運動中扮演過渡性的角色：因為他的關係，要求自由的呼聲更形尖銳；同時，他也為浪漫主義對啟蒙運動的批評開了先河。

盧梭預設人類有個**自由的自然狀態**。在此，個人是堅強的獨行者，完全活在自然的**秩序**裡，可以完全信任自己的感覺。與此相反地，思維是社會性的惡的一個來源，也造成人的自我分裂。因此似乎「思維的狀態違反自然，一個搜索枯腸的人是敗壞的動物」。

盧梭把人類的**自我之愛**視為根本的基礎，一切其他感覺都是由此延伸而來，尤其是憐憫之情。

從自然狀態中產生了原始的社會組織，它不會對現有的**平等性**與**自由**造成傷害。

隨著**文化**（語言、科學、藝術）與社會型態的發展，自然的平等性被解消了。

原來正面的自我之愛現在轉化成**自戀**。

在此，一個重要的斷層是分工與私有財產的引進，因為占有的可能性迫使人類進入互相競爭的鬥爭狀態。

文化為人們套上鎖鏈，**法律審判**從旁協助，「為弱勢者帶來新的枷鎖，為強勢者帶來新的權力」。

理性與科學弱化了自然的道德感，**奢華**軟化了人心，矯飾敗壞了品格。

盧梭因此鼓吹他理想中的自由。通往這種自由的道路之一，便是他所提出的**教育理想**。

《**愛彌爾**》（1762）呈現了盧梭的教育學思想：

最重要的是避免讓學生墮入社會的負面影響中。

盧梭的目標是心的教育，途徑是「**否定性的教育**」。教育者不應灌輸思想，這也是盧梭詬病當時教育之處。

孩童應自己透過經驗學習，教育應適應孩童的發展。

因此在第一個階段，孩童應保有其獨立性，自己在事物當中學習。青少年時期，學生應接受藝術、文學與宗教的訓練，也該考慮他的社交需求。教師的責任是提供健康的環境，讓學生在體能上也能有所增進。

技藝能力的學習跟最初的讀物——狄福的《魯賓遜漂流記》——對一個簡單而幸福的生活的開端都不可或缺。

盧梭恢復人類自由的第二個途徑，是他的**社會哲學**與**政治哲學**。他在這方面最根本的思想是《**社會契約論**》（1762）。據此，社會成員必須把個人置於群體之下：

「所有人都把自己置於群體之下，屬於個人的一切也應置於集體意志最高的指導原則之下。」

在每個人都把自己置於**公意**之下的同時，他也藉此保證了自己的自由與所有人的平等，因為他自己的意志也已匯流到公意裡。如此，他只是把自己置於自己訂立的法律之下。

放棄自然的自由後，才可能得到法律上的自由。

私有財產的託付也可與此類比：把自己的所有（象徵性地）奉獻給整體時，法律對財產的保障才可以確立。財產所有人於是就成了「物件管理者」。

從社會契約又產生**全民主權**的觀念。

法律要能成為有效力的法律，就必須與公意相符，否則它只是個人的命令。

此外，個殊意志壓過公意的可能性必須剪除。公意是最高的行事準繩，即使它與眾意相左，也不會因此而有所改變。

公意的表現是**法律**，而法律的執行者是**行政機關**。

「我們不需花上太多時間便可知道立法的權利誰屬（因為它是公意的行動），也可知道領導者是否有高於法律的地位（因為他是國家的成員之一），也可知道法律是否有不公正的可能（因為沒有人會對自己不公正），也可知道受法律約束的人為何同時也是自由的（因為它們只是陳列了我們自己的意志所做的決定）。」

盧梭心目中的理想國家，並不是單純設有國民議會的**民主國家**。人民從道德的角度來看應該要簡樸，在權利與財產上應該盡可能平等。

國教也該存在：它少數的正面教條應包括社會契約與法律的神聖不可侵犯。

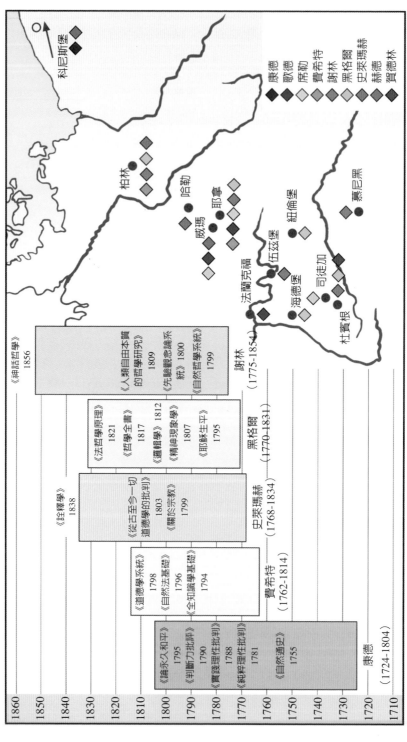

概要：德國觀念論

德國觀念論的歷史背景是廣義的法國大革命的準備、啟動與後果：拿破崙的統治、聯盟戰爭、法國的占領與解放戰爭；維也納會議與其結果。

一開始，革命似乎是啟蒙觀念、理性與自由的實現，因而在初期博取了絕大部分德國知識階層的掌聲。在革命轉趨為恐怖暴力後，氣氛開始起了變化。

這個局勢讓德國的民族意識有了突破性的進展（如費希特 1806 年的《告德意志國民書》），並帶有強烈的文化取向：

在威瑪的古典派與浪漫派的文學發展繁華似錦。

洪堡的教育改革與建立柏林大學、史坦與哈登伯格的政治改革（如 1807 年的農民解放）讓普魯士成了現代國家。

維也納會議的重要內容是復舊（重建 1792 年的舊秩序）。自由主義的思想遭到限制，《卡爾斯巴德決議》以打壓「群眾煽動者」為目標。

康德（1724-1804）完成了德國觀念論的先決條件。他的核心作品是三大《批判》。此外，他還留下題材豐富的著作：

例如關於啟蒙、教育等問題的作品，以及一篇短作《論永久和平》。

前批判時期的作品部分仍受當時「學院派哲學」的影響（如萊布尼茲、窩爾夫）。《自然通史與天體理論》（1755）試圖以牛頓機械論為基礎建立一套宇宙論。

休姆把康德從他的「獨斷迷夢」中撼醒，盧梭讓他學到對理性的懷疑。

他從事了一項「批判理性能力……因此也是決定形上學的可能或不可能，探索其來源、範圍與界線」的工作。

這個計畫在《純粹理性批判》中進行。

之後他又完成了《實踐理性批判》與《判斷力批判》。

費希特（1762-1814）在康德「物自身」的假定中看到一個必須克服的矛盾。因此他嘗試將理性的認識對象（「非我」）理解成由絕對自我所定立，即源自自我自由的行動。

謝林（1775-1854）起初追隨費希特，後來漸漸把焦點集中在自然哲學的建構。面對著對立面如何統一的問題，他產生了同一哲學的構想，把絕對者視為對立雙方的無差別點。黑格爾對這個立場提出如下的著名批評：

「這種認為在絕對之中一切沒有差異的知識……或許可以把他的絕對者比成黑夜，而就如俗語所說般，所有的牛在黑夜裡都是黑色的。這是知識的空洞所表現出來的天真。」

謝林的晚期哲學越來越趨於神祕，較少概念，較多直觀。

黑格爾（1770-1831）是謝林與賀德林在杜賓根修院的同學。

他的「絕對觀念論」是整個運動的高潮，也為它畫下了句點。

精神對自己的認識，是黑格爾龐大的思辨系統的基礎。他為這個系統填入了來自所有知識領域的各種材料：藝術、宗教、法律與歷史。

對理性的高度強調招致其他思想家的批判。哈曼（1730-1788）批判地指出理性如何受制於語言，因此同時也受制於歷史。他於是更加強調感性上的感受。對他來說，確定性的最終來源是信仰。

雅可比（1743-1819）認為認識實在界最直接的途徑是信仰。帶領我們尋獲知識的不是知性，而是感性與理性。在他的用法裡，理性意指超越感性而掌握整體的能力。

赫德（1744-1803）認為人是「一切造物中最先獲得自由者」。他的自由與對世界的開放性賦予了他創造自己本性的可能性，但同時也決定了透過教育造就人性的必要性。

人的特殊地位得自意識建立的媒介：語言。

在《關於人類歷史的哲學的一些觀念》，他表示人類的發展是趨向於人性的有機成長，而不同民族必須透過其各自文化來瞭解。

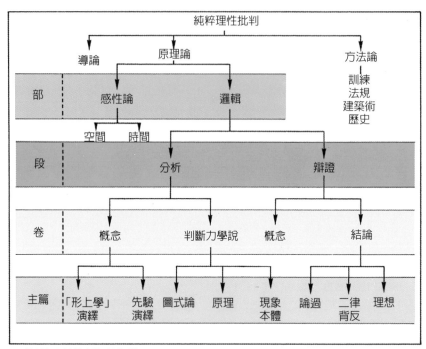

1 《純粹理性批判》的架構

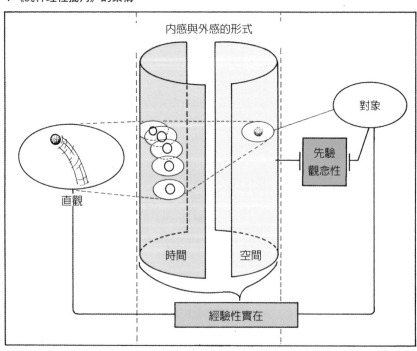

2 先驗感性論

康德（1724-1804）生卒於科尼斯堡。《純粹理性批判》被視為近代的劃時代作品，有出版於 1781 年與 1787 年的兩個不同版本。康德在 1783 年的《未來形上學序論》裡簡化自己的學說，批判性地審視人類的認識能力。他的主要問題是：

「先天綜合判斷如何可能？」

即「非經驗性（後天）的判斷如何成立」的問題。這樣的判斷也不可以是分析性的。分析性的判斷並不能擴充主詞的內容，只能開展它：

「一個圓圈是圓的」在這個意義下是分析判斷，因為圓形的性質已經包含在圓圈的概念裡。相反地，「7 + 5 = 12」便是先天綜合判斷：「12」既不包含在「7」、也不包含在「5」當中。

所有理論科學中的原理都包含先天綜合判斷。

關於它在形上學中之可能性的問題的答案，決定了形上學作為科學是否可能。

康德試圖綴聯感性的被動性（它只接受）與悟性的主動性。

從理性主義的角度看來，可以擴充概念內容的感官經驗只能算是模糊不清的思想；相反地，經驗主義想從經驗中導出一切，因而忽略了悟性主動性的能力。

康德的解決之道是形上學中的哥白尼轉向：

並不是認識符應對象，而是對象符應認識。

在這個先驗觀念論裡，康德雙雙解消了理性主義與經驗主義。康德認為認識的驛站有如下幾個：

「人類所有的認識都是以觀察為起點，然後成了概念，最後以觀念作為終站。」

這也決定了《純粹理性批判》的架構。（圖1）

先驗感性論探討感性的先驗要素。康德賦予時間與空間直觀的性格；兩者都因此不屬於悟性知識的「根幹」。

空間：它必須是先於一切經驗直觀的基礎。

我無法脫離空間性的直觀想像任何對象物，也無法想像被分割的空間或把空間想成不存在。

它因此是感性知覺的先驗基礎，純粹（先驗）的幾何學也因此才有存在的可能。

時間：我們也無法把它從感性經驗中排除。沒有它，久暫或先後的順序就無法想像。它是內在知覺的形式，亦即我們的觀念在當中獲得了秩序。

就兩者而言，我們都可說它們有

• 經驗的實在性：「對於我們的感官所能經驗到的任何對象，它們都有客觀的有效性。」

• 先驗的觀念性：它們並不是作為對象物本身的性質而存在，而是我們的經驗直觀的條件。因此先驗觀念論才會有如下的學理：

「我們在空間或時間中所直觀到的一切……都不過是現象，即純粹只是表象。」

在概念分析論裡，康德研究了悟性裡先驗地存在的要素；他把它們稱為範疇。

範疇的演繹分成兩個方式進行：

第一個演繹方式來自傳統邏輯的判斷形式，因為悟性的活動始終是判斷。（頁138圖1）

第二個方式即先驗演繹，建立在「多樣性在統覺中的綜合性統一」。一切的經驗都發生在一個統一性的秩序中。這個秩序的先決條件是範疇；它們把紛雜的表象內容安置在一個統覺下。

這個統一性的功能的基礎始終是「我思」。

它也是先驗的、有連結功能的概念的來源。但若缺乏經驗直觀的基礎，這些概念便是「空洞」的。因此，認識的意義便是它們在經驗上得到應用。

因此，要將經驗整合到主體的統一性裡，範疇便不可或缺。

只有被收編入這個秩序中者，才能成為經驗的對象。這種對象的全體康德稱為「自然」，而悟性及其範疇便是它的法則制定者。

在原理分析論（判斷力學說），康德研究作為概念與經驗直觀的媒介的要素。紛雜的經驗直觀必須在普遍概念下列整。這種能力他稱為判斷力。首先，這個工作在圖式論裡進行：（原來空洞的）每個範疇他都對應到一個圖式上，讓它與直觀相涉。

範疇與直觀之間的中介者是時間。

它是內在的、同時也是外在的感知，因此是一切經驗的基礎。

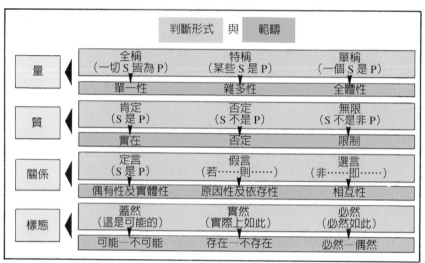

1 發現純粹智性概念的綱要

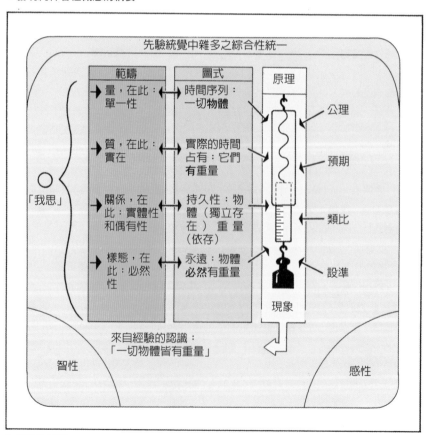

2 先驗分析論

德國觀念論

個別範疇的**圖式**是：

- 量的基礎是**計數**，即時間性的**順序**。
- 質的成立與時間上的**充實**程度有關，從實在到不實在。
- 關係的客觀指涉來自時間的**秩序**（久暫、先後、同時性）。
- 樣態來自時間體現：

　一物在**某時**會存在，它便是可能的；在**特定時間**存在，便是實的；**永遠**存在，便是必然的。

接下來是**原理系統**。原理規定了在什麼條件下經驗是可能的，因此是「自然」的最高法則。它們在自身中包含了其他一切判斷的根據，因此也是科學經驗的先驗條件。這些原理是

- **直觀的公理**，其原理是擴延的量：我們的一切經驗對象必須可以化成空間與時間的量。它們恆是聚合的量，是由部分累積而成的整體。
- **知覺的預料**：一切可能經驗的對象必須有一個內涵的緻密度，即「能對感官產生一個程度的影響」。
- **經驗的類比**：解釋了在經驗中現象與現象間必然的連結。它包含三個基本原理：
  - （1）**實體**的恆存法則。恆常不變的基層必須存在，時間的變化才會示顯，前後關係與同時性也才有可能。
  - （2）實體的存在雖然帶來時間變化的可能性，卻仍無法為它提供充分的解釋。只有透過**因果**的原理，我們才能瞭解為何它是必然的。
  - （3）如果兩物有同時性，就會有**交互作用**的原理存在。
- **經驗性思維的一般設準**：
  - （1）與經驗的形式條件相符者是**可能**的。
  - （2）涉及經驗的材料條件（感覺）者是**實**的。
  - （3）與實在者的關係為經驗的普遍條件所決定者是**必然**的。

隨著這些根本原理的表述，可能的客觀經驗的空間也跟著確定下來：

　只有透過感性與純粹悟性的先驗原理被塑造出來

者才能作為對象，或者更廣泛地說，作為「自然」出現在我們面前。

因為只有透過這些原理的應用，紛雜內容才能得到綜合性的統一。我們可以經驗的世界因此不是「虛象」的世界，而是為必然性所貫穿的現象世界：

　因為它受到我們的認識機能的**法則**的約束。

先驗分析論路一貫地以**現象**與**本體**的對照作結：

　康德把（正確的）悟性活動的範圍限定在現象的世界裡，即束縛在「對我們而言」的事物上。

事物「就本身而言」（本體）始終是不能認識的。它的世界在性質上是一個「蓋然」，也就是作為一個可能。它的功能是限制感性與人本身，因為人無法藉由範疇認識本體。

在先驗邏輯第二部，**康德**探討了狹義的**理性**所遭遇的形上學問題：**先驗辯證**。

康德認為理性是**假象**的住所：

理性不斷辯證地跨出範疇的經驗性使用範圍，因此也跨出了知識的界線。

這個自然的、無可避免的幻覺基本上都是源自於理性的活動，亦即為有條件者找出條件，並在最後層層回溯到無條件者，其途徑是**推衍**。理性在最後的關頭都是以**觀念**運作，一切現象與概念都收攝其下。

超驗辯證的主要工作是揭發「理性推理」所導致的「辯證性**假象**」。

他順著當代學院派哲學（頁115）的說法，列舉了靈魂、世界與上帝等超驗的觀念：

　「因此，一切先驗觀念可歸為三類，第一類是思想主體的絕對……統一性，第二類是現象的條件序列的絕對統一性，第三類是一切對象的條件的絕對統一性。」

康德致力於證明這些觀念若被賦予**客觀性**，便會導致矛盾。這些導證的工作他在

- 純粹理性的謬誤（靈魂）
- 純粹理性二律背反（世界）
- 純粹理性先驗理想（上帝）

等章節中完成。

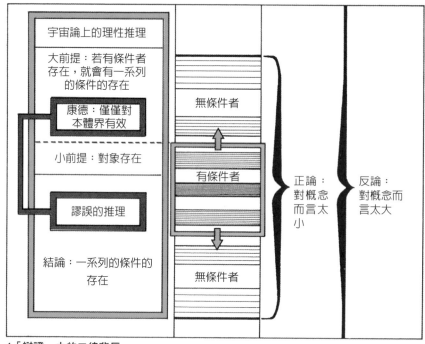

1「辯證」中的二律背反

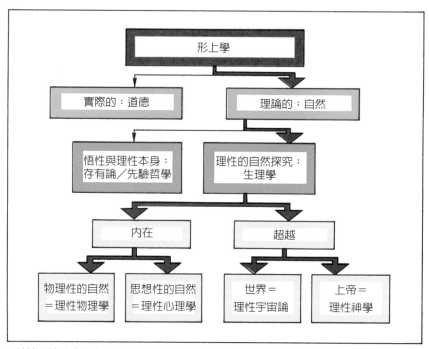

2 純粹理性的建築術

理性心理學的**論過**源自**主體**與**實體**錯誤的關聯：自我是一個主體，因此根據傳統的心理學也是**實體**。對此，**康德**區分了統覺的我（作為主體）與靈魂所謂的實體（作為客體）：「主體的統一性……只是思想中的統一性，僅僅如此還得不到客體，因此實體這個範疇……即使預設了直觀也不得應用，是故這個主體無法被認識。」

因此對作為**簡單**的、**不死**的、**非物質性**的實體的靈魂，我們無從獲得知識。

二律背反是矛盾。它們產生自理性可為關於**世界**的互相矛盾命題提供假證明的能力。**康德**將四個正論（及證明）與四個反論（及證明）互相對照：

（1）世界在時、空上有開始——沒有開始。

（2）世界上所有的東西都是由簡單的、不可分割的部分構成——東西不是由簡單的部分構成。

（3）除了因果律外還有自由的存在——世界上發生的一切都受因果律控制。

（4）有一必然的存有者作為世界的一部分或它的原因而存在——它不存在。

康德認為**解決**二律背反的關鍵，是將背反的命題與經驗性的認識互相比較。例如從第一個命題可以得出：「世界沒有開始，那麼它對你們的概念而言便**太大了**，因為概念……永遠無法趕上整個已逝的永恆……若假設它有個開始，它對你們的悟性概念而言又……**太小了**。」

根據先驗觀念論，存在的只有知覺印象及其變化。因此一切推理思量所得的論證都應擱置：「若有條件者存在，就會有一系列的條件的存在：由於感官的對象被我們經驗為有條件的，因此……等等。」前段關涉了物自身，後段關涉了經驗性事物：所以爭執雙方都因混淆兩者而在推理中犯下相同謬誤。宇宙論的觀念不應視為**構成性**的概念，而須當作**規範性**的概念使用。它們無法帶來關於對象的新概念，只是把它們組織成一個整體。這種使用理性的方式將普遍者當作**基本假設**，「因此，它的標的在於悟性認識的系統統一性，而後者又被視為真理的試金石……（這個真理）單單只是觀念，因此也只

是投射的統一性。」

在辯證論的最後一個段落裡，**康德**處理了純粹理性的**理想**，即上帝。在其核心領域中有三個關於上帝存在的證明：

· **存有學**的論證：由上帝的觀念出發。

· **宇宙論**的論證：以最高存有者解釋任何存有物的存在的必要性。

· **物理神學**的論證：由世界的合目的性導出它必有個設計者。

康德反駁它們的基礎是它們都混淆了本體界與現象界的對象，永遠也得不到經驗的支持。最高存有者既無法證明，也無法否證，「但卻又是沒有瑕疵的理想者，是人類一切知識的最高點與冠冕」。

這部作品的第二部是**先驗方法論**，它決定了「一個完整的純粹理性系統的形式條件」。

訓練是「警戒性的反面教材」，指出不當使用理性的方式的可能性。**康德**批評了

· 在哲學中基於似是而非的證明而導致獨斷論的數學方法；

· 理性的**爭論性**使用：面對獨斷性論題以相反論題回應——理性應該不帶成見地、批判性地檢驗；

· **懷疑論**——作為哲學的普遍方法並不適宜；

· 最後是哲學中的**假設**與**證明**：前者只有在作為「戰爭的武器」時才能被容許，證明則必須直接，而且可以回溯到可能經驗。

法規則正面規定了純粹理性必須肩負的任務。由於它在思辨的層次上無法建立確定性，它的價值因此在於實際的層面。它的成立需要三個設準：

· 意志的自由

· 靈魂的不朽

· 上帝的存在

理性的終極目標不可能是思辨性的知識；它的意義在於支撐道德信仰：「因此，我必須擱置知識，為信仰騰出空間。」

建築術提供了哲學系統的藍圖。（圖2）

歷史性的展望〈純粹理性的**歷史**〉為方法論，同時也為全書作結。

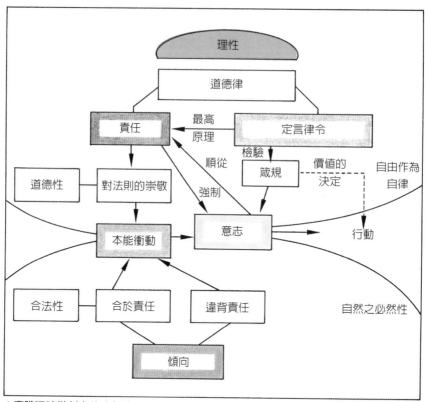

1 實踐理性批判中的分析論

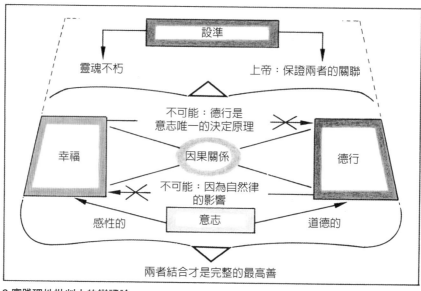

2 實踐理性批判中的辯證論

康德的實踐哲學主要見諸《道德形上學基礎》(1785)
與《實踐理性批判》(1788)。

《實踐理性批判》的〈分析論〉探討了**意志**的內容
作為衡量行為之評價尺度的意義。據此，除了**善的
意志**外無有可以毫無保留地稱之為善者。

行為的價值不是以追求的**目標**來衡量。行為的目標
屬於自然決定性的範圍。行為受到經驗性偶然的制
約，因此根據**康德**的看法不能視為是自由的。據此
可推得，只有意志的理性內涵才能決定一項行為的
道德品質。

義務便是自由，將人的決定從偶然的經驗性擺布中
解放出來。義務以「對於（道德）法則的敬重所延
伸出來的行為必然性」取代了自然的因果必然。

義務迫使人的意志與行動尊重源自理性的道德法
則。不過，基於個人偏好的行為也可能湊巧符合義
務的規定：

　　這種行為上外在的「與義務相符」**康德**稱之為**合
　　法性**，與以「出自於」義務的行為為先決條件的
　　道德性構成對比。

行為上的應然呈現為律令。**康德**區分了**假言律令**與
定言律令。前者的有效性以一個正在追求的目標為
前提，因此只談到一個有條件性的應然。相反地，
定言律令形式地、絕對地呈現一個法則的效力。在
一個概括性的表述下，它的內容是：

　　「永遠只依據使你的意志能成為普遍法則的箴規
　　去行為。」

箴規是主觀性的基本原則。作為意志的決定原理，
箴規是它的價值根源，因此也是行為價值的究竟根
源。行為只有在滿足定言律令的形式判準時，才能
算是道德上的善。箴規在性格上必須對所有的理性
存有者均具普遍效力。

　　例如一個允許說謊的箴規便不能滿足這個條件：
　　如此一來，一個人就必須欲求所有的人都說謊。
因此定言律令的先驗綜合命題便是理性在**實踐**層面
上為了「強制」人類意志而表述的最高形式原理：

　　「一方面不受制於……欲望的對象，一方面意志

卻也受限於箴規，為它所能提供的、僅僅是普遍
　　法則的形式所規定，這便是道德的唯一原理。」

證明行為的一個形式性、普遍性的理性原則的存
在，是**康德**自由理論最核心的關鍵。從《純粹理性
批判》的立場來看，**自由**只能想像。但作為理性原
則的定言律令卻讓一個沒有材料性條件（如教育、
道德感、上帝的意志、幸福的追求等）的應然成為
可能。

　　理性在義務中將自己置於自己制定的法則下。它
　　是**自律**的，也就是自己為自己定法律。

雖然作為感性動物的人脫離不了自然律的管轄，因
此他律的，但意志卻可以因為受理性支配之故而
是自由的，同時人也因理性之故而得以跨足睿智界
（悟性的世界）。因此，意志也在積極的意義下是自
由的。（摒除一切經驗性與他律性的）純粹理性在
「接受道德原理決定自己的行動意志之時，實際
　　上也是自律的」。

善的意志與「病態的意志」的差別在於它不受感官
條件制約。它的驅力來自對法則的**崇敬**。這種崇敬
感限制了自利的行為動機，是本來的道德感。

由於善的意志在他人身上也應視為是自律的，定言
律令的另一個陳述方式是：

　　「在行為時，你應將人視為目的，而非手段，不
　　管是你自己或任一個他人。」

《實踐理性批判》的〈辯證〉指出實踐理性的對象
是**最高善**。

　　意志唯一的決定要素是道德法則的遵循，不是幸
　　福的追求。但由於人是感性的存有者，完整的善
　　卻也必須包含幸福。

康德解決這個實踐理性的二律背反的辦法是：

　　兩者只能綜合性地以因果關聯連結，同時把德行
　　設為因。幸福可以攙揉到這個因果脈絡裡。

當然，兩者要能結合成完整的最高善，**上帝的存在**
便是一個必要的**設準**，以保證幸福與德行的相稱。
由於在感性的塵世裡的存有者永遠不會「成聖」，
追求完美的無限過程也要求**靈魂不朽**的設準。

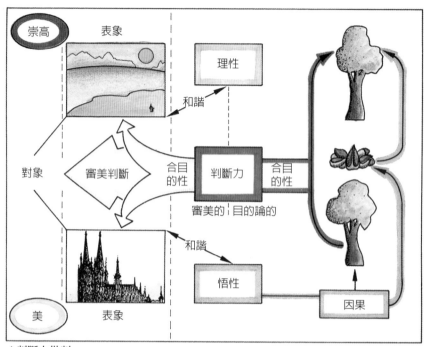

1 判斷力批判

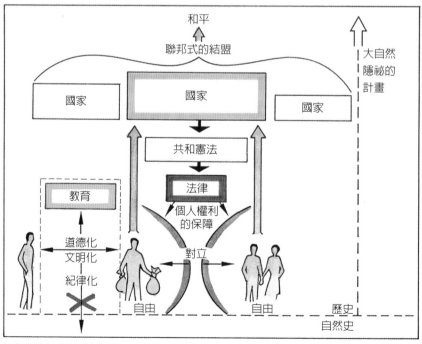

2 康德的歷史暨社會哲學

康德以 1790 年的《判斷力批判》為整個「批判工程」作結。判斷力研究的任務是作為自然（頁 137）與自由（頁 143）兩者間的橋樑。判斷力被視為介於悟性與理性之間的能力，與它對應的感覺是愉悅和不快，被視為介於認識與欲望之間的能力。

判斷力是將個別納入普遍的能力。

這裡所探討的「反思性的判斷力」必須自己先找到普遍者。它在此所遵從的原理是合目的性。

如果一個合目的性是主觀的，相關的能力便是「審美」的判斷力；如果它是客觀的，康德便稱之為「目的論」的判斷力。

在關於美學的批判性研究裡，康德探索了美與崇高。不同於美，崇高所涉的對象是無限者，它的意念始終伴隨「全體性」的概念。美的分析顯示，一個審美判斷在範疇論的基礎上來看具有普遍的有效性，因為它要求他人也跟隨；它也是必然的，因為它預設了全人類的共感。它所表現的是一種「無涉利益的愉悅」，從關係上來看它的意趣在於合目的性的形式。

「美是一個對象合乎於目的性的形式，在這裡雖無法指出具體的目的，卻可以得到合目的性的感受。」

因此，所謂的美就是一個非概念性的表象藉由合目的性的感受所喚起的快感。所以花朵的自然美來自各個部分的和諧，觀察者不需要再認識到它們的目的何在。

審美的判斷裡隱含著二律背反：它是無法證明的，卻要求普遍性的接受。它源自主觀的感受，卻同時訴求超越個人的共感。

最後，康德又連結美學與道德：美的範疇可以與道德的善類比；崇高則是自然雄偉的整體性的體現，是人類仿效的對象。

目的論思想批判探討的是合目的性這個觀念在自然（哲學）中的適用範圍界限如何。

在此，合目的性是關於生物的知識探求原則；對有機性的組織而言，每個作用同時也是原因。

一棵樹產生了自己，也繁衍了後代，作為一個個體，同時也作為一個種類，它是過程整體的原因及結果。

在生物學的領域裡，作為一切知識要件的因果關係必須以合目的性加以補充。

康德在人類學裡表示，動物為本能所支配，而人則為理性所主宰，因此，就個人而言，必須藉由教育來防止蠻性復萌。教育的目的在於啟蒙，它不只要「訓練」孩童，更重要的是引導他思考。方法是「馴服野性」（紀律）、教導技巧、提升文化涵養。重點是有助培養正確觀點的道德化教育。

人與動物的另一個差異是歷史性。因歷史之故，人類可把既有成果傳給下一代，因此有不斷追求完美的可能性。藉此，自然可以完成一個隱祕的目標，即透過人類來實現其一切的可能性。其動力是人類自相矛盾的天性，他的「不和睦的和睦」：人類有深刻的社會性，同時也有深刻的反社會性。

一個完全平等的公民社會的建立是

「自然賦予人類的最高使命，因為（唯有）如此大自然才能透過我們完成它其餘的目標」。

根據康德的法律哲學，結束沒有法律的自然狀態的是一個「原初契約」。只有在這個情況下成立的國家可以在不傷害自由與平等的條件下保障每個公民的權利。權利的定言律令是：

「你表現在外的行為實踐，應使你自由的意志伸張在普遍有效的法則下可不抵觸每個人的自由。」

在民法上，自然的制度如契約自由、婚姻與私有財產都須予以保障。

公法將所有公民置於共同的法律管轄之下。康德也從啟蒙運動前輩的思想裡借來了共和憲法，包含分權制度、人民主權與人權等概念。

最後，國際法應確保各民族的自由與和平。

康德在《論永久和平》（1795）裡列舉的條件是：

• 各國均採用共和憲法
• 國際間的聯邦式和平組織
• （有限的）世界公民權

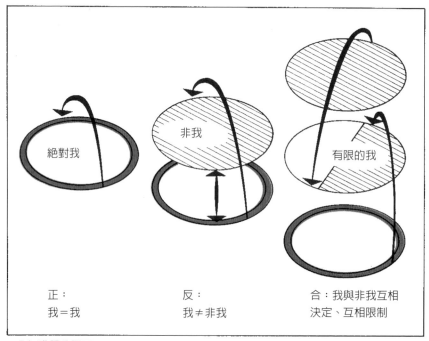

正：
我＝我

反：
我≠非我

合：我與非我互相
決定、互相限制

1 全知識學的原理

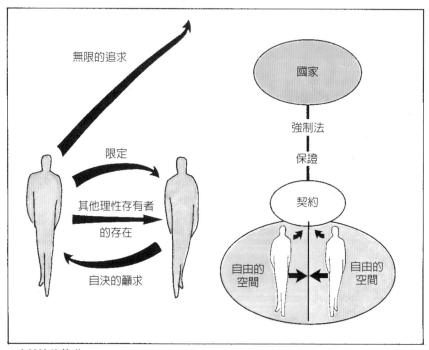

2 自然法的基礎

德國觀念論

對**費希特**（1762-1814）而言，哲學便是**知識學**，即它不像其他科學一樣是在研究對象性的事物，而是一門研究知識本身的科學。

因此它的任務是奠立原理，以此為起點為一切知識找到一個不再需要其他基礎的基礎。

在《全知識學基礎》（1794）裡，他提出了**三個最高基礎原理**，與正、反、合的模型相符。

第一個原理是：

「自我原初地且絕對地定立自己的存有。」

「它闡明的是一個在我們意識的經驗性層次沒有出現、也不可能出現的事行；它是一切意識的基礎，唯有它才能使意識成為可能。」

每個知識都預設了自我的定立，即一個作為認識者的自我。第一個原理在此所談及的自我不能經驗性地理解。它必須**先驗**地理解，也就是說，它蘊含了一切知識的條件。這個絕對的我是無限的事行。

第二個原理依矛盾律而成立：

我不是非我。或：「非我與我絕對地對立。」

由於我與非我兩者都是在我之中被定立，有可能互相解消對方，因此連結正反雙方的合就應意謂兩者只是部分地否定對方的實在性，也就是說，它們互相限制。

因此，第三個原理便是：

「我在我之中將可分的我與可分的非我定立為對立者。」

如此，在此刻有限的我與有限的非我彼此限定、相互制約。這個原理本身又可以解析為兩個命題：

「我定立自己為被非我制約者。」這個命題是**理論性**知識學的基礎。而「我作為制約者定立了非我」則是**實踐性**知識學的基礎。

在理論的部分必須說明自我如何得到其**觀念**。

若我被視為被非我制約者，那麼我就被理解為被動的直覺者，非我則扮演主動的角色。

這便是所謂的**實在論**的立場。相反地，**批判的觀念論**瞭解到，

自我將自己定立為被非我限定者，因此是在自我限定當中主動的部分。

自我以非我限定自己，藉此讓觀念產生的行動，**費希特**稱為**想像力**。

實踐的部分以一個矛盾作為出發點：絕對的我無限的行動與受限於非我的我有限的行動之間的矛盾。

為什麼我要限制自己？

答案可以在絕對的我作為無限的**追求**的本性中找到。這個追求蘊含了一切的實在都絕對地為我所定立的要求。由於沒有對象就沒有追求，我於是需要非我的反作用，以便能在克服它的過程中作為一個實踐者。

同時，有限的我也必須反思，自己是否真能掌握全盤的實在界。對象的抗力，是追求的行動可以被反思與我可以意識到自己和界定自己的條件。

在感覺裡，非我的反作用對我而言是

「自我的一個行動，在這當中，自我將在自身中發現的異者與自己關聯起來……」

知識學確立了一個獨立於有限的我的意識之外的力量（非我）的存在。他者能被感覺到，沒有辦法被認識。這個非我的所有可能特性都衍生自自我的認識能力本身。

因此，**費希特**自己將知識學界定為**實在觀念論**。

《**道德學**系統》（1798）以知識學的探索成果為基礎。如果一個行為與自我的絕對獨立性相稱，以克服自我對於一切對自然的依賴性作為前提，那麼它便是道德的行為。

因此，道德的原則性思想，是自我「應該絕對地、無例外地以獨立性的概念來瞭解自由」。

行為實踐的基礎是**道德本能**。它是一個混合物，裡面有自然本能（材料性的部分），也有純粹本能（賦予前者形式者）：純粹本能僅僅設定目的，只趨向獨立性。

決定行為的是**責任**的觀念，因此可得出如下的定言律令：

「永遠根據你對責任的最高信念而行動。」

費希特另有責任學專門詮釋其內容。

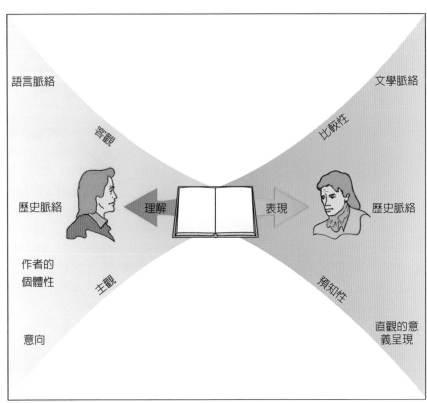

1 史萊瑪赫：詮釋學方法

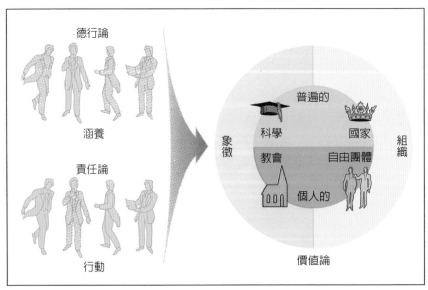

2 史萊瑪赫：倫理學

費希特的《**自然法**基礎》(1796) 也依循了知識學的原理。

> 「理性的存有者在定立自己時，必然自認擁有自由的影響力。」

自我意識的可能性預設了自我為自己的行動設定界限，即定立一個外於自己的世界。這個推促自我意識的力量因此只能理解為其他理性存有者對我的籲求。因此，自我要能把自己瞭解成獨立自主的行動者，就必須假設除了自己以外還有其他自由的理性存有者存在：它們限制了自己的行動空間，以成全我行動的可能性，同時也藉此承認了我這個理性的存有者。

因此，自我在定立自己時必然置身於與其他理性存有者的關係中，而這便是法律關係。

普遍的**法律命題**因此是：

> 「我在任何情況下都必須承認除了我之外的自由存有者，即讓我的自由受到他的自由的限制。」

在感官世界中，行為實踐的可能性是**身體**。因此，人最原始的權利是

> 擁有自由的權利與人身的不可侵犯

以及持續在世界中自由地發生作用的權利。在群體裡，這種自由必須以他人的自由為界限。

鑑於個人勢力範圍之間可能發生的衝突，需有獨立機關確保法的安定性，並為此制定**強制法**。因為人是自由的理性存在者，只受其自身制定的法律約束，故國家權力必出自人民。

費希特的**晚期哲學**（自 1800 年起）呈現了其思想多方面的轉變。《論神統治世界的信仰之基礎》(1798) 的早期**宗教哲學**觀點招致無神論的指控，因為他把上帝等同於道德性的世界秩序。如今他把上帝視為唯一、絕對的存有，而人類一切的知識與追求都是以祂為目標。

在《知識學》的晚期版本裡，他試圖在（神性的）不變的**絕對者**中尋求統一性的原理。一個知識要能有確定的基礎而完全無可置疑，其條件是有一個必然的存有者在人類的知識中得到實在性。在哲學所能獲得的最深刻知識裡，絕對者最內在的實在顯現了自己。

史萊瑪赫 (1768-1834) 在今日主要因其**詮釋學**而獲得注意，尤其是因為**狄爾泰**的發掘之故。

> 對他而言，詮釋學是**理解**的技藝或技術，反省了生命的外在表現之所以可以瞭解的可能性的條件。

由於每部典籍一方面是作者個人的心力成果，另一方面也屬於一個公共的語言系統，因此首先有兩種詮釋方式：

> **客觀的**（文法的）方法透過一個語言的整體來瞭解一部作品，**主觀**的方法則透過作者在創作過程中所注入的個體性來瞭解。

接下來**史萊瑪赫**又區別了**比較性**與**預知性**的手法。前者藉由比較言詞的語言及歷史脈絡來發掘其意義，後者透過移情作用直觀地掌握意義。

> 這些形式必須並用，在理解的過程中不斷交替互補。

史萊瑪赫認為**倫理學**的任務在於讓原理的普遍性與具體生活的多樣性、個人的需求與普遍的需求協調一致。

他將倫理學分成三個領域：

- 在**德行論**裡，道德是內蘊於個人中的力量，是支撐其行動的內在涵養。
- **責任論**以行動本身作為對象，它的普遍原理是每個個人都必須為完成團體中共同的道德使命發揮自己最大的效用。
- **價值論**所討論的價值，其一源自媒介個人目標與普遍（團體）目標的努力，其二來自理性面對自然所採取的措施：
  理性改造自然（組織），將改造過的自然變成它的符號（象徵），藉以呈現自己，讓自己被認識。
  當自然完全成為理性的體現與象徵，個體性與普遍性趨於平衡之時，便達成最高的價值。

行為各領域的互組形成四種道德性的結構：

> 國家、自由團體、科學與教會。（圖2）

史萊瑪赫認為**宗教**並非建立在理性或道德上；它有自己的基礎，即絕對性的**依賴感**。

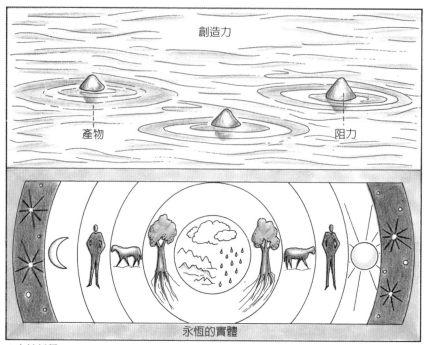

1 自然哲學

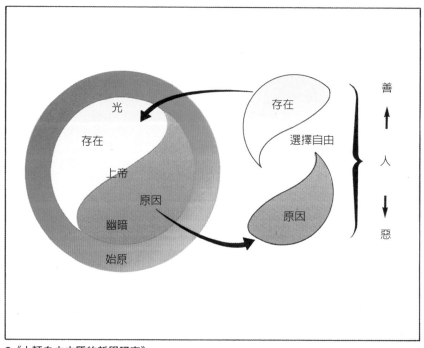

2《人類自由本質的哲學研究》

謝林（1775-1854）的思想歷經了幾個很大的轉折。在初期他跟隨**費希特**，後來藉由自然哲學與後者分道揚鑣；**謝林**的晚期哲學則受到**波美**（1575-1624）神智學思想的影響。**謝林**的根本問題之一是主體與客體、精神與自然、觀念與實在等對立面的統一。

> 「自然應為看得見的精神，精神則應為看不見的
> 自然。『**在我們之外的自然如何可能**』這個難題
> 因此可以在我們之中的精神與在我們之外的自然
> 兩者的絕對同一性裡找到解決。」

《**先驗觀念論系統**》視**自我意識**為知識的最高原理。它不只產生了自己，也透過**無意識**的創造產生了對象世界。作為主體的我若在思想中讓自己成為對象，則它與作為對象的我是同一的。

在他的**自然哲學**中，自然作為主體是絕對的**創造力**，作為對象則只是個**產物**。如果只有絕對的創造力，就不會有特定的事物出現，因此必須有個反作用作為**阻力**，有形的物才會存在。

> 阻力根源於自然本身中，在它將自己變成對象時
> 產生。

這些對抗的力量使自然不斷地**變化**。產物表面上看起來靜態地存在著，實際上卻不斷地被創造著，處在不斷的毀滅與再造的過程中。

> **謝林**以湍流中因物體抵拒而形成的漩渦來比喻。
> 漩渦的逆流畢竟也是因湍流本身的力量所產生，
> 而它本身也在彼此對抗的力量中不斷地更新。

整個自然當中充滿了創造性的**生命力**。所謂的無機物也只是沉睡中、尚未被喚醒的生命。

> 「所謂的物質世界也只是沉睡著的動物世界與植
> 物世界，彷彿沉醉在有限性中……」

自然不斷在進化中，較低的形式被納入較高的形式裡，一切也都被安排在永恆實體（或絕對者）中。關於對立者的統一的難題，迫使**謝林**提出這個統一性背後的原理為何的問題。因此從 1801 年起他就開始構想**同一哲學**，其根本原理是：

> 「一切的存在者本身都是一。」

絕對同一也被視為一個無差別點，對立者的差別在此尚未出現。由於如此一來本質上一切都是一，宇宙中發展過程的動力就必須加以解釋：它來自絕對的一所分化出來的對立雙方之一在量上的優勢。

《**人類自由本質的哲學研究**》（1809）標示了**謝林**過渡到帶有宗教與神智論色彩的階段的轉折點。

人類的**自由**便是向善與向惡的可能。對於惡之所以存在的問題，**謝林**認為只有一個可能的回答方式：在**上帝**自身中，**原因**與**存在**一分為二。

> 「由於在上帝之前與之外沒有任何存在者，其存
> 在的原因必然是在自身中。……在上帝自身中的
> 這個存在的原因不是就其為絕對者而言的上帝，
> 也就是說，不是存在的上帝本身，因為祂在此只
> 是祂自己存在的原因。祂是上帝的自然天性——
> 在上帝之中；存在與原因兩者雖然不能分開，但
> 本質上有所不同。」

由於一切造物來自上帝，同時又與上帝不同，所以它們必須源自上帝之中與自己不同的部分，即源自祂的原因。原因被瞭解成一個黯淡而無意識的基礎（幽暗），沒有秩序，只有個殊意志，等待著被轉化成存在之光（秩序、理性、普遍意志）。

雖然在上帝本身中這兩者不可分開，在人的身上它們卻各奔東西，善與惡的可能於焉產生。

> 由於源自原因的人類相對上有一個較獨立、不依
> 附上帝的原理，他也擁有向善與向惡的自由。

惡並非直接由原因產生，而是在人類的意志背離了光後產生。

然而，若我們不願在原因與存在的二元論裡停滯不前，就必須回溯到更原始者，**謝林**稱之為「始原」。它與一切的對立者等距，因此也不包含任何會阻礙對立現象出現的因素。

謝林在**晚期哲學**裡密集地探討了基督教思想。他致力於將上帝理解為真實的絕對者，而不僅是我們思想中的絕對者，因而在《天啟哲學》演講錄裡區分了消極哲學與積極哲學。消極哲學（他指的主要為**黑格爾**）談論的只是思想裡的對象，而積極哲學則直接面對實在性。如此一來，理性便必須限定自己，因為它預設了在經驗中所發現的實在。

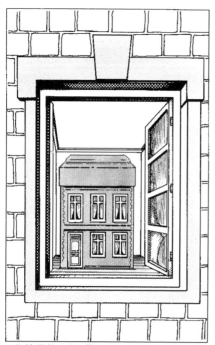

1 依據馬格利特《辯證的禮讚》所繪

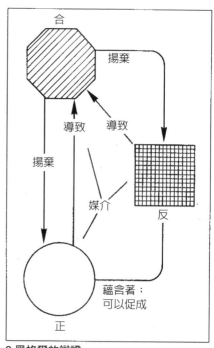

2 黑格爾的辯證

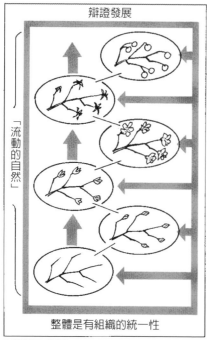

3 整體是真理

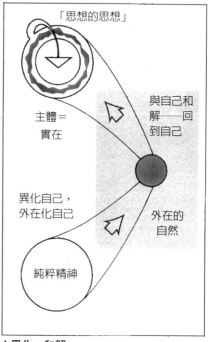

4 異化—和解

黑格爾（1770-1831）知性發展歷程的一個起源是史瓦本地區的虔敬教派，它是一個帶有強烈諾斯替派色彩的新教教派。

他的「思辨觀念論」、歷史觀、三階段「辯證法」及「真理乃是整體」的觀點都可在此找到解釋。**黑格爾**在晚期系統裡對實際層面漸增的興趣應歸功於盧梭的影響。

黑格爾與**亞里斯多德**、**聖多瑪斯**並列為最偉大的系統建構者。**亞里斯多德**創始了作為神學的形上學，即研究存有者最初的、神性的原因的學問；**聖多瑪斯**是神學的哲學家；**黑格爾**不僅撰作了《早期神學著作》，基本上，他的系統哲學本身更可理解為一種「神學」，更精確地說，是一種**歷史神學**。

這個理路的肇始應可回溯到菲奧雷斯的約阿基姆（約 1135-1202）。約阿基姆將歷史詮釋為三階段的世代輪替，與基督教的三位一體相應：聖父的王國由舊約中的律法代表；聖子的王國建立在教會上；聖靈的王國尚未來臨。

對**黑格爾**而言，**辯證法**是思想的法則，也是貫穿實在本身的法則：每個正論裡都已包含反論，然後兩者皆在綜合中被揚棄。

「揚棄」有雙重的意義，是「保存」，也是「終結」（如法律的凍結也稱為「廢除」）。在該意義下，被揚棄者是被媒介的、間接的存在，仍保存著從前的遺跡。辯證法顯示，矛盾（如有限—無限）是在過程整體中過渡的、變遷的環節，每個最新的階段都拋棄之前的兩個階段，卻沒有遺失它們的意義。

「我們稱辯證為一個較高的理性過程，在其中，在現象界看似彼此絕對分離者僅僅透過它們自己、它們內在的本質就互相融入對方。」「因為所謂的媒介不過是動態的自我相似，或者它意謂在自我之中反思自我……」

對**黑格爾**而言，歷史中的段落與現象都沒有偶然；它們都是一個豐饒的有機體開展過程裡的必然階段。被瞭解的歷史，也就是被正確解讀的歷史，是精神的「記憶」（德文的「記憶」在字面上的意思是「內在化」）。

精神異化了自己或外在化了自己，但終於又與自己和解或又回到了自身。**黑格爾**的思想所呈現的，便是精神墮入了外在的「自然」形式裡，又經過歷史在人類身上回到自己的過程。

在這個「走入自己」的過程的終點，是一個終於認識自己的精神、一個絕對者，是「同與不同的同一」。

在哲學中，精神認識自己為**主體**與**實體**：

思想自己即世界的主體與世界的實體本身無異。

在這裡，它找到了存有與思想的同一性，因為實體是自我開展的精神，是意識到自己的整體：

「它自己本身便是個本質上是認識的運動——是從在己到為己的轉化……是意識的對象轉變成自我意識，即……轉變成概念的過程。」

系統與其說是外來的形式，不如說是整體的內在導向。**黑格爾**認為這是科學中唯一可闡述真理的可能形式：「真理只有在系統中才有實在性……這便是絕對者是精神這個觀念的意指。……只有精神是真實的……它是在己與為己。」

黑格爾也試圖藉由其有機的整體論述來克服**康德**的二元論（如「物自身」與「現象」、「信仰」與「知識」）。

在精神的轉變過程裡，沒有任何階段、任何對立是多餘的，因為它們到最後都會揚棄在整體中，只能一起呈現真理：

「真理是整體。但整體是只能透過發展而自我完成的存有。」

黑格爾在 1807 年發表《精神現象學》作為《科學的系統》的導論。它在設計上是系統的第一個部分，但也已是其高潮。

現象學鋪陳了「意識經驗的科學」。後來**黑格爾**寫道：「在其中，我介紹了意識的進程，從第一個明顯的對立，也就是它與對象的對立，一直到絕對知識。」

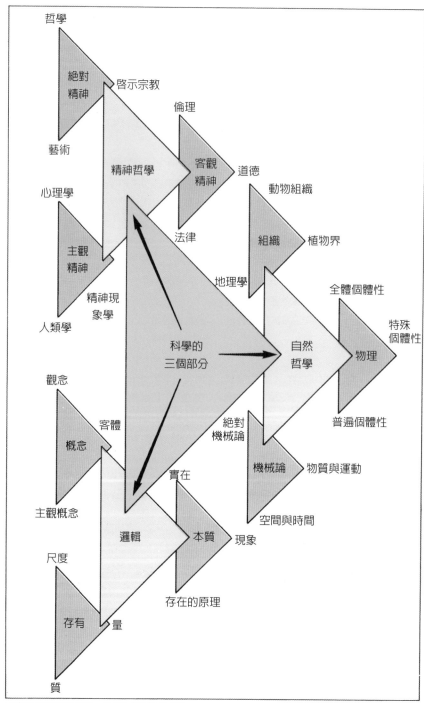

黑格爾的哲學系統,依據《哲學全書》

黑格爾的《精神現象學》探討的是知識顯現過程裡的造型演變次序，一直到意識不再能跨越自己的點，也就是「概念符合對象，對象符合概念」之際。意識的自我檢驗（在此它是自己的尺度），取決於對象的觀點與這個觀點在意識裡呈現的方式是否相符。

從意識通往科學性概念的道路經過了自我意識、理性、精神與宗教（頁156圖1），驅動的力量是辯證，它的核心又是每個當下的對象與意識現況界定性的否定。

> 「作為自然意識特徵的……主體與客體對立被克服之時，在這個方式下建立的系統性便得到了完整性。此際，主體與客體兩者被認識為不可分離的一體，同時我們也踏上了意識的內容與符合了它的真理尺度的階段。」（富達）

在這個最後的階段，《精神現象學》為顯證從自我意識步步走向絕對知識的變形過程，揭露了一個認識的形式，即絕對者對自己的認識。

這個認識黑格爾稱為「邏輯」（根據《邏輯學》〔1812-16〕的標題）。邏輯在這裡不是指處理關於概念、判斷、推理的思想法則的形式理論，而是

> 「純粹觀念的科學，即關於思想抽象元素裡的觀念的科學」。「觀念自己便是真理，是概念與客體性的絕對合一。」

《邏輯學》所要求的地位正是純粹理性的系統，或者等同於真理的純粹思想的王國。這表示：

> 「它的內容是描述上帝在創造自然與有限精神之前便已擁有的永恆本質。」

個別來看，前兩卷處理客觀邏輯（存有與本質），卷三則處理主觀邏輯（概念論）。存有論的第一個命題是純粹的有與純粹的無兩者無異，因為兩者都完全沒有規定性。它們的真理寓於從有到無與從無到有的過渡。

> 「因此，它們的真理便是其一直接消失在其二之中的運動：這便是變化。」

1817年黑格爾發表了《哲學全書》，為全哲學的系統梗概。全書的組織基本上以三段式的切割為準（見圖）。

它的三個部分是：
- 邏輯，觀念本身的科學。
- 自然哲學，異於自己本身的觀念的科學。
- 精神哲學，從非我中又回到自己本身的觀念的科學。

後者處理了精神與自己本身的關係的三個階段：
作為主觀精神，亦可再分割成三段：
- 來自自然，有立即的規定性者（人類學）
- 作為與現成的自然對立的意識（現象學）
- 作為探索自己本身之特性者（心理學）

作為客觀精神，它跨出了它的主觀領域，裨能根據自己的意志塑造外在世界，並藉以創造具體的內容。它透過法律、道德與倫理彰顯自己。

作為絕對精神，它在藝術、宗教與哲學裡藉自我知識中的自我同一性建構自己，同時以此贏得了掙脫其有限的存在形式的獨立性。

黑格爾對柏林政治擁有廣泛的影響力，其落實見諸1821年的《法哲學》原理。這本書的內容並不為標題所限，同時涵括了

> 「實踐理性確切要素的完整系統」。

其前言因下述名句而廣為人知，產生了深刻的副作用：

> 「凡合理者皆實在，凡實在者皆合理。」

它成了復辟者、政治保守主義者的格言，為神寵論與現狀的神聖化提供了哲學性的支持。黑格爾搖身一變成了「普魯士官方的國家哲學家」。

黑格爾後來嘗試加以縮限：
他所瞭解的實在，並不是經驗性的現狀與充滿偶然的混合式現實，而是與理性的概念完全趨於一致的存在。他所謂的合理所描述的，並不是普魯士王國或任何一個歷史性的狀態，而是一個永恆的現在：它不斷地存在著，同時容納著被它揚棄的整個過去。

絕對知識

宗教

精神

理性

自我意識

意識

1 關於《精神現象學》

啓示宗教

藝術

哲學

2 絕對精神的顯現

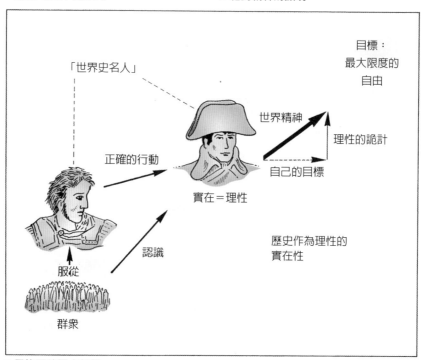

「世界史名人」

目標：
最大限度的
自由

世界精神

理性的詭計

正確的行動

自己的目標

實在＝理性

認識

歷史作為理性的
實在性

服從

群眾

3 黑格爾的歷史哲學

法哲學屬於客觀精神的範圍。它的內容分為三個部分：

- **抽象律法**是自由意志賦予自己的外在的、客觀的存在方式。
- **道德**是主觀的、內在的存心。
- **倫理**是客觀境域與主觀境域的融合，透過三個構造具體化：家庭、市民社會、國家。

對**黑格爾**而言，國家是「具體自由的實體化」，保證了個體性與普遍性的統一：

> 「現代國家原理無與倫比的優勢與深度，是一方面讓主體性的原理可以充分地實現個人特殊性毫無約束的極端，同時卻也把它拉回實質的統一性，藉由這個方式在它本身中保存這個統一性。」

黑格爾認為**哲學的任務**在於「以思想抓住它的時代」，為當代找到表述。《法哲學原理》的前言以這句名言作結：

> 「如果哲學在灰色上面塗灰色，這就表示一個生命的身形已經老去，而灰色上面的灰色不可能讓它顯得年輕，只能讓人認出老態；密涅瓦的貓頭鷹只在黃昏之後才會開始飛行。」

哲學是已然發生之歷史事件的睿智「評注者」，預先準備好了解說的範疇。

在生命的最後十年，**黑格爾**還就歷史哲學、宗教哲學與美學等主題進行講課，讓他的系統更加周全。

歷史哲學的根本假設是：

> 「理性主宰著歷史，因此世界史也是理性的。」
> 「世界史的目標因此是精神在最終得到了關於自己真相的知識，並將這個知識對象化，在一個實際的世界裡實現它，將自己塑造成對象。」

世界精神操弄「世界史名人」的手來完成自己的目標。

> 這些名人「是這個世界裡最令人動容的人物，也最清楚下一步該發生的事情，而他們所採取的行動也正確無誤。其他人必須服從他們，因為他們

感覺到這一點。他們的談話、行動都屬可說的、可做的當中最上乘者。」

然而在這些人以為自己是在完成自己的目標時，便墮入了錯覺。實際上是**理性的詭計**在利用他們完成普遍性的目標。他們只是世界精神的執行者；個人的禍福並不重要，在世界精神走過歷史的行程中，許多無辜的小花遭到踐踏。

> 「世界史不是培養幸福的土壤。在歷史裡，幸福的階段只是空洞的枝葉。」

黑格爾的**美學**宣稱藝術是絕對者直觀的顯現方式。

藝術美是「介於感性與純粹思想間的中間物」。

藝術因天性使然，必須把自己轉譯到客觀的存在中。宗教的內在本質可能會在儀式與教條中遭到遮蔽，但藝術的本質在**客觀性**裡卻只會有更純粹、充分的表現。

黑格爾的**宗教哲學**可以總結為下面這句話：

> 「基督教作為宗教的最高發展形式與真正的哲學在內容上完全重疊。」

哲學證明了一個真理：上帝是愛、精神、實體與永恆地返回自己的過程。

> 人之所以可以認識上帝，是因為上帝在人身上認識了自己。

這便是認識的認識，是上帝在無限的意識裡的自我意識。

黑格爾的諾斯替神智論將人類的知識與上帝實在性的完成等同起來，這是有史以來哲學的最高真理標竿。

黑格爾的作品產生了非凡的**影響力**，特別是十九世紀。它有豐富的層次性，以致於詮釋的可能性從有神論的唯心主義到無神論的唯物主義，因此也形成**黑格爾左派與右派**的陣營。在馬克思主義裡，辯證法成了解釋社會、經濟、歷史過程的標準公式。對於後代的許多哲學家（如齊克果）而言，對**黑格爾體系**的批判成了本身的思想建構的動力。

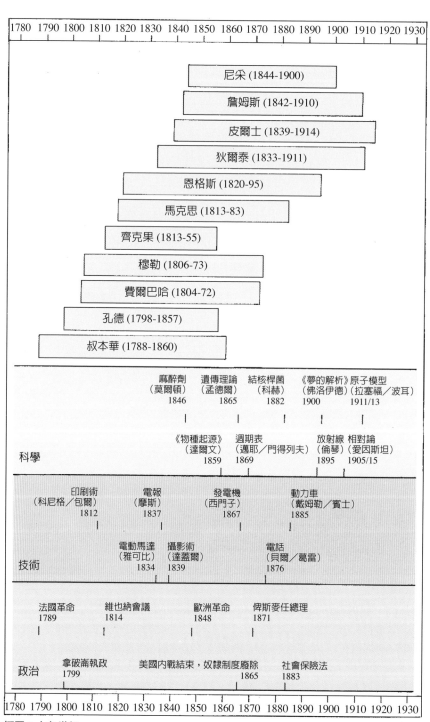

概要：十九世紀

十九世紀通常被視為從近代到現代的過渡期。因此，以哲學史的角度來看，許多在十九世紀發掘出來的線索直接延續到當代。

其**政治**氣氛仍舊為**法國大革命**的後果左右，尤其是在民族自決的觀念下對建立主權民族國家的追求。

自由主義的目標在於以理性為主宰，追求個體的自由（人權），乃至於自由經濟。

社會主義對抗資本主義的社會秩序，追求的是一個也能保障弱勢階層生活水準與地位平等的社會暨所有權制度。

對當時思想界的氣氛最具決定性的是**自然科學與技術**的突飛猛進。一種樂觀主義的信仰因此萌芽，人類認為自己改變世界的能力幾乎已到達無限。

> 最顯著的例子是工程師這種職業的出現，他們將理論知識轉化為實際應用。

科技所開展的全新可能性首先在英國造成了所謂的**工業革命**。

> 企業家與無產階級也隨之產生。

國民生活水準的普遍提高與過長工時及過低薪資為工人階級所帶來的悲慘與不幸，造成社會的對立。

達爾文的《物種起源》(1859) 顯證了一切生物的演化，**佛洛伊德**的《夢的解析》(1900) 發現了靈魂深層的無意識衝動，這兩部作品長遠地改變了人類的自我認識。

在哲學領域裡，**黑格爾**死後 (1831)，德國觀念論龐大的思想體系引發了逆向的思潮，**觀念論的批判**也代表了嶄新的哲學道路。

黑格爾左派（包括**費爾巴哈**）與黑格爾的宗教哲學與政治哲學保持距離，因此在宗教上採取批判性立場，在政治上則採取自由主義立場，同時也傾向**唯物主義**。**馬克思**以如下的名句概括了他對到當時為止的舊哲學的批判：

> 「哲學家只是對世界提出了不同的詮釋，但真正的關鍵在於改變世界。」

在丹麥，**齊克果**將批判的矛頭對準了抽象思維在存在上的空洞性，而他的批評對象主要便是**黑格爾**：

> 「什麼是抽象的思想？在這個思想裡沒有思想者的存在……。什麼是具體的思想？在這個思想裡有思想者的存在……存在物為存在的思想者提供了觀念、時間與空間。」

齊克果捍衛具體主體作為一切思想的根基，反對將它解消於抽象的普遍性裡，為二十世紀的**存在哲學**帶來決定性的啟發。

叔本華認為世界的基礎不是理性的原理，而是意志，即無理性、盲目的衝動，它永久性的渴求表現在外便形成了現象界。

自然科學在十九世紀的崛起，鼓勵許多哲學家嘗試沿襲自然科學的方法重新為哲學奠基。

布倫塔公式化地宣稱：

> 「真正的哲學方法無它，唯自然科學的方法而已。」

實證主義（孔德）因此主張人類的進步在於將思想帶入實證的階段，即科學的階段。

相反地，**狄爾泰**的歷史主義強調**精神科學**的特性與自然科學不同。

他試圖發展一套精神科學專有的方法，藉以確保精神科學獨立於自然科學外的根基。在此，**歷史性**的強調具有關鍵意義：它是人文與自然的分水嶺。

在**馬克思**與**恩格斯**的作品裡，**科學的社會主義**得到了理論的基礎。馬克思批判性地接納了黑格爾哲學、古典國民經濟學、早期社會主義的思想，發展出一套辯證唯物的、以經濟條件為基礎的總體社會、歷史觀。

尼采嚴格地批判了傳統的道德價值，揭發了它們的隱藏性動機。他的晚期作品提出一個價值翻轉後的新時代與「超人」即將來臨的遠景。

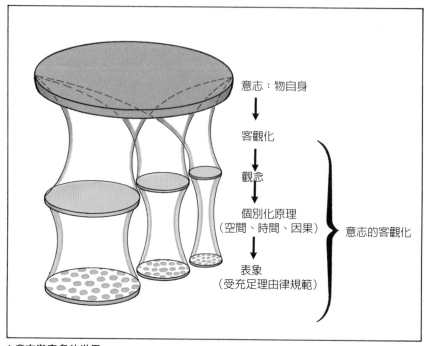

1 意志與表象的世界

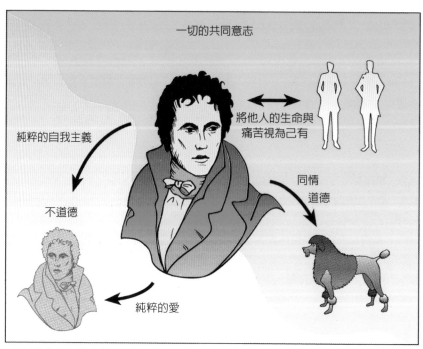

2 同情作為倫理學的基礎

在代表作《意志與表象的世界》裡，**叔本華**（1788-1860）建構了一個全面的意志形上學，他的靈感來自**柏拉圖、康德**與印度的《奧義書》。

叔本華重拾康德的觀念，從一個先驗的原理出發：人類所認識的周圍環境不過是觀念性的**表象**，即只能在與他自己這個表象者的關係中出現。

「世界是我所做的表象。」

主體與對象的分裂是一切認識活動必然的形式：

對象只能在被主體決定的情況下存在。

表象出現在**時間與空間**中，受到「**充足理由律**」的規範，其內涵是我們的一切表象彼此都有法則性的關聯，且關聯的形式可以先驗地證知。因此，經驗與科學才得以成立。

但表象所形成的卻只是世界外在的一面，它的內在本質則只在主體的自我經驗中彰顯。我們有兩種經驗我們的身體的方式：

作為對象（表象）與作為**意志**。

身體語言不外是客觀化的意志行動。因此，我們可推測這個基本關係在其他一切的表象上都是一樣的；是故，它們的內在本質是意志。

一切的現象都無非是一個意志的**客觀化**。意志是不可知的「物自身」，是世界背後的基礎。

這個意志是**無理性、盲目的衝動**。

它不曾休息片刻，不斷地尋找一個外表。然而，由於它在尋找過程裡所遇到的都不過是它自己，它就不斷地跟自己對抗，因而有了客觀化的種種層次。在自然最低下的層次，它在物理與化學的力量中顯示自己；在有機物的層次，它是生命力、自我保存與性愛的本能。最後，在人的身上出現了理性；自身晦暗的意志創造了它，把它當成自己的工具。

在時間、空間中順著充足理由律出現的表象，只是意志間接的客觀化。

它直接的客觀化則是**觀念**。由於它們是單獨事物的範形，因此也是其存在的基礎。

對主體而言，觀念擁有客觀存在的形式，卻不受充足理由律約束。它們是一切現象永恆不變的形式，透過空間與時間等個別化原理產生了多與變化。

觀念的直觀只有在純粹、無私的自我奉獻中才有可能：主體必須完全跳脫其個體性，融入對象中。這種認識方式便是**藝術**的起源。天才有能力可以把自己獻給觀念，從中創造出作品。音樂在藝術中的地位最為特殊。它摹仿的不是觀念，而是意志本身。

叔本華倫理學的關鍵在於經驗性格與理智性格的區別。人的理智性格意味著自由地客觀化自己意志的可能性，並決定了個人不變的本質性存在。在這個性格的根基上，外來的影響觸發了可變的動機，並導致了必然性的行動。在這些行動之中浮現的便是經驗性格；它是不自由的，因為它們雖然是意志的表現，但作為現象它們受到自然法則的控制。

人類之所以會有行動並不是先有認識、再有意志，而是他認識到了意志要的是什麼。

叔本華認為，如果人的行動必然地為性格所決定，那麼建立道德律便沒有任何意義。因此，他把自己的討論範圍限定在道德表現的描述。

道德的基礎是**同情**。

它產生於一個見解，即一切存在者都源自同一個意志，因此它們的內在都是相同的。在他人中我看到了自己，在他人的痛苦中我看到了自己的痛苦。

有了這種等同，他人的幸福便跟自己的一樣重要。

這個道理不只適用在人類，也可擴及一切生命。人對生命越瞭解，他就越深刻地認識到一切的生命都是**痛苦**。意志不斷地追求滿足與完美，但兩者在這個世界都是觸摸不到的：

沒有任何滿足是恆常的，因此意志的追求沒有目標可以停靠。

痛苦是個無底的桶，永遠也舀不盡；意識越蔓延，痛苦就越滋長。然而，在藝術裡，意志可以在觀念的直觀中找到短暫的休憩。

基於這個認識，我們對生命可以採取兩種態度：

意志的肯定表示一個人意識清明地全盤接納生命，充分地肯定生命的流向，包括過去已發生的一切與未來將發生的一切。意志的否定意謂透過讓生命的渴欲寂滅而克服痛苦。**叔本華**認為印度與基督教的苦行者選擇的便是這條道路。

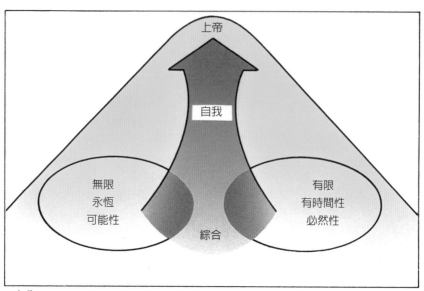

1 自我

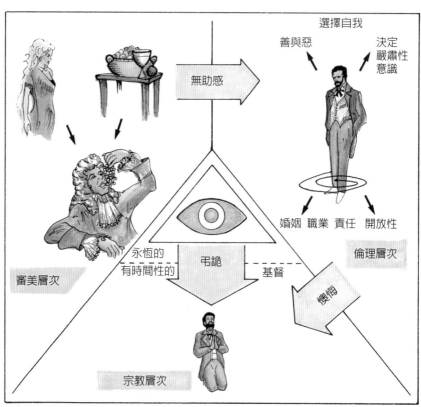

2 存在的層次

齊克果（1813-55）是十九世紀特立獨行的大思想家之一。他的著作（部分以託名發表）以個人化的風格包含了文學性作品、哲學、心理學分析及宗教性論述。其作品中的（基督）宗教觀點始終居於關鍵地位，必須以他生命史裡的信仰掙扎作為瞭解的背景。他對人的存在方式的分析決定性地啟發了二十世紀的**存在哲學**。**齊克果**的根本問題是：

作為一個存在的主體，我如何進入與上帝的關係？

為回答這個問題，首先須掌握個人具體的存在條件，即「在**存在**中瞭解我自己」。而在**齊克果**的認識裡，這正是德國觀念論（特別是**黑格爾**）哲學排除在思想範圍之外的面向。在這個意義下，**齊克果**極力批判的「**抽象思想**」便產生了：「因為抽象思想在永恆的觀點下思考，必須忽略存在的具體性、時間性與流邅變化，以及存在的個人的困境……」

但由於抽象的思考者自己本身始終是個具體的存在者，他就成了「丑角」，因為他看不到自己的存在與思想的立足點。

> 他與自己的思想成了鬼魅，反之，我們應追求**主觀化**，即「……認識行動應該關涉到認識者身上、一個本質上為存在者的個人」，因為「不僅一個存在者有認識關係的唯一實在是他自己的實在，是他自己存在的事實，而且這個實在還是他絕對的興趣所在」。

如果在這個意義下，人的存在成了哲學探究的中心點，那麼該問的問題便是：人是什麼？

> 「人是無限與有限、時間與永恆、自由與必然的**綜合體**，簡言之，他就是一個綜合。一個綜合永遠是兩兩的關係。」

如此他還不是他**自我**，因為：

> 「自我是一個與自己關聯的關聯，或者一個關聯與自己的關聯當中的關聯者。」

人必須去獲得他的自我，其途徑是有意識地與他自己的綜合發生關聯。

> 因此自我不是天生的，而是一項有待人的自由去完成的任務。

因此，另一個可能性也同時存在：人與他的綜合的關係遭到**扭曲**，因而有意或無意地錯過他的自我。**齊克果**稱之為**無助**，並在《致死的疾病》裡描述了人拒絕成為自己的各種方式。

由於人類的綜合的創造者不是自己，而是**上帝**，所以如此也扭曲了與上帝的關係；這便是罪的定義：

> 在上帝面前拒絕成為自己。

在信仰裡，人「透明地安住在他的創造者之中」，而個人走向**信仰**的旅途，**齊克果**以**存在**的不同**層次**來解釋（《非此即彼》）。

在**審美層次**裡，人時時活在當下，也就是他還沒有選擇自己的自我而活在外在、感性中，遵循的格言是：「人應享受生命。」唐璜便是一例。

然而，由於他在實現這種生活方式之際必須依賴外在事物，也就是依賴他控制能力之外的事物，因此審美性的存在不對外透露的基本心境，便是他的條件可能會喪失的無助感。

當人在無助感的驅迫下選擇了自我，就發生進入**倫理層次**的跳躍：

> 「……因為我可以做絕對性選擇的對象只有我自己，而絕對地選擇我自己便是自由。只有在我絕對地選擇了我自己以後，我才能定立一個絕對的差別，亦即善與惡的差別。」

倫理的存在選擇了自我，因此也贏得了不需依賴外在事物的自由。它成了做決定的主體，生命因此也有了嚴肅性與連續性。

然而，這個層次的存在也無法充分實現，因為在罪的可能性當中，倫理實踐者認識到他並不能占有在生活中完成倫理理想的條件，因為他背負著原罪。

這又導向**宗教層次**。認識到自己是罪人的個人瞭解到，他在基督教的理解下無法自己把自己從罪惡中解脫出來，因為只有上帝才能提供真理的條件：

> 信仰的內涵是一個**弔詭**，也就是永恆進入了時間，即神自己成為了人。

由於上帝必須自己走向人類，才能啟示祂的真理，人類憑靠自己的力量無法獲得真理，而必須從上帝身上得到其獲致的條件。在信仰裡，人類因此毫無保留地將自己的存在託付給上帝。

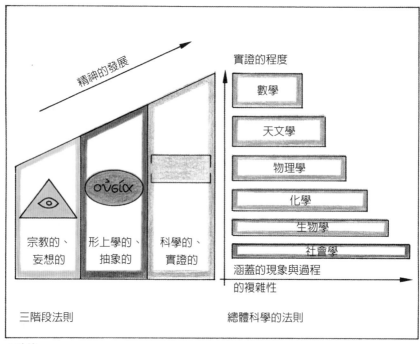

1 孔德

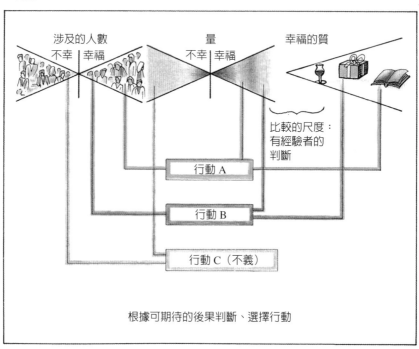

2 穆勒：效用主義

孔德（1798-1857）藉由代表作《實證哲學講義》建立了**實證主義**的系統，其科學哲學探究的主要問題在於在一個社會中知識的發展、結構與功能。

他的理論根基是所謂的**三階段法則**，關涉到人類、個別科學與個人的精神發展。

- 在**宗教或妄想**階段，人類藉超自然的存有者解釋世界上的現象。
- **形上學**或**抽象**階段基本上是偽裝過的宗教，只不過超自然的介面為抽象（空洞）的事項所取代。它沒有積極的創造性，卻有解構的功能，因此導引到下一個階段。
- 在**科學**或**實證**階段，人類放棄尋找終極原因，認識活動的興趣轉移到實存**事實**上，從觀察出發，從而掌握普遍的規律性。

在最後一個階段，人類的精神攀上了最高層，但在其他領域裡卻仍可能固守著從前的階段。

「**實證**」的積極意義是：

事實性與**實用性**（這同時也蘊含了理論與實際應用的分隔已被克服）、**確定性**（相對於沒有答案的形上學問題）、**精確性**、**建設性**以及**相對性**（有別於絕對真理的訴求）。

每個階段都有其對應的社會型態：

宗教階段是教會—封建社會，形上學階段是革命社會，實證階段則是科學—工業社會。

科學又有等級之分，最頂尖的是數學，其次分別是天文、物理、化學、生物一直到社會學。這個層級構造反映了實證的程度及各種科學間的樓層關係。

越往下，一門科學所處理的現象與過程越複雜。

因為**社會學**是門涵蓋人類一切關係總體的科學，意義也最為重大，但它尚未跨過實證科學的門檻，因此，它還必須在這個意義下整建，

以便能精確預測社會性的發展，在這個基礎上提供改善社會條件的可能。

他後來所宣告的**實證宗教**以對（作為最高存有者的）全人類的愛為基礎，**孔德**特地為此發明了**利他主義**一詞。

穆勒（1806-73）所受到的影響包括**孔德**及父親**詹姆斯‧穆勒**的思想，乃至於**邊沁**（1748-1832）的效用倫理學，同時批判性地發展了他們的理論。

在《歸納和演繹》裡，穆勒試圖為**一切科學建立一個普遍、統一的方法論**。他所發展出來的**歸納邏輯**分析在經驗中可觀察到的、有規則地重複的事件關聯，藉此導出普遍的律則。對他而言，歸納邏輯也是所謂的演繹科學（數學、形式邏輯）的基礎。

為保持方法的統一性，在人文科學裡也應只使用因果法則式的描述。

在他所做的**語言分析**上的區別中，最具影響的是以下的劃分：

外延（一個語詞所指涉的對象）

內涵，即一個語詞的意義（如駿馬與駑馬均包含在馬之中）

在《效用主義》中，**穆勒**為這種倫理學提出辯護。

效用主義的目標是

「為最多數的人謀求最大的幸福」。

就如每個個人天生追求個體的幸福，所有人的幸福對人類全體而言也是一項道德價值。行為在道德上的正確性必須以可期待的後果來衡量，

在此，衡量的標準是在何種程度上承擔這個後果的人的**幸福**（快樂）得到增進、不幸（痛苦）得到減輕。

然而，不同於**邊沁**，**穆勒**強調應考慮的不只是幸福（快樂）的量，更重要的是**質**，因為不是每個快樂都是等值的。

在此，質與量的換算標準建立在有豐富經驗可做最佳比較者的判斷之上。

在《自由論》中，**穆勒**堅定主張個人的**自由**與社會的多元，力拒群眾與輿論對個人的壓迫。此外，他還區別了基本上只涉及自己與基本上也涉及他人的行為。後者

以不侵犯他人自由為界限，而國家的干涉只有在這種行為領域裡才可允許。

意見自由與言論自由則不應受到任何限制。

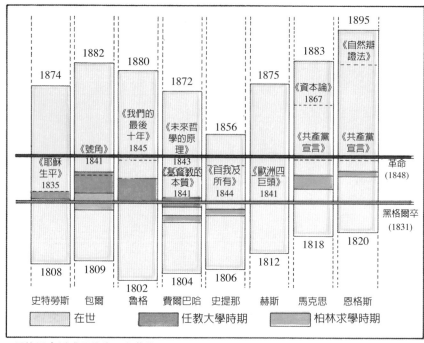

1 黑格爾左派成員的生平與著作

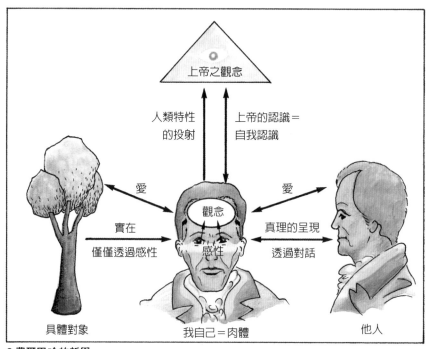

2 費爾巴哈的哲學

黑格爾門人間的歧異表現在**史特勞斯**的《耶穌生平》（1835）所引發的反應上。福音的歷史真相為何？**史特勞斯**在使用歷史學方法研究並舉出多方矛盾後，就這個對基督教意義重大的問題提出否定性的答案。新約聖經的關鍵性文件因此失去作為歷史事實的可靠性。**史特勞斯**將它們詮釋為猶太民族神話觀點的文獻集。他也將這個結論套用在**教義**上。

對於**史特勞斯**的論點，**黑格爾**門人的反應分歧：

老年黑格爾學派或黑格爾右派繼續傳承黑格爾的系統及裡面所成就的哲學與宗教的綜合。

青年黑格爾學派或黑格爾左派尋找新的出路，試圖重新解釋或逆轉其系統，同時展現了革命性地顛覆現狀的意志。

作為**反王權者**，黑格爾左派的成員被排除在大學之外，部分尚且遭逢放逐的命運。他們的文字通常是批評性的，直接關聯到現實的歷史發展，並以各種形式的黑格爾批判作為根基。

馬克思與**恩格斯**（頁 168 起）在其佇居柏林的年代裡也是這個運動的成員，把注意力集中在工人世界的實況上。

史提那在代表作《自我及所有》（1844）裡否定了超越個人與系統性的一切，宣揚一個幾近無政府主義的個人主義。

這個發展的**前提**是：

- 黑格爾哲學**自我**界定為西洋精神史的終曲，自然也要求一個徹底的新開始。
- 德國三月前時期（「三月前」指的是德國從 1815 年到 1848 年三月革命前的歷史階段）的政治醞釀：受早期社會主義影響的**赫斯**堅信共產革命的歷史必然性。
- **黑格爾**所帶來的哲學與宗教、理性與實在之間的融合：**包爾**在代表作《無神論者與反基督者黑格爾最後審判的號角已響》之中宣稱，無神論的種子在**黑格爾**的作品裡早已發芽。由於基督教代表的是人類的一個異化形式，在後**黑格爾**時代勢必讓路給自由。

正統黑格爾左派的代表是**費爾巴哈**（1804-72）：

在《基督教的本質》（1841）裡，他從事了將基督教還原到其人類學基礎的嘗試。

費爾巴哈認為宗教的核心是人類的**自我意識**被實質化成存有類型。人類將其本質特性作為無限的理想投射出去，以此為自己創造了神祇。

「對神的意識是人類對自己的意識，對神的認識是人類對自己的認識。」

人類越把自己的長處轉移到自己投射的存有者身上，它就越有神性（越理想化）。

「為了讓神變得更豐富，人類就要讓自己變得更貧乏。」

反之，宗教也顯露了「人類隱祕的寶藏」，這讓**費爾巴哈**對它的態度變得愛恨交加。他所希望的是

「革新真正的（人類學的）宗教原理」，而不是對宗教「全盤的否定」。

費爾巴哈的其他作品嘗試了**黑格爾**哲學的唯物主義反轉，對**馬克思**產生很大的影響。

新哲學的基礎應是以**具體／個體性**為標的的轉向。要達到這個目的，人類就必須放棄純粹思想，而**費爾巴哈**認為純粹思想是近代哲學的一個根本特質。

現在應該要求的是一個完整的人，有「腦」也有「心」。對於真理的掌握應該包含愛與將個人提升為「絕對價值」的感受。

費爾巴哈尤其重視感性；感官是實在界的媒介：

「真理、實在、感性是同一的。」

對象在感官知覺裡顯示了它自己，然而**費爾巴哈**強調，一個物或人的本質乃是為對象所規定，就像光決定了眼睛的構造一樣。

費爾巴哈與純粹的感官主義的不同之處，在於他將人類視為人類自己最重要的感官對象。如此，他也打開了透過**對話**尋找真理的可能性：

由於對人類來說，在對方的你是可以感性地經驗的對象，同時也可以透過對話來驗證自己對他的感官知覺是否有誤，因此他在此可以完全相信感性的真實性。

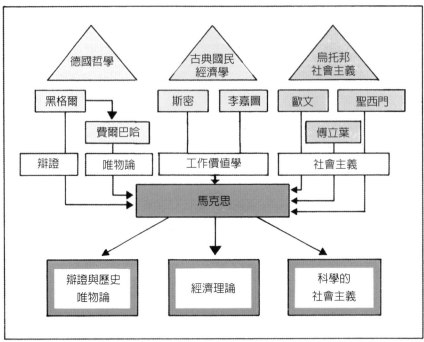

1 馬克思主義的起源與要素（依據列寧，1913）

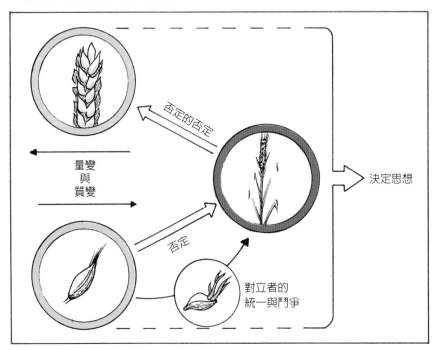

2 辯證唯物論

馬克思（1818-83）在鑽研各種思想方向後發展出來的
哲學在實際層面產生了巨大的影響，對當今世界的
精神、政治版圖的形成舉足輕重。

「馬克思是……十九世紀精神主流的延續者：古
典德國哲學、古典英國經濟學、法國社會主
義。」（**列寧**）

馬克思理論的基本構想來自**黑格爾思想**。他從**黑格
爾**哲學中吸收了**辯證法**原理與動態演進的思考。然
而，黑格爾的思想要素在**馬克思**「翻轉黑格爾的手
套」的經過裡得到了完全不同的意義。他在此完成
了**費爾巴哈**已經預示的

從觀念論走向**唯物論**的最後一步。

馬克思反轉了主客關係，將主體決定客體改成客體
決定主體。

「理解不是如黑格爾所言，到處重新發現邏輯性
的概念，而是掌握特有的對象本身特有的邏
輯。」

物質決定意識；它對感官產生作用，在意識中留
下印象。認識有過程性、階段性。

在這個意義下，真理是思想與對象的符應。

唯物論的一個終極形態是**辯證唯物論**，主要代表人
物是**馬克思**的朋友**恩格斯**（1820-95），根本要旨是

物質當中客觀的、獨立於人類認識之外的**變遷發
展**的描述。

物質不是靜態的，而是不斷地變遷著，所根據的法
則有三：

- 量變到質變
- 對立者互變
- 否定的否定

物質在對立的趨勢、力量的衝突中**辯證**地發展，在
較高的層次上使其互相解消。物質的自我開展是
「跳躍式」的、不連續的，發生在「漸進的流程中
斷的時候」。**恩格斯**以大麥的發育過程來作喻：

麥子掉落在土地上，遭到毀滅（「否定」），卻因
此長出新芽與苗株，而它的否定，即它的死亡，
又帶來了麥子，只是這時已有了境界上的翻升，

因為麥子已增加了百倍。

藉此也可說明其他兩個法則：

種子與植物這兩個對立者成了對方，也互相解
消。

量變也是這個轉化過程的原因（此處發生在細胞
上）；它是質變（從種子變成植物）的先決條件。

（圖2）

物質的全體都在這種兩極變化中發展，而歷史也該
如此解釋：

歷史唯物論是辯證唯物的特例。

歷史唯物論是**黑格爾**歷史哲學的一種實現方式，卻
又因其經濟學上的基礎而表現了不同的特色。

在此，**實踐性**也是一個重要的面向。**馬克思**的政治
參與讓物質性情狀的瞭解成了不可或缺的一環：

政治行動的意志迫使一個人捨離**黑格爾**的「玄
祕」，面對客觀的現實。

對「一切現狀毫無禁忌的批判」應成為有意義的改
造的起點。在此，**馬克思**展現了他與**費爾巴哈**的不
同之處：《關於費爾巴哈的提綱》中的第十一項是

「哲學家只是對世界提出了不同的**詮釋**，但真正
的關鍵在於**改變**世界。」

據此，實踐是真理的試金石。

從唯物論的觀點來看，社會的變革應肇因於歷史的
辯證。

如果物質決定意識，那麼主要是藉由社會的現狀。
馬克思在經濟過程中尋找人類發展的基礎：它塑造
了歷史的面貌；社會中的其他成分如哲學、宗教、
文化等都是「意識形態的上層建築」。

「人類的社會性存在決定了他的意識，而不是他
的意識決定他的存在。」

在分析經濟現象時，**馬克思**援引了**斯密**（1723-90）
與**李嘉圖**（1772-1823）等人建立的古典政治經濟學的
結論：

斯密系統性地研究了經濟性的因素，發現分工是
經濟繁榮的條件。**李嘉圖**的**價值理論**認為商品的
價值與其生產過程中所需的勞動有關。

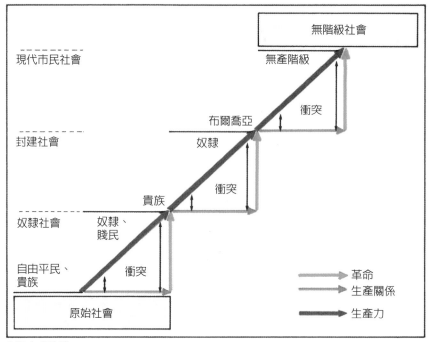

1 歷史唯物論

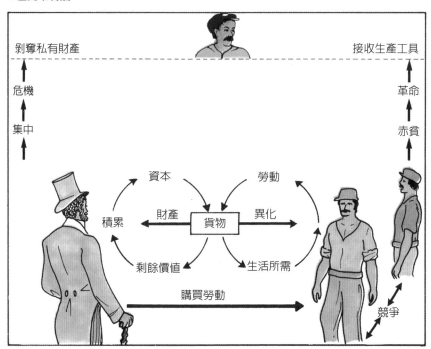

2 資本主義理論

馬克思的**歷史唯物論**在經濟學理論輔助下以辯證觀點解釋人類歷史。在《共產黨宣言》中,他說:

> 「到目前為止,一切社會的歷史都是階級鬥爭的歷史。壓迫者與被壓迫者恆常處於對立狀態,所導致的……衝突結局都是整個社會革命性的改造。」

階級鬥爭是一個社會中不同群體間的矛盾,這樣的矛盾終將決堤而成為革命,產生新的社會類型。

在歷史演變的過程中,**馬克思**找到了彼此更替、不斷演進的社會類型:

> 原始社會、古代奴隸社會、封建社會、現代資本主義市民社會。

根據下層建築與上層建築的理論,這些歷史進程根本上都是為經濟所決定。

馬克思將經濟結構(「實在基礎」)稱為**生產關係**(人類之間的物質關係的總體,例如財產關係),它與**生產力**(能力、經驗、生產工具)時而趨於一致,時而彼此衝突。

> 在一個時期的初期階段,工具、機械等財產關係與商品的生產方式尚且可以彼此無礙地結合在一起。但在歷史的過程裡,對立卻會不斷地成長。

這些對立的結果是階級鬥爭,在生產關係中落居劣勢的受壓迫階級起而反抗統治階級:

> 「一個社會物質性生產力的發展到了某個階段後便與現有的生產關係發生矛盾……生產力的發展形式轉而變成了它的桎梏,一個社會革命的時代遂告來臨。」

根據這個辯證原理,每個社會形式都會從內部發生矛盾,最後在革命中找到解決。

馬克思特別深入研究了**資本主義**的形成與本質,也就是當時的生產關係。在經濟學鉅作《資本論》裡,**馬克思**從英國經濟學家所奠定的理論基礎出發:在此,商品的價值主要被界定為「必要勞動時間」。

貨幣經濟不但掩蓋了工作的社會性,且不同於原始社會裡的實物經濟,它也允許了財富的積累。這種財富積累便是資本主義經濟型態的目標。貨物一金

錢一貨物的模式演變成金錢一貨物一金錢的模式,而貨物在此僅是資本家攢聚更多金錢的工具。

資本家並不是為了個人需要而生產,而是為了另一波的生產。這種增量的來源**馬克思**稱為剩餘價值:

> 資本家並沒有把生產所得全數付給生產者(勞工),而是為自己保留了一部分。

資本家在開放市場中「購買」勞動。勞工不只在為維持自己生活所需的工時裡工作,更在「剩餘勞動時間」裡無酬地創造剩餘價值。

這個因果脈絡便是**異化**產生的最主要來源。在分工的生產流程裡,勞工失去了一切與自己的產品接觸的機會。

他一方面面臨資本家的剝削,另一方面面臨同僚的**競爭**。金錢匿名的權力使他離開了他的本質。在這個關係裡,

> 「人與人之間唯一的紐帶只剩下赤裸裸的利益、冷酷的『現金交易』」。

宗教也在異化中扮演重要角色。**馬克思**依循**費爾巴哈**(頁167)的投射理論,宣稱宗教只是一面反映可恥的現實狀態的鏡子,是「無精神的精神狀態……人民的鴉片」。

馬克思認同**聖西門**(1769-1825)與**傅立葉**(1772-1837)等**烏托邦主義者**或早期社會主義者,主張私有財產的廢除。根據歷史唯物論,**馬克思**指出從早期社會主義走向共產主義的必然性。

這個發展可由資本主義的內部構造科學性地演算出來,因此**馬克思**論及一個「**科學的社會主義**」。資本的持續集中化將導致

> 越來越少數的資本家財富的高度積累,**無產階級**將不斷走向赤貧化(「**貧困理論**」)。

循環性的危機暴露了這個系統的內在矛盾。這個系統最終只能以無產階級革命拆除,就像從前**布爾喬亞階級**傾覆了封建制度一樣;

> 在這個最後的階級鬥爭中,無產階級終將取得勝利。

透過這個革命,生產工具將被社會化,勞動也將集體化,最後,階級差異乃至於國家都將被解消。

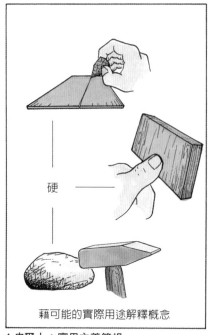

硬

藉可能的實際用途解釋概念

1 皮爾士：實用主義箴規

演繹

規則：　這個袋子裡的豆子都是白色的

個例：　這些豆子來自於這個袋子

➤ 結果：　這些豆子是白色的

歸納

個例：　這些豆子來自於這個袋子

結果：　這些豆子是白色的

➤ 規則：　這個袋子裡的豆子都是白色的

假說

結果：　這些豆子是白色的

規則：　這個袋子裡的豆子都是白色的

➤ 個例：　這些豆子來自於這個袋子

2 皮爾士：假說法

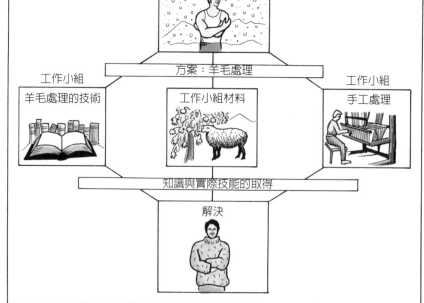

問題情境

方案：羊毛處理

工作小組
羊毛處理的技術

工作小組材料

工作小組
手工處理

知識與實際技能的取得

解決

3 杜威：在問題與解決方案中學習

阿培認為**實用主義**是馬克思主義與存在哲學之外的第三個溝通理論與實際的哲學方向。實用主義以經過科學檢證、建立在實驗性經驗的思想與言說為基礎，為人類的具體生活實踐提供答案。

創始人**皮爾士**（1839-1914）陳述**實用主義原則**如下：

「考慮我們的概念所對應的對象可以設想成具有什麼實際用途的作用，那麼我們對這些作用的瞭解便等於是我們對這個對象的概念的全部。」

這個箴規被當作**概念詮解**的方法，據此，一個概念的意義內容等於它在**行動層次**上可以設想的一切**後果**。

概念詮解或修正的基礎，是與現實**實驗性**的折衝。

同樣地，一個信念的意義也必須從它所固定下來的行為習慣來詮解。但實用主義的箴規不應瞭解為意義的詮解等於是描述實際發生的後果為何。它涉及的是在**思想實驗**中概念性地整理出來的一切可能的實踐性後果。

這樣的思想成果必須在與其他行動者或探索者的互動過程中予以考驗，在這個方式下，**真理**可漸次浮現——作為「無限的探索團體」裡所有成員的一致看法。

「這種最終獲得所有探索者一致採納的信念所代表的便是一般所謂的真理，而在這樣的信念裡被表現出來的對象便是實在的對象。」

就科學的邏輯而言，**皮爾士**所發現的**假說法**是演繹法與歸納法外另一個重要的推論方法。

假說法由結果與規則推論個案。

這便是科學從假設出發的探索實際應用的程序。不同於演繹法，這裡的推論（如歸納法）是或然的，卻可以擴充知識；它為思想帶來了新觀念，因此能促成科學上的新構想。

皮爾士關於**符號**的三角關係論對符號學的發展有決定性的意義。

一個符號（代表者）一方面關聯到一個詮釋它的思想（解釋者），另一方面它恆是一個對象的符號——基於一個聯繫它與對象的共同特質。

這個三角關係不能化約成一個雙方的關係。因此，一個符號包含了詮釋的要素，而任何關於存有物的認識都是在既予的對象和詮釋的意識的相互關係下所產生。

詹姆斯（1842-1910）與**皮爾士**的差異在於他賦予實用主義一個主觀性的面貌。

作為認識與行動基礎的**信念**並不需要普遍性的真理判準，它所表現的只是主體的實際利益。

它的真實性的衡量標準，是它對個人是否有活生生的意義，亦即對他的生命是否有決定性、根本必要性與重大意義。

真理的判準是**實踐的檢驗**，端視實際的用處為何，即對個人而言在何種程度上與現實有一個令人滿意的往來。

因此，如果有益於個人生活上的滿意，上帝也是一個正確的「假設」。

由於每個人的利益所在與生活情境不同，造成了許多「真理」並存的事實。由於生活的情境會產生改變，真理也該看作是動態的。

杜威（1859-1952）積極地將實用主義帶入**教育**與**政治**中。

在認識論上，他主張**工具主義**，強調認識不純粹是被動的；它本身便是一項行動。

認識是導致成功行動的工具。它可以用來掌握狀況，解決實際問題。

思想與認識可從它們在特定的實際行動脈絡裡行使什麼功能得到解釋。

杜威對**教育**的改革提出了廣泛的建議，並在自己的「**實驗學校**」裡試驗。

學生應從教學的對象變成學習的主體。上課時並沒有預先準備好的教材，學生必須學習認識問題本身，並在小組中尋求解決方案。

教育與民主政治一樣，都應該是一個自我實現的過程。

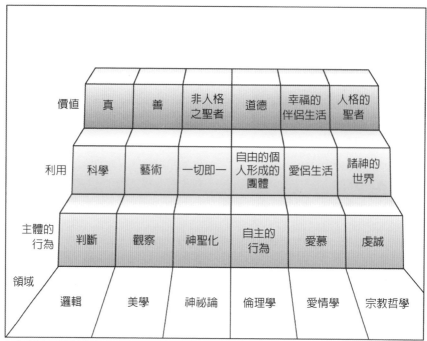

1 李克特：價值系統

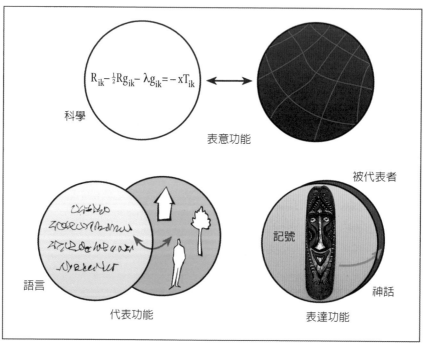

2 卡西勒：符號形式

從十九世紀中期起，**康德**哲學（頁 136-143）再度興起並進一步發展。以**康德**為師的不同思潮通常以**新康德主義**來涵蓋；大約從 1880 到 1930 年它是德國哲學的主流，早期的代表人物是**朗格**與**李布曼**，前者的《唯物論史》把**康德**放在自然科學的脈絡裡面討論，後者的《康德與模仿者》各章都以這個句子結尾：「是故，我們必須回到**康德**。」

邏輯實證的**馬爾堡學派**創始人**科亨**、**納托普**及**卡西勒**主要的工作範圍在於理論性的領域。

科亨（1842-1918）在《純粹知識的邏輯》裡解消了**康德**智性與感性的二分，只留下前者：

> 歸根結柢，知識的唯一可能是**純粹思想**。

他根據**康德**如下的這句話來詮釋**康德**：

> 「我們在事物中能先驗地認識的只有我們自己置入的一切。」

從「源頭」認識唯一的可能性在於認識的對象乃是由思想自己產生。這包含了無限多個步驟。

認識的構成要素是**判斷**，**科亨**將它分成四類：

> 思想法則的判斷（如矛盾）、數學的判斷（如多數）、數理科學的判斷（如自然律），與方法的判斷（如可能性與必然性）。

卡西勒（1874-1945）認為**符號**是人類文化、精神的創造活動的普遍性表達。他在《符號形式哲學》中探索「符號性複指功能的某種文法……我們在語言、藝術、神話與宗教裡所經驗到的特殊表現力，都可以為它所囊括，並普遍地為它所決定」。

符號是藉由其呈現的方式讓一個意象具體化的感性物象。符號性表現的三個基本功能如下：**表達功能**，記號與對象在此直接被等同起來（神話的思想世界）；**代表功能**，記號的符號性格在此已被意識到，但還不能脫離對象性（日常語言）；**表意功能**，在此數學或邏輯性的記號只關聯到抽象關係（科學）。

巴登學派或**西南學派**（文德爾班、李克特、拉斯克）明顯偏向價值理論。

文德爾班（1848-1915）認為哲學是

> 「關於普遍有效的價值的批判性科學」。

李克特（1863-1936）設計了一套價值系統（圖 1），其基礎是客觀世界與價值世界的劃分。兩者在意義實現的世界中融合，這個世界形成於

> 「我們成為價值判斷的主體之際，也就是我們成為對個別價值自由選擇立場的主體之際」。

此學派的一個重要貢獻是跟據方法上的差異區別自然科學與精神科學：根據**文德爾班**，自然科學是**普遍論述**，尋找的是普遍法則，精神科學是**單項論述**，尋找的是個殊事實，特別是歷史事實。

李克特於是將它們分別界定為普遍化與個別化。價值在此也十分重要：「**李克特**認為，要形成……關於一個歷史性個體的概念，就必須從價值的角度著手，依循這個線索，獨特的個體性對象才能顯示它的意義。」（歐立格）

在十九世紀，自然科學的興起激勵了將形上學**歸納性**地建立在經驗性基礎上的嘗試。

兩位重要的作者是

- **費希納**（1801-87）的**心理物理學**是實驗心理學的前身，研究心身之間的交互作用，其基本假設是兩者的平行關係。**費希納**假定物理過程**為靈魂所充滿**，且不光只在人身上，舉凡一切物體皆如此。在這個意義下，他認為**形上學**與個別科學有互補關係。它是一門具全面涵蓋性的科學，因此它的工作是將個殊的科學發現普遍化。它的目標在於詮釋整個實在界。

- **洛茨**（1817-81）同樣也在哲學裡尋求現代科學與理想性或宗教性論點的融合。在《小宇宙》中，**洛茨**探討人在世界中的地位，同時也透過與人的類比關係來瞭解世界。他沿襲因果、意義與目的等領域的劃分，因此得出一個「機械性的世界」（實在界）、一個真理的世界及一個價值的世界。他認為機械性的法則只是實現善的條件。但在方法上，他將形上學的探索成果限制在**分析性**及**描述性**的研究上。

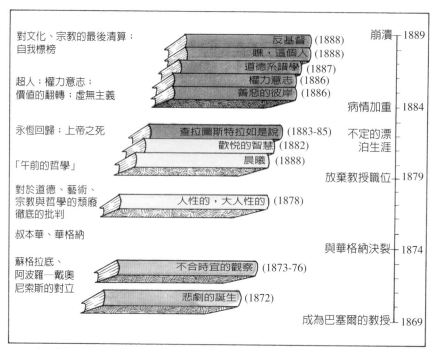

對文化、宗教的最後清算；
自我標榜

反基督 (1888)
瞧，這個人 (1888)
道德系譜學 (1887)
權力意志 (1886)
善惡的彼岸 (1886)

超人；權力意志；
價值的翻轉；虛無主義

永恆回歸；上帝之死

查拉圖斯特拉如是說 (1883-85)
歡悅的智慧 (1882)

「午前的哲學」

晨曦 (1888)

對於道德、藝術、
宗教與哲學的頹廢
徹底的批判

人性的，太人性的 (1878)

叔本華、華格納

蘇格拉底、
阿波羅─戴奧
尼索斯的對立

不合時宜的觀察 (1873-76)

悲劇的誕生 (1872)

崩潰 ─ 1889

病情加重 ─ 1884

不定的漂
泊生涯

放棄教授職位 ─ 1879

與華格納決裂 ─ 1874

成為巴塞爾的教授 ─ 1869

1 尼采的生平與著作

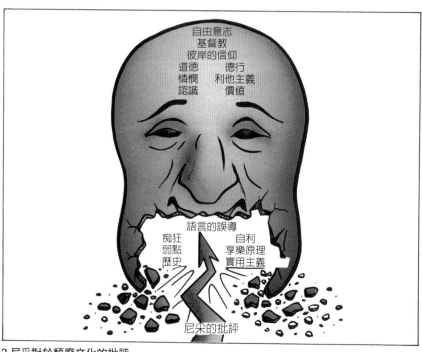

自由意志
基督教
彼岸的信仰
道德　　德行
憐憫　利他主義
認識　　價值

語言的誤導
痴狂　　　自利
弱點　　享樂原理
歷史　　實用主義

尼采的批評

2 尼采對於頹廢文化的批評

尼采（1844-1900）在思想史上是個特立獨行的天才：熱情的投入、極端的革新願望、穿透性的睿見與語言的魔力是他作品的主要特徵。**尼采**的作品可據三個（環環相扣的）時期來劃分。

第一期（1869-76）

尼采是薩克森一位牧師的兒子，在接受古典文字學的訓練後，在巴塞爾成了古典文字學的教授。

《悲劇的誕生》於 1871 年完成。希臘文化中的兩股原始力量（阿波羅精神與戴奧尼索斯精神）在古典時期的悲劇裡融合成一個完美的綜合體：

> **阿波羅**精神代表節制、理性，**戴奧尼索斯**精神代表狂喜、激動。

悲劇的沒落亦是希臘理性哲學的興起，以**蘇格拉底**為代表。這個過渡在**優里匹德斯**身上便已完成：

「透過他發出聲音的神不是戴奧尼索斯，也不是阿波羅，而是一個甫誕生的魔鬼，名叫蘇格拉底。」

尼采把復興悲劇文化的希望寄託在**華格納**（1813-83）身上。此時**尼采**仍深深為他的人格與音樂所吸引。

1871 至 1876 年間，**尼采**與當代的文化對抗，在四篇《不合時宜的觀察》中分別探討了

> **史特勞斯**（頁167）（有教養的市儈）、強調歷史性思考優位的「歷史病」（**黑格爾、哈特曼**）、**叔本華**（認命哲學家的最佳榜樣）以及**華格納**。

第二期（1876-82）

尼采把自己哲學發展史的這個部分稱為「**午前的哲學**」。這個時期的作品為《人性的，太人性的》（第一部與第二部）、《晨曦》與《歡悅的智慧》。

風格上，**尼采**視**警語**為其最適切的語言形式。內容上，這些作品的共同點是與「**頹廢精神**」作戰，對抗其**道德**與**宗教**，即基督教。

> **尼采**採取懷疑中的理性立場，始終受**求真意志**所驅迫。

為對抗道德與傳統哲學的提問方式，**尼采**不斷藉由引進新的個別性觀察來印證下列論點：

- **語言**的角色：語言掩蓋了一個事實，那就是人類表面上似乎可以用他的言語掌握事物的本質，但實際上只是在第一個世界之外創造了第二個世界。

因此，**尼采**說：「那麼真理是什麼？一大堆變化無常的比喻……在長期使用之後，一個民族便認為它們是恆常、神聖、規範性的：真理是幻象，只是我們已忘記它是幻象。」

- 存有與**價值**錯誤的連結：對理性判斷之有效性的信任本身便是一個道德現象。
- 道德的**相對性**：道德判斷並無永久性與絕對性，事實證明它們是有歷史和社會相對性的。

尼采指責道德哲學對實際存在的差異性視而不見。

- 道德的實際矛盾。
- 道德的**歷史性**：**尼采**自認他可以揭露德行如何在傳統偏見的長期薰習下打造出來。
- **系譜學**的論證：對動機的歷史性與心理學的發掘所帶來的結果，是對傳統價值尺度的拒絕。**尼采**毫無保留地戳破了衛道者或宗教人士的面具，藉此否證了其客觀根據。在這個意義下，「用錯誤的心理學解讀動機與體驗」便是基督教形成的背景，就像所謂的有倫理學依據的行為也都另有動機一樣——且大多是不單純的動機。

「種種道德都不過是感情因素的一種符號語言。」在**尼采**眼中，它們的真相無非是實際考量，目標僅在於獲得快樂，不管道路有多麼迂迴。同情的真面目是自我保護，對鄰人的愛不過是自戀，等等。

尼采對**基督教**的指責有：

對於人性的弱化，它難辭其咎；它的教條來自古代自相矛盾的想像世界裡沒有信仰內容的殘骸；它以不存在且即使那個時代的人也不相信的彼岸來提供慰藉；基督教徒的虛偽，他們口口聲聲信仰，實際上的行徑卻是另一回事。

這些在《歡悅的智慧》裡所描述的尋找上帝的愚人身上有淋漓盡致的表現。**尼采**在此所勾勒的世界沒有地平線，沒有上面也沒有下面，有如在大海上擺盪一般，因為

「上帝已死！上帝永久地死亡了！是我們殺了祂！」

1 精神的三個變體

2 權力意志與超人

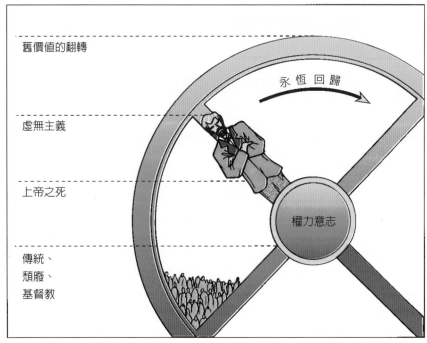

3 同一者的永恆回歸

第三期（1883-88）

在《查拉圖斯特拉如是說》(1883/85)、《善惡的彼岸》、《權力意志》(1880 年代的研究，1901 年初次出版) 等作品中，**尼采**的哲學以**宣告**了新時代的來臨而達到高潮：

批判性的要素並沒有消失，但**尼采**在診斷後也提出了治療之道，即一個全新的思想世界。

尼采以精神的三個變體來描述這個世界：

最初，精神成了駱駝，耐心地承受舊道德的負擔。接著，它成了獅子（「我想要」），與價值的龍（「你應該」）戰鬥。「為自己爭取自由，面對義務說出一個神聖的『不』……需要的便是一隻獅子。」

最後，它成了小孩，在創造的遊戲中戲耍。（圖1）

尼采對西方文化開出的診斷是**虛無主義**：

「對價值、意義、想望的徹底揚棄。」

最高的價值被取消了，蒼白虛弱的基督教思想與蘇格拉底以降的哲學等天大的謊言崩解了。在希臘─基督教傳統裡，**虛無**早已萌芽，**尼采**不過是宣布它的果子已經成熟。因為這個先見之明，**尼采**認為自己走在時代前面：

弱者在這個事實面前只會感到無助，**強者**（超人）卻在裡面看到新秩序到來、**價值翻轉**的終幕。

尼采的處方是其環繞著權力意志的**宣告**：

「**尼采**哲學在超人與永恆回歸的雙重預言中達到高潮；它的中心概念是權力意志。」（**考夫曼**）

尼采對**超人**的頌揚主要見諸《查拉圖斯特拉如是說》（圖2）：

他的與眾不同之處在於完全不受傳統價值約束的自由。他的行為依循的是大地的尺度：

他追求勢力、精力、權力，他的對面是烏合的群眾，仍舊屈從一個（想像出來的）神的威權，崇仰一個懦弱、憐憫的道德。

極少數的超人有足夠的韌性可以承受追求自由與選擇精力、粗獷所帶來的種種苦果。他們的最後一道試煉是能否持續地忍耐永恆回歸的觀念。

尼采在《歡悅的智慧》中表示，**同一者的永恆回歸**是「最為沉重的沉重」，其要旨是：

「這一生……還必須再活一次、再活無數次……存在永恆的沙鐘將一次又一次被倒過來──然後你也跟著重新開始，你是沙粒中的小微塵。」

永恆回歸對**尼采**而言有直覺上的確定性，像「魔鬼」一樣侵襲了他。他後來試圖以邏輯與科學論證為它奠立理論基礎，意義在於為超人做最後的辯護。

「權力意志」是**尼采**哲學最為簡單明瞭的表述。受到**叔本華**、**史賓諾莎**哲學與當代生物學的影響，**尼采**在人類的行為與一切生命的準則中看到了自我保存的意志。

一切思想、行為的動機是意志；但不同於**叔本華**，**尼采**不認為意志是盲目的，而是有目標的：

自我保存、生命感受與韌力的強化、強勢與權力的獲得。

由於這個原理的效力無所不在，**尼采**歸納道：

「這個世界，一個龐大的力量，沒有開始，沒有結束，一個堅硬如礦石般的力量……這個世界是權力意志──且除此之外什麼也不是！而你們自己也是權力意志──且除此之外什麼也不是！」

在這個背景下，**尼采**進行**一切價值的翻轉**：

舊價值已蒼白失色，新價值以權力意志的原則為依歸。

在未來，善惡將取決於行為對**生命力**的貢獻度及所帶來的**權力增長**：

「什麼是善？提高一個人的權力感、權力意志、權力本身的一切。什麼是惡？來自弱者的一切。什麼是幸福？權力正在增長的感覺……不是滿足，而是更多的權力；不是和平，而是戰爭；不是德行，而是幹練。」

尼采在 1888 年還撰寫了一系列激情之作，包括《反基督》與《瞧，這個人》。前者再次大舉抨擊基督教，後者時時透露他對自己的**過度高估**。在回首顧盼之際，他向讀者解釋「為何我如此聰明」、「為何我寫出如此傑作」等等。這個傾向漸漸惡化成狂妄自大，直到他在 1889 年的一次精神崩潰後發瘋為止。

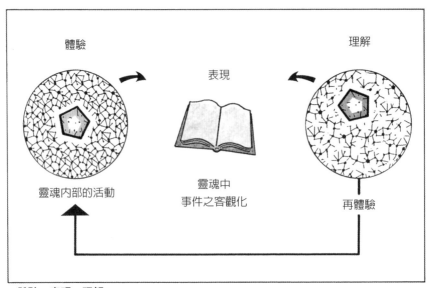

1 體驗─表現─理解

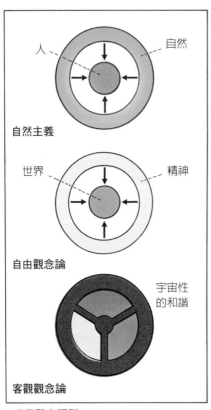

2 世界觀之類型

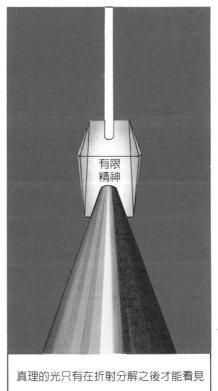

3 世界觀中之真理

狄爾泰（1833-1911）投注心力於系統性與方法性的精神科學奠基工作，目的在於使之獨立於自然科學之外。由於他強調一切精神現象的歷史性格，與當代的**歷史主義**立場相近。

在他的思想發展過程裡，生命的概念漸漸取得了核心的地位，因此**狄爾泰**也為**生命哲學**提供了決定性的靈感。

狄爾泰的**精神科學奠基**計畫（又稱「歷史理性批判」）結合了形上學的批判——一個宣稱可以提供科學上的最後結論的形上學。

精神科學的研究基礎反而在於對人類及其作品的**歷史性**的體認。

人只能在歷史中明瞭自己是什麼。

掌握人類存在的歷史性的歷史意識將我們的思想從「獨斷思考的蛛網」中解放，讓我們得以進入人類精神性的創作不可化約的特殊性。

精神科學與自然科學的區別，是它的對象是人類自己創造出來的實在，即精神所研究的是精神自己的造物。

因此，認識的程序也有所不同：自然被我們**說明**，精神被我們**瞭解**。

人類社會性與創造性的成就是內在生態，即靈魂的**內部事件**的外在表現。它的唯一瞭解途徑是進入一個靈魂的情境，從整體來把握。

精神科學的認識論基礎因此不是在於抽象的認識主體，而是一個完整的人，即「一個有意志、感覺、想像力的個體」。關鍵在於必須去經驗藉由內在知覺與外在知覺所接觸到的意識與料。

因此，**心理學**十分重要。只有在經驗的基礎上，才能發掘規律性、結構與型態。

在人類成為精神科學的對象的過程中，方法上以**體驗、表現**與**理解**三者交織而成的脈絡為基礎。這樣的瞭解不限於個體的生命表現，也擴及超越個人的文化系統（藝術、科學、宗教等）與組織型態（國家、教會等）。

「生命透過瞭解的過程在其深處向自己彰顯自己，另一方面，無論我們要瞭解自己或他人，都必須將體驗過的生命帶入每種我們想瞭解的精神表現中，無論它是來自自己或別人的生命。……在這個方式下，精神科學便奠立在體驗、表現與理解的脈絡上。」

體驗是構成靈魂的內在過程的組織單位。意識的脈絡與內容都儲存於此。

表現把體驗凝固在外在形式裡（如手勢、語言、藝術等）。因此這一切的表現形式都是靈魂內部事件的客觀化。

理解是藉由外在的表現掌握內在。理解他人的靈魂由內而外的客觀化表現，意謂以關於自己靈魂的內在經驗為起點進行再體驗。

因此**自我反思**具有決定性的地位。

在**狄爾泰**的晚期作品裡，**生命**這個概念的重要性與日俱增。「基本事實是哲學必須以生命作為出發點。我們從它的內部認識了它；我們不能再問它的背後還有什麼。」

精神性、歷史性的世界是生命的客觀化。為了瞭解它，我們必須把客觀的形貌還原到其出處，逐步翻譯回活生生的精神。

生命整體意義的詮釋有**世界觀體系**作為其架構：

哲學、宗教、藝術。

狄爾泰區別了三種基本型：

在**自然主義**裡，人被瞭解成為欲望衝動所驅策的生物性存有者，受制於其存在的物質條件。

自由觀念論強調人類自由的、創造性的自我實現，其根源是不需依賴外在條件的精神。

客觀觀念論追求個人與世界間的平衡。生命中種種矛盾的解決必須在一個擁抱一切存有者的宇宙性和諧中尋找。

沒有一個世界觀可以占有全部的真理，只是顯露了它的一個面向。「世界觀的根源在於宇宙的本性與掌握能力有限的精神和它所發生的關係。所以每個世界觀都是在我們的思想界限中展現了宇宙的一面。每個世界觀都是真的，同時也都是片面的。我們無法同時看到每個面。真理純粹的光只有在折射與分解後才能被我們看見。」

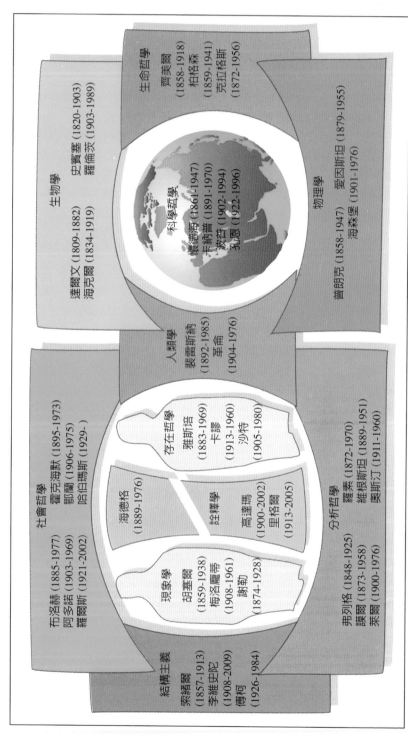

二十世紀哲學概要

社會哲學
布洛赫 (1885-1977)　霍克海默 (1895-1973)
阿多諾 (1903-1969)　鄂蘭 (1906-1975)
羅爾斯 (1921-2002)　哈伯瑪斯 (1929-)

生物學
達爾文 (1809-1882)　史賓塞 (1820-1903)
海克爾 (1834-1919)　羅倫茨 (1903-1989)

生命哲學
齊美爾 (1858-1918)
柏格森 (1859-1941)
克拉格斯 (1872-1956)

科學哲學
懷德海 (1861-1947)
卡納普 (1891-1970)
波普 (1902-1994)
孔恩 (1922-1996)

物理學
普朗克 (1858-1947)　愛因斯坦 (1879-1955)
海森堡 (1901-1976)

人類學
裴雷斯納
(1892-1985)
革倫 (1904-1976)

存在哲學
雅斯培 (1883-1969)
卡謬 (1913-1960)
沙特 (1905-1980)

海德格
(1889-1976)

詮釋學
高達瑪 (1900-2002)
里格爾 (1913-2005)

分析哲學
羅素 (1872-1970)
維根斯坦 (1889-1951)
奧斯汀 (1911-1960)

現象學
胡塞爾 (1859-1938)
梅洛龐蒂 (1908-1961)
謝勒 (1874-1928)

弗列格 (1848-1925)
謨爾 (1873-1958)
萊爾 (1900-1976)

結構主義
索緒爾 (1857-1913)
李維史陀 (1908-2009)
傅柯 (1926-1984)

二十世紀的特徵之一是**科學**與**技術**造成的知識爆炸。現代物理學打破了古典物理學的宇宙疆界：對於極大與極小的物理對象，相對論與量子理論分別帶來全新的認識。**生物學**藉演化論徹底改變了人類的自我認識，而**心理學**也為人是什麼這個問題打開了前所未有的視域，特別是**佛洛伊德**的心理分析。

它們對哲學的衝擊是多面的：

一方面，當代**邏輯**的方法與研究成果為科學與技術（如電腦）的進步奠定了基礎。

弗列格與**羅素**等哲學家對二十世紀的數學、邏輯與哲學等方面的貢獻可視為典範。

另一方面，自然科學也成了哲學的範例與研究對象。

對新興的**實證主義**而言，自然科學中精確的、可檢驗的論述乃是哲學的理想。而科學理論（即個別科學的方法、構造、成果的哲學性整理）也就成了當代思想發展的特色。邏輯作為方法，精確性作為目標，取代了傳統的哲學問題。形上學的舊問題被視為迷宮般的概念誤導：

「人們漸漸習於『脫下神祕外衣的世界』……情感上適應新認識的過程已經結束。如此，世界觀方面的問題自然有了解決，不是因為找到了答案，而是因為瞭解了這些問題本身的空洞。」

與此密切相關的是二十世紀哲學的「語言學轉向」：人們開始面對**語言**，把它當作對象。

這個轉向首先是由**謨爾**與**羅素**發展出來的**分析**所促成。他們處理問題的方式是將它們轉換成正確的、有意義的語言形式。藉此，在我們的表述中模稜兩可的成分將可以完全過濾、清除。

由此產生的目標是創造一個理想的語言，即完全清晰的語言。這是哲學的一個重要主題，尤其是維也納學圈哲學。

之後又有「**日常語言之哲學**」的形成：

它的研究對象是實際使用中的語言。

就這**兩個**方向而言，**維根斯坦**都是最重要的代表。

其他思潮關心的是**人**及其生活境遇：

具體的生活實踐是**存在哲學**的核心問題。它的起點是**齊克果**，二十世紀的主要代表人物為**雅斯培、沙特**與**卡謬**。

現象學方法為**胡塞爾**所建立，藉由回溯到內在的意識過程為事物與人的本質尋找新的確定性。

它在不同的領域中產生了影響：

梅洛龐蒂希望藉它來說明人類如何透過意識與行為開展、鋪陳世界。

謝勒讓它在倫理學與人類學中開花結果。

就**哈特曼**而言，它對新存有論的建立有重要的貢獻。

此外，**沙特**的存在主義、裴雷斯那的人類學或**里格爾**的詮釋學都受現象學影響。

同時，它也為**海德格**重新思考存有的龐大計畫提供了工具。**海德格**的**基礎存有學**代表一個新的起點，企求不再墜入傳統哲學的存有的遺忘中。

在哲學反省中，**社會**與**文化**經常受到尖銳的批判：

其一是世紀前半的**生命哲學**。**柏格森、齊美爾**與**克拉格斯**試圖讓人們把眼光拉回到基本的生命現象上，在當代文化裡看到了一個扭曲人性的危機。

其二是馬克思主義。它負載了對時弊的批判與社會的改變；**列寧**與**毛澤東**在這個基礎上建立了新的政治、經濟系統，同時改變了全世界的政治版圖。

「批判理論」在其社會分析中也借用了馬克思的思想。

詮釋學探討了理解的條件（**高達瑪、里格爾**）。現代詮釋學的研究範圍不限於文字性的資料與藝術作品，也擴及個人與社會性的一切外在表現的方式。

由**索緒爾**的語言科學出發的**結構主義**（**李維史陀、傅柯**）目標在於解析人類的思想、行為與社會秩序背後的隱藏性結構。

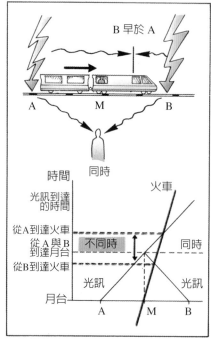

1 同時性的相對性

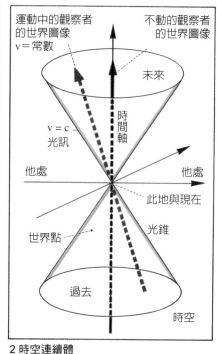

2 時空連續體

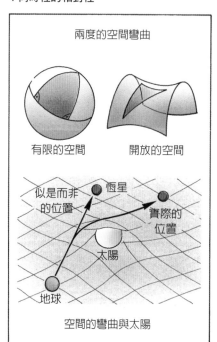

3 廣義相對論圖式

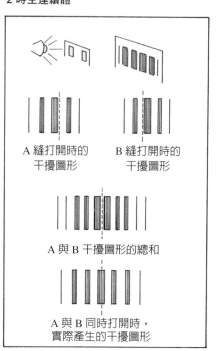

4 量子物理：雙縫實驗

愛因斯坦（1879-1955）在二十世紀初葉根本地改變了物理學的宇宙觀。

1905 年問世的**狹義相對論**奠立在兩個前提上：

- **相對性原理**：「從物理學上的任何現象都不可能決定一個絕對的參考系統。」

在每個恆速的系統（**慣性系統**）中，自然律的效力相同，因此所有的系統都應視為地位相等。

- **光速恆定原理**：光前進的速度與光源無涉，因此在每個慣性系統裡都相等。

由此可導出同時性的相對性，可用下述例子說明：

> 兩道閃電 A 與 B 擊落在一個軌道上。在它們的中點有一個觀察者在月台上同時接收到了這兩個光訊。前進速度相同的光訊同樣也抵達了一個坐在行駛中的火車上的觀察者，但由於他的火車向著其中一個光訊前進，接收到它的時間也較早。（圖1）

在同一個慣性系統裡，同時性還容易確認。如果兩個空間點分別在彼此做相對運動的慣性系統裡，其各自的時間性就必須列入計算。兩個系統間的時空關聯以所謂的**勞倫斯轉換式**表達。

> 由此可得，從一個特定的慣性系統觀察，作相對運動的另一個系統裡的量尺沿著運動的方向變短（**長度的減縮**），鐘錶也會走得比較慢（**時間的延遲**）。

時間的延遲可藉由比較兩個完全相同的時鐘來顯示。如果以極快的速度移動一個鐘，再將它與沒有移動的鐘比較，就會發現兩者所指的時間不同。

空間與**時間**因此不是彼此獨立；它們形成了**時空連續體**：

> 要描述一個事件，除了空間的三個向度外還必須加上時間的向度。

在此，過去是指我們在現在與這裡（基本上）可以知道的一切。未來是指我們還可以影響的事件。

> 由於訊號只能藉由有限的光速傳播，光的圓錐便形成了「類如時間」相續的事件的界限。（圖2）

在它的外部存在著現在，在這裡有「類如空間」相續的事件。這樣的事件我們既無法認識也無法影響。分隔未來與過去的是一個有限的時間間隙，它的大小取決於觀察者的距離。

> 例如基於光速的因素，太陽上的事件對我們而言在八分鐘後才有意義。在此時此地這個點上，我們可以知道已經發生超過八分鐘的事件；較晚發生的一切我們都還能影響；但在這個間隙當中的一切我們既無法知道也無法影響。

越接近光速 c，一個物體對抗加速的阻力就越大。它的動能提高了它的慣性，作為質量它達到了靜態質量。由此可導出能量與質量可以互換（$E = mc^2$），結論是沒有任何有質量的物體可以被加速到光速。

廣義相對論（1916）在**加速系統**中也有效，慣性與重力的等價是它的基礎。**愛因斯坦把重力**的現象解釋成空間因質量而形成曲面，數學上可以以**黎曼幾**何學陳述。

> 因此，光線行經質量甚大的物體旁邊時會改變路徑，即沿著曲面行走成了最短的路徑。

廣義相對論原理改變了我們對**宇宙**的認識。

> 質量的全部導致了**空間的彎曲**，由此可推得宇宙開放或封閉的形式。（圖3）

根據目前為止最流行的「**大爆炸論**」，宇宙在一開始濃縮為一個極小的熱點。巨爆發生後，空間與時間才開始存在，宇宙也開始不斷擴張。它不是無限擴張，便是又坍縮回原來的狀態（視總質量而定）。

量子物理描述的是原子世界裡的物理過程。它的根本原理是物理作用只能以**普朗克**（1858-1947）所發現的作用量子的整數倍傳導。物理性狀態的改變沒有連續性，是跳躍式的。

波爾用量子論來解釋原子的構造及化學元素的特殊光譜。由於光有時是波，有時又像是「能源包裹」，**德布羅意**便推測物質性的原子也是波的現象。

波爾認為波粒二元論應以**互補理論**解釋：

> 它們是互相排斥且互相補充的描述。

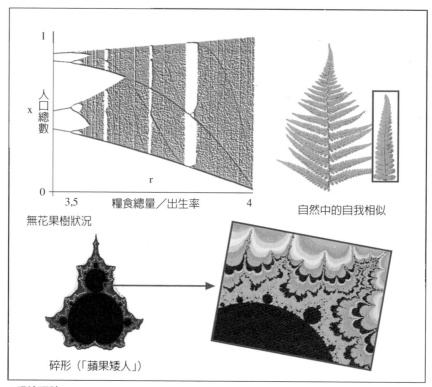

1 混沌理論

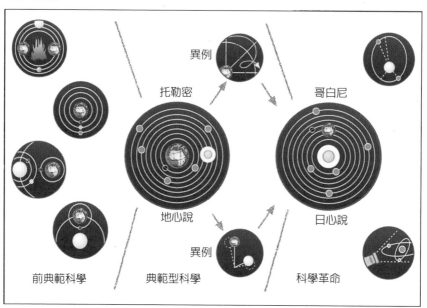

2 孔恩：哥白尼革命作為典範的更替

微觀物理學的基礎是**海森堡**的**測不準原理**。對量子力學而言，量子對象不可能同時極度精確地測得。

例如，一個電子的動能測得越準，它的位置就越不精確，反之亦然。

對時間與能量而言，情形也是如此。這個問題無法藉由改善觀察的方法排除。

「哥本哈根學派」對量子理論的詮釋以**玻恩**為代表，主張描述一個量子對象的狀態的「波函數」只提供各種測量結果統計學上的**或然率**。只有在測量實際完成後，之前的可能狀態才被確定下來（「波束縮減」）。在一個測量與另一個測量之間的物理過程「本身」是什麼，我們完全無法描述。

量子力學裡包含了一種非決定論，因為它的對象本身並不擁有可精確測計的特性。

例如在**雙縫實驗**（頁 184 圖 4）當中出現了影像的重疊，與原子分別通過兩個單獨的隙縫的結果總和有異。系統的總體狀態不同於系統部分的總和。

量子物理學的測量過程造成了認識論上的新問題。被觀察的量子對象與測量工具之間的交互作用產生了由兩者構成的新系統，而它本身又必須藉助其他測量工具來描述，如此等等，在最末端則是一個接受結果的人，以一個非量子力學的描述方式斷定它。

混沌理論處理的是決定論的自然法則下的系統裡無法預測的事態。在特定的條件下，動態的系統可能過渡到一個「混沌」的狀態，在其中它們的演變無法被預測，但並非因為知識的缺乏，而是因為根本無法預測。

例如氣候、動物繁衍或液體中的潮流情形。

在混沌系統裡，**初始狀態極其微小的改變**可能導致截然不同的發展。

天氣變化便是一例，巴西雨林裡一隻蝴蝶鼓動翅膀最後可能會在北美引發龍捲風。

從秩序到混沌的過渡的數學模型是所謂的「無花果樹狀況」（圖 1）：

當 r 的數值增加時，x 的數值一開始在兩個點中間擺盪，然後是四個點，以此類推，一直到一個無規則的點狀圖案形成。然而，在混沌的領域裡也可找到「秩序的島嶼」。

一個實例是動物在數量上的繁衍視糧食而定。如果糧食在一定的限度外不斷增加，那麼牠們的數量起初會在一定的數值上做週期性的變化，但在超過某個數量後，將會變得無法預測。

混沌系統裡的變化在幾何學上可藉由碎形表現（圖 1）。這些圖形的細密邊緣便是過渡到混沌的門檻。在這個範圍裡，系統在一定的數值間擺盪。它由自我相似的圖形構成，每每在進一步放大細節時可看到同樣的形狀不斷反覆。

在有機組織的結構裡，我們也可看到自我相似的原理。

物理學家**孔恩**（1922-96）在《科學革命的結構》中對**科學的發展**提出新的看法。傳統的科學理論（頁 183、219）認為自然科學的歷史是新知的不斷累積，資料越來越精確，理論也越來越具包容性，**孔恩**對此提出批評。

孔恩認為科學的發展有階段性。

在**前典範階段**，研究者對專業領域中的根本基礎並無共識，因此研究也無明顯的目標取向。

在成熟（「正常」）階段，一個學派取得了決定性的突破，**典範**也隨之形成，為其他人所共同接受。典範是一個研究社群的概念性、方法性系統，規定了共同接受的方法框架，也決定了共同承認的問題及解決方式。

在這個階段裡，目前的典範所無法解決的異例逐漸出現，導致越來越明顯的危機。這導致一場科學革命的出現，舊典範旋即為新典範所取代。

孔恩看法的特點在於舊典範與新典範完全不可共量；新舊典範之間並沒有連續關係，只有斷層。

研究者所意識到的問題已迥然不同，新的概念已形成，同時科學家也活在「另一個世界」裡，因為如今視野有了全盤的改變。

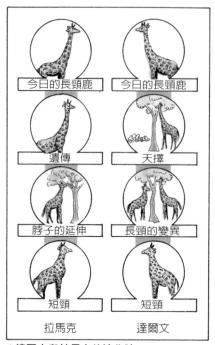

1 達爾文與拉馬克的演化論

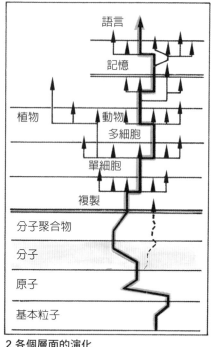

2 各個層面的演化

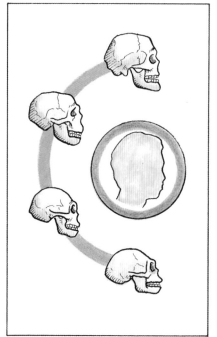

3 在演化中理想的生物實際上沒有出現

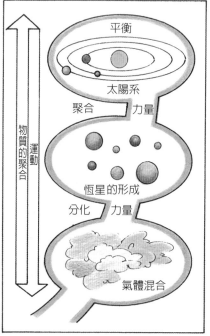

4 史賓塞的演化理論（以太陽系形成為例）

十九世紀出現了自然界中也有**發展**的理論，影響所及不限於生物學，也及於自然哲學、人類學與知識論。

較為**早期的理論**便已承認基因突變的事實，也因此為一般性的**演化觀念**鋪好了路：

庫費爾（1744-1832）指出古生物學的證據顯示**大災難**迫使生物改良、再造自己。

聖蒂萊爾（1772-1832）在同族系的組織構造中認識到它們有共同的來源。

歌德（1749-1832）假設動植物有一個可以變化的原始形式。

拉馬克（1744-1829）的研究方向頗受重視：有機體都有**趨向完美的本能**，不斷向更複雜的結構邁進。根據需要所做而可遺傳的適應，是這種**演化**的動力。

例如長頸鹿的脖子：長頸鹿原來也只有短脖子，但被迫經常伸長脖子，以便能吃到高樹上的葉子。這導致脖子的增長，且這項特性被遺傳下去。（圖1）據此，行為決定了身體的構造，使用的方式決定了器官的發達。

最具決定性的是**達爾文**（1809-82）的理論模型。在《物種起源》（1859）中，他完全捨棄種類的穩定性：

一切的生物都繁衍了比維持種類存續實際所需更多的後代，其中有外型有異、特徵也產生變化者（**變異**，今日稱突變），這些變異者在生存競爭中得到優勢，因而可以大量繁衍。物競天擇的結果是最適者生存，造成物種進一步的發展。所有動植物的種類都是由突變與天擇所造成。（圖2）

達爾文的根本思想在二十世紀得到豐富證據（**遺傳學與分子生物學**）的支持與進一步的擴充。

現代生物學的新知中有**哲學**意義者包括：

· 沒有一個種類可以不改變地存在下去。

自然科學傾向拒絕「本質主義」的論調（**波普**），不同意**恆常本質**的假設。在生物學中，**理想性**的動物或植物種類的觀念已被拋棄，代之以動態式的種類定義，如：「作為自行繁衍的、自然的族群。」

· 以生物學的觀點來看，**人類**作為「造物的冠冕」的特殊地位已開始動搖。

自**達爾文**的《人類起源》（1871）問世後，人類的出現也被放在一切生物自然演化的脈絡裡解釋。人類也只是生命之河的一部分。

· 對演化的物理、化學基礎的基因科學與分子生物學研究，顯示生物的演化不過是**全宇宙**的演化中的一個特例。

因此傳統上生物與非生物間的鴻溝也被彌平了；在尚無生命的分子層次也可找到關於自我複製與淘汰的證據（**前生物**或**非生物的演化**）。

· 對一切演化過程之普遍法則的研究產生了**系統理論與賽局理論**。

賽局理論說明了**偶然**（如突變）與**必然**（如淘汰的壓力）兩者的賽局。一般的結果皆是物質的自我組織，是後天的調和（**黎德**）：

不是演化過程遵循既定法則，而是法則在演化過程中形成。

如此，現代生物學也拒絕了全面性的**決定論**主張。在演化中並沒有精密計畫的事先存在，既無透徹的**因果脈絡**，也無完整的**目的性**。

將演化思想**擴展**到人類學、文化、宇宙論問題的工作主要在二十世紀完成，但十九世紀已有先驅者。

· 早在**達爾文**之前，**史賓塞**（1820-1903）便已將演化視為根本原理。

他在關於人口及心理學的文章裡（1855）主張演化，在《綜合哲學系統》（1862-96）裡又將它擴及所有的知識領域。**史賓塞**的標題提供了「以物質、運動與力作為討論範疇來詮釋生命、精神、社會等現象」的線索。他認為最高的法則是聚合與分化所造成的演化。據此，一般而言，演化是

「物質的聚合與運動的減退，解消是運動的增強與物質的分散」（圖4）。

· 在**達爾文**之後，**海克爾**（1834-1919）也傳播其理論，並將它擴展成自然的**一元主義**。

生源學說的基本規則出自**海克爾**之手：

「個體發生史是種類史的縮影。」

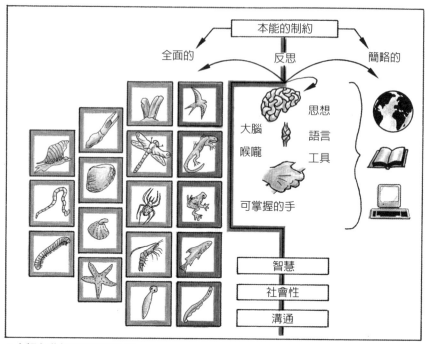

1 人類在動物界的特殊地位

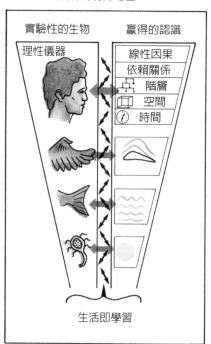

2 知識演化論

3 行為科學

生物學的世系理論必然會影響**人類學**。

相較其他動物，人類有幾個**生物學上的特點**：

・縮短的胚胎期

人類在發育極不完整的情形下出生，因此有很長的一段時間不是受制於自然，而是受制於文化。

・大量的缺陷

人類缺乏生理上的武器（尖齒、利爪、快速移動的能力），因而特別依賴文化上的支撐。

・本能的消退

不同於動物，人類不受本能制約。動物藉此完全融入其環境，人類則被拋到造物的框架之外。它所造成的正面結果是人類擁有「對世界的開放性」（**謝勒**）與「離心性」（**裴雷斯那**）。

這些差異也被還原到基因／演化的基礎上：

「只有大腦、咽喉與雙手不斷進化。」（**黎德**）

人類的優勢在於相對豐富的智慧、傑出的手工能力及區別性的語言（「亞當的蘋果」）。

生物的有機構造本來就屬生物學的範圍，而系統理論更嘗試在實在世界的每個領域裡顯證「物種策略」的效果（**黎德**）；除此之外，**知識演化論**與**行為生物學**研究了人類存有的生物學根基。

知識演化論的開拓性作品為**羅倫茨**的《從當代生物學看康德的先驗理論》(1941)。其根本論旨是我們思想的前置結構（康德的「先驗性」）源自演化。

羅倫茨關於人類的「世界觀裝備」的研究建立在「生活即學習」的原理上。演化是一個知識獲取的過程：「我們……固定性的認識形式與範疇也必須適應環境，理由跟馬用蹄適應草地、魚用鰭適應水中生活一樣。」

由於我們的世界觀裝備在百萬年的淘汰壓力下不可犯下任何影響到生存的錯誤，它的前置結構必然在根本上與被認識的外在世界相符。

另一方面，我們的「表象世界」的能力在較複雜的關係裡顯然不足（例如波動力學與原子物理）。我們所遺傳的空間、時間、因果等表象形式因此只能說在極高的**或然率**下是對的，但並未擁有究竟的確

定性。**羅倫茨**說：

「我們工作用的假說是一切都是工作用的假說。」

布隆斯維克將這種遺傳下來的推敲外在世界的方式稱為「**理性儀器**」。**黎德**認為從這裡可看出下述的假設被採納：

・**比較之假設**：我們推測類似的對象有類似的特性。

・**依賴之假設**：我們推測這個世界裡存在著有秩序的模式。

結構的重複（規準之假設）—某些特徵經常性的結合（互相依賴）—每個個物都有其位置（層級）—時間上的穩定性：承傳。

・**目的之假設**：由人的行為有目的類推自然界有客觀、普遍的目的。

・**因果之假設**：我們推測一切都有原因，且因果關係是直線式的。

回授現象或因果網沒有被列入考慮。反之，在一個我們熟悉的原因出現後，我們就會預期特定的結果（執行之假設）。

特別在先天與後天的行為方式之間或行為主義與基因決定論之間頗有倫理學意涵的衝突地帶上，現代生物學帶來了可觀的成果。

行為科學在比較過人與動物後，找出了明顯的先天性行為方式。例如**愛憐公式**：對某些外表特徵（高額、大眼、大頭），人會不由得產生喜好的反應。

艾柏艾伯斯菲特與**羅倫茨**在許多研究中探索了動物的「類道德行為」與人類的遺傳天性。

自私與利他等道德現象跟攻擊性與克制機制一樣都在動物界出現。

由於自然本能的**兩面價值**（如攻擊性與社會性），我們必須承認先天的行為方式的實際存在決定了一個**實然**的狀態，但無法被當作**應然**的規矩。

但社會達爾文主義便犯了這個錯誤，因而將達爾文「適者生存」的原理應用到人類社會上。**達爾文**本人曾反對「在自私自利這個低等原則裡尋找我們天性中最珍貴寶石的來源」。

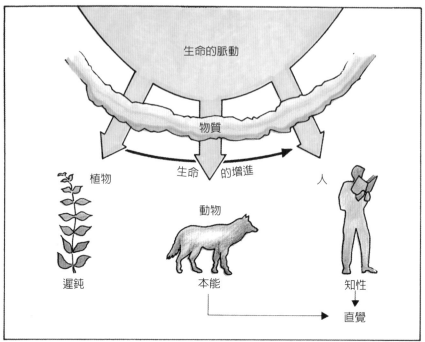

1 柏格森：「生命的脈動」

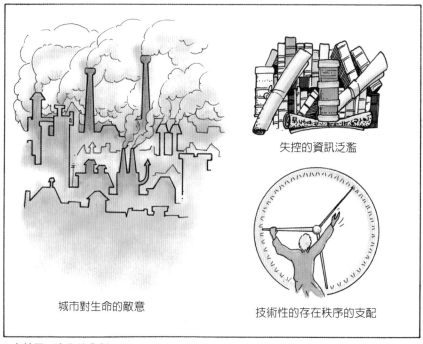

失控的資訊泛濫

城市對生命的敵意

技術性的存在秩序的支配

2 齊美爾：文化的悲劇

柏格森（1859-1941）意圖奠立一個全新的形上學。他參考了個別科學的研究結果，並跨越它們，以便進入直觀性的領域。

在代表作《**創化論**》，**柏格森**藉由批判演化論開展了一個全面性的**生命**哲學。

> 生命是個不間斷的創造過程，持續為「**生命的脈動**」所推動，它時時刻刻都在開展新的形式，產生差異。

自然科學的研究以理智為基礎，無法掌握有生命的事物，因為其靜態、抽象、孤立的觀察方式無法捕捉生命的動態與一次性；此外，自然科學空間化、量化的時間概念悖離了

> 負載生命之流的**綿延**，一條不可分割的創造性長河，在自身中保存了過去，將它帶入未來。

綿延可以在內在經驗中把握，符合意識狀態的純淨與密度。

「生命的脈動」將自己分化成三種生命形式：

> 植物、動物與人，

分別在它滲透物質之際產生。

動物的**本能**與人的**知性**是工具性行為的不同形式。在兩者中，本能較接近生命，也透露了其原始歸宿，但它無法透過反省掌握自己。知性把注意力放在靜態的、物質的面向上，基本上只能以技術性征服的領域為家。

> 若欲參與具創造性的生命脈動，唯有藉**直覺**來深化意識，因為它結合了本能與知性。

在《道德與宗教的兩個根源》中，**柏格森**區別了開放與封閉的道德及社會形式。

> 封閉的社會將集體性的處世模式強加在個人身上，讓道德成了非個人的、為團體需要而訂製的規範。
>
> 反之，**開放**的道德要求的是自由、愛、以身作則。

同樣地，**靜態**宗教的格律化只具維護既有社會型態的功能，其作用在於免除恐懼與不安，而**動態**宗教的本質則在於**玄密**，其目標在於與創造者合一。

齊美爾（1858-1918）是社會學的創始人之一，他的晚期哲學可歸類為生命哲學。

生命無時無刻不在追求擴充自己、再發明自己、提升自己，乃至於超越死亡。在這個過程裡，它不斷與為它帶來空間與限制的環境對抗。

生命在此創造了社會性、文化性的**形式**；這些形式的起源是生命本身的創造過程，卻漸漸地脫離出去（「轉往觀念」），發展出自己的法則與動能，種種特性已與它們的起源無關。

> 只有透過對「客觀文化」（如科學、法律、宗教）的參與，個人才能找到他的「主觀文化」。

然而，一個經常帶有破壞性的衝突也在同時產生了，因為客觀的形式阻礙了生命創造性的拓展——它將自己的法則從外在套在生命上，藉此鞏固自己。

> 對**齊美爾**而言，「**文化的悲劇**在於毀滅一個生命的力量源自這個生命本身的深層」。

人類自由的價值在於與僵化的形式對抗，為生命打開新境界。

以**倫理學**的角度來看，**齊美爾**的重要主張是「**個人法則**」的構想。它並非為普遍規範所制約，而是出自決定個人生命走向的**應然**。它保有無條件的有效性，卻也可將個人的一次性與歷史性融入他的應然裡，這是普遍的法則無法做到的。

克拉格斯（1872-1956）的主要作品為《精神乃靈魂之敵》。他認為生命的現象發生在**靈魂**與**肉體**的兩極間，在此，靈魂賦予肉體意義，肉體則是靈魂的顯象。原初體驗的對象是眾多圖像背後的實在，對靈魂而言，為一切事物賦形的生命原初的圖像便是實在者、作用者。

> **精神**由從前的高等文化的門檻闖入了這個宇宙性的生命世界，是一個外來的、獨立性的力量。

精神將一切的生命變成僅是對象、將它概念化、予以支解，因而扯裂了生命原始的和諧，在與一個目高一切的意志結合後，它甚至對我們的生活世界構成毀滅性的威脅。

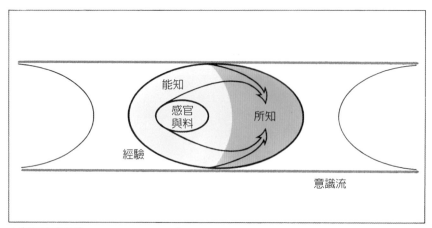

1 意向性的經驗

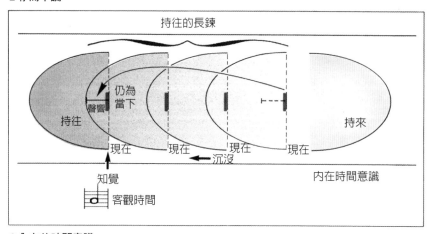

2 存而不論

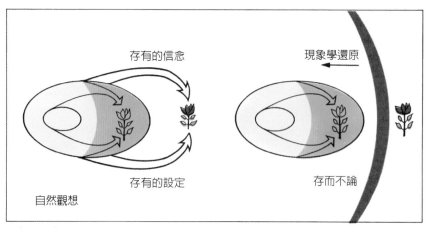

3 內在的時間意識

現象學是二十世紀最具影響力的哲學流派之一，創始人為**胡塞爾**（1859-1938）。現象學這個名詞背後的要求，是哲學應該擱置一切過於倉促的世界詮表，毫無偏見地分析在意識中出現的現象。

胡塞爾的目標，是藉由現象學的方法奠立一個作為「嚴謹科學」的哲學。

在《邏輯研究》（1900/01）中，**胡塞爾**與當時頗流行的心理主義決裂。後者宣稱邏輯法則不外是心理性法則的表現；邏輯必須還原到心理基礎上。

　　針對這個論點，**胡塞爾**確證了純粹邏輯的理想性：它的法則獨立於實際的思考行動裡的具體內容之外。

在《邏輯研究》的第五、第六研究中，**胡塞爾**已打好現象學意識分析的基礎，進一步的開展則在《純粹現象學與現象學哲學之觀念》（1913）中完成。其中的一切論斷都應

　　建立在自然湧現的、可以簡易直觀的意識現象之上。

在此，基礎觀念借自**布倫塔諾**（1838-1917）的**意向性**一詞。**布倫塔諾**藉此來表述

　　心理現象與物理現象的不同：它恆常常帶有一個指向性，亦即它永遠是某物的意識。

胡塞爾擴充了這個概念。他認為意識的意向性表示了

　　指向一個對象的意識行為，例如知覺、記憶、愛等**能知**與在其中出現的**所知**永遠**互相**關聯。

在此，意指的對象是一個綜合性的結果；多樣的能知內容被整理到一個統一的對象意識裡面。所知不是真實存在的對象本身，而是意識行為當中創造意義的功能性涵指裡所意向性地蘊含的對象。所知的材料基礎是感官與料。

因此，對**胡塞爾**而言，感官知覺的分析十分重要。

　　感官與料及能知構成了經驗的實在內容，所知非實在內容（意向性的對象）。

意向性的一個基本特徵是要求**明證性**。明證性意即

　　一個意向性的意指對象在一個原初地認識的意識

中**無可懷疑**的自然湧現。

為了能夠擷取這樣的現象，我們必須徹底改變自己對世界的自然觀想，**胡塞爾**稱之為**現象學還原**。在自然觀想中，我們不斷對對象本身的存有下判斷（存有的信念）。相反地，現象學的態度

　　撤回一切關於對象的有與非的判斷，藉此讓我們得以毫無先入之見地觀察純粹的意識，

也就是說，觀察在意指動作與意指對象的相隨關係中產生的現象。**胡塞爾**借用古代懷疑主義的概念，將這樣的處理過程稱為**存而不論**。

現象學的另一個基本特徵是**本質還原**。它的對象不是特定個人單獨的意向性經驗，而是經驗本質層次上的根本法則。在這個意義下，現象學是**本質直觀**。

現在，藉助還原的辦法，我們可以說明意識是依靠什麼樣的能力**構作**自己及對象性（世界）。這個構作行動的背後有一個

　　純粹**自我**的同一性，經驗的連貫性便是建立在它的自我意識上。

在兌現現象學方法的過程裡，**胡塞爾**表現了綿密細微的分析能力。特別值得一提的是**內在時間意識**的現象學。在此，**胡塞爾**說明了讓對象與事件可以有分明定位的客觀時間意識如何建立在經驗的時間性的內在意識上。

　　在此一切的基礎是作為知覺正在發生的「現在」的當下意識，因為它是過去與未來的經驗臨現的地帶。

當下不是一個點，而是有長度的，因此甫成為過去者可以被保存在現在（**持往**），即將發生者現在就可以預期（**持來**）。

　　當下的現在透過一連串的「持往」與過去結合在一起，而過去也曾經是這種當下的現在。

這個「持往」的長鍊作為「沉沒」的當下被保存下來，因為它的緣故，在記憶當中，過去可以在它原來的位置上被尋獲，被召喚到當下。

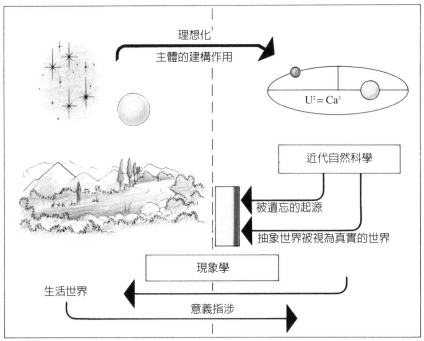

1 胡塞爾：生活世界作為科學的意義基礎

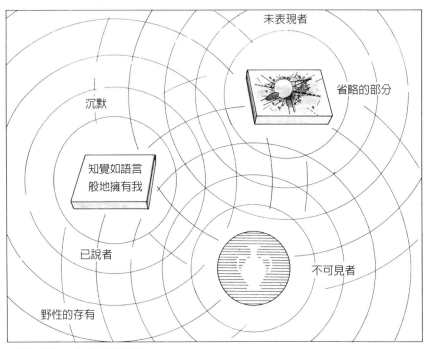

2 梅洛龐蒂：「可見與不可見」

除了空間與因果外，意識另一個建構上的重要成就是**相互主體性**。只與自己的經驗發生關係的我為何會肯定有「他我」的存在？這個問題之所以重要，是因為能解決它，才能回答另一個問題：

客觀性意謂為多數的主體所共同接受，那麼這樣的客觀性如何可能？

其他的我存在的意識來自自己的**身體經驗**。基於這種經驗，我知覺到某些「物體」出現在我面前的方式只有一個解釋可能，即它們是其他的我的身體。

因此，我活在一個同時也被其他人經驗到並與他們共有的世界裡。是以，這個世界是每個人的、相互主體的人際世界。

在晚期作品《歐洲科學的危機與超驗現象學》（1936）裡，**胡塞爾**哲學又跨入了新境，其思想環繞著**生活世界**這個概念。生活世界是

一個知覺、體驗的我在其中面對它的對象的可能經驗視域的全部。

胡塞爾認為可以在文化史裡找到一連串的「**原始基奠**」，讓一個文化共同體的意識跨入一個新的對象性。對我們而言，後果最為嚴重的原始基奠是

近代自**伽利略**以降的數學化科學與隨後產生的客觀主義態度傾向。它使得抽象數學對象所構成的世界被稱為唯一真實的世界。

由於這個世界與主觀的、活生生的生活世界不再有關聯，科學失去了有生命的內涵，造成了現代的意義危機。

被遺忘的是，客觀科學本身也是生活世界的實踐當中所產生出來的主觀性產物，也就是說，它源自主體的建構性效能。例如幾何學便產生於感官世界的理想化。

因此，客觀科學的起源與意義歸屬在於生活世界，所以也只有現象學才能解決意義危機：它才能說明生活世界如何為超驗主體性所建構。

現象學的種子在法國落在**梅洛龐蒂**（1908-61）的沃土上。他的努力方向是重新界定**自然**與**意識**在人類身上的關係。他既反對用外在的因果關係來解釋人

的「自然主義」觀點，也反對完全內在地藉由純粹意識來解釋一切的批判主義。他指出了一個

顯露自然與意識間活生生關係的「**第三向度**」。

在《行為的結構》裡，他說明為什麼人的行為既不完全是複雜的身體機制，也不能完全理解為純粹的精神活動。中間地帶應該以網羅整個實在界的**結構**與**型態**等概念來詮釋。

「結構是觀念與存在者之間切不斷的紐帶，是一種帶有偶性的安排，讓物質在我們眼前顯得有意義的便是它……」

《知覺現象學》說明我們與世界的關係如何建立在有無盡開放性的**知覺**視域之中，早於一切科學性的客觀化。所以意識無法取得一個置身事外的觀察點；它永遠是個積極涉入的意識，因為它時時需要與世界保持接觸。

在此他也強調意識與身體不可分離的關係。

我們的身體經驗一直保留著一個解消不了的**雙重意義**，因為它既不完全是物，也不完全是意識。

在晚期作品《可見與不可見》裡，**梅洛龐蒂**開始建構**一個新存有論**。主體與客體的中間地帶現在要在存有裡面發現。因而，他論及了「世界的身體」。

人類不在世界的對立面，而是它的身體的一部分，一切物的結構、意義、之所以可見，都是得自於它。

然而，存在並不向人展現其豐滿的完整性，也不會完全地透明化。**梅洛龐蒂**藉可見與不可見之間的關係來說明這個經驗的界限。

不可見不是指還沒有被看見，而是表示一個原則性的隱匿，它的理由在我們的「看」本身當中。

一個對象呈現時必然會有一個看不見的背面（一個同時在每個角度被看見的對象毋寧是怪物）；一幅畫永遠「包含」著被畫家省略的部分；瞭解一句話的背景永遠包括它說出來的與沒有說出來的。

梅洛龐蒂稱這個隱匿的無限存有為**不馴**或**野性**的存有，在我們嘗試把它框限在理性的秩序裡時，它就立即逃離。

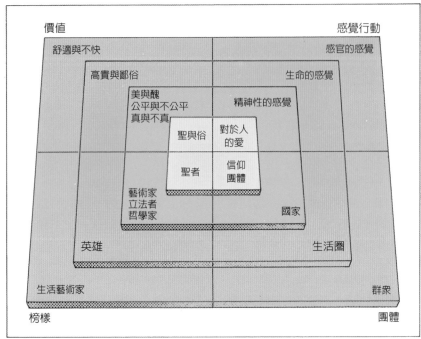

1 價值的高低

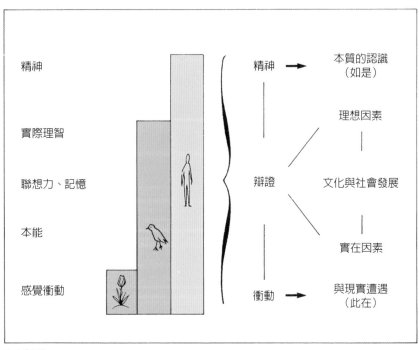

2 人類學

謝勒（1874-1928）擴大了現象學的範圍，將它應用到倫理學、文化哲學與宗教哲學上。下面這句話清楚地陳述了他對現象學的瞭解：

「現象學這個名字的首要意義是⋯⋯投注於精神性的觀照，我們因之而得以看到或經驗到原來看不到的領域：一個充滿特殊『事實』的領域⋯⋯**這種經驗來的、看出來的現象只是一個在看與經驗的行動中、在過程中存在的『有』：它只在這裡出現，只存在在這裡。」**

在《倫理學中的形式主義與實質價值倫理學》中，**謝勒**批評了**康德**的形式倫理學，同時也反向發展自己的**價值理論**的基礎。他深信

「這個銅牆鐵壁（**康德**的道德法則）擋住了哲學通往具體而真知灼見的⋯⋯道德價值理論、關於價值的高低次序以及必須由此導出的行為規準的論述，當然也因此同時阻礙了站在真知的基礎上將道德價值植入人類生活中的可能性」。

價值在人的感覺行動裡先驗地、理想性地被發現。它們並非存在於一個孤立的「價值天國」裡，而是緊密地跟作為行動中心的個人結合，但卻仍可稱為對個人有根本必然性的「**先驗情感**」。

謝勒迴避了**康德**的形式主義，因為他認為價值有具體的內容，而且必須與個人結合。但他同時也藉由主張價值有先驗的秩序而跳脫了相對主義。

價值之間有個超越歷史的**高低次序**，每個價值階梯都對應到一個特定的感覺行動、一種個性類型、一種群體型態，較高階的價值恆有優先性（圖1）。

價值在事物上呈現自己，但在質上卻不需仰賴它們。從這個角度來看，它們與顏色類似：它們也在特定對象上出現，但在質上卻與這些對象無關。

謝勒認為人的本質不在於思想或意志，而在於**愛**。

人類是有愛的存有者。

一切認識、一切價值取捨都以參與存有的能力為根本，而存有的根本又是愛。價值階梯與價值取捨構成了一個人的愛的次序。

「掌握了一個人的愛的次序，就掌握了這個人。它對於一個道德主體的意義就如水晶的分子式對於水晶一樣。」

謝勒思想的根本概念是**個體**，它是不同的**行動**（**感覺、思想、意志、愛**）的綜合體。

「個體有具體的綜合性本質，在本身中涵括了本質上截然不同的行動⋯⋯」

應加以區別的是**我**：它為身心的功能（如感官的功能）所決定。

個體有一次性，每一個對象化的嘗試都屬枉然。它只能在行動中認識自己，要瞭解別人就必須參與、擬想、重構他們的行動。

謝勒也談到總個體（國家、教會），並斷定它也有自己的意識，其表現是共同的行動。

神是一個地位特殊的個體，是作為人的個體追求的目標。神的觀念代表了最高的價值，對神的愛是最高形式的愛。

謝勒談到的神原先是基督教的上帝，後來漸以歷程性的神性觀念取而代之。

謝勒晚期的重點是哲學**人類學**。在《人在宇宙中的地位》，他建構了心理的層次關係。

第一層是**感覺衝動**，為從植物到人類的一切生物所共有。其上是**本能、聯想力、實際理智**（包括選擇能力、預期能力），最後是唯人類獨有的**精神**。

因它之故，人類解除了器官組織帶給他的限制。同時，精神也與一切生物的共同原理（即衝動）產生了對立。一切關於實界的體驗，都源自衝動與現實遭遇之際所發生的阻力經驗。

他稱透過這個阻力所經驗到的存有為**此在**。相反地，精神打開了經驗其**如是**（本質）的可能性。精神與衝動的二元性對文化與社會發展有決定性的意義，其方式是**理想因素與實在因素交併的作用**。

精神本身並沒有將它對本質的認識灌注到實在界的力量。

只有在它的觀念與實在因素（如自我保存、嗜好、社會性等驅力）結合後，它才能產生作用。

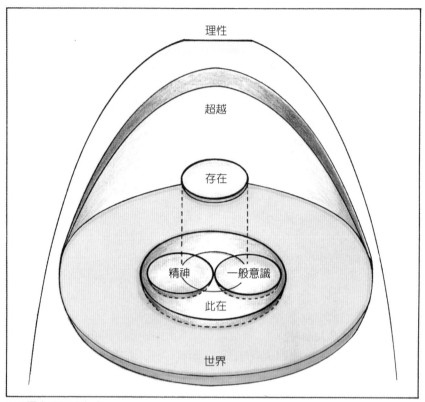

1 涵攝者的顯現方式

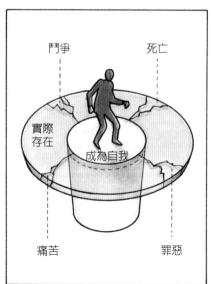

2 臨界狀態

3 超越界的密碼

在二十世紀的存在哲學家中，**雅斯培**（1883-1969）是受**齊克果**（頁163）影響最深者。他認為自己的哲學是在回應**齊克果**與**尼采**所帶來的挑戰。**雅斯培**在晚年也積極投入政治性論述。

在第一部大型作品《哲學》（1932）裡，**雅斯培**首先釐定了客觀的科學認識的界限：

> 在科學中，一切的存有都被化約成客觀存有，即化約為可以從外部探索者。

但在這個方式下，我卻無法瞭解我自己這樣的存有，因為我只能從裡面藉由明瞭我自己的可能性來認識自己。因此，**存在的照明**的任務在於

> 為每個人指出他的**自我**的根源：這是每個人必須領悟的，也是只能靠自己實現的。

一個人原來可以成為什麼，從他在經驗世界裡的**實際我**裡面還找不到答案。這是項有待一個人在自由當中完成的工作。

> **存在**等於**成為自我**；因此，對雅斯培來說，這一切在本質上造就了一個人的自我，

有別於我外在的、可替換的、受制於不是我自己定立的條件的一切。

> 「有一個存有，它並非是什麼，而是可以是、應該是什麼，因此在時間中決定自己是否有永恆性。這個存有便是我自己，是我的存在。」

作為一個實際我，一個人面臨了不是自己定立的自然、文化、歷史條件。但在這樣的處境下，他還是可以自己決定自己的本質將是什麼。

然而，由於人類通常沒有疑問地、安逸地活在外在條件的控制下，需要有個衝擊才能讓他被拋回自己的存在上。

> 這便是**臨界狀態**：死亡、鬥爭、痛苦、罪惡。

走過臨界狀態後，便會明白外在的生活條件所提供的浮面支撐有瓦解的可能，我也可能完完全全地被拋給我自己，死亡的意識尤然。它不留餘地地威脅實際的存在，也成了試金石：

> 在死亡的背景前仍保有根本意義者，有存在性的蘊涵；失去效力者，則屬於外在的實際我。

然而，沒有實際我的諸條件，一個人的存在也沒有實現的可能。用來形容該情境的語詞是

歷史性：它是實際我與存在、必然性與自由、時間與永恆的統一。

存在者也無法單獨地實現自己；它還需要他人。因此，**溝通**的意義重大。

> 一個人只能透過別人看清他自己。

存在性的溝通往來是互相在對方身上挖掘自己。

如果存在不能完全透過實際我來解釋，那麼它便需要另外一個源頭。

雅斯培認為它源自**超越界**。

> 存在可以從它那裡得到方向感，同時它也是自由的來源與可能性。

在第二本哲學名著《論真理》（1947），**雅斯培**透過**涵攝者**的理論將其思想放到一個包容性的系統裡。

> 涵攝者涵攝一切個別存有，自己卻不再被他者涵攝；它是存有本身。

涵攝者有七種出現方式，分別是：

此在是我被一個世界環繞著的生命。它是一個經驗層域，為我而在的一切都必須先進入它。

一般意識是普遍有效、客觀思想的媒體。

精神相反地參與了帶來統一性與意義的觀念。

這些方式是我自己的方式，它們面對的對象是**世界**。它是一切的一切必須在其中出現的空間。

這些內在的涵攝方式終被跨越，並為**存在**與**超越**所充滿。

> 超越界又被**雅斯培**稱為涵攝者的涵攝者、一切存有的原始根本。它只能在存在之中透過**密碼**（象徵）去經驗，此即內在界域裡的超越性語言。在解讀密碼（可包括自然、歷史、失敗等）時，內在便向著超越開放而漸趨晶瑩透明。

最後，**理性**是在所有其他方式裡作用的探尋統一性、發掘真理的力量。

對**雅斯培**而言，重要的是所有涵攝的方式都同樣原初地彼此相屬、互相滲透。就真理意涵而言，它們都各自互相依賴。

> 真理會遭到扭曲的原因，是其中有任何一個方式被孤立出來，同時其有效性也被絕對化。

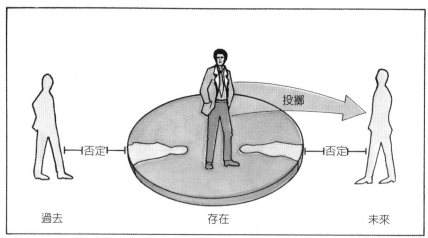

1 存在

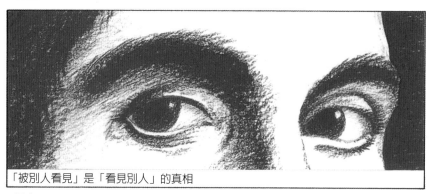

2 眼光

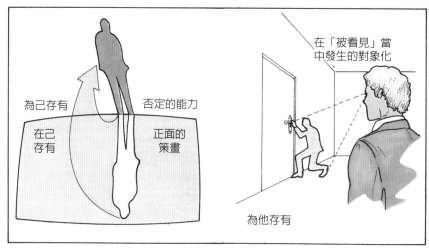

3 存在的決定

沙特（1905-80）的存在主義受到**胡塞爾**（現象學）、**海德格**、**黑格爾**的影響，最後又受到馬克思主義的影響。如同**卡謬**，他也創作劇本與小說，以致於特別在法國，**存在主義**一時之間成了「流行思潮」。

沙特的第一本代表作《存在與虛無》是一個**現象學**存有論的嘗試，因此從存有的問題出發。他區別了

> **在己存有**（作為外物獨立於意識之外的存在）與
> **為己存有**（即人類有意識的存有）。

在己存有既不能涉及自己，也不能涉及他物；它有一定的「密度」，即它是不帶有虛無間隙的正面存有；它就是實際的它。一直到有了人類的意識，才有虛無的出現。為己存有有虛無的可能性。

> 「虛無透過一種存有來到了這個世界，這種存有的存在是為了作為虛無的媒介：讓虛無得以進入這個世界的存有，必須是它自己的虛無。」

這是對人類的**存在**的解釋。它本身帶著自己的否定，也就是說，它是矛盾的：

> 這個存有者「是它的不是，不是它本身的是」。

這表示人這樣的存有不得不越過它的現在，將自己投擲到未來；它的本質便是它的可能性。因為這種**投擲**性，它每一刻都是越過自己的存在。

> 它是他還不是的存在者。

人也不能被化約為他的事實性。

> 他不僅僅是他目前的存在者；真正有決定性的是，他把自己變成什麼。

存在的基本性格因此是**自由**，因為他不得不實現自己，即成為自己；他被「判決」為自由的存在者。

> 自由便是以「投擲」來讓虛無沁入「在己」本身。

自由並不會被事實排除（例如物、他人、身體所帶來的阻力），因為先有了自由以後，它才能成為界線；它只能在具體的生命設計裡扮演一個限制的角色。

由於對**沙特**而言，一個預先決定人類本質的上帝並不存在，人類必須在存在中決定他自己是什麼：

> 「在此，存在先於本質的意義何在呢？它意謂一個人必須先存在、遇見自己、在世界中出現，然後才定義自己。」

人類被拋入對自己的完全責任中，但他也擁有選擇對自己**不忠實**的可能性。在這種情況下，事實性與自由間的交互纏繞被另作解釋、處理：

> 一個人可以避開對自己的存在的責任。

與他人的關係的研究也占有重要地位。沙特藉由對**眼光**（不限於肉眼所見）的分析來揭露為他存有的結構。被看見意謂個人的存有每每包含著別人的在場。

> 作為純粹為己存有的個人在眼前的工作中渾然忘我，在他的意識中，他並沒有定立自己為在工作著的那個本然的他。

在被別人看見時，他卻凝固成一個對象；他成了別人下判斷的目標。沙特以「竊聽者」為例來說明。

> 他因為被他的好奇俘虜，完全融入了他的行動裡，沒有產生任何我的意識。在這時，他被另一個人逮個正著（看見）：在這個片刻他被下了論斷，成了一個定型的我：一個嫉妒的竊聽者。

一個人要認識自己，就需要別人。這裡面所包含的受別人擺布的事實只有一個克服之道，那就是一個人應有意識地策畫自己的可能性。

> 他經驗自己的方式是不做一個別人。

在《辯證理性批判》，沙特將觀察範圍擴大到社會，以結合**存在主義與馬克思主義**為目標。在經濟條件的矛盾與個人的異化的角度下，馬克思主義的歷史詮釋所處理的歷史性與社會性實在便是存在的策畫實現的空間。**沙特**遂追求一個個人的自由與社會的物質、經濟制約性之間的辯證性媒介，其任務是

> 「創造一個理解式的認識，在社會性的環境中尋回個人，同時不斷地追問他的實踐亦即投擲，該實踐讓人因為某種情境而牴觸某種社會的可能性」。

沙特對馬克思主義的批評，是它將個人置於先驗的歷史構想的總體目標下。因此，存在主義必須被帶到馬克思主義裡，以便突破它的教條。

1 卡謬：荒謬的人與反叛的人

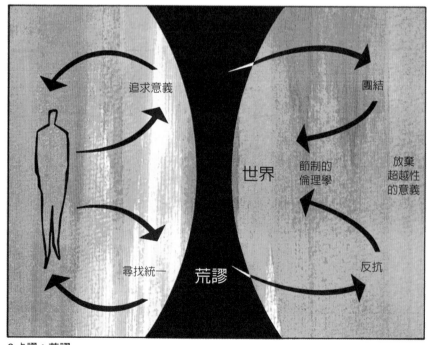

2 卡謬：荒謬

「意象思考」這四個字可充分形容**卡謬**（1913-60）作品的性格。

他並未留下系統性的哲學論述，而是哲學性、文學性與政治性的隨筆、短篇小說、戲劇與日記，藉此開展他的思想。

《薛西弗斯的神話》的主題是我與世界不可跨越的鴻溝表現出來的**荒謬**經驗。荒謬感可能會突然來襲；在日常生活的安適布景被撤走，一個人與陌生而充滿敵意的世界直接面對面之時。

「異鄉的感覺俘虜了我：我知覺到世界的『密度』，明白了一個石頭對我而言有如何陌生、看不透，或者自然與風景多麼強烈地否定了我……世界脫離了我的掌握：它又回到了它自己。」

然而，人類在內在無止無盡地渴望著那個失去的合一感與充實感。人類追求統一性、明白、意義，世界則不斷否認它們。這個斷層便是荒謬。

「荒謬的來源在於這樣一個對抗：人不斷地問，世界不斷非理性地沉默著。」

荒謬必須被視為第一個已知、第一個前提。順著它的結果，一切形上學的意義、追求都會被放棄，人類會被要求

在以人為尺度的世界中定居下來，不對彼岸抱持幻想，而是竭盡現有可以利用的一切。

人類的命運是在一個沒有意義、也沒有上帝的世界裡接受痛苦。

荒謬的英雄因此是**薛西弗斯**。

諸神為了懲罰他的不敬與高昂的生命意志，讓他背負一項永遠完成不了且沒有意義的使命。但在薛西弗斯意識覺醒了以後，再回到大石頭那裡繼續承擔他的折磨時，他已比他的命運更加優越。

「沒有任何命運不可用鄙視來予以克服……他把命運人性化，變成了人跟人之間的事務。」

由於在人與世界之外不會有荒謬的存在，因此有個價值是荒謬無法否定的，否則它必須同時也解消掉自己，那便是**生命本身**。

一個人最根本的處世態度因此是**反抗荒謬**。為了保有自己的自我認同，

一個人必須無條件地牢牢抓住要求統一性與意義的權利，即使他知道這是不可能兌現的。

《反叛者》的主題是人類對其存在條件的反抗。一個人在認識到自己不是唯一背負著命運的人後，便跟其他受苦的人產生了認同感。因此，每個反叛的基礎都是**團結**。如果一個人在反叛過程裡犧牲了自己，那麼就是為了意義超過他自己命運的善（自由、正義）。

在此，象徵性的人物是**普羅米修斯**：他從諸神那裡偷來了知識，帶給受苦的人類。

偏差的反叛形式之所以在歷史中出現，是因為它否認其根源是荒謬與團結，以致於為了一個所謂的絕對終極目標而犧牲他人，最後的結局是虛無主義與對人類的藐視。

如果一個導引著生命的預定終極意義根本不可能找到，那麼這表示

人類應該在他自己的可能性的範圍裡尋找度量的**尺度**。

卡謬認為這樣的道路可以在「**地中海思想**」裡看到，其具體表現是地中海的風景及在該處產生的希臘思想。這個風景呈現了光與影、陽光與海等對立物象的平衡。**卡謬**再次引申了希臘神話：

「看守的**涅美西斯**是節制女神，不是復仇女神。一切越過界限的人將會受到她的嚴厲懲罰。」

馬賽爾（1889-1973）在存在哲學中陳述一個基督教的立場。在《是與有》，**馬賽爾**對照了兩種基本態度。在「有」的方式裡，我們看到了對世界、他人、自己的物化與占有，這相當於抽象、客觀化的思想。循著這個途徑，一個人無法掌握自己的存有學特性。

他在最初不是活在隔絕的界限裡，而是活在對他人、對上帝的存有的**參與**裡。

這種參與他可以在一個內在的、凝神在存有之上的「靜觀」中感受到。存有的參與在**愛**中可以實現，因為它毫無保留地對別人開放自己，還指向作為「絕對的你」的上帝。

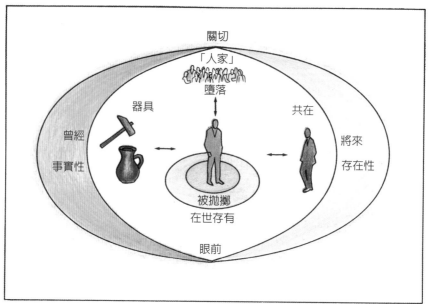

1 此在

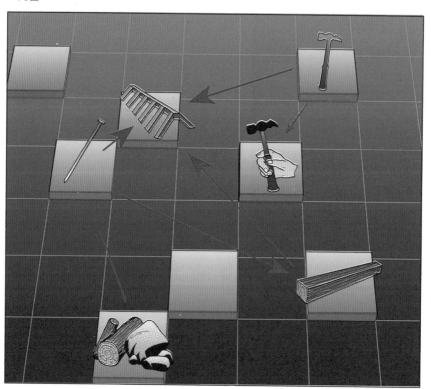

2「器具」的指涉網絡

海德格（1889-1976）是二十世紀最重要的思想家之一，影響力擴及神學、心理學與文學研究。

其特徵是隨字義的新解而產生的特殊語言風格。代表作《存有與時間》（1927）嘗試重新提出「存有的意義」的問題，並以此展現了建立**基礎存有學**的企圖。此際，他的出發點是**人**。他為人賦予了**此在**的概念，因為在它與存有發生關聯時，對存有的理解始終是人之所以為人的特點。

> 「此在是能理解存有的存有者；它是可能性的存有，在這樣的存有裡以自己的存有、以這一個存有為標的……此在可以與它自己的存有本身建立這樣或那樣的關係，而且始終保持著切不斷的關係。這個存有我們稱為存在。」

存在（此在的存有）必須由每個此在本身在選擇它自己的可能性之一時重新決定，而且它永遠可以得到或失去自己，也就是說，

> 當它實現了自己時，它便是在**本來的**存有方式下存在；或者，它也可在做選擇時因循成規，此刻它便是在**非本來的**方式下存在。

由於此在是它自己的可能性，不斷由它的可能性決定自己，因此要瞭解此在，就必須從它的存在著手，無法從一個既定的普遍本質推演。此在的存有性格不能（像此在以外的存有物一樣）藉由範疇來掌握，只能藉**存在分析項**來詮釋。

此在的基本樣態是「**在世存有**」，它的內涵是「熟稔於……；習慣於……；與……有涉」，被收攝在「憂慮」這個分析項裡。在此，對世界的熟悉方式決定於與被**海德格**稱為「器具」的存有物的互動。

> 器具的性格來自它的「即手性」，即它已經準備好，等著被使用（如工具）。

每個器具都在一個構成世界的指涉網裡，這一點在利用它時就會被揭露出來，同時開放了世界的「如何」這個面向。（圖2）

此在本身就一直是「**共在**」，這也是它能與其他此在遭遇的條件。此在與他者的關係稱為「**顧慮**」（不可在社會倫理的意義下瞭解）。

通常，此在的存在模式不是它自我的本來，而是「**墮落在匿名的『人家』裡**」，讓人家來頂替它的存在，因為它透過「人家」的作為來理解自己，也就是活在平庸又日常的生活中。

將世界、共在與存在原初地披露給此在的是它的「**境態**」。它反映在「心情」中，從這裡可以知道一個人的現況如何（喜樂、悲傷、無聊、恐懼）。

在此，此在經驗到了自己的「**被拋擲到世界中**」，這是其事實性，讓它明白它必須掌握自己的此在，儘管它對自己深不可測的「哪裡來」一無所知。

此在的第二個基本存在樣態是**理解**。它涉及可能性，因為它本身有「策畫」的性格。在理解中，此在自己的可能性及世界的關聯網都被照明。最後，言談是「在世存有的境態理解意義上的梳理」。

此在的基本結構是「**關切**」，它綜合了

> 存在性（存有之可能性）、事實性（被拋擲）、墮落（「人家」）。

此在的存在意謂面向著本來的可能性策畫自己。它每每早已是被拋擲到它的世界裡，它的可能性也因此有了實際的界線。

> 較常見的是墮落在人家的凡庸裡的模式，此在必須從這裡破繭而出，才能回到它的本來。

在恐懼中，**海德格**發現了最根本的境態：它把此在帶到它自己與最內在的可能性面前。

> 恐懼的「對象」（與害怕不同）不是世界裡的特定事物，而是在世存有本身。

它讓此在被拋擲回自己身上，把它從人家的掌控中解放出來，因此得到了面對自己可能性的自由。

在恐懼中，此在經驗到自己是「**走向死亡的存有**」，它的有限性與虛無性於是被展現在面前。「趨前」步向這個最終極的可能性時，

> 此在在人家當中遺失自己的事實便表露無遺（因為鑑於死亡，別人無法再提供任何支撐），

這引導它成為自己，促使它整體地瞭解自己（包括其走向死亡的存有）。讓此在知道它有本來的可能性的，是**良知的呼喚**。

> 良知的呼喚沒有特定的內容，而是把此在帶到它的存有可能的面前。

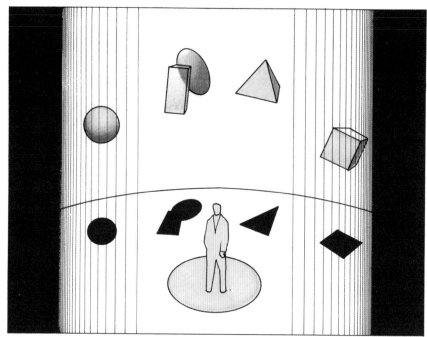

1 存有的光照

2 現代科技的驅迫與矯形

此在的結構性整體的詮解最後歸結到一個問題，即此在關切裡的統一性為何可能？**海德格**的答案是**時間性**。趨前的決斷性讓此在得以策畫自己的可能性，它能成立的原因是**將來**。因為有將來，此在才能回到它自己。只有在

此在「如它的所如」接掌自己，也就是如它的「曾經」，它才能在將來「回」到它自己。

而且，它只能在**目前的存有**開放它的環境、投入它的行動。時間性作為「目前曾經的未來」是整體性的「存有可能」的基礎，也是「關切」的最終意義。在「本來」的模式中，此在的時間結構是

趨前（將來）、**當下**（眼前）、**重複**（曾經）。

海德格的思想大約在 1930 年出現轉變，他自己稱之為**迴向**。在《存有與時間》，他還嘗試以此在自己對存有的理解作為解答存有的意義的出發點，現在反過來是存有本身讓存有的理解成為可能，而且是透過它顯露自己的方式。「是存有將人『拋擲』到存有的真理中。在這個拋擲的存在裡，他成了存有的真理的守護者，藉此讓存有物在存有的光照下真實地顯現。存有物顯現與否、如何顯現，最高神與諸神、歷史或自然是否進入存有的光照中，以及它們出現或隱藏自己，都不是由人決定。存有者的來臨依循的是存有的命運。對人而言，剩下來的問題是他能否發現宜稱自己的本質，能否與這個命運相應。」

人類的**存在**等於是**跨出自己**，現在意謂置身在存有的**光照**中。光照在此意思類如林間的際地，是「去除遮蔽，使變輕、變空曠」。

存有與人的關係是存有自己促成的；它將此在匯集起來，成為光照的「地帶與場所」。

存有本身便是光照，在它的範圍裡顯現（被照亮）在此在眼前的是**存有物**。

存有物顯現的方式隨著存有的歷史變化。

海德格將存有物的真理瞭解成**無隱**。

「只有這個光照可以替人類打通、確保通往存有物的路徑……完全是因為這個光照，存有物才能

在某種或高或低的程度上成為無隱的現象。」

有無隱就有隱蔽，它讓存有物的全體匿跡。存有物撤退自己，拒絕進入光照（認識的界限），成了扭曲的現象，存有物遮蔽了存有物（錯誤、假象）。人類傾向停佇於表面上較旎近的存有物，因此忘記了最旎近但卻隱匿自己的存有。跨出自己的存在應該把自己託付給存有，把自己開放給無隱的光照。

存有的真理是正在發生的光照，一切存有物都沐浴在它之中。

語言打開通往存有的途徑，因為自我顯照的存有發生「在語言的道上」。在此，語言不是人類自己發明的產物，而是人本來就置身在語言中。人類所說的話發自語言，不是語言因人類而有。「語言是存有的房屋，『人跨出自己而存在』意謂住在這裡面、守護他身屬其中的存有的真理。」

人類因此應該傾聽語言向他透露的訊息，這便是「說」的意義：它應該瞭解成「顯示、使其出現」。

存有出現在語言裡，這種顯現最明晰的方式在於**詩**的原初話語。

關於當代的「存有命定」問題，**海德格**在**科技**本質的研究裡尋找答案。

科技是存有彰顯自己的一種被歷史決定的方式。人在此並沒有操控能力，也因此無法逃離科技的影響。在現代科技裡，存有物顯現的方式是

「**築架**」，意思是阻擋、驅迫、矯形，可以是針對其他的人，也可以是針對自然（德文中的「製造」、「職員」等語詞裡都有 stellen 這個字，即放置、捕捉、安排）。

被築架的存有物出現為「**存量**」，成了在科技不可預見的作用與計畫下隨時可供利用的資源。

它的危險是人可能從成果的角度來看待一切的存有物（包括他自己），將它們僅僅視為供製造與利用的材料。他的身邊

只剩築架取向的存有物，因而遺忘了存有的旎近與其他的顯現方式。

必須等到人類看見這個危險而從存有的遺忘中甦醒時，這個存有世代才會結束。

符號	關聯方式	實例	謹作
& ∧ ·	連詞	P & Q P ∧ Q P · Q	P 與 Q
∨	選言	P ∨ Q	P 或 Q
⊃ →	條件	P ⊃ Q P → Q	P 包含 Q， 若 P 則 Q
↔ ≡	雙條件	P ↔ Q P ≡ Q	若 Q 則僅 P P 若且唯若 Q
¬ − ∼	否定	¬ P − P ∼ P	非 P

命題邏輯（或關聯邏輯）

符號	稱呼	表示
F, G, H	述詞常項	述詞表述（「……是大的」）
a, b, c	個體常項	個體名稱
x, y, z	個體變項	個體名稱代號
∀	全稱量詞	「對於一切……」／「對於每一個……」 「(∀x)Fx」= 對於一切或 x 而言，F 用來指謂 x 為真
∃	存在量詞	「對於某些……」或「有一個……」 「(∃x)Gx」= 對於某些 x 而言，G 來指謂 x 為真
λ	集合算詞	……的集合
ε	繫詞	是……的元素，有……特性

述詞邏輯（或量詞邏輯）

1 現代邏輯重要的符號與概念

肯定前件假言推理

P → Q
P
∴ Q

P	Q	[(P→Q)	&	P]	→	Q
T	T	T	T	T	T	T
F	T	T	F	F	T	T
T	F	F	F	T	T	F
F	F	T	F	F	T	F
		(1)	(2)	(1)	(3)	(2)

肯定前件假言推理的真值表

假言三段論

P → Q
Q → R
∴ P → R

P	Q	R	[(P→Q)	&	(Q→R)]	→	(P→R)
T	T	T	T	T	T	T	T
T	T	F	T	F	F	T	F
T	F	T	F	F	T	T	T
F	T	T	T	T	T	T	T
F	F	T	T	T	T	T	T
T	F	F	F	F	T	T	F
F	T	F	T	F	F	T	T
F	F	F	T	T	T	T	T
			(1)	(2)	(1)	(3)	(2)

否定條件假言推理

P → Q
∼ Q
∴ ∼ P

選言三段論

P ∨ Q
∼ P
∴ Q

重要的三段論

假言三段論的真值表

2 三段論與真值表

二十世紀的現代邏輯通常稱為**數理**或**符號邏輯**，因為它盡可能地使用**符號**來推演。現代邏輯的建立者之一是**弗列格**（頁 219），他的《概念記法》與《算術基礎》深遠地改變了邏輯學。透過量化的手法與述詞運算的引進，他廣泛地將邏輯符號化。

其他代表人物為：

培亞諾（1852-1932）證明數學性的命題不是以直覺接受，而是從前提衍導衍而來。（關於羅素見頁 221）

布魯衛（1881-1966）主張直觀主義的數學概念。

維根斯坦建構真值表，追隨者有**蘭姆西、卡納普、哥德爾、羅文漢、斯科倫、埃爾布朗**與**蒯因**。

現代邏輯最重要的特點是**形式化**：它提供的是符號、連結符號的規則與有效的推理規則。

目標是建立形式化的推理與詮釋首尾一貫的理論，它的成果主要應用在數學與科技，特別是電子與電腦技術。

現代邏輯有兩種運算方式：

關聯邏輯學是命題式的運算，它是變項所構成的系統以及關於命題的連結的系統；**量詞邏輯學**是由獨立變項與/或常數再加上作為某些變項與常數的參數的量詞所構成的系統。

邏輯**運算**的要素是：

· **函項**，相當於數學上的運算符號如 +、-、=。這樣的符號稱為單一或多數變項的**函項**，因為這個符號的值在變項取了一個特定的值時被確定下來。

· **常項**（p、q、F、G、H……）在運算中出現。作為符號，常項代表一個特定事物的名字，如個別的對象物、一個性質、一個關係或一個命題。

· **變項**（x、y、z）不是特定事物的名字，而是指涉某個集合的一個不定的名字。

· **關聯**與一個或數個常項一起使用，構成一個新的常項或形式，如 →（若……則……）、←→（若且唯若）、v（或）、~（非）。

語構是語言符號之間的關係的規定。某個在特定邏輯系統裡的述句是否正確依此而決定。

如若 x 與 y 符合該條件，則 x.y 亦然，等等。

一個述句在它的符號都有了特定的意義後，就能算是已得到詮釋。

命題邏輯跟傳統上以種類為對象的邏輯不同，只處理語句與命題。

複合語句（如 (p.q)：「現在出太陽，而且下雨」）由基本語句構成（p：「現在出太陽」）。

在**語意理論**，命題與它們的連結被賦予了真理值：T 代表真，F 代表假。

真值函項是賦予一個命題 T 或 F 值的函項。針對真值函項的連結，**維根斯坦**創製了一個真值表（圖 2 與頁 214）。

命題邏輯的一個基本概念是**恆真句**。它是永遠為真的複合命題。如「a 或 ~a」是一個恆真句，因為當 a 為真時，整個命題就是真的，如果 a 為假，則 ~a 為真，因而整個命題也還是真的。

幾個重要的恆真句（即邏輯上為真的句子）是：

· 離斷式（肯定前件假言推理）：(p & (p→q))→q
· 否定後件假言推理：(~q & (p→q))→~p
· 假言三段論：(p→q) & (q→r))→(p→r)
· 歸謬證法：(p→(q & ~q))→~p
· 雙重否定法則：p←→~~p

在自然語言中，主詞後會尾隨一個述詞說明它的特性，如：「亞里斯多德是有智慧的。」

述詞邏輯藉由符號的應用來精確地分析這樣的語句。述詞運算的功能在於排除邏輯上的不確定性。它運用了命題運算，最重要的工具是稱為「量詞」的函項。

述詞運算的構成包含：

· **專屬名**：a、b、c 等。
· **特徵常項**：如 F、G、H。
· **個體變項**：x、y 等。

它們不表示特定的對象，只是代號。例如若 F 代表「有智慧」，就可以寫作 Fx，意即「x 是有智慧的」。「亞里斯多德是有智慧的」就是 Fa。

· 命題 p、q、r 與命題運算同。

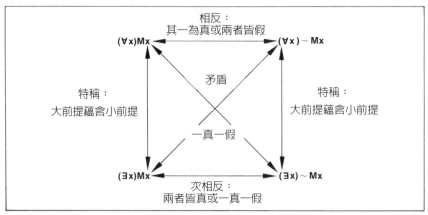

相反：
其一為真或兩者皆假

(∀x)Mx ←——————————————→ (∀x)～Mx

矛盾

特稱：   特稱：
大前提蘊含小前提   大前提蘊含小前提

一真一假

(∃x)Mx ←——————————————→ (∃x)～Mx

次相反：
兩者皆真或一真一假

1「邏輯方塊」

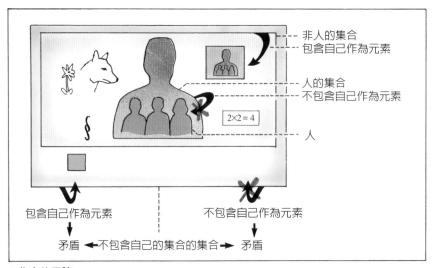

非人的集合
包含自己作為元素

人的集合
不包含自己作為元素

2×2 = 4

人

包含自己作為元素   不包含自己作為元素

矛盾 ←不包含自己的集合的集合→ 矛盾

2 集合的弔詭

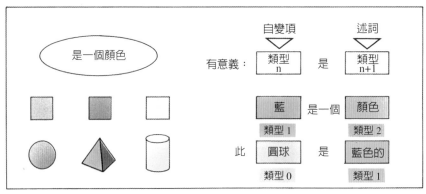

是一個顏色

自變項   述詞

有意義： 類型 n   是   類型 n+1

藍 是一個 顏色
類型 1   類型 2

此   圓球   是   藍色的
類型 0   類型 1

3 類型理論釋例

此外必須加上**量詞**。全稱量詞（∀）表示的是：
「對所有的 x 而言……」或「對每個 x 而言……」。
(∀x) (Mx→ Sx) 意謂：「對每個 x 而言，如果它是
人，它就必然有死。」
存在量詞（∃）涉及的是單獨個體，表示「（至少）
有一個 x……」。例如「亞里斯多德是有智慧的」便
是 (∃x) (x = a.Fx)：「有一個 x，它是亞里斯多德，
同時它是有智慧的。」
存在量詞與全稱量詞之間的關係可以用一個邏輯方
塊（圖1）來表示。
　在此預設了至少一個個體。
述詞邏輯的優點之一是它可以充分地掌握**關係**。
　a 與 b 的雙邊關係寫作 aRb。
a 稱為前件，b 稱為後件，a 與 b 的集合分別稱為前
領域與後領域，兩者共同形成 R 的範圍。
R 可以是**自我指涉**的（aRa），這時，一個對象關聯
到它自己。在**對稱關係**裡，aRb 與 bRa 同時成立。
「某人是某人的配偶」是**對稱關係**，「某人是某人
的太太」則是不對稱關係（因為反過來不能成
立）。
若 aRb、bRc 與 aRc 成立，亦即 a、b、c 同屬一個
範圍，則有**傳遞關係**。如「大於」或「小於」：若
a＞b，且 b＞c，則 a＞c。
「……的父親」的**反轉**是「……的兒子」。

同一性是一種特別的關係：「aIb」或「a＝b」。
弗列格將同一性詮釋為對象的名稱或符號間的關
係。有認知意義的同一性關係的命題如下：
　「晨星與昏星是同一顆星。」（a＝b）它比自我同
　一（a＝a）有更積極的內容。
一個難題是「無法區別者之同一性」。這個**萊布尼
茲**發明的術語意謂，若兩物所有的特性皆相同，它
們就是同一者：(∀F) (Fa ⟷ Fb)→a＝b。
蒯因比較偏好「同一者之無法區別性」這個陳述：
　「若兩個對象是同一的，便屬於同一個集合。」

二階邏輯處理第二階的述詞及其**類型**，以及**集合**與

集合的集合。
羅素與**懷德海**的「**類型理論**」嘗試解決因述詞與
集合的不同階層所產生的問題，例如集合論的悖
論。（圖2）
在此，每個變項都冠上了一個號碼，代表它的類
型。若「a 是 b 的元素」的表述是正確的，那麼 a
的類型號碼必須低於 b 的類型號碼。例如最低的類
型由個體構成，高一階的類型由個體的特性構成，
接下來的每一個類型都是由特性的特性構成。
在「分支類型論」裡，每個變項也都有自己的階
層，同時也引進了專為變項階層使用的規則。

現代邏輯的另一個分支是**組合邏輯**：它研究的是與
變項有關聯的特定過程，如替換。
它的目標是簡化數理邏輯最後的基礎，排除悖論。
它的算術包含的數位函數有一部分是可以還原、替
代的。它的可能應用範圍是高階的邏輯運算、資訊
理論與語言學。

模態邏輯在探討命題關聯時，將其情態列入考
慮，即必然性（N）、可能性（M）與不可能性
（~M）。
模態邏輯的運作基本上是外延的。就內含而言，它
建立在嚴格的蘊涵關係上：Np＝~M~p。
一般而言，邏輯在內含上討論的是一個概念的特徵
（內容），外延則界定包含在它下面的對象物。

在「**多值邏輯**」，命題不只有真假兩個真理值，例
如可以再加上**路卡西維茲**引進的「不確定」。它還
用到了「n 值命題運算」，其真理值的數量不限。

規範邏輯從邏輯的角度分析規範性的命題，它的
「義務」、「禁止」、「允許」等概念可以與模態邏
輯的可能性與必然性等類比。在此被形式化的原則
如：沒有一件事物可以同時是禁止的，又是義務。
這個邏輯與倫理學本身的差別，在於它並不討論義
務等道德概念的**內容**。

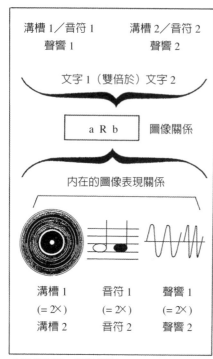

1 圖像理論：圖像關係

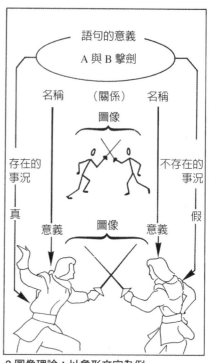

2 圖像理論：以象形文字為例

一個語句（p）

　　　　是
　　　　┌ t 真
p ─┤ 或
　　　　└ f 假

兩個語句，p 與 q
（結合的可能性）

p	q	
t	t	（兩者皆真）
f	t	（p假，q真）
t	f	（p真，q假）
f	f	（兩者皆假）

真值列

p	t	f	t	f	結合的可能性：
q	t	t	f	f	
	f	t	t	t	（1）非兩者皆真
	t	t	t	f	（2）p 或 q 為真
	f	t	t	f	（3）p 或 q 為真，但非兩者同值
	t	t	t	t	（4）恆真句
	f	f	f	f	（5）矛盾句

3 真值表

維根斯坦（1889-1951）在二十世紀哲學中相當特殊，因為他「建構了兩種不同的哲學，而且第二種不能看作第一種的延續」（斯太格繆勒）。

前者在維根斯坦唯一自己付梓的完整作品《邏輯哲學論叢》(1919) 裡表陳，後者在死後出版的《哲學探討》(1953) 裡呈現。實際上，這位哲學家的生命中的確發生過一個「斷裂」（大約 1919-26），我們可以合理地把它劃分成兩個部分。兩個頗具影響力的哲學流派以他為宗：

帶有英國性格的分析哲學與（日常）語言哲學。

他的語言簡易，看不到常見的術語，但他使用圖像、世界、實體、倫理學等概念的方式頗為獨特。

在《邏輯哲學論叢》，他從工程人員而非數學家的角度觀察哲學。他把哲學分解為邏輯與玄密兩個部分，再將有編號的陳述像零件般組合。其中具綱要性質的命題是全書的骨架。小數點後的句子通常是七個核心命題的詮釋，但經常比它們更為重要。

如命題 1 是：「世界是實際發生的一切。」後面緊跟著說明的述句：「1.1 世界是事實的總體，不是物品的總體。」以及：「1.11 世界為事實所決定，也因為它是全部的事實而被決定。」等等。

《邏輯哲學論叢》有一部分是以羅素（頁 221）的語言分析為基礎。他把它擴充成一個圖像理論：

世界由物及物與物聚合的「像狀」（即事態）構成。

物構成世界的「實體」，因而是簡單、不變、獨立於事態之外的。在事態中，物與物被關係綑綁在一起。這些關係形成世界的邏輯架構，因而也是為語言與世界所共有。

「唱片、樂思、樂譜、聲波之間有一種內在的圖像關係，就如同語言與世界之間的關係。這一切當中的共同點是邏輯構造。」

事態的普遍形式是「aRb」，即「a 與 b 間有關係」。即使就基本命題的形式而言也是如此，雖然在此被呈現的是一個簡單的事態。一個基本命題由一組名字構成，它們的意義是對象物與它們的聚合。

「為瞭解命題的本質，我們可以參照作為事態圖像的象形文字。」（圖 2）

句子之所以有意義，是因為它表述了事態的存在或不存在。

基本命題被組合後所構成的新句子的真理值，取決於基本命題本身的真理值（真理值理論）。

如果「在一個命題中試驗性地組合起來」的事態存在，這個命題就為真。

維根斯坦表列了可能的組合（圖 3）。在此出現的兩個極端是在任何情況下皆為真的恆真句與在任何情況下皆為假的矛盾句。「例如倘若我只知道現在有雨或無雨，那麼我對現在的天氣還是一無所知。」這是維根斯坦所舉的恆真句實例。與此相對的矛盾句是：「現在有雨且無雨。」在有雨或無雨這兩種情況下，這句話都是錯的。有意義的言說的範圍在這兩個極端之間：

即自然科學中關於經驗性事態的命題。

（相反地，邏輯本身是由恆真句構成。）如此一來，「不可思想的東西便從內部由可思想的東西限定了範圍」。

在該界線外便是玄密：我、上帝、世界的意義等。這顯示了，「例如，看到生命的問題的解答，意謂看到這個問題的消失」。

對於倫理學、宗教、藝術等（真正重要的）領域來說，《邏輯哲學論叢》的結語也是共同的結論：

「即使一切可能的科學問題都已獲得解答，我們的人生問題仍是原封不動……對於我們不可說的東西，我們應該緘默。」

與「維也納學圈」與它所網羅的邏輯經驗論者的宗旨大相逕庭的是，他的目標不在形上學的批判，而是倫理學上的蘊涵。1919 年，他在一封信中寫道：

「……這本書的意義是倫理學上的……我想表達的是，我的作品有兩個部分：一部分是我所寫出來的，一部分是我沒寫出來的，而第二部分正好是最重要的。也就是說，我這本書從裡面限定了倫理學的範圍。」

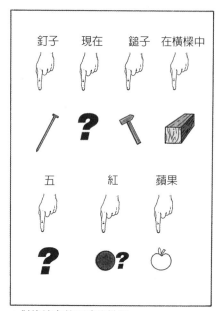

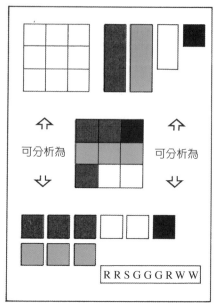

1 對傳統意義理論的批判

2 對分析的批判

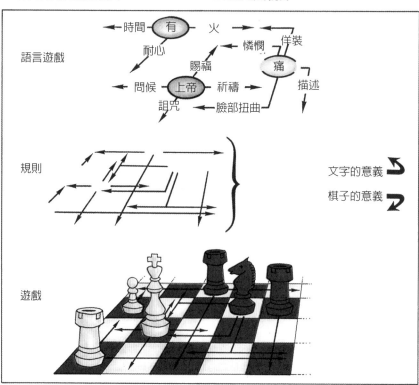

3 文字的意義是在語言遊戲中的用法

維根斯坦在 1945 年以較為晚期觀點表示自己在《邏輯哲學論叢》裡「犯了嚴重的錯誤」，致使他必須「抵死不留餘地」地拋棄從前的主張。《哲學探討》比《邏輯哲學論叢》易讀，但他提出表面上看似天真無害的問題的方式還是令人困惑。例如：

> 「但是，一個模糊的概念究竟是不是概念呢？一張失焦的照片還算是一個人的相片嗎？」

《哲學探討》提供了一個靈活的語言理論，它的最高潮是這句陳述：

> 「整個哲學的雲朵可凝縮成一小滴的語言學說。」

維根斯坦批判的對象包括語言圖像理論。一個詞並非永遠可以理解成一個對象的代表。

試想一個語言遊戲：一個人命令另一人取來木板。「木板」這個詞與木板本身的關係還可以用指來呈現，但其他字詞（「現在」、「五個」）則否。

維根斯坦用來取而代之的論點，是一個詞的意義指的是它在一個語言中如何使用。

此外，邏輯原子論也難以貫徹。藉由分析，我們無法得到最終的基本命題：一把掃帚分析到最後得到的是柄和刷，一個柄分析到最後是分子或原子等。分析的角度為何也不甚明確：一個棋盤可以分析成各有三十二個黑白格子或黑色、白色與線條格子。

精確性的理想與相應的理想語言的要求被維根斯坦相對化了：「如果我告訴一個人：『請大約停留在這裡！』這個說法難道會沒有用處嗎？其他的每一種說法不是也都可能有差錯嗎？」

維根斯坦現在藉由語言遊戲來詮釋語言：

> 「語言遊戲」這個詞在此要強調的是，說話是一個行動或生活方式的一部分。「想像一下語言遊戲……是如何多彩多姿：描寫一個觀察或測量過的對象；藉助一個描述來製造一個對象；報告一場事件的經過；……從一語言翻譯到另一語言；請求、感謝、詛咒、問候、祈禱。」

如同西洋棋裡的棋子，語言裡的文字也受到規則規範。

> 「一個字究竟是什麼？」這個問題因此可以與西洋棋的棋子是什麼的問題類比。要回答這兩個問題都必須預設一個約定俗成的規則系統。

這些文法規則也不可能是私人的：

> 一個規則只遵循一次是不可能的。

此外，關於個人內在過程的語詞（如痛苦）也非內在「對象」的名字。只有在非語言性表現與說話者行為、周邊環境所構成的脈絡裡，它們才有意義。

維根斯坦藉由一個被封鎖的盒子的比喻來說明：

> 因為它的內容我們無從得知，它也不具重要性。

而私人感受由於無法成為語言遊戲的一部分，它的名稱因此也沒有意義。

> 基於同樣的理由，讓一個演員扮演一個百分之百地壓抑自己感受的人也是荒謬的。

語言的運作在很大程度上藉助於類比、相似性或「家族關係」。

> 如我們用「遊戲」這個詞涵括的所有可能範圍中也有遠近不同的家族關係。

而在不同的語言遊戲中也只能找到相似性。語言本質是什麼的問題被解消了，剩下來的是語言遊戲家族關係的描述。

在身後遺留的著作如《褐皮書》、《藍皮書》與《關於確定性》裡，維根斯坦一再重塑的主張是哲學家應「將問題看作疾病」。哲學是「與我們的語言為理智帶來的蠱惑作戰」，它的目標是「幫蒼蠅找到離開玻璃窗的出路」。

他把哲學的成果界定為「揭穿一個無稽之談」，同時「理智每每在衝出語言的界線之際撞了一頭包」。

世界被語言貫穿，它的界線可以邏輯地釐定；不可說的東西、「祕密」至多只能被指認出來。在此，哲學也不是一個學說，而是一個活動：

> 指認是一種生活性的事件。

維根斯坦哲學的一個特性是全面性的工具化。它只幫助我們理清自己的立場，本身永遠不該被視為目的：

> 一架梯子只是用來往上爬；一旦我們爬到上面便已不需要它。

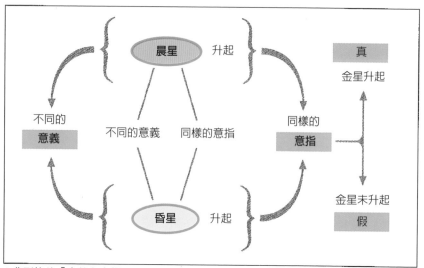

1 弗列格的「意義與意指」

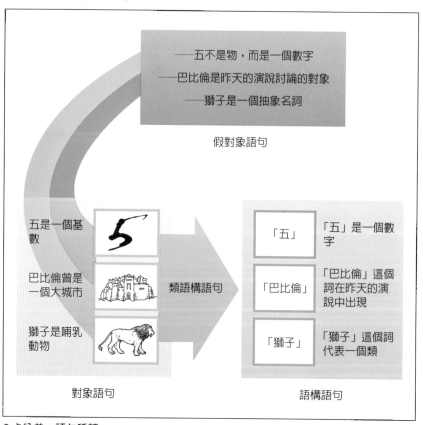

2 卡納普：語句種類

分析哲學的特色，在於它回答（或拒絕回答）問題的方式是澄清用來陳述問題的語言。為此，它將複雜的表述分解成較簡單、基本的單位（分析），並探討概念與命題的意義及使用的脈絡。這樣的分析旨在看出一個論證的基礎，以利於斷定其有效性。它的領域是語言哲學；它對其他學門（倫理學、宗教哲學、存有論）的意義在於評斷它們所使用的語彙與範疇，排除在語言的基礎上所產生的誤解。

如它被應用在倫理學上（所謂的**後設倫理學**）後並沒有促成新的內容形式的建立，而是引發關於倫理學規範的功能與效力範圍的問題。

分析的作用不在於系統的建構或理論的完成，而是作為一個為哲學理論清除語言糾葛的工具：

「哲學思考……不是要增加……我們的知識，而是調校知識的邏輯地圖。」（**萊爾**）

弗列格（1848-1925）可謂現代邏輯與語言分析的創始人之一。他發明了一個學理，區分了語詞、論式或語句的**意義**與**意指**這兩個層面。

「司各特」與《威弗利》的作者有相同的意指：「司各特」這個人。但它們的意義不同。「法國當今的國王」作為述句雖然有意義，卻沒有意指。語句的意義與意指來自它的構成元素。

他引述了**萊布尼茲**的「替換」原理：

「若兩物可以互相替換而不改變真理，它們便是同一的。」

如果述句的一個重要元素被另一個有相同意指的元素代替了，則被改變的是意義，不是意指。

語句的意指是它的**真理值**（即真或假），它的意義是它所表達的思想。如果一個人可以認為一個思想是對的，另一個思想是錯的，那麼它們便是兩個不同的思想。

舉**弗列格**自己的例子說明：晨星與昏星有不同的意義，相同的意指（金星）。「晨星已升起」與「昏星已升起」（對不知道它們指的是金星的人而言）表達了不同的思想；它們的意指卻是相同的：如果其一為真，其二亦然；其一為假，其二亦然。

新實證主義又稱「邏輯經驗主義」，為所謂的「維也納學圈」所提倡。代表人物包括**施利克、卡納普、伯格曼、法伊格爾、哥德爾、漢恩、紐拉特、衛斯曼**。

艾爾（1910-89）與學圈的交集在於把哲學瞭解成語言分析，同時否定了形上學。

哲學與科學不是競爭關係，而是必須仰賴它。學圈的許多成員主要的身分是數學家與物理學家，他們的首要關切是自然科學的方法與語言的**奠基**。可以有意義地討論的範圍是邏輯、數學與自然科學。

如果一個語句無法驗證，或者不是恆真句，那麼從認識的角度來看它就是無意義的。

他們的重要議題之一是新引進的「**驗證**」原則。如果語句內容可以接受經驗性檢驗，或者可以陳述它應如何檢驗，它才能算是有意義的。**卡納普**說：

「語句的意義……等同於我們如何斷定它的真假；語句只有在可能做這樣的斷定時才有意義可言。」

科學性的要求與將語言視為計算的構想導致了**形上學的拒斥**。

卡納普（1891-1970）首先從語構學的方向嘗試以科學邏輯取代哲學。它應該有助於建立一套**理想性**的語言，即形式的、精確的語言。為了過濾出似是而非的語句，**卡納普**區分了內容性與形式性的言說方式，兩者都是合理的。「哲學性」的語句被放置在中間地帶。這些「類語構」的語句偽裝成有對象指涉，實際上卻沒有：表面上它們似乎關係到對象，實際上只關係到文字（圖2）。

如「五不是物」看似在作與一個對象有關的表述，但它所指涉的卻只是「五」這個字。

許多哲學詞語跟 babig 這個字一樣沒有意義。如果 a 這個字或基本語句 S(a) 有意義，則 a 的經驗性特徵必須可認識，同時 S(a)（一個 a 在其中出現的語句）的「真理條件」也必須釐定。

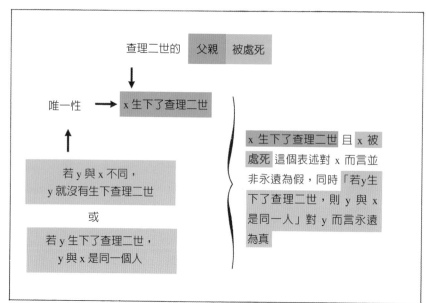

1 一個語句的分析

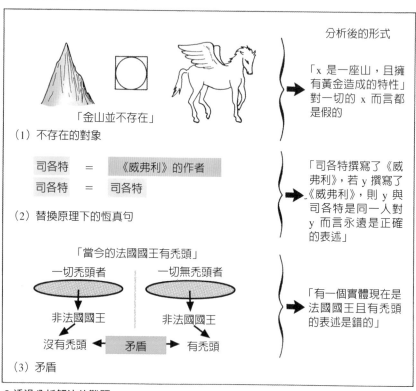

2 透過分析解決的難題

羅素（1872-1970）的研究幾乎伸展到所有的哲學旁枝，對邏輯與分析（他稱之為「形式分析」：純粹從邏輯觀點來研究世界）有卓著貢獻。他想建構一個抽象的宇宙論，探討語言與世界最根本的**結構**。他與懷德海（頁 227）合著的《數學原理》嘗試在邏輯概念與語句的基礎上為**數學**奠基。

羅素的「**邏輯原子論哲學**」宣稱：

　　語句與世界有對應關係。

語句函項表示了語句單位的構造。這個語句函項（如 C (x)）在變項成了語句的一部分時產生（如「x 是《威弗利》的作者」）：

　　「語句函項就是……包含了幾個不確定的項目的陳述，而在不確定的項目代入已知後，它就成了語句。」

羅素主張語句之宇宙與事實之宇宙間有**對應性**。

名字的意思便是它所指稱的對象。

一個原子語句與一個原子事實形質相同。這種最簡單的語句所陳述的是某特定對象是否擁有某種特性，或與他物有特定關係，如「這是白色的」或「這在它下面」。

指涉事實的語句非「真」即「假」。

分子語句的特徵在於它包含了其他語句作為其構成元素。它的真假值來自其元素語句的真假值。

分析的目標在於讓語句在最後只包含我們**立即認識**的要素（如感官印象或邏輯關係），因而變得具邏輯上的透明性。沒有人可以為不認識的東西命名。

羅素的**指稱**理論（見諸《論指稱》）嘗試為語句中非名稱要素的使用尋找更可靠的邏輯與語言基礎。

　　「指稱性的表述」本身沒有意義，是「**不完整的符號**」，因此只能作為語句的**部分**出現。

這種指稱之所以重要，是因為有許多對象物我們沒有立即的認識，只能透過描述掌握，如「太陽的質量中心點」。同時，這種描述的使用經常會造成誤導且**自相矛盾**，例如「當今的法國國王有禿頭」：

　　「若我們逐一過濾有禿頭的事物，再逐一過濾沒有禿頭的事物，最終我們在裡面還是找不到當今的法國國王。」也就是說，他有禿頭，同時也沒

有禿頭，違反了矛盾律。

在此，**羅素**區別了三種**指稱的狀態**：

（1）一個詞語是一個稱呼，卻不稱呼任何事物，如「當今的法國國王」。

（2）一個詞語稱呼一個特定對象：「當今的英格蘭國王」。

（3）不定的指稱對象：「一個人」指稱不特定個人。

在第一種情況裡，**羅素**把語句分析成兩個合併的主張：「至少有一個存在物有某特性」與「最多有一個存在物有某特性」，即有一個且只有一個存在物有該特性。「當今的法國國王存在」就被分析成「有一個且只有一個存在物是法國國王」，這當然是個錯誤的命題，如此一來，與「且他有禿頭」合併後也是錯的，因為語句的第一個部分是錯的。

梅龍（1853-1920）稱類似「圓的方形」或「金山」的東西為「不存在的**對象**」。為了否定它們的「**實存**」，我們就必須先把它們看作對象。在分析後，它們就不必再被當作語句的主詞。

　　「黃金堆成的山不存在。」預設了作為語句主詞的金山。在分析過的形式裡它便消失了：「沒有任何一個存在的實體同時是一座山又是黃金。」

弗列格的**替換原理**（頁 219）在令意義相同的詞語互相替代之時，便導致了一個同義反覆的**恆真句**。分析過的形式表達了同一性，卻可避免同義反覆。

　　如「司各特是《威弗利》的作者」可分析成「司各特寫了《威弗利》；同時以下關於 y 的論點永遠是對的：若 y 寫了《威弗利》，則 y 與司各特是同一的。」

一般而言，一個包含指稱的 C (x) 命題形式代入 x 時有如下的結果：

　　C（一切）表示「C (x) 永遠為真」。

　　C（空無）表示「『C (x) 是假的』永遠為真」。

　　C（某物）表示「『C (x) 是假的』永遠為真的主張是假的」。

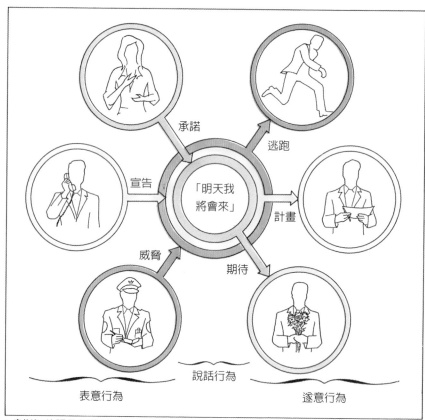

1 奧斯汀的語言行動理論

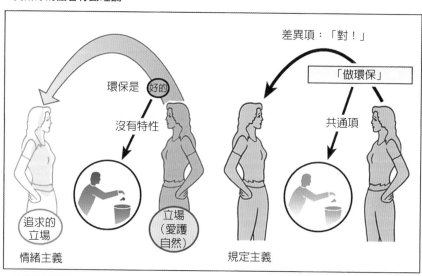

2 後設倫理學

日常語言哲學跟隨晚期**維根斯坦**（頁217）的腳步：

「不問意義，只問應用。」

定義清楚的意義、終極性的判準、語構的精確性的追尋都已不再理所當然，取而代之的是對實際脈絡、字彙與語句的家族關係及語言的實際**使用**的觀察。

哲學不再是語句的聚合體，而是對千變萬化的語言表達的研究。

史鐵賓、史陶生、奧斯汀等人背離了實證主義。實際使用的語言的研究以及它與世界的關係成為首要課題，焦點從還原轉移到語言的說明與合理的使用。如此，哲學便放棄了將語言視為世界圖像或與它形質相同的觀點。語言的基本元素不再被視為是對象物，而語言的功能也不再只是記錄事實。語言不僅僅是一面反映世界的鏡子。

日常語言哲學認為語言在與環境交融之際展現了高度的彈性，在使用上更容許了無盡的發明。

作為分析中心點的意義現在已不僅僅是語詞與世界的關係，而是被詮釋為**規則、習俗、用法**，簡而言之，就是語詞的**使用**。因而，創造理想語言的哲學目標也自然消失了。

奧斯汀（1911-60）在**語言行動**理論裡研究了語言的各種功能。它不可能只有描述、證實的功能，而是同時也可以是一種「實踐」：

某些語詞本身也有行動上的意義，例如婚禮中的「我願意」。

奧斯汀區分了**說話行為**與**表意行為**，前者簡單地由語句本身構成，後者必須與相關的實際行動結合才算完成，如威嚇、感謝等。此外還有視結果而定的遂意行為。

這些語言行動的成敗端視一連串的條件是否得到滿足。語言的表達必須在約定俗成的特定框架裡讓他人可以理解。例如，一個下屬的命令就不會產生任何作用。此外，不容忽略的還有**正確、完整**的過程：

賭馬的正確情況是有另一個人對賭，同時賽馬也尚未跑到終點。

語言分析的範圍因此擴及了表明價值判斷、規定、立場的領域。這種規範性的陳述見諸**倫理學**與**宗教**。

謨爾（1873-1958）與在英格蘭主要為**布萊德里**所提倡的觀念論哲學對壘，在折衝的過程裡發展了自己的分析，以日常理解（常識）裡不容置疑的觀點（真理）反駁之。

其分析以此為基礎，任務在於澄清哲學理論中隱祕的預設與邏輯上的不協調。

在《倫理學原理》，**謨爾**嘗試解析「**善**」這個概念的用法。**休姆**曾說明從實然命題到應然命題的過渡在推論上有不能許可的謬誤。**謨爾**從分析的角度獲得的結論是「善」是不能再分析的，它表示了簡單的、不能再回溯的性質。因此，它在特有的意識行為裡被直覺地掌握。一切透過其他特性來為「善」作定義的嘗試都將導致**自然主義**的謬誤。

艾爾（1910-89）從倫理學命題無法經驗性地驗證的事實導出了倫理學的基本概念無法分析的結論，因為

「它們只是偽概念。它們的存在並沒有為它們的實際內容帶來任何增減」。

宗教或神學語句亦然。

情緒主義（代表人物如**史蒂芬生**等）認為類似「善」這樣的語詞並不指稱任何特性。它將道德與宗教語句詮釋成感覺與態度的表白。這種

「語句表達出陳述者的一個觀感，它的傾向是在聽者心裡喚起類似觀感」。（**查爾斯華斯**）

例如「上帝創造世界」這個命題可讀成

「對宇宙的正面觀感」。

相反地，**赫爾**做了類如律令邏輯的嘗試。他將道德要求分析成共通項（「指向他物者」），即基礎事態，以及差異項（「點頭同意」）。這允許他將道德命題標示為**規定性**的，它所依據的理由在面對類似的情況時都必須引用（**普遍化**原理）。

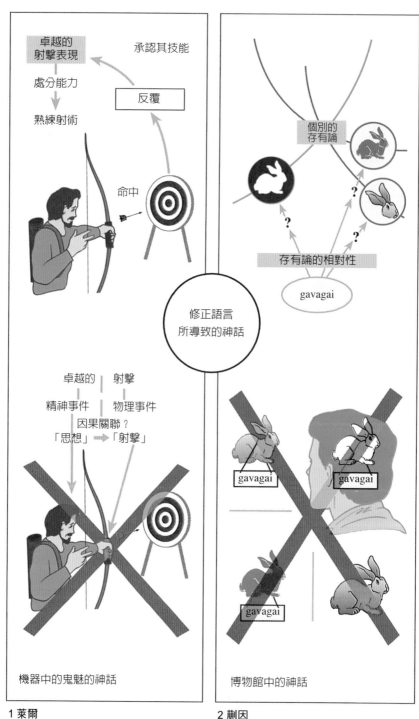

卓越的
射擊表現

承認其技能

處分能力

反覆

熟練射術

命中

個別的
存有論

存有論的相對性

gavagai

修正語言
所導致的神話

卓越的 ｜ 射擊

精神事件 ｜ 物理事件

因果關聯？

「思想」 ➡ 「射擊」

gavagai

gavagai

gavagai

機器中的鬼魅的神話

博物館中的神話

1 萊爾

2 蒯因

萊爾（1900-76）在《系統性誤導的表述》（1931-32）指出文法上的論點與邏輯形式之間不斷發生的混淆。

例如：在「肉食的牛不存在」這句話裡，「肉食的牛」表示的不是對象，而「不存在」也不是述詞。

因此正確的陳述應該是：「沒有任何對象同時是一頭牛，也是肉食的。」

這種語句的文法形式如果沒有根據它們所描述的現實做調適，都會造成誤導。

萊爾的重點在於這種**範疇的混淆**：概念被錯置在不相干的邏輯型態下（如「她的出發點是愛及柏林」）。在此，基本的規則是

「可用來回答相同問題的表述屬於相同範疇」。

同時只有這樣的表述在命題中可放置在相同的位階上。

萊爾也將這個分析法應用在傳統的精神、肉體學說上。《心的概念》（1949）是**「心靈哲學」**的一個範型。他的思考

「目標不在於增加我們關於精神或靈魂的知識，而是調校知識的邏輯地圖」。

萊爾與身心二元論對抗，稱之為「笛卡兒的神話」或「機器中的鬼魅的獨斷主張」。

未經反省的語言使用，誘使我們推想在經驗性的外在行為背後還有像精神這種隱蔽、私密實體的存在。根據前述的「神話」，它有自己的因果關聯，並以某種（至今還無法解釋的）方式對外在世界發生作用。在一個有計畫的行動裡，似乎有一個精神性的事件與一個物理性的事件被綑在一起。

相反地，**萊爾**否認「熟練的駕駛人」每每必須先考慮一番再做駕駛的操作動作。

他認為「精神性」的屬性表示的是只能在「若……則……」命題中表達的處分能力。

我們使用「知曉」、「技能」、「意欲」等詞語時的判斷依據來自可觀察而有相當程度的持恆性的外在行為。

只有在一個射手經常命中後，我們才能將偶然排除，談論他的「技能」。

史陶生（1919-2006）處理了在《個體》（1959）裡呈現的「描述形上學」所產生的問題。不同於「修正形上學」，它的目的在於

「描述我們關於世界的思考的實際結構」。

我們在言說中指認的個體包括**人身**。人這種個體同時可以擁有物質性的屬性（如 180 公分高）與專屬人身的屬性（如微笑、受苦）。二元論的錯誤在於它假定了兩種「我」的用法。反之，**史陶生**認為「人身」是個先決的範疇，是

「自成一格的實體型態，而這種……型態的個體可以擁有意識狀態與身體上的物理特性」。

他的論證如下：相關的屬性我們只有在一個情況下可以應用，就是它們**既**用在我們**也**用在別人身上，換句話說，便是同時用來指稱**觀察**與**感受**。

蒯因（1908-2000）攻擊了傳統的「意義」理論，認為它們沾上了「博物館中的神話」。

它們把意義想成小標籤，掛在物件上——「展覽品」是柏拉圖的理型也好，對象物本身或它們在意識中的觀念（圖像）也好。

走自然主義路線的**蒯因**以實際的語言學習過程作為他的質疑：

「它是主體對一個社會的語言使用悄然的歸納。」

我們藉由語句與某種經驗性刺激的結合（「**刺激意義**」）學習語言，這些刺激可能獲證實（並因此而加強）或不獲證實（因此而被排除）。

「一個語句對特定個人的刺激意義便綜合了他的癖性，決定他在反應當下的刺激時會贊成或反對一個語句。」

如果有人在面對兔子時用我們所不知道的語言說「gavagai」，我們無法確定他所指的是這隻兔子、兔子的一部分，還是「除了兔子外的一切」。一個不同的語言可能有完全不同的歸類程序（**蒯因的翻譯不確定性原理**）。更普遍化的結論是：

「特有的、之前便已習得的、無法再追究的存有論」決定了我們有意義地談論對象及其性質的框架（**蒯因的存有論相對性原理**）。

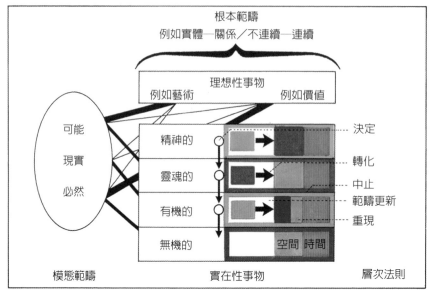

1 哈特曼的範疇

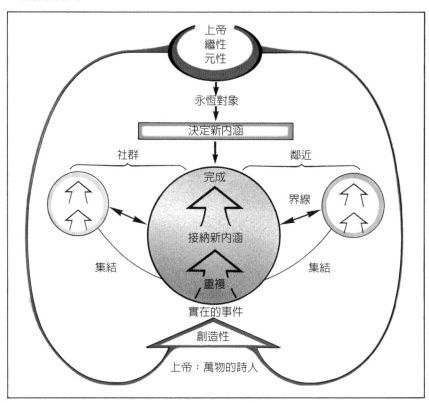

2 懷德海的有機哲學

哈特曼（1882-1950）意圖建立一個「新**存有論**」。其思想的基本特色是脫離過去的主體主義傳統。該傳統視認識為自己創造對象的行動，他則認為認識行動是一種跨越，即它超越自己，走向**對象**。

倫理學與認識論也是存有論的一部分，他以**範疇分**析著手進行這項工作。因此，知識被視為認識範疇與存有範疇的吻合，但這只能部分地實現。在一個認識中，始終有不能認識的部分的「剩餘」。

哈特曼的**範疇**形成了不同的族群：

- **模態範疇**：現實、可能、必然等模態讓我們可以劃分不同的存有介面，例如實的（有時間性的）與理想的（無時間性的）存有（如本質、價值）。**哈特曼**主張在實在的介面裡，可能性、現實性與必然性合而為一。
- **根本範疇**：它們也遍及一切存有。**哈特曼**將它們陳列如下：「（1）原理與具體、（2）結構與模態、（3）形式與內容……」
- **特殊範疇**：如物理學、生物學與數學的範疇。

在每個範疇裡，存有介面的內部還可再細分為**階段**或**層次**。例如實的存有有無機物、有機物、靈魂、精神，每個較高的層次都涵蓋較低的層次。

在此，**哈特曼**還發現了**層次的法則**，例如較低階的範疇會在較高階重新出現，反之則否。由於較高階的範疇已有了形式上的轉化，此外它特有的範疇決定了它的性格，因此下層決定上層的可能性並不存在，反而是較高層決定較低層。

懷德海（1861-1947）在代表作《歷程與實在》（1929）裡嘗試為世界提供思辨性的解釋。這部「宇宙論的試探」矯正了西方思想的幾個誤解：

精神與物質的「分叉」、實體與屬性的古典式劃分以及傳統的時間觀念都被置於批評之下。

懷德海努力避免因抽象與具體兩者的混淆而產生的錯覺（錯置具體性之謬誤）。其哲學的特長在於**符應**，它將「陳述一個由普遍概念構成的一貫、邏輯、必然的系統，以便可以藉助它來詮釋經驗中的每個元素」。為此，**懷德海**創造了一個複雜的範疇體系，意圖藉此掌握實在界的**一切**。

在此，實在在「存有學原理」意義下所指的永遠是**個殊的具體事物**。

實在界的一切都是**歷程**中的**事件**。在歷程中，「客觀的不死性」得以實現。它的特性是一種**理解**，在此，一個對象過去的本性與指向未來的可能性彼此邂逅。作為事件表演者的實在物

自由地選擇了所有可能性中的一個，在把它具體化的同時，自己便達到了**充實**的狀態。

這種過程是兩極的，也就是說，在物理性的一端之外，在主觀的體驗中還有精神性的一端。在歷程中，一物的本性決定於新內涵的吸收以及與他物的差異化。因此，差異也必然作為**資訊**被包含於每個實在物中。

懷德海稱事件間的關係為「**集結**」（例如同時性）。在達到某程度的複雜性與連動關係後，它們也可視為社群，唯一能保證的只有**持久性**。例如在細胞裡的一個分子是「有結構性」的社群的一部分，因為在其內部它可擁有在其外部無法擁有的特性。

歷程內部的可能性部分也由「**無時間性的對象**」所決定。這些「觀念」在個物形成上所扮演的角色各自不同，不過它們也只有在事件中被當作**目標**實現的情況下才有實在性。

事件之間的關係有賴於**上帝**的安排。

「在這個意義下，上帝是具體化的原理……每個有時間性的具體化過程都是從祂那裡得到最初的目標……這個目標決定了無時間性的對象……一開始在角色上的輕重緩急。」

懷德海稱這個面向為上帝的「**元性**」，它與上帝的「**繼性**」並存，而祂便是以後者與造物發生關聯。用意象來表示便是：

「（上帝）沒有創造世界，祂解救了它；更精確地說：祂是世界的詩人，以祂柔性的耐力用睿智引領它走向真、美、善。」

懷德海將世界及其每個元素都看作**有機體**，每個部分都有自身的意義與對整體的意義。一個總括一切的**創造性**決定了它的意義。

1 布洛赫「彈性」的時間觀念

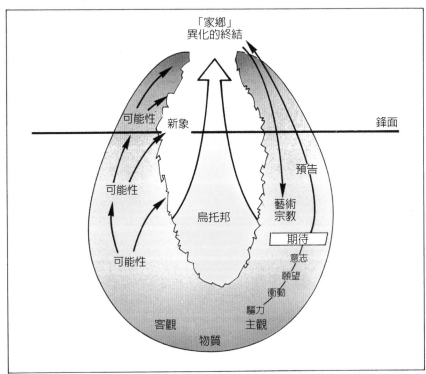

2「希望原理」

馬克思、恩格斯理論的擴充與政治現實的打造主要是在人稱**列寧**的烏里揚諾夫（1870-1924）手中完成。他譴責「修正主義」，即透過不斷的改革來實現社會主義的作法。列寧認為，**壟斷式資本主義**導致的結果是國家持續被用作壓迫的工具。此外，部分勞工階級也可能因高比率的利益分享而遭腐化。

列寧提出的對策是**革命**理論。1917 年，這個理論在俄羅斯實現。他的**布爾什維克主義**的核心論點是必須由**先鋒政黨**來引導（過渡性的）「**無產階級專政**」。這個菁英層是護持「意識型態」（即正確理論）的中堅：「政治上的階級意識只能從外部被帶到勞工階級裡。」

在國際關係的分析上，**列寧**的主要重點是**帝國主義**。世界之所以以資本集中的不同集團分割，是長期的銷售瓶頸所帶來的自然結果。銀行等組織操縱了一國的外交，目標在於殖民地開拓新市場。

在**列寧**的唯物主義裡，認識這謂透過實踐漸漸趨近真理。雖然他預設客觀真理的存在，但認為基於歷史的條件制約，它的認識受到了一定的限制。

在中國，**毛澤東**（1893-1976）塑造了一個革命的意識型態，其特性在於不斷的、有階段性的革命。

筆力雄健的**布洛赫**（1885-1977）在詮解馬克思哲學時始終環繞著一個核心議題：**烏托邦**。代表作《希望原理》（1954-59）是關於人類希望的百科全書。**布洛赫**確證了預見、期待為意識最突出的特性。在人類存有的不同層域中，都可看到缺陷及其克服的可能性的不斷展現：

> 起初是驅力，然後是追求與渴望，它們又與不明確的目標結合成探尋，跟明確的目標結合成衝動。若它沒有得到滿足，但對目標的意識卻十分明白，則會有願望，乃至於意志形成。

人類的存在總是投射到一個不確定的未來：

> 「我們是無名的主體，像賈斯伯荷西一樣的角色，前去執行未知的命令……與整個世界都在一個旅途上。在這場自我發現之旅裡……或許這個命令會逐漸明朗，甚至才開始成形。」

如在**藝術與宗教**裡，「未完成」的意識的界線已被跨過：它們是「終點的預告」。

對**布洛赫**而言，未完成的內容的另一個寶庫是**自然法**。作為「烏托邦嚴謹的表親」，它確立了社會行為的框架，限定了自由的可能性的範圍。不過，自然法有時也是現狀的保護者，妨礙了真正的進步。主觀的幻想與希望的願景在客觀的實在界中也有對應性的物象：「關涉到尚未實現的可能性的期待、希望、意向：這不僅是人類意識的根本特質；在正確的調整與理解下，它們也是整個客觀實在界內部的基本涵義。」

客觀實在與主觀實在一樣，處處為**未完成**所滲透，若用邏輯性語句來表示，它的核心命題並不是「A＝A 或 A 不是非 A」，而是「A 還不是 A」。

世界處於辯證過程之中，**布洛赫**為它找到了三個範疇：（1）「鋒面」，即時間的最前端，是未來被決定的地帶；（2）「新象」，即來自真實的可能性的未來不斷更新的內容；（3）「物質」。

布洛赫的**物質**概念不是靜態、量化的，而是（由它的字根「mater」〔母親〕瞭解成）動態、創造性的。它不是「機械性的團塊」，而是**真實的可能性**的唯一根本，因此也是新象湧現的保證：

> 「真實的可能性是物質性的運動，作為一個過程，它是範疇性的『自我超前』。」

這種「客觀實在」的可能性與形式或「現況」的可能性不同，前者純屬思想上的可能性，後者則因對決定的條件沒有充分的認識而產生。

時間應視為一個有彈性的量。表面上（根據時鐘）有同時性的事物在不同的空間中屬於不同的時代，而在一個社會裡，今日與舊時的行為方式也「同時」存在著。

在《希望原理》書末，**布洛赫**呼應了**馬克思**，將人性的豐富當作他的**目標**：

> 「若（人類）掌握了自己，未經異化地讓他的一切建立在真實的民主上，那麼這個世界就可以出現一個輝映著每個人的童年但卻無人到過的地方：家鄉。」

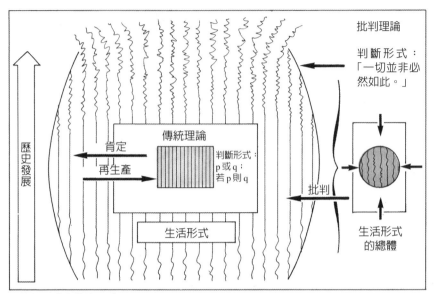

1 批判理論與傳統理論

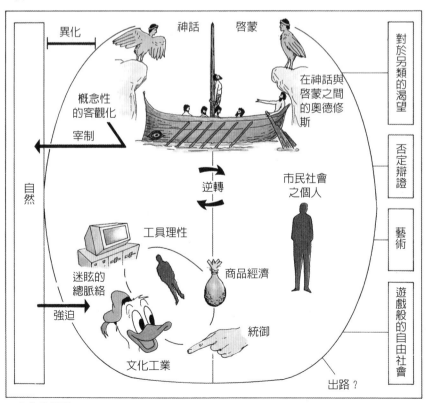

2 啟蒙的辯證

批判理論因其所屬的「社會研究所」位於法蘭克福，也稱**法蘭克福學派**，代表人物包括**霍克海默**（1895-1973）、**阿多諾**（1903-69）與**馬庫色**（1898-1979）。由於遭受納粹迫害，他們流亡至美國。他們選擇了不同的重點進行批判性的社會分析，在相當程度上以**馬克思**為本。他們的共同特性包括對現狀的嚴詞批判、懷疑替代出路的存在與原則上**避免系統化**。其作品因此通常是隨筆、散文與警語。

霍克海默對批判理論的界定如下：
「在傳統理論中，認識能力被限制在部分面向上。它只是再生產它的處境，因此也同時肯定了讓它得以形成的社會條件。」
霍克海默主張：
「社會批判的理論以……作為歷史上一切生活形式生產者的人為對象。」
法蘭克福研究所將科際整合的研究視為**方法**。**社會**的研究之所以必要，是因為一切事實都已受社會「洗禮」。在此，判準必須重新尋找，因而重點不在系統內部的修改，而是對系統本身的徹底批判。這之所以可能，是因為人類自己被當作歷史的主體研究。把它當作「存在判斷」來陳述便是：
「一切並非必然如此，人類可以改變存有。」
改變的目標是理性的社會型態。它應讓真理發言，「也讓追求和平、自由與幸福的理性得以伸展」。在此，批判所執著的是藉由宰制與壓迫的解除帶來解放。
在美國（1940年代），**霍克海默**與**阿多諾**共同做了《啟蒙的辨證》的研究：
「隨著市民階層商品經濟的流布，神話時代幽暗的地平線被計價理性的陽光照亮了，在它冰冷的光線下，新型的野蠻（尤其是法西斯主義）種子漸漸成熟了。」
理性的宰制在此廣泛地稱為啟蒙。它的工具是概念，這構成它與神話的共同點。因此，神話本身便已蘊含了啟蒙。在神話之前，人類因為對自然的模仿，與它的關係便帶著魔法的性質。

隨著概念性思維的產生，人類成了將自然**客體化**的主體，因而得以征服自然，維持自己的生存，代價卻是同時也異化了自己。這種「物化」的傾向如今又回過頭來滲透了人與人及人與自己間的關係。因而，人的存在也反映了資本主義經濟裡的貨品被抽象化的交換價值。啟蒙又轉化成神話，因為到最後主體毫無抗拒能力地被收攝在其全盤性的宰制下：
「萬物有靈論讓靈魂遍布一切物，工業主義則物化了每一個靈魂。」
道德、文化工業、科學在同等程度上為工具理性純粹的形式主義所操控。它們助長著「迷眩的總脈絡」，也就是對人類與自然的全盤性宰制的根源。**霍克海默**尤其強調個體自己也因而面臨了根本危機。個別的主體被完全地融入經營管理的世界裡。

晚期的批判理論漸漸放棄了可以具體勾勒的希望。霍克海默的晚期哲學表現出「對另類的渴望」。**阿多諾**則在《啟蒙的辯證》裡尋找存護非同一者的途徑，也就是解救事物的個別性。否定與對立不再透過綜合或系統予以消解：
「非同一者的認識是辯證的……它要說的是某物是什麼，而不是某物可以作為什麼樣的例子，或可以代表什麼它自己不是的東西。」
阿多諾主要是在藝術中看到了實現「解除同一性鉗制的自我相似性」的可能性。美學在他的作品中占了相當的比重。

馬庫色在代表作《單面向的人》剖明了在工業社會運作中的理性與非理性如何格格不入。其不理性在於它不再有助於人性的自由開展。
思想「**單面向**」地將現實永久化，遮隱了它的不理性。
他特別引證了**佛洛伊德**。在他評估下，心理—社會的現狀具壓制性。原始衝動的快樂原理，尤其是情愛，為實在原理所取代，而它又進一步惡化成功效原理。**馬庫色**所追求的改變旨在塑造一個充滿遊戲般的自由的可能性而能擔保人的自然發展的社會。

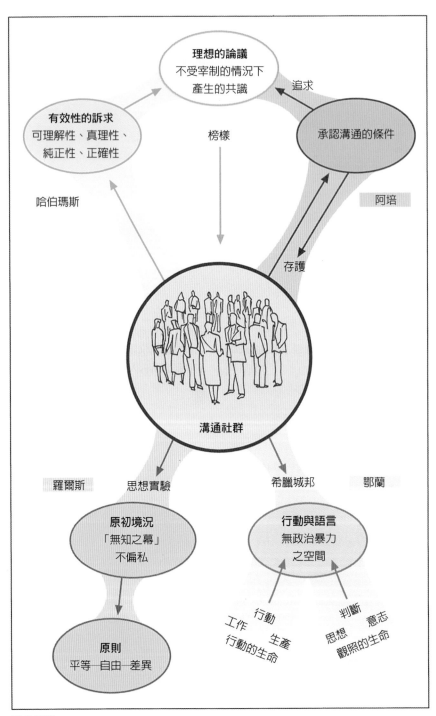

社會哲學

哈伯瑪斯（1929- ）探究了社會的批判理論的基礎原理。在《**認識與旨趣**》（1968）裡，他揭示了每個表面上具客觀性的科學背後的動機都是**對認識具引導作用的旨趣**。經驗性、分析性學術有技術性的旨趣，目的在替能以成效檢證的行為護航。**歷史性、詮釋性**學術則有實際性的旨趣，目的在擴大變革的可能範圍。兩者都受到社會性的生活條件的鉗制。

　　正要建立的**批判性**學術為**解放性**的旨趣所支撐。成年的觀念意謂穿透意識型態的糾葛，哈伯瑪斯認為這個觀念早已蘊涵在**語言**的結構裡。人只要一說話，便已預設了自由取得共識的可能性。批判性的社會理論因此必須探尋一切可能溝通的普遍性條件。這種**普遍語用學**的出發點是

　　「每個可溝通的行動者的任何語言行動中都有普遍有效性的訴求，同時必須假設它有兌現的可能」。

哈伯瑪斯列出四種**有效性的訴求**：

　　語句的**可理解性**、論述的**真理性**、意向的**純正性**、規準的**正確性**。

溝通行動必須能夠藉由**論議**的形式證立其有效性主張。它代表了一個理想的言說情境，在此，每個當事人都享有平等的發言權，沒有任何內在與外在的桎梏。在理想狀況下，如果沒有任何措施不是基於某個共識，則實際的溝通行動便是一個有結果的論議。

從共識理論詮釋有效性的觀點來看，**阿培**（1922- ）與哈伯瑪斯方向一致，但**阿培**的不同之處在於他認為**究竟的論斷**是可能的。他的**超越性語用學**因此試圖證明規準有效性的形成條件不但可以是普遍的，也可以是必然的。

　　理論的出發點是人類所形成而不能再往下追問的**溝通社群**。

人只要做出言詞論述，宣示它的有效性，便已默默承認了溝通的可能性的條件，此外人也無法否認它而不同時陷入自我矛盾。只要是以言詞辯論為原則，**規範性倫理學**的根基就已蘊含其中，因為言詞辯論參與者必須先承認人與人間互動與合作的規則。

以此可推導出來的**基本規準**如下：

・人類作為**現實**的溝通社群應予以保全。
・無桎梏的社會關係所代表的理想溝通社群應作為努力的目標，在所有成員的合理訴求上形成普遍的共識。

羅爾斯（1921-2002）《**正義論**》的核心問題是在一個社會裡，人民之間的權利、自由與財貨的分配應根據什麼原則規範。

為解答這個問題，**羅爾斯**設計了一個契約論的思想實驗：

　　讓我們設想一個**原初境況**，人們聚集在一起，以便共同設計未來的社會的基本規則。

若欲貫徹**不偏私原則**的道德原理，原初境況中的個人必須置身在「**無知之幕**」後，即他對自己的能力、社會地位等一無所知。基此，他可能決定接納一個顧慮所有人利益的社會結構。

因此，**羅爾斯**訂定了兩個原則：

　　（1）基本自由權的平等賦予。
　　（2）社經的不平等必須有如下的處理：（i）可以合理地預期它對所有的人都有優點；（ii）官位與公職必須開放給每個人。

第二個原則是所謂的**差異原則**，即社會不平等只有在它也有利於最弱勢者時才能被容許。

鄂蘭（1906-75）的政治哲學建立在以**亞里斯多德**為依據的實踐理論上。

　　在工作、生產與行動這三種**基本活動**中，後者是真正的政治場域。

行動與語言形成了**沒有宰制**的空間，人類在此可彼此關聯、談判、說服。因此，政治權力也被看作溝通行動的能力——一種會被暴力摧毀的能力。隨著近代對**工作**的評價大幅提高，行動的空間也相對遭到壓縮。官僚、技術與群眾等因素加深了去政治化的趨勢，為極權的統治系統鋪路。

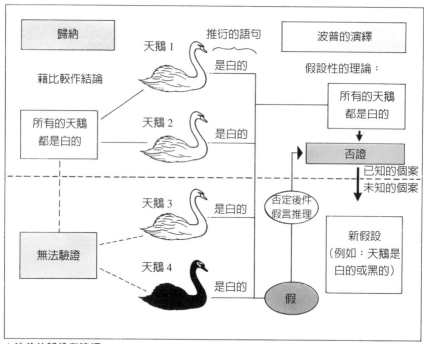

1 波普的歸納與演繹

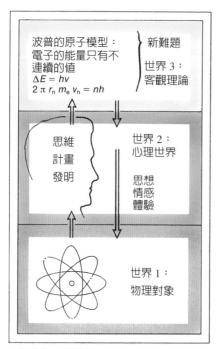

2 波普的三個世界

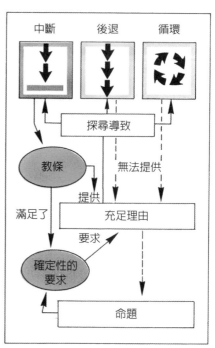

3 亞伯特的「慕尼豪森三重弔詭」

波普（1902-94）以**科學理論**研究聞名。他自稱為實在論者，以常識的眼光將外在世界及其規律法則看作實際的存在。反之，他拒絕接受科學掌握的是外物的某種本質的看法。對他而言，這種所謂的**本質主義**是導致社會科學落後於以方法論與唯名論為尚的自然科學的罪人。

本質主義者的典型問題是：「運動是什麼？」

唯名論者的典型問題是：「行星如何運動？」

本質主義的傾向是處理**概念**，以定義來澄清其意義。唯名論則藉由導衍來檢證命題或理論的真假。

對於「研究的邏輯」，**波普**提出了關於**歸納法**的重要理論。他跟隨休姆，駁斥由繁多事例的出現推證法則存在的可能性。歸納性的推論在邏輯上沒有強制性，但演繹法在「否定後件假言推理」中有效：

若 p 可由 t 導出（p 是語句系統 t 的結論句），且 p 為假，則 t 亦為假。

自然科學與形上學的區隔不在於歸納的程序，而在於語句的經驗性**否證**原則上是否可能。（圖1）

理論的內涵有兩個層次：「邏輯性」內涵是從該理論可導出之所有命題的數量；資訊性內涵是與該理論不能相容之所有命題的數量。

因而，理論若可提供越多批評與否證的可能性，內涵就越豐富。

波普認為**知識的增長**依循如下的模式：P1 - VT - FB - P2。

難題 P1 在暫時性理論 VT 裡找到了解釋。在討論或實驗檢證中，該理論進入了排除錯誤的程序 FB，隨之而有下個難題 P2 的產生。

據此，所有的知識都是猜測，所有的理論都是假設。每個認識的前一步都是猜測，每個經驗都早已為理論所「渲染」。我們永遠無法得到確認為真的理論，但理論為真的「或然率」卻會不斷提高。

波普認為整個**演化**都依此模式進行。對他而言，達爾文主義（頁189）不是可以科學地檢證的理論，而是「形上學的研究方案」。

一切處於淘汰壓力下的生物都會自己產生解決問題的辦法。然而，人類本身不會跟著自己所犯的錯誤一起被淘汰而消失，而是可以自己讓用語言表述的假設「死去」。

波普區別了三個「**世界**」，第一個是物理性的實在界，第二個是我們的意識所構成的世界，第三個世界的主要內容則是難題與理論。第三個世界是沒有時間性的，客觀上不會隨著我們的思想而起滅，儘管它是思想所造。（圖2）

例如像數字這樣的發明促成了獨立客觀的數學新難題的產生。

波普認為只有**開放社會**才能提供批判性地檢驗一切假設的空間。這種民主機制同時保證了安全與自由，對它構成危害的是極權主義的傾向。**波普**認為這樣的陰影可以在**黑格爾**與**馬克思**等「假先知」身上看到，特別是**柏拉圖**。為了勾勒開放社會的遠景，**波普**引用了**培里克雷斯**：

「雖然只有少數人有能力構思、實現一個政治藍圖，但每個人都有能力可以判斷它。」

亞伯特（1921- ）認為批判理性主義是立場中立的實證主義與激進投入的存在哲學之間的平衡點。在他的理解中，哲學是**批判性地檢驗**宗教、倫理學與政治的工作。它們因教條的存在而對修正意見免疫；徹底的意識型態批判必須清除這類教條。

亞伯特認為教條的成因在於追求確定性的意念，它的直接表現在於對每個命題皆要求一個終究解釋的充足理由律。「慕尼豪森三重弔詭」因而出現（圖3）：

尋找知識的阿基米德原點的努力導致三種可能：

- 無盡後退，尋找原因的步驟不斷回溯
- 邏輯性的循環
- 過程的中斷

在中斷的情況裡，理論的理由是直覺、經驗等，對**亞伯特**來說，這無異是回歸到教條，有助於保持現狀。**亞伯特**針對它提出了啟蒙的意志：

應建立的是可檢驗的理論，並將它視為暫時的設施，不時檢討批評，以便接近真理。

目標在於人類在價值與實踐層面上的理性行止。

裴雷斯納：有機物的階層構造

植物

開放式：
對環境有直接的依賴

動物

封閉／向心式：
中樞組織、
自發性運動

人

我

內在　外在
面向　面向

靈魂

離心式：
與自己發生關係

各種動物特有的環境
本能反應

對世界的開放性
意義與行為的學習

人對世界的開放性

1 人類學

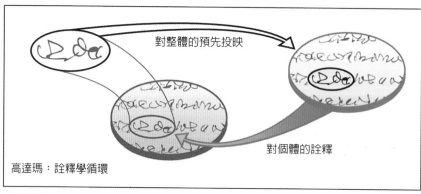

對整體的預先投映

對個體的詮釋

高達瑪：詮釋學循環

2 詮釋學

二十世紀的哲學**人類學**建立在**生物學**的成果上。

裴雷斯那（1892-1985）將人類整合到生物界的階層構造裡。一切的生物都有其**方位性**：它在自己與外在環境間劃出界線，雖然它始終與後者有關聯，也不斷受其影響。**植物**的**組織形式**是開放的，即它直接順應了它所依賴的環境，成了後者的一部分。反之，**動物**的封閉式形式藉由器官的發展（以大腦為中樞組織）成了以自己為中心的組織，也因此獲得較大程度的獨立性。直到**人類**出現，才有了**離心式的方位性**，因為他有自我意識可以透過反省與自己發生關係。如此，他對自己的掌握有三種方式：

> 作為對象性的**身體**、作為身體中的**靈魂**以及作為**我**——由這個我出發，他可以對自己採取離心的立場。

人類可藉此贏得與自己的距離，他的生命因而是他必須自己完成的任務。他必須把自己塑造成自己，因此從本性來看，他有待於後天的**教養**。在人類身上，自然與文化、感性與精神永遠處於經過媒介的統一性裡。

革命（1904-76）也以生物學的成果為根據，從人與動物的比較出發。

> 動物完全融入其環境，並受到本能的絕對操控，人則不同，他在生物學上是種**缺陷的動物**。

由於與環境無法相融，再加上**本能的消退**，人類的存在面臨著威脅。但這也對應著人類**對世界的開放性**及與之俱來的學習能力，因為他並未被固定在特定的經驗領域裡或行為模式下。

> 因而，基於具**反省能力**的意識，他可以重塑自己的生活（生存）條件，即自己創造一個人工的環境——**文化**。

因為人類對世界的開放性，他時時面對著龐雜的印象與（行動與詮釋世界的）可能性，如果沒有援助，他根本窮於應付。所以，人本身的許多特性及其工具都必須從**減輕負擔的功能**上瞭解，即帶來秩序與同一性。

> 其中包括社會性的**機構**或「**內在的性能**」如語言、思想、想像力。

高達瑪（1900-2002）的《真理與方法》（1960）為二十世紀的**詮釋學**帶來了根本的動力。

> 對他而言，**理解**不僅是一種科學方法，還是人類藉以展開其世界的存在方式本身。

理解的過程在**詮釋學的循環**中蜿蜒前進，不斷地透過部分解釋整體，透過整體解釋部分。因此，導向意義整體的「**偏見**」（字面意義為「前判斷」）是必要的，但它必須被意識到，也必須可修正。

詮釋者的歷史視域乃是在「**傳承經驗**」中形成，過去與未來在此得到了媒介。對傳統的理解彷如在進行一場**對話**，因為它的見證有其真理權利主張，有待詮釋者將它作為**他的**問題的可能答案而予以更新。在這種相逢中，他的視域因此也隨之擴大，如同一部作品在對後世的影響史中隨時間距離的加大而不斷產生新的意義。

里格爾（1913-2005）起初研究的是**記號**的意義。它們是有**雙重意義**的符號，透過其顯明的存在指向一個隱然的意義，替人類打開一個更為廣闊的存有領域。**里格爾**的核心論點如下：

> 「記號催促我思考。」

這句話揭示記號替思想指出了一個它自己無法直接發現的實在。

里格爾區分了記號的三個層面：

> 宇宙性的、夢幻的與詩意的。

詮釋方式有兩個可能的極端：**信任之詮釋學**（特別是宗教現象學）把目標放在重獲被遺忘的意義，而**存疑之詮釋學**（特別是**佛洛伊德**的心理分析）則試圖將記號揭穿為被壓抑情感的假面具。

在晚期作品中，**里格爾**把注意力轉移到文本與行動的詮釋學上。**文本**（相對於口述語言）的基本特徵是語意上的**獨立性**：它切斷了和敘述者、敘述對象的關係與情狀的脈絡。

（在時間上效果持續發酵的）**行動**也是一樣，因此它也是可詮釋的「**類文本**」。兩者都在世界裡留下本身的作用痕跡。這樣的文本蘊含著解讀世界的可能方式；詮釋者可藉此占有他者的世界，從而深化自身的自我瞭解。

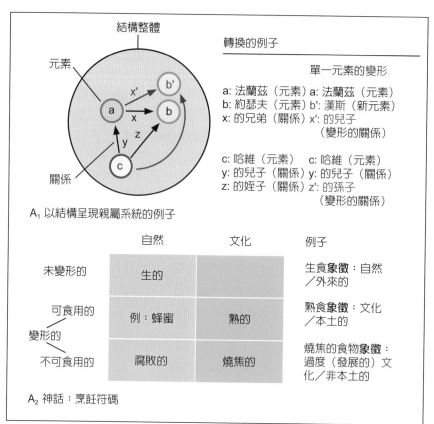

A₁ 以結構呈現親屬系統的例子

轉換的例子

單一元素的變形

a: 法蘭茲（元素）a: 法蘭茲（元素）
b: 約瑟夫（元素）b': 漢斯（新元素）
x: 的兄弟（關係）x': 的兒子
（變形的關係）

c: 哈維（元素） c: 哈維（元素）
y: 的兒子（關係）y: 的兒子（關係）
z: 的姪子（關係）z': 的孫子
（變形的關係）

	自然	文化	例子
未變形的	生的		生食象徵：自然／外來的
變形的 可食用的	例：蜂蜜	熟的	熟食象徵：文化／本土的
不可食用的	腐敗的	燒焦的	燒焦的食物象徵：過度（發展的）文化／非本土的

A₂ 神話：烹飪符碼

1 李維史陀

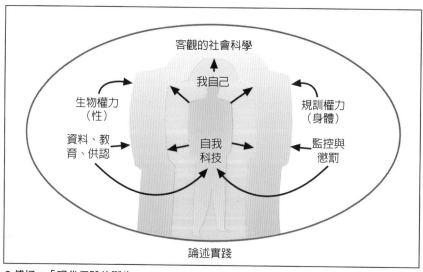

2 傅柯：「現代個體的誕生」

索緒爾（1857-1913）倡議的**結構語言學**對**結構主義**的形成有重大影響。

根據結構語言學，**語言**是互相關聯的記號所構成的系統。記號由**意符**（音象）與**意指**（內涵）共同構成。

兩個項目間的關係是任意的（武斷的）。因此，記號的意義不蘊含在自身當中，而是由語言內在的涵指系統所確立。

作為系統的**語言**是個人實際使用的**話語**的基礎，是其無意識的結構。只有在語言的全體使用者當中它才有充分的存在。

索緒爾讓我們瞭解語言是許多元素（記號）的內部指涉所構成的一個獨立**秩序**，只有透過具體的表達形式才能被表陳。由於其他的文化表現（藝術、儀式、禮儀等）也都是記號系統，我們也可在裡面尋找底層的結構。

李維史陀（1908-2009）將結構主義的方法運用在**文化人類學**上，用以研究部落文化的記號與分類系統。

他的理論出發點是每個組織構成、儀式或神話的底層都是一個無意識的結構，有待我們發現，因為在此人類精神活動的形式可以顯露無遺。

結構指的是彼此關聯的**元素**的整體，任何元素或關係的變形都會導致其他元素或關係的變形（轉換）（圖1上）。

因此，**親屬系統**可詮釋為以人為元素的結構，彼此之間可能存在著三種基本的關係形式：聯姻（婚姻）、後裔（雙親－小孩）、平輩（兄弟姊妹）。這個系統則又決定了社會關係，因為社會層級與個人權利都取決於該系統。

李維史陀指出部落文化的「**野性思維**」具有抽象的思維能力，追求和「文明思維」一樣有系統的秩序。而它和後者的差別在於它會使用取自自然生活世界的記號，並賦予新的意義。

他將圖騰崇拜解釋為分類系統。其以動植物物種的自然多樣性，來區分社會關係（圖騰部族中的分類）。

李維史陀將**自然與文化**的對立視為思想的基本問題之一。這個關係在不同的記號系統裡被譯成符碼，例如藉由聯姻規則。

這種對立尤其是各種**神話**的主題。在《神話學》（1964-71）中，他把美洲神話當作一個連貫的系統加以研究，其內容是文化形成的過程。由此出現了不同符碼的運用（例如烹飪、聲音、衣飾的符碼），要將其辨識出來，才能解析出敘述中的意義。（圖1下）

傅柯（1926-84）的作品以歷史線索為憑靠，目標在於重構知識的規範形式及由它們所建構的對象。雖然**傅柯**受到結構主義的影響，卻也就它對結構普遍性與永恆性的假設提出批評，轉而強調歷史的不連續性，他因此被劃入**後結構主義**。

在最初幾部關於**知識考古學**的作品裡，**傅柯**研究了「**認識**」的構造；認識被界定為一個時代裡的論述行動的整體，亦即具連貫性的命題群。

根據傅柯的看法，人類直到十八世紀末才在論述行動裡取得認識論上的關鍵地位，成為「經驗性－超越性之對偶者」，因為人類行使了認識主體與客體的功能。在成為人文科學的對象後，人類在研究無意識結構的科學中又再度開始「失去」自己。因此，**傅柯**的中心論題之一是人類在什麼方式下把自己建構成**主體**，又如何因自己在論述網絡裡的地位而被解構。

在此清楚顯示出一點：論述乃貫徹塑造知識、社會秩序與個人自我理解的**權力**的手段。

這個論述不是以任何主體作為中心點，而是散落於外在的言語表達上。權力策略**系譜學**講究的不是本源，而是「出身」。**傅柯**認為現代社會的「個人」的「成形」，乃是有醫師、法官、教育人員涉入的監視與「供認」體系的出現所帶來的結果。在被要求的「表白」中，個體建構了屬於他的「我自己」，而這個自我也有了成為被控制對象的可能。相反地，**傅柯**在古代人為自己憂心的方式裡看到了倫理學的「存在美感」，與對主體的策略性收編大相逕庭。

A

Abelard, Peter; Abaelard, Peter 亞貝拉 **75**

Adorno, Theodor 阿多諾 **231**

Albert, Hans 亞伯特 **235**

Alberti, Leon Battista 亞伯提 93

Albertus Magnus 大亞伯特 **81**, 89

Alexander the Great; Alexander d. Gr. 亞歷山大大帝 47

Al-Farabi 法拉比 **77**

Al-Ghazali 加匝里 77

Althusius, Johannes 阿圖西烏斯 93, 101

Amenope 阿梅諾普 27

Ammonius Saccas; Ammonius Sakkas 阿摩紐斯 63

Anaxagoras 阿納克薩哥拉斯 **31**

Anaximander 阿納克希曼德 **31**

Anaximenes 阿納克希曼尼斯 **31**

Ani 阿尼 27

Anselm of Canterbury; Anselm von Canterbury 坎特伯利的安瑟姆 **73**, 105

Apel, Karl-Otto 阿培 **233**

Arcesilaus; Arkesilaos 阿克希勞斯 61

Arendt, Hannah 鄂蘭 **233**

Aristippus; Aristipp 亞里斯底布斯 37

Aristotle; Aristoteles 亞里斯多德 11, 13, 29, 37, **47-53**, 63, 65, 77, 79, 81, 95, 153

Augustine of Hippo; Augustinus 奧古斯丁 65, **69-71**, 79

Austin, John Langshaw 奧斯汀 **223**

Averroes (Ibn Ruschd) 亞味羅 **77**

Avicebron (Ibn Gabirol) 亞維采布隆 **77**

Avicenna (Ibn Sina) 亞維襯那 **77**

Ayer, Alfred Jules 艾爾 219, **223**

B

Bacon, Francis 培根 93, **95**

Bacon, Roger 貝肯 **79**

Bauer, Bruno 包爾 167

Bayle, Pierre 拜爾 129

Bentham, Jeremy 邊沁 165

Bergmann, Gustav 伯格曼 219

Bergson, Henri 柏格森 183, **193**

Berkeley, George 巴克萊 103, **123**

Bloch, Ernst 布洛赫 **229**

Boccaccio, Giovanni 薄伽丘 93

Bodin, Jean 博丹 93, **101**

Boethius 波修斯 29, 47, **63**, 65, 85

Böhme, Jakob 波美 151

Bohr, Niels 波爾 185

Bonaventura (Giovanni Fidanza) 波拿文圖拉 **79**

Borgia, Cesare 波吉亞 101

Born, Max 玻恩 187

Bradley, Francis Herbert 布萊德里 223

Brentano, Franz 布倫塔諾 159, 195

Brouwer, Jan 布魯衛 211

Bruno, Giordano 布魯諾 79, 93, **99**

Brunswik, Egon 布隆斯維克 191

Buddha 佛陀 21

Buridan, Jean; Buridan, Johannes 布里丹 65

C

Callicles; Kallikles 卡里克雷斯 **35**

Calvin, Jean; Calvin, Johann 喀爾文 93, 101

Campanella, Tommaso 坎帕涅拉 93

Camus, Albert 卡謬 183, 203, **205**

Carnap, Rudolf 卡納普 **219**

Carneades; Karneades 卡尼亞德斯 61

Cassirer, Ernst 卡西勒 **175**

Champeaux, Guillaume de; Champeaux, Wilhelm von 尚波的威廉 **75**

Chrysippus; Chrysipp 克里西普斯 29, 55

Cicero, Marcus Tullius 西塞羅 29, **61**

Cleanthes; Kleanthes 克利安提 55

Clement of Alexandria; Clemens von Alexandria 亞歷山卓的克雷芒 **67**

Cohen, Hermann 科亨 175

Columbus; Kolumbus 哥倫布 93

Comte, Auguste 孔德 159, **165**

Confucius; Konfuzius 孔子 15, **23**

Critias; Kritias 克里提亞斯 **35**

Cuvier, Georges 庫費爾 107

D

d'Alembert, Jean le Rond 達朗貝爾 129

Darwin, Charles 達爾文 159, **189**, 191

Democritus; Demokrit 德謨克利圖 **33**, 59, 107

Descartes, René (Renatus Cartesius) 笛卡兒 69, 103, **105-107**, 123

Dewey, John 杜威 **173**

d'Holbach, Paul (Baron) 霍爾巴哈 129

Diagoras 狄亞哥拉斯 **35**

Diderot, Denis 狄德羅 129

Dilthey, Wilhelm 狄爾泰 159, **181**

Diogenes of Sinope; Diogenes von Sinope 西諾普的迪歐吉尼斯 37

Dionysius the Areopagite; Dionysius Areopagita 戴奧尼索斯 65, **67**

Duns Scotus, John; Duns Scotus, Johannes 鄧斯・司各脫 **87**, 89

E

Eckhart (Meister) 艾克哈特 65, **87**

Eibl-Eibesfeldt, Irenäus 艾柏艾伯斯菲特 191

Einstein, Albert 愛因斯坦 **185**

Empedocles; Empedokles 恩佩多克利斯 **31**

Engels, Friedrich 恩格斯 159, 167, **169**, 229

Epictetus; Epiktet 伊比克提特 29, 55

Epicurus; Epikur 伊比鳩魯 **29**

Erasmus, Desiderius; Erasmus von Rotterdam 伊拉斯謨斯 93, **97**

Euripides 優里匹德斯 177

F

Fechner, Gustav Theodor 費希納 **175**

Feigl, Herbert 法伊格爾 219

Feuerbach, Ludwig 費爾巴哈 **167**, 169, 171

Fichte, Johann Gottlieb 費希特 135, **147-149**, 151

Ficino, Marsilio 費其諾 93, **99**

Fiore, Gioacchino da; Fiore, Joachim von 菲奧雷斯的約阿基姆 153

Foucault, Michel 傅柯 183, **239**

Fourier, Charles 傅立葉 171

Frege, Gottlob 弗列格 183, 211, 213, **219**, 221

Freud, Sigmund 佛洛伊德 159, 183, 231, 237

G

Gadamer, Hans-Georg 高達瑪 183, **237**

Galilei, Galileo 伽利略 93, **95**

Gehlen, Arnold 革侖 237

Gerson, Jean; Gerson, Johannes 哲爾松 65

Geulincx, Arnold 格林克斯 107

Gödel, Kurt 哥德爾 219

Gorgias 果加斯 **35**

Gregory of Nyssa; Gregor von Nyssa 尼薩的額我略 67

Grosseteste, Robert 葛羅塞特斯特 79

Grotius, Hugo 革洛底烏斯 93, **101**

Gutenberg, Johannes 古騰堡 93

H

Habermas, Jürgen 哈伯瑪斯 **233**

Haeckel, Ernst 海克爾 189

Hahn, Hans 漢恩 219

Hamann, Johann Georg 哈曼 135

Hardenberg, Karl August 哈登伯格 135

Hare, Richard Mervyn 赫爾 **223**

Hartmann, Nicolai 哈特曼 183, **227**

Hegel, Georg Wilhelm Friedrich 黑格爾 135, **153-157**, 159, 167, 169, 177, 203, 235

Heidegger, Martin 海德格 183, 203, **207-209**

Heisenberg, Werner 海森堡 187

Heraclitus; Heraklit 赫拉克利圖斯 **33**

Herder, Johann Gottfried 赫德 135

Hess, Moses 赫斯 167

Hippias 希比亞斯 **35**

Hobbes, Thomas 霍布斯 103, **117**, 121

Hölderlin, Friedrich 賀德林 135

Horace; Horaz 賀拉斯 29, 59

Horkheimer, Max 霍克海默 **231**

Hugo von St. Victor 聖維克托的休格 76

Humboldt, Wilhelm von 洪堡 135

Hume, David 休姆 103, **125 ff.**, 135, 223

Husserl, Edmund 胡塞爾 69, 183, **195-197**, 203

J

Jacobi, Friedrich Heinrich 雅可比 135

James, William 詹姆斯 **173**

Jaspers, Karl 雅斯培 183, **201**

Johannes Scotus Eriugena 伊利基那 **73**

Justinus 儒斯定 67

K

Kant, Immanuel 康德 11, 103, 125, 135, **137-145**, 153, 161, 175, 191, 199

Kepler, Johannes 克卜勒 93, **95**

Kierkegaard, Sören 齊克果 157, 159, **163**, 183, 201

Klages, Ludwig 克拉格斯 183, **193**

Kopernikus, Nikolaus 哥白尼 93, **95**, 99

Kuhn, Thomas S. 孔恩 **187**

L

Lamarck, Jean Baptiste 拉馬克 189

Lamettrie, Julien Offray de 拉美都里 107

Lange, Friedrich Albert 朗格 175

Lao Tse (Lao Zi) 老子 15, **25**

Lask, Emil 拉斯克 178

Leibniz, Gottfried Wilhelm 萊布尼茲 79, 103, **113-115**, 213, 219

Lenin, Wladimir Iljitsch 列寧 183, **229**

Lessing, Gotthold Ephraim 萊辛 115

Leucippus; Leukipp 路西帕斯 **31**

Lévi-Strauss, Claude 李維史陀 183, **239**

Liebmann, Otto 李布曼 175

Locke, John 洛克 103, **119-121**, 123, 129

Lorenz, Konrad 羅倫茨 **191**

Lotze, Rudolf Hermann 洛茨 175

Lucretius; Lukrez 盧克萊修 29, 59

Lukasiewicz, Jan 路卡西維茲 213

Lull, Raymond 魯爾 **79**

Luther, Martin 路德 93, 97, **101**

Lycophron; Lykophron 里寇佛龍 **35**

M

Machiavelli, Niccolò 馬基維利 93, **101**

Madhva 摩陀婆 19

Mahavira 大雄 **21**

Maimonides, Moses (Mose Ben Maimon) 邁門尼德 **77**

Malebranche, Nicole 馬勒布龍雪 107, 123

Mao Tse-Tung 毛澤東 183, 229

Marcel, Gabriel 馬賽爾 **205**

Marcus Aurelius; Marc Aurel 奧里略 29, 55

Marcuse, Herbert 馬庫色 **231**

Marx, Karl 馬克思 159, 167, **169-171**, 229, 231, 235

Meinong, Alexius 梅龍 221

Mencius; Menzius 孟子 15, **23**

Mendelssohn, Moses 孟德爾頌 115

Merleau-Ponty, Maurice Jean Jacques 梅洛龐蒂 183, **197**

Mill, John Stuart 穆勒 165

Mo Zi 墨子 15, **25**

Montaigne, Michel de 蒙田 93, **97**

Montesquieu, Charles de 孟德斯鳩 **131**

Moore, George Edward 謨爾 **223**

More, Thomas; Morus, Thomas 摩爾 93, **97**

N

Nagarjuna 龍樹 **21**

Napoleon I. 拿破崙 135

Natorp, Paul 納托普 175

Neurath, Otto 紐拉特 219

Newton, Isaac 牛頓 103, 129

Nicolas d'Oresme; Nikolaus von Oresme 奧雷斯姆的尼
　各拉 65

Nietzsche, Friedrich 尼采 159, **177-179**

Nikolaus von Kues (Cusanus) 庫薩努斯 79, **91**, 99

O

Ockham, William of; Ockham, Wilhelm von 奧坎的威
　廉 65, **89**

Origen; Origenes 奧利金 **67**

P

Panaetius; Panaitios 巴內底烏斯 29, 55

Parmenides 巴曼尼德斯 **33**

Pascal, Blaise 巴斯卡 **129**

Patrizi, F. 帕特里奇 93

Peano, Giuseppe 培亞諾 211

Peirce, Charles Sanders 皮爾士 **173**

Perikles 培里克雷斯 235

Petrarca, Francesco 佩脫拉克 93, **97**

Petrus Hispanus 珮圖魯斯 47

Philo of Alexandria; Philon von Alexandria 亞歷山卓的
　斐羅 67

Pico della Mirandola, Giovanni 米蘭朵拉 93, **99**

Planck, Max 普朗克 185

Plato; Platon 柏拉圖 11, 29, 37, **39-45**, 47, 49, 53, 93,
　161, 235

Plessner, Helmuth 裴雷斯那 183, 191, **237**

Plotinus; Plotin 普羅丁 29, 39, **63**, 93

Pomponazzi, Pietro 邦波那濟 93, **99**

Popper, Karl Raimund 波普 **235**

Porphyry; Porphyrios 波斐留斯 63, 75

Poseidonius; Poseidonios 波賽多尼奧斯 29, 55

Proclus; Proklos 普洛克羅斯 63

Prodicus; Prodikos 普羅迪可斯 **35**

Protagoras 普羅塔哥拉 **35**

Ptolemaeus, Claudius; Ptolemaios 托勒密 95

Pyrrho; Pyrrhon von Elis 艾里斯的皮羅 29, **61**

Pythagoras 畢達哥拉斯 31

Q

Quine, Willard van Orman 蒯因 211, 213, **225**

R

Ramanuja 羅摩奴闍 19

Rawls, John 羅爾斯 **233**

Reimarus, Samuel 賴馬魯斯 115

Ricardo, David 李嘉圖 169

Rickert, Heinrich 李克特 175

Ricoeur, Paul 里格爾 183, **237**

Riedl, Rupert 黎德 191

Riemann, Georg Friedrich Bernhard 黎曼 185

Roscelinus, Johannes 羅塞林 75

Rousseau, Jean Jacques 盧梭 **133**, 135, 153

Russell, Bertrand 羅素 183, 211, 213, **221**

Ryle, Gilbert 萊爾 219, **225**

S

Saint-Hilaire, Étienne Geoffroy de 希累爾 189

Saint-Simon, Claude Henri de 聖西門 171

Salutati, Coluccio 撒路塔提 93

Sartre, Jean-Paul 沙特 183, **203**

Saussure, Ferdinand de 索緒爾 183, **239**

Scheler, Max 謝勒 183, 191, **199**

Schelling, Friedrich Wilhelm Joseph 謝林 135

Schleiermacher, Friedrich Daniel Ernst 史萊瑪赫 **149**

Schlick, Moritz 施利克 219

Schopenhauer, Arthur 叔本華 159, **161**, 177, 179

Seneca 西尼加 29, 55

Seuse, Heinrich 索依瑟 65

Sextus Empiricus 賽克圖斯 61

Shankara 商羯羅 19

Siger de Brabant; Siger von Brabant 布拉班特的西格爾 85

Simmel, Georg 齊美爾 183, **193**

Smith, Adam 斯密 **127**, 169

Socrates; Sokrates von Athen 蘇格拉底 29, **37**, 39, 41, 177, 179

Spencer, Herbert 史賓塞 **189**

Spinoza, Baruch de 史賓諾莎 103, **109-111**, 111, 179

Stebbing, Susan 史鐵賓 223

Stein, Heinrich Friedrich Karl vom und zum 史坦 135

Stevenson, Charles Leslie 史蒂芬生 223

Stirner, Max 史提那 167

Strauss, David Friedrich 史特勞斯 167, 177

Strawson, Peter F. 史陶生 223, **225**

T

Tauler, Johannes 陶勒 65

Telesius; Telesio, Bernardino 德勒修斯 93, 99

Tertullian 德爾圖良 67

Thales; Thales von Milet 米利都的泰利斯 **31**

Thomas Aquinas; Thomas von Aquin 聖多瑪斯 65, **81-85**, 87, 89, 153

Thrasymachus; Thrasymachos 特拉希馬赫斯 **35**

V

Valla, Lorenzo 瓦拉 93, 97

Vasco da Gama 達伽瑪 93

Vico, Giambattista 維科 **131**

Voltaire (François Marie Arouet) 伏爾泰 129

W

Wagner, Richard 華格納 177

Waismann, Friedrich 衛斯曼 219

Wang Yang-Ming 王陽明 23

Whitehead, Alfred North 懷德海 213, 221

Windelband, Wilhelm 文德爾班 175

Wittgenstein, Ludwig 維根斯坦 13, 211, **215-217**, 223

X

Xenophanes 贊諾芬 **33**

Xun Zi 荀子 23

Z

Zarathustra 查拉圖斯特拉 15, **27**

Zeno of Citium; Zenon von Kition 克伊提永的芝諾 29, 55

Zeno of Elea; Zenon von Elea 伊利亞的齊諾 25, **33**

Zhou Dun-Yi 周敦頤 23

Zhu Xi 朱子 23

Zhuang Zi 莊子 **25**

Zwingli, Ulrich 茨文格里 93

三畫

大亞伯特 Albertus Magnus **81**, 89

大雄 Mahavira **21**

四畫

孔子 Confucius; Konfuzius 15, **23**

孔恩 Kuhn, Thomas S. **187**

孔德 Comte, Auguste 159, **165**

巴內底烏斯 Panaetius; Panaitios 29, 55

巴克萊 Berkeley, George 103, **123**

巴曼尼德斯 Parmenides **33**

巴斯卡 Pascal, Blaise **129**

文德爾班 Windelband, Wilhelm 175

毛澤東 Mao Tse-Tung 183, 229

牛頓 Newton, Isaac 103, 129

王陽明 Wang Yang-Ming 23

五畫

加匝里 Al-Ghazali 77

包爾 Bauer, Bruno 167

卡尼亞德斯 Carneades; Karneades 61

卡西勒 Cassirer, Ernst **175**

卡里克雷斯 Callicles; Kallikles **35**

卡納普 Carnap, Rudolf **219**

卡謬 Camus, Albert 183, 203, **205**

古騰堡 Gutenberg, Johannes 93

史坦 Stein, Heinrich Friedrich Karl vom und zum 135

史特勞斯 Strauss, David Friedrich 167, 177

史陶生 Strawson, Peter F. 223, **225**

史提那 Stirner, Max 167

史萊瑪赫 Schleiermacher, Friedrich Daniel Ernst **149**

史蒂芬生 Stevenson, Charles Leslie 223

史賓塞 Spencer, Herbert **189**

史賓諾莎 Spinoza, Baruch de 103, **109-111**, 111, 179

史鐵賓 Stebbing, Susan 223

尼采 Nietzsche, Friedrich 159, **177-179**

尼薩的額我略 Gregory of Nyssa; Gregor von Nyssa 67

布里丹 Buridan, Jean; Buridan, Johannes 65

布拉班特的西格爾 Siger de Brabant; Siger von Brabant 85

布洛赫 Bloch, Ernst **229**

布倫塔諾 Brentano, Franz 159, 195

布萊德里 Bradley, Francis Herbert 223

布隆斯維克 Brunswik, Egon 191

布魯衛 Brouwer, Jan 211

布魯諾 Bruno, Giordano 79, 93, **99**

弗列格 Frege, Gottlob 183, 211, 213, **219**, 221

瓦拉 Valla, Lorenzo 93, 97

皮爾士 Peirce, Charles Sanders **173**

六畫

伊比克提特 Epictetus; Epiktet 29, 55

伊比鳩魯 Epicurus; Epikur **29**

伊利亞的齊諾 Zeno of Elea; Zenon von Elea 25, **33**

伊利基那 Johannes Scotus Eriugena **73**

伊拉斯謨斯 Erasmus, Desiderius; Erasmus von Rotterdam 93, **97**

休姆 Hume, David 103, **125 ff.**, 135, 223

伏爾泰 Voltaire (François Marie Arouet) **129**

列寧 Lenin, Wladimir Iljitsch 183, **229**

托勒密 Ptolemaeus, Claudius; Ptolemaios 95

朱子 Zhu Xi 23

米利都的泰利斯 Thales; Thales von Milet **31**

米蘭朵拉 Pico della Mirandola, Giovanni 93, **99**

老子 Lao Tse (Lao Zi) 15, **25**

艾克哈特 Eckhart (Meister) 65, **87**

艾里斯的皮羅 Pyrrho; Pyrrhon von Elis 29, 61

艾柏艾伯斯菲特 Eibl-Eibesfeldt, Irenäus 191

艾爾 Ayer, Alfred Jules 219, **223**

西尼加 Seneca 29, 55

西塞羅 Cicero, Marcus Tullius 29, **61**

西諾普的迪歐吉尼斯 Diogenes of Sinope; Diogenes von Sinope 37

七畫

佛陀 Buddha **21**

佛洛伊德 Freud, Sigmund 159, 183, 231, 237

伽利略 Galilei, Galileo 93, **95**

伯格曼 Bergmann, Gustav 219

克卜勒 Kepler, Johannes 93, **95**

克伊提永的芝諾 Zeno of Citium; Zenon von Kition 29, 55

克利安提 Cleanthes; Kleanthes 55

克里西普斯 Chrysippus; Chrysipp 29, 55

克里提亞斯 Critias; Kritias **35**

克拉格斯 Klages, Ludwig 183, **193**

坎帕涅拉 Campanella, Tommaso 93

坎特伯利的安瑟姆 Anselm of Canterbury; Anselm von Canterbury **73**, 105

希比亞斯 Hippias **35**

希累爾 Saint-Hilaire, Étienne Geoffroy de 189

李布曼 Liebmann, Otto 175

李克特 Rickert, Heinrich 175

李嘉圖 Ricardo, David 169

李維史陀 Lévi-Strauss, Claude 183, **239**

杜威 Dewey, John **173**

沙特 Sartre, Jean-Paul 183, **203**

狄亞哥拉斯 Diagoras **35**

狄爾泰 Dilthey, Wilhelm 159, **181**

狄德羅 Diderot, Denis 129

貝肯 Bacon, Roger **79**

邦波那濟 Pomponazzi, Pietro 93, **99**

里格爾 Ricoeur, Paul 183, **237**

里寇佛龍 Lycophron; Lykophron **35**

八畫

亞伯特 Albert, Hans **235**

亞伯提 Alberti, Leon Battista 93

亞貝拉 Abelard, Peter; Abaelard, Peter **75**

亞里斯多德 Aristotle; Aristoteles 11, 13, 29, 37, **47-53**, 63, 65, 77, 79, 81, 95, 153

亞里斯底布斯 Aristippus; Aristipp 37

亞味羅 Averroes (Ibn Ruschd) **77**

亞維采布隆 Avicebron (Ibn Gabirol) **77**

亞維襯那 Avicenna (Ibn Sina) **77**

亞歷山大大帝 Alexander the Great; Alexander d. Gr. 47

亞歷山卓的克雷芒 Clement of Alexandria; Clemens von Alexandria **67**

亞歷山卓的斐羅 Philo of Alexandria; Philon von Alexandria 67

佩脫拉克 Petrarca, Francesco 93, **97**

叔本華 Schopenhauer, Arthur 159, **161**, 177, 179

周敦頤 Zhou Dun-Yi 23

孟子 Mencius; Menzius 15, **23**

孟德斯鳩 Montesquieu, Charles de **131**

孟德爾頌 Mendelssohn, Moses 115

尚波的威廉 Champeaux, Guillaume de; Champeaux, Wilhelm von **75**

帕特里奇 Patrizi, F. 93

拉美都里 Lamettrie, Julien Offray de 107

拉馬克 Lamarck, Jean Baptiste 189

拉斯克 Lask, Emil 178

果加斯 Gorgias 35

波吉亞 Borgia, Cesare 101

波美 Böhme, Jakob 151

波修斯 Boethius 29, 47, **63**, 65, 85

波拿文圖拉 Bonaventura (Giovanni Fidanza) **79**

波斐留斯 Porphyry; Porphyrios 63, 75

波普 Popper, Karl Raimund **235**

波爾 Bohr, Niels 185

波賽多尼奧斯 Poseidonius; Poseidonios 29, 55

法伊格爾 Feigl, Herbert 219

法拉比 Al-Farabi 77

阿尼 Ani 27

阿多諾 Adorno, Theodor **231**

阿克希勞斯 Arcesilaus; Arkesilaos 61

阿納克希曼尼斯 Anaximenes **31**

阿納克希曼德 Anaximander **31**

阿納克薩哥拉斯 Anaxagoras **31**
阿培 Apel, Karl-Otto **233**
阿梅諾普 Amenope 27
阿圖西烏斯 Althusius, Johannes 93, 101
阿摩紐斯 Ammonius Saccas; Ammonius Sakkas 63

九畫

哈伯瑪斯 Habermas, Jürgen **233**
哈特曼 Hartmann, Nicolai 183, **227**
哈曼 Hamann, Johann Georg 135
哈登伯格 Hardenberg, Karl August 135
拜爾 Bayle, Pierre 129
施利克 Schlick, Moritz 219
查拉圖斯特拉 Zarathustra 15, **27**
柏拉圖 Plato; Platon 11, 29, 37, **39-45**, 47, 49, 53, 93,
　　161, 235
柏格森 Bergson, Henri 183, **193**
洪堡 Humboldt, Wilhelm von 135
洛克 Locke, John 103, **119-121**, 123, 129
洛茨 Lotze, Rudolf Hermann 175
玻恩 Born, Max 187
科亨 Cohen, Hermann 175
胡塞爾 Husserl, Edmund 69, 183, **195-197**, 203
革侖 Gehlen, Arnold **237**
革洛底烏斯 Grotius, Hugo 93, **101**

十畫

哥白尼 Kopernikus, Nikolaus 93, **95**, 99
哥倫布 Columbus; Kolumbus 93
哥德爾 Gödel, Kurt 219
哲爾松 Gerson, Jean; Gerson, Johannes 65
庫費爾 Cuvier, Georges 107
庫薩努斯 Nikolaus von Kues (Cusanus) 79, **91**, 99
恩佩多克利斯 Empedocles; Empedokles 31
恩格斯 Engels, Friedrich 159, 167, **169**, 229
拿破崙 Napoleon I. 135
朗格 Lange, Friedrich Albert 175

格林克斯 Geulincx, Arnold 107
海克爾 Haeckel, Ernst 189
海森堡 Heisenberg, Werner 187
海德格 Heidegger, Martin 183, 203, **207-209**
特拉希馬赫斯 Thrasymachus; Thrasymachos **35**
珮圖魯斯 Petrus Hispanus 47
索依瑟 Seuse, Heinrich 65
索緒爾 Saussure, Ferdinand de 183, **239**
紐拉特 Neurath, Otto 219
納托普 Natorp, Paul 175
荀子 Xun Zi 23
茨文格里 Zwingli, Ulrich 93
馬賽爾 Marcel, Gabriel **205**
馬克思 Marx, Karl 159, 167, **169-171**, 229, 231, 235
馬庫色 Marcuse, Herbert 231
馬勒布龍雪 Malebranche, Nicole 107, 123
馬基維利 Machiavelli, Niccolò 93, **101**
高達瑪 Gadamer, Hans-Georg 183, **237**

十一畫

商羯羅 Shankara 19
培里克雷斯 Perikles 235
培亞諾 Peano, Giuseppe 211
培根 Bacon, Francis 93, **95**
康德 Kant, Immanuel 11, 103, 125, 135, **137-145**, 153,
　　161, 175, 191, 199
梅洛龐蒂 Merleau-Ponty, Maurice Jean Jacques 183,
　　197
梅龍 Meinong, Alexius 221
畢達哥拉斯 Pythagoras **31**
笛卡兒 Descartes, René (Renatus Cartesius) 69, 103,
　　105-107, 123
莊子 Zhuang Zi **25**
陶勒 Tauler, Johannes 65

十二畫

傅立葉 Fourier, Charles 171

傅柯 Foucault, Michel 183, **239**

博丹 Bodin, Jean 93, **101**

喀爾文 Calvin, Jean; Calvin, Johann 93, 101

斯密 Smith, Adam **127**, 169

普洛克羅斯 Proclus; Proklos 63

普朗克 Planck, Max 185

普羅丁 Plotinus; Plotin 29, 39, **63**, 93

普羅迪可斯 Prodicus; Prodikos **35**

普羅塔哥拉 Protagoras **35**

華格納 Wagner, Richard 177

萊布尼茲 Leibniz, Gottfried Wilhelm 79, 103, **113-115**, 213, 219

萊辛 Lessing, Gotthold Ephraim 115

萊爾 Ryle, Gilbert 219, **225**

菲奧雷斯的約阿基姆 Fiore, Gioacchino da; Fiore, Joachim von 153

費希特 Fichte, Johann Gottlieb 135, **147-149**, 151

費希納 Fechner, Gustav Theodor **175**

費其諾 Ficino, Marsilio 93, **99**

費爾巴哈 Feuerbach, Ludwig **167**, 169, 171

賀拉斯 Horace; Horaz 29, 59

賀德林 Hölderlin, Friedrich 135

鄂蘭 Arendt, Hannah **233**

雅可比 Jacobi, Friedrich Heinrich 135

雅斯培 Jaspers, Karl 183, **201**

黑格爾 Hegel, Georg Wilhelm Friedrich 135, **153-157**, 159, 167, 169, 177, 203, 235

十三畫

奧古斯丁 Augustine of Hippo; Augustinus 65, **69-71**, 79

奧利金 Origen; Origenes **67**

奧坎的威廉 Ockham, William of; Ockham, Wilhelm von 65, **89**

奧里略 Marcus Aurelius; Marc Aurel 29, 55

奧斯汀 Austin, John Langshaw **223**

奧雷斯姆的尼各拉 Nicolas d'Oresme; Nikolaus von Oresme 65

愛因斯坦 Einstein, Albert **185**

聖多瑪斯 Thomas Aquinas; Thomas von Aquin 65, **81-85**, 87 ,89, 153

聖西門 Saint-Simon, Claude Henri de 171

聖維克托的休格 Hugo von St. Victor 76

葛羅塞特斯特 Grosseteste, Robert 79

詹姆斯 James, William **173**

路卡西維茲 Lukasiewicz, Jan 213

路西帕斯 Leucippus; Leukipp **31**

路德 Luther, Martin 93, 97, **101**

達伽瑪 Vasco da Gama 93

達朗貝爾 d'Alembert, Jean le Rond 129

達爾文 Darwin, Charles 159, **189**, 191

十四畫

漢恩 Hahn, Hans 219

維科 Vico, Giambattista **131**

維根斯坦 Wittgenstein, Ludwig 13, 211, **215-217**, 223

蒙田 Montaigne, Michel de 93, **97**

裴雷斯那 Plessner, Helmuth 183, 191, **237**

赫拉克利圖斯 Heraclitus; Heraklit **33**

赫斯 Hess, Moses 167

赫爾 Hare, Richard Mervyn **223**

赫德 Herder, Johann Gottfried 135

齊克果 Kierkegaard, Sören 157, 159, **163**, 183, 201

齊美爾 Simmel, Georg 183, **193**

蒯因 Quine, Willard van Orman 211, 213, **225**

十五畫

德勒修斯 Telesius; Telesio, Bernardino 93, 99

德爾圖良 Tertullian 67

德謨克利圖 Democritus; Demokrit **33**, 59, 107

摩陀婆 Madhva 19

摩爾 More, Thomas; Morus, Thomas 93, **97**

撒路塔提 Salutati, Coluccio 93

衛斯曼 Waismann, Friedrich 219

鄧斯・司各脫 Duns Scotus, John; Duns Scotus,

Johannes **87**, 89

魯爾 Lull, Raymond **79**

黎曼 Riemann, Georg Friedrich Bernhard 185

黎德 Riedl, Rupert 191

墨子 Mo Zi 15, **25**

十六畫

儒斯定 Justinus 67

盧克萊修 Lucretius; Lukrez 29, 59

盧梭 Rousseau, Jean Jacques **133**, 135, 153

穆勒 Mill, John Stuart 165

賴馬魯斯 Reimarus, Samuel 115

霍布斯 Hobbes, Thomas 103, **117**, 121

霍克海默 Horkheimer, Max **231**

霍爾巴哈 d'Holbach, Paul (Baron) 129

龍樹 Nagarjuna **21**

十七畫

優里匹德斯 Euripides 177

戴奧尼索斯 Dionysius the Areopagite; Dionysius Areopagita 65, **67**

薄伽丘 Boccaccio, Giovanni 93

謝林 Schelling, Friedrich Wilhelm Joseph **135**

謝勒 Scheler, Max 183, 191, **199**

賽克圖斯 Sextus Empiricus 61

邁門尼德 Maimonides, Moses (Mose Ben Maimon) **77**

十八畫

謨爾 Moore, George Edward **223**

十九畫

懷德海 Whitehead, Alfred North 213, 221

羅倫茨 Lorenz, Konrad **191**

羅素 Russell, Bertrand 183, 211, 213, **221**

羅塞林 Roscelinus, Johannes 75

羅爾斯 Rawls, John **233**

羅摩奴闍 Ramanuja 19

贊諾芬 Xenophanes **33**

邊沁 Bentham, Jeremy 165

二十畫

蘇格拉底 Socrates; Sokrates von Athen 29, **37**, 39, 41, 177, 179

A

Abbildungstheorie 圖像理論 215

Abduktion 假說法 173

Absolute 絕對者 149

abstraktive Erkenntnis 抽象知識 89

Absurdes 荒謬 205

achtfacher Pfad 八正道 21

Adiaphora 中性 57

advaita 不二 19

Affekt 激情；情感 57, 111

agathón 善 37

Ägypten 埃及 15, 27

ägyptische Weisheitsdichtung 埃及智慧古詩 27

Ahura Mazda 阿胡拉‧馬茲達 27

Akademie 柏拉圖學院 29, 39

Akt 實現 81

Akte 行動 199

Akzidens 屬性 49

Akzidentien 偶性 83

Alētheia 無隱 29

aliud esse 他性 91

Altruismus 利他主義 165

amour de soi 自我之愛 133

amour propre 自戀 133

Analogien der Erfahrung 經驗的類比 139

Analyse 分析 183, 219, 221

analytisch 分析性的 137

analytische Philosophie 分析哲學 219-225

Anamnesis 回憶 41

Angst 恐懼 207

Anschauung 直觀 137

  - Axiome 公理 139

An-sich-Sein 在己存有 203

Anthropologie 人類學 13, 183, 199, 237

Antinomien 二律背反 141

Antizipationen der Wahrnehmung 知覺的預料 139

Antriebsursache 動力因 49

Apathie 不動心 57

Apeiron 無限 31

apollinisch 阿波羅精神的 177

Apologeten 護教主義者 67

Aporie 絕境 37

a posteriori 後天 137

Apperzeption 知覺 113

a priori 先天 137

arabische Philosophie 阿拉伯哲學 65, 77

Archäologie des Wissens 知識考古學 239

archē 最初原理 29, 31

aretē 德行 37

Aristokratie 貴族制 45

Aristotelesrezeption 亞里斯多德研究 65

Aristotelismus 亞里斯多德主義 93, 99

Ars generalis 普遍科學 79

Askese 苦行 17

Assoziation 聯想 125

Ästhetik 美學 13, 145

Astronomie 天文學 95

Ataraxie 澹泊寧靜 59

Athen 雅典 29

Atman 我 17

Atome 原子 59

  - Indien 印度 17

Atomlehre 原子論 31, 33

aufgeklärter Absolutismus 開明專制 103

Aufhebung 揚棄 153

Aufklärung 啟蒙 11, 135

Auflehnung 反抗 205

Ausdruck 表現 181

Ausdrucksfunktion 表達功能 175

Aussagenlogik 命題邏輯 211

Autarkie 自主性 53

Autonomie 獨立性

  - semantische 語意上的 237

B

ba 精神 27

Bedeutung 意義；意指 75, 219

Bedeutungsfunktion 表意功能 175

Befindlichkeit 境態 207

Begierde 欲望 43

Begriffe 概念 89

belehrtes Nichtwissen 無知之知 91

Besorgen 憂慮 207

bestimmte Negation 界定性的否定 155

Bewußtsein überhaupt 一般意識 201

Bilder 圖像 193

Bildung 教育 35

biogenetische Grundregel 生源學說的基本規則 189

Biologie 生物學 189, 191, 237

Blick 眼光 203

Bodhisattva 菩薩 21

Brahman 梵 17

Brahmanas 婆羅門 15

Buch der Natur 大自然之書 95

Buchdruck 印刷術 93

Buddhismus 佛教 21

Bürgertum 市民階級 103

C

Chaostheorie 混沌理論 187

Chiffren 密碼 201

China 中國 15

coincidentia oppositorum 對立物的際會 91

common sense 常識 223

complicatio 包藏 91, 99

Conclusio 結論 47

contractio 收縮 91

Corpus Aristotelicum 亞里斯多德全集 47

corso 興起 131

D

daimónion 內在靈魂之聲 37

Dao 道 25

Daoismus 道家 15, 25

Darstellungsfunktion 代表功能 175

Dasein 此在；實際我 199, 201, 207

Daseinsfaktoren 存在的要素 21

Dauer 綿延 193

décadence 頹廢精神 177

dechomenon 容受者 39

Demiurg 德穆革 39

Demokratie 民主；民主制 35, 45

Denotation 外延 165

Deontik 規範邏輯 213

Despotie 專制（政體） 131

Deus sive natura 上帝或（亦）自然 109

dharma 法 17

Dialektik 辯證法 153, 169

　- Platon 柏拉圖 41

Dialektik der Aufklärung 啟蒙的辯證 231

Dialektischer Materialismus 辯證唯物論 169

Dialog 對話錄；對話 41, 167

dianoia 理性思度 41

Differentiation 分化 189

Dionysisch 戴奧尼索斯精神的 177

Diskurs 論議；論述 233, 239

Disputationen 論辯 65

Disziplinen der Philosophie 哲學的學門 13

Doppeldeutigkeit 雙重意義 197

Drang 衝動 199

Dreistadiengesetz 三階段法則 165

dritte Dimension 第三向度 197

Dualismus 二元論 107

durée 綿延 193

E

eidetisch 本質的 195

eidos 理型 39

Eigeninteresse 個人利益 127

Eigenname 名字 221

Eigenschaften 性質

 - primäre 初性 33

 - sekundäre 次性 33

Eigentlichkeit 本來 207

eikasia 臆測 41

Einbildungskraft 想像力 125, 147

eindimensional 單面向的 231

Eindrücke 印象 125

Eine 太一 63

Einheit des Seins 存有為唯一 33

Einsehen 洞見 41

Einzelwissenschaft 個別科學 11

Eklektik 折衷（主義）61

Eklektizismus 折衷主義 29

Ekstase 忘我神迷 63

élan vital 生命的脈動 193

Eleaten 伊利亞學派 33

Elementarsätze 基本命題 215

Elemente 元素 31

Elenktik 揭穿術 37

Emanation 流出 63

Emotivismus 情緒主義 223

empirische Realität 經驗的實在性 137

Empirismus 經驗主義 103

Energie 能量 185

ens 存有物 81

Entelechie 完型 49

Entfremdung 異化 171

Entwurf 投擲 203

Enzyklopädie 百科全書 129

Epoché 中止判斷；存而不論 61, 195

Erbschuld 原罪 71

Erfahrung 經驗 79, 119

Erhabene 崇高 145

Erkenntnistheorie 認識論 13

Erkenntnisvorgang 認識過程 85

Erkenntnisweisen 認識方式 111

Erleben 體驗 181

Erlösung 解脫

 - Indien 印度 17, 19

Eros 愛 41

Erziehung 教育 45, 133

esprit de finesse 纖細的精神 129

esse est percipi 存在即被知覺 123

essentia 本質 83

Essentialismus 本質主義 235

Ethik 倫理學 13, 223

Ethnologie 文化人類學 239

Eudämonie 幸福 37, 51, 57

Evidenz 明證性 195

Evolution 演化 189, 235

Evolutionäre Erkenntnistheorie 知識演化論 191

Evolutionstheorie 演化論 189, 193

ewige Wiederkehr 永恆回歸 179

Existentialismus 存在主義 203

Existenz 存在 151, 163, 201, 203, 207

Existenzerhellung 存在的照明 201

Existenzialien 存在分析項 207

Existenzphilosophie 存在哲學 163, 183, 201-205

Experiment 實驗 79, 95

explicatio 開展 91, 99

exzentrische Position 離心的立場 237

F

Falsifizierung 否證 235

Folgenatur 繼性 227

Form 形式 49, 81

Formursache 形式因 49

Fortschrittsglauben 進步思想 103

fortuna 外在條件 101

Fraktale 碎形 187

Frankfurter Schule 法蘭克福學派 231

Französische Revolution 法國大革命 135, 159

Freiheit 自由 99, 143, 151, 203

Frieden 和平 145

Frühscholastik 早期士林哲學 65

Frühsozialisten 早期社會主義者 171

Fühlen 感覺 199

Fundamentalontologie 基礎存有學 183, 207

Funktion 函項 211

Funktionsbegriff 功能性概念 95

Für-Andere-Sein 為他存有 203

Für-sich-Sein 為己存有 203

Fürsorge 顧慮 207

G

Gebot 誡律 87

Gebrauch der Sprache 語言的使用 223

Gedankenfreiheit 思想自由 111

Gefühl 感覺 127

Gegensätze 對立項 33

Gegenwartsbewußtsein 當下意識 195

Geist 精神 51, 91, 99, 123, 153, 155, 193, 199, 201

Geist der Gesetze 法的精神 131

Geisteswissenschaften 精神科學 159, 175, 181

Geltungsanspruch 有效性的訴求 233

Gemeinsinn 通識 131

genius malignus 惡靈 105

geozentrisches Weltbild 地心說 95

Gerechtigkeit 正義 43, 51, 233

Gesamtperson 總個體 199

Geschichte 歷史 131, 157

Geschichtlichkeit 歷史性 181, 201

Geschichtsphilosophie 歷史哲學 13

Geschmacksurteil 審美判斷 145

Geselligkeitstrieb 社會性本能 101

Gesellschaft 社會 203, 231

Gesellschaftstheorie 社會理論 233

Gesellschaftsvertrag 社會契約 117, 121, 133

Gesetz 法

　- ewiges 永恆 85

　- menschliches 人 85

Gespräch 對話 37

Gestalt 型態 197

Gestell 築架 209

Gewaltenteilung 分權 103, 131

Gewißheit 確定性 105

Geworfenheit 被拋擲性 207

Glaube 相信；信仰 41, 67, 69, 163

Glaubenssätze 信仰命題 81

Glück 幸福 165

Glückseligkeit 幸福 37

Gnade 恩寵 71

Gnosis 靈知 65

Gnostizismus 諾斯替派 67

Gott 上帝 67, 69, 73, 83, 87, 91, 109, 115, 123, 151, 163, 223

Gottesbeweise 上帝存在的證明 105, 141

　- Thomas v. Aquin 聖多瑪斯 83

Gottesgeburt 上帝出生地 87

Gottesliebe 對上帝的愛 111

Gottesstaat 上帝之城 71

Gravitation 重力 185

Grenzsituationen 臨界狀態 201

Grund 原因 151

Grundfragen der Philosophie 哲學的根本問題 11

Grundstoffe 根本物質 31

gunas 三態 19

Gut 善 37, 51, 83, 85, 223

Güterlehre 價值論 149

H

Haben 有 205

haecceitas 此有 87

Haltung 素養 51

Handeln 行動 233

Handlung 行動 237

Haß 恨 31

Hausgemeinschaft 家庭 53

Hedonismus 享樂主義 37

heliozentrisches Weltbild 日心說 95

hellenistische Philosophie 希臘化時期哲學 29

Hermeneutik 詮釋學 149, 183, 237

hermeneutischer Zirkel 詮釋學循環 237

Herrscher 統治者 101

Herz 心 129

Hinayana 小乘佛教 21

Historischer Materialismus 歷史唯物論 169, 171

Historismus 歷史主義 159, 181

Hochscholastik 中期士林哲學 65

Hoffnung 希望 229

Höhlengleichnis 洞喻 41

Homo-mensura-Satz 人是萬物尺度 35

Humanismus 人文主義 93, 97

Hylozoismus 萬物有靈論 31

Hypothesen 假設 235

Hypothesenbildung 從假設出發 173

I

Ich 我 147

idea 理型 39

idea innata 本有觀念 105

Idealismus der Freiheit 自由觀念論 181

Idealismuskritik 觀念論批判 159

Idealstaat 理想國 45

Idee des Guten 善的理型 39

Ideen 觀念；理型

　- Augustinus 奧古斯丁 69

　- Berkeley 巴克萊 123

　- Hegel 黑格爾 155

　- Locke 洛克 119

　- Platon 柏拉圖 39, 41

　- regulative 規範性的 141

　- Schopenhauer 叔本華 161

Ideenlehre 理型論 39

Identitätsphilosophie 同一哲學 151

Ideologischer Überbau 意識形態的上層建築 169

idiographisch 單項論述 175

Idole 偶像 95

illokutionärer Akt 表意行為 223

Illumination 光照 69, 79

Immaterialismus 非物質主義 123

Imperialismus 帝國主義 229

impressions 印象 125

In-der-Welt-sein 在世存有 207

Indeterminismus 非決定論 187

Indien 印度 15

Individuelles (Duns Scotus) 個體（鄧斯・司各脫）
　87

individuelles Gesetz 個人法則 193

Induktion 歸納法 47, 95, 235

induktive Logik 歸納邏輯 165

industrielle Revolution 工業革命 159

Inertialsystem 慣性系統 185

innere Selbstgewißheit 內在的自知之明 69

inneres Zeitbewußtsein 內在時間意識 71, 195

Innerlichkeit 內在 101

Instinkt 本能 193

Instinktreduktion 本能的消退 11, 191, 237

Institutionen 機構 237

Instrumentalismus 工具主義 173

instrumentelle Vernunft 工具理性 231

Integration 聚合 189

Intellekt 知性；理性；睿智；理性 193

　- aktiver 主動 77, 81, 85

　- erworbener 後天 77

　- potentieller 被動 77, 85

Intelligenzen 睿智 77, 81

Intentionalität 意向性 195

Interesse 旨趣
- erkenntnisleitendes 對認識具引導作用的 233
Intersubjektivität 相互主體性 197
Intuition 直覺 193
intuitive Erkenntnis 直觀知識 89
Iran 伊朗 15, 27
Isosthenie 正反雙方論證同樣有力 61
italienische Philosophie 義大利哲學 93

J

Jainismus 耆那教 21
Jenseits 彼岸 27
Junktoren 關聯 211
Junktorenlogik 關聯邏輯學 211

K

ka 靈魂 27
Kalkül 運算 113, 211
Kanonik 規準學 59
Kapitalismus 資本主義 171
Kardinaltugenden 根本德行 43, 85
Karma 業 17
Kategorie 範疇 47, 137, 227
Kategorienverwechslung 範疇的混淆 225
kategorischer Imperativ 定言律令 143
Katharsis 淨化作用 53
Kausalnexus 十二因緣 21
Keimgründe 種子形 79
Kennzeichnung 指稱 221
Kirchenväter 教父 65
Klassenkämpfe 階級鬥爭 171
Kleinasien 小亞細亞 29
Klugheit 聰慧 51
Kombinationsgesetz 合併式法則 79
Kommentar 評注 77
Kommunikation 溝通 201
Kommunikationsgemeinschaft 溝通社群 233

komplementär 互補 185
Konfuzianismus 儒家 15, 23
Konnotation 內涵 165
Konstante 常項 211
Konstitution 構作 195
Konzeptualismus 構想論 75
Kopenhagener Deutung 哥本哈根學派的詮釋 187
kopernikanische Wende 哥白尼轉向 137
Körper 物體 117
Kosmologie 宇宙論
- China 中國 23
Kosmos 宇宙 31, 185
Kritische Theorie 批判理論 183, 231
Kultivierung 教養 237
Kultur 文化 133, 237
Kunst 藝術 157, 161
Kyniker 犬儒學派 37
Kyrenaiker 昔蘭尼學派 37

L

Leben 生命 181, 193
Lebensform 生活方式 217
Lebensgeister 靈精 107
Lebensphilosophie 生命哲學 183, 193
Lebenswelt 生活世界 197
Leerheit 空 21
Legalisten 法家 23
Leib 肉體；身體 43, 197
Leiden 苦；痛苦 21, 161
lekton 意義 55
Leviathan 利維坦 117
Li 理 23
Liberalismus 自由主義 103, 159
Licht 光 79
Lichtgeschwindigkeit 光速 185
Lichtmetaphysik 光之形上學 69, 79
Lichtung 光照 209

Liebe 愛 31, 71, 199

linguistic turn 語言學轉向 183

Linguistik 語言學 239

Liniengleichnis 線喻 39, 41

Linkshegelianer 黑格爾左派 167

List der Vernunft 理性的詭計 157

Logik 邏輯 13, 17, 47, 155

　- formale 形式 47

　- moderne 現代 211, 213

Logischer Atomismus 邏輯原子論 221

Logischer Empirismus 邏輯經驗主義 219

Logistik 邏輯學 13

Logos 理智；根本法則；道；理性 29, 33, 37, 55, 57

lokutionärer Akt 說話行為 223

Luft 氣 31

Lust 快樂 59

Lyzeum 呂克昂學院 47

M

ma'at 瑪特 27

Macht 權力 101, 239

Mäeutik 接生術 37

Mahayana 大乘佛教 21

Man 人家 207

Mängelwesen 缺陷的動物 237

Marburger Schule 馬爾堡學派 175

Marxismus 馬克思主義 183, 203, 229

Masse 質量 185

Mäßigung 節制 43

Materialismus 唯物論 33, 169

Materie 物質 39, 63, 81, 229

Mathematik 數學 31, 79

Maxime 箴規 143

maya 幻相 19

Mehrwert 剩餘價值 171

memoria 意識 71

mens 精神 91

Mensch 人類 237

Menschenliebe 兼愛 25

Menschenrechte 人權 103

Mesopotamien 美索不達米亞 15

mesotes 中道 51

Metaethik 後設倫理學 13, 223

Metaphysik 形上學 13

methexis 分享 39

milesische Naturphilosophen 米利都學派的自然哲學 31

Mimamsa 彌曼沙 19

mimesis 摹仿 53

Mitleid 同情 161

Mitsein 共在 207

Mitte 中道 51

Mittelbegriff 媒詞 47

mittelmeerisches Denken 地中海思想 205

Modallogik 模態邏輯 213

modi 樣態 109

Möglichkeit 潛能 81

Mohismus 墨家 15, 25

moksha 解脫 17

Monaden 單子 99, 113

Monarchie 君主（政體） 131

Moral 道德 177, 193

moralisches Empfinden 道德感 125

moral sense 道德感 127

more geometrico 幾何學方法 109

Münchhausen-Trilemma 慕尼豪森三重弔詭 235

Musik 音樂 161

Mut 勇氣 43

Mutation 突變 189

Mystik 神祕主義 65, 87

Mystisches 玄密 215

mystische Vereinigung 神祕的結合 79

Mythos 神話 175, 231

N

Nachdenken 理性思度 41

Nationalökonomie 國家總體經濟 127

Nationalstaat 民族國家 159

Natur 自然 95, 151

Naturalismus 自然主義 181

naturalistischer Fehlschluß 自然主義的謬誤 223

natura naturans 能產的自然 109

natura naturata 所產的自然 109

Naturformen （四種）自然 73

Naturgesetze 自然定律 95

Naturphilosophie 自然哲學 13, 99

Naturrecht 自然法 61, 101, 149

Naturwissenschaften 自然科學 93, 219

Naturzustand 自然狀態 117, 121

negative Theologie 否定神學 67, 77

Nemesis 涅美西斯 205

Neopositivismus 新實證主義 219

Neue Akademie 新學院 61

Neukantianismus 新康德主義 175

Neukonfuzianismus 新儒學 15, 23

Neuplatonismus 新柏拉圖主義 63, 79

Neustikon 差異項 223

Nexus 集結 227

Nicht-Ich 非我 147

Nichts 虛無 203

Nicht-Tun 無為 25

Nichtwissen 無明 21

Nichtzweiheit 不二 19

Nihilismus 虛無主義 179

Nirwana 涅槃 21

Noëma 所知 195

Noësis 能知 41, 195

Nominalismus 唯名論 65, 75, 235

nomothetisch 普遍論述 175

Normalsprache 日常語言 223

Notwendigkeit 必然 189

Noumenon 本體 139

Nous 睿智；理性 31, 51, 63

Novum 新象 229

Nyaya 正理 17

O

Objektivationen 客觀化 161

Objektiver Idealismus 客觀觀念論 39, 181

Occasionalisten 機緣論 107

Ockhams Rasiermesser 奧坎剃刀 89

offene Gesellschaft 開放社會 235

Oikeiosis 占有 57

Ökonomieprinzip 經濟原理 89

Oligarchie 寡頭制 45

Omnipotenzprinzip 全能原理 89

Ontologie 存有學；存有論 13, 225

　- neue 新 197

ontologische Relativität 存有論相對性 225

ontologisches Argument 存有學論證 73

Optik 光學 79

Ordnung 秩序 83

ordo amoris 愛的次序 199

Organismus 有機體 227

P

Pädagogik 教育 173

Paradigma 典範 187

Paradox 弔詭 163

Paradoxien 弔詭 25, 33

Parallelismus 平行關係 107

Paralogismen 論過 141

pathos 激情 57

Patristik 教父時期 65, 67

performativ 實踐 223

Peripatos 逍遙學派 29

perlokutionärer Akt 遂意行為 223

Person 個體；人身 199, 225

Perspektive 透視法 93

Perzeptionen 感覺；知覺 113, 123, 125

Pflanze 植物 237

Pflicht 義務 143

Pflichtenlehre 責任論 149

Phaenomenon 現象 139

Phänomenologie 現象學 155, 183, 195, 197, 199

phänomenologische Ontologie 現象學存有論 203

phänomenologische Reduktion 現象學還原 195

Philosophenkönig 哲君 45

Philosophie des Geistes 心靈哲學 225

philosophy of mind 心靈哲學 225

Phrastikon 共通項 223

phronesis 聰慧 51

Physik 物理學 185, 187

Pietismus 虔敬教派 153

pistis 信以為真 41

Platonismus 柏拉圖主義 93, 99

Poetik 詩學 53

Polis 城邦 53

Politie 折衷的共和制 53

Politik 政治 101

politikon zoon 政治動物 53

Politische Philosophie 政治哲學 13

Positionalität 方位性 237

positiv 實證的 165

positive Philosophie 積極哲學 151

Positivismus 實證主義 159, 165

possest 可能實在 91

Poststrukturalismus 後結構主義 239

Postulate des empirischen Denkens 經驗性思維設準 139

Potenz 潛能 81

Prädikatenlogik 述詞邏輯 211

Präexistenz 前世 43

Pragmatismus 實用主義 173

Prakriti 原質 19

Prämisse 前提 47

präskriptiv 規定性的 223

prästabilierte Harmonie 預定和諧 113

Praxis 實踐 169

Prinzip 原理 47

Privateigentum 私有財產 121

Produkt 產物 151

Produktionsverhältnisse 生產關係 171

Produktivität 創造力 151

Produktivkräfte 生產力 171

Prolepsis 預見 55

Prometheus 普羅米修斯 205

Protention 持來 195

Prozeß 歷程；過程 227, 229

Psychoanalyse 心理分析 237

Psychologie 心理學 181

Psychologismus 心理主義 195

Psychophysik 心理物理學 175

Purusha 原人 19

Q

Qi 氣 23

Quaestionenform 詰問形式 81

Quantenphysik 量子物理 185

Quantoren 量詞 211, 213

Quantorenlogik 量詞邏輯學 211

quiditas 是什麼 83

R

radikaler Aristotelismus 基進亞里斯多德主義 85

ratiomorpher Apparat 理性儀器 191

Rationalismus 理性主義 103, 107

Raum 空間 137, 185

Raum-Zeit-Kontinuum 時空連續體 185

Real-Idealismus 實在觀念論 147

Recht 法 35, 145

Rechtheit 正確性 73

Rechtshegelianer 黑格爾右派 167

Rechtsphilosophie 法哲學 13

Rechtssatz 法律命題 149

Reduktion 還原 195

reflection （內在的）自我知覺 119

Reformation 宗教改革 93, 101

Regel 規則 217

Relationen 關係 213, 215

Relativismus 相對主義 25, 35

Relativitätstheorie 相對論

　- allgemeine 廣義 185

　- spezielle 狹義 185

Religion 宗教 27, 35, 127, 149, 157, 167, 177, 193, 223

Religionsphänomenologie 宗教現象學 237

Religionsphilosophie 宗教哲學 13

Republik 共和（制） 131

res cogitans 思想物 107

res extensa 擴延物 107

Retention 持往 195

Revolte 反叛 205

Revolution 革命 171, 229

　- wissenschaftliche 科學 187

Rhetorik 辯術 35

ricorso 衰落 131

S

Sachverhalte 事態 215

Samkhya 數論 19

Samsara 輪迴 17

Satzfunktion 語句函項 221

Satz vom Grunde 充足理由律 161

Satz vom Widerspruch 矛盾律 47

Scheinwissen 假知識 37

Schemata 圖式 139

Schematismus 圖式論 137

Schichtengesetze 層次法則 227

Schicksal 命運 57

Scholastik 士林哲學 65

scholastische Methode 士林學派方法學 75

Schöne 美 145

Schöpfung 創世 17, 69, 81, 85

Seele 靈魂 37, 41, 43, 63, 67, 85, 141, 193

　- Indien 印度 17, 21

Seelenfünklein 靈魂的火花 87

Seelenleben 靈魂的內部事件 181

Seelenruhe 靈魂的寧靜 61

Seelenteile 靈魂的部分 43, 51

Seelenwanderung 轉世 31, 43

Seiende 存有物 81

Sein 存有 83, 87, 209

Seinsakt 存有行動 83

Seinsordnung 存有的秩序 67

Selbst 自我 163

Selbstbewußtsein 自我意識 105, 151

Selbsterfahrung 自我經驗 97

Selbsterhaltung 自我保存 117

Selbsterkenntnis 自知之明；自我認識 37, 69

Selbstliebe 自我之愛 133

Selbstsein 成為自我 201

Selbstsucht 自戀 133

Selektion 天擇 189

Semantik 語意理論 211

sensation （外在的）感官知覺 119

sensuelle Hyle 感官與料 195

Sinn 意義 219

Sinnesvermögen 感官知覺的能力 85

Sinnlichkeit 感性 167

Sisyphos 薛西弗斯 205

Sittlichkeit 道德 147

Skandha 蘊 21

Skepsis 懷疑主義 29, 97, 125

sola fide 獨靠信心 101

sola gratia 獨靠聖寵 101

sola scriptura 獨靠聖經 101

Solidarität 團結 205

Sonnengleichnis 日喻 39

Sonnengottheit 太陽神 27

Sophisten 詭智學派；名家 29

　- China 中國 25

　- Griechenland 希臘 35

Sorge 關切 37, 207

Sosein 如是 199

Souveränität 主權 101

Sozialismus 社會主義 159

Sozialphilosophie 社會哲學 13, 233

Soziologie 社會學 165

Spätscholastik 晚期士林哲學 65

species intelligibilis 普遍性 85

species sensibilis 個別印象 85

Sprache 語文；語言 97, 209, 215, 217, 219, 221, 223, 225, 239

Sprachgebrauch （個人實際使用的）話語 239

Sprachphilosophie 語言哲學 13, 215, 219

Sprachspiel 語言遊戲 217

Sprechakte 語言行動 223

Staat 國家 23, 117

Staatsformen 政體 131

Staatsgewalt 國家權力 101

Stadien der Existenz 存在的層次 163

Stände 階層 45

Staunen 驚奇 11

Stoa 斯多噶 29, 55, 57

Stoff 物質 49

Stoffursache 材料因 49

Streben 追求 147

Struktur 結構 197, 239

Strukturalismus 結構主義 183, 239

strukturale Linguistik 結構語言學 239

studia humanitatis 以人為本的研究 93

Substanz 實體 49, 83, 109

Substitution 替換 219

Südwestdeutsche Schule 西南學派 175

Sünde 罪 163

Supposition 表徵 89

Syllogismus 三段論；五段論式 47

　- Indien 印度 17

Syllogistik 三段論 55

Symbol 符號；記號 175, 211, 237

Sympathie 同感 127

Synderesis 良知 81

Syntax 語構 211

synthetisch 綜合的 137

Systeme 系統；宗派 153

　- indische 印度 15

T

tabula rasa 白紙 119

Tai Ji 太極 23

Tapferkeit 勇氣 43

Tathandlung 事行 147

Tautologie 恆真句 211, 221

Technik 技術；科技 159, 209

Teilhabe 分享；參與 39, 205

Teleologie 目的論 49

Text 文本 237

Theodizee 辯神論 115

Tier 動物 237

Timokratie 財權制 45

Tod 死亡 11, 201, 207

Totemismus 圖騰崇拜 239

Totengericht 死後審判 27

Tragödie der Kultur 文化的悲劇 193

transzendental 先驗的 147

transzendentale Ästhetik 先驗感性論 137

transzendentale Dialektik 先驗辯證 139

transzendentale Idealität 先驗的觀念性 137

Transzendentalien 超越項 83, 87

Transzendentalpragmatik 超越性語用學 233

Transzendenz 超越界 201

Trieb 衝動 57

Trigramme 卦 23

Tropen 變項 61

Tübinger Stift 杜賓根修院 135

Tugenden 德行；德 37, 43, 57

- dianoëtische 知性的 51

- ethische 倫理實踐的 51

- konfuzianische 儒家的 23

Tugendlehre 德行論 149

Typentheorie 類型理論 213

Tyrannis 暴君制 45

U

Übel 惡 83

Übermensch 超人 179

Umgreifend 涵攝者 201

Umwertung aller Werte 一切價值的翻轉 179

Unbestimmtheit der Übersetzung 翻譯的不確定性 225

unbewegter Beweger 不動的動因 49

Uneigentlichkeit 非本來 207

Unendlichkeit 無限性 99

Ungrund 始原 151

Universalien 共相 75, 89

Universalienrealismus 共相實在論 75

Universalienstreit 共相之爭 65

Universalpragmatik 普遍語用學 233

Universitäten 大學 65

Universum 宇宙 99, 185

Unschärferelation 測不準原理 187

Unsterblichkeit 不朽 43

Unteritalien 南義大利 31

Unverborgenheit 無隱 209

uomo universale 全才 97

Upanishaden 奧義書 15, 17, 161

Urbild 原型 39, 67

Urgrund 最初原理 31

Urkeime 原始種子 69

Urknall-Theorie 大爆炸論 185

Urnatur Gottes 上帝的元性 227

Ursache 因 125

Urstiftung 原始基奠 197

Urteil 判斷 47, 125, 137

Urteilsenthaltung 中止判斷 61

Utilitarismus 效用主義 165

Utopie 烏托邦 229

V

Vaisheshika 勝論 17

Variable 變項 211

Vedanta 吠檀多 19

Veden 吠陀 15

Verelendungstheorie 貧困理論 171

Verfallenheit 墮落 207

Verfassungsformen 政體 53

Vergegenwärtigung 臨在 71

Verhaltensbiologie 行為生物學 191

Verifikation 驗證 219

Vermuten 臆測 41

Vernunft 理性 41, 43, 139, 201

Verstand 理性；悟性 85, 137

Verstehen 理解 149, 181, 207, 237

Vertragstheorie 契約論 103

Verzweiflung 無助 163

via antiqua 舊道路 89

via moderna 新道路 89

virtù 行動力 101

Volk 人民 101

Volkssouveränität 人民主權；全民主權 103, 133

volonté de tous 眾意 133

volonté générale 公意 133

Vorbegriff 準概念 59

Vorsehung 天意 57

Vorsokratik 先蘇期 29

Vorstellungen 觀念；表象 125, 161

W

Wahrheit(en) 真理；諦 73, 83, 173

　- vier edle 四聖（諦）21

Wahrheitsfunktion 真理函項 211

Wahrheitswert 真理值 215

Wahrnehmung 感知；感官知覺；知覺 31, 195, 197

Wahrscheinlichkeit 或然率 187

Wasser 水 31

Weltgeist 世界精神 157

Weltgericht 末世的審判 27

Weltgesetz 世界法則 17

Weltseele 世界靈魂 99

Weiser 仁者；智者 23, 25

Weisheit 智慧 43

Welt 世界 91, 201

　- drei Welten 三個世界 235

Weltanschauungssystem 世界觀體系 181

Weltoffenheit 對世界的開放性 237

Werden 變遷 33

Wert 價值 175

Wertlehre 價值理論 199

Wesen 本質 49, 83

Wesensschau 本質直觀 195

Wiedererinnerung 回憶 41

Wiedergeburt 轉世 17, 21

Wiener Kongreß 維也納會議 135

Wiener Kreis 維也納學圈 219

wildes Denken 野性思維 239

wildes Sein 野性的存有 197

Wille 意志 51, 87, 141, 161

Wille zur Macht 權力意志 179

Wirklichkeit 實現 81

Wirkung 果 125

Wissen 知識

　- demonstratives 推證 119

　- intuitives 直觀 119

　- sensitives 感官 119

Wissenschaftsentwicklung 科學的發展 187

Wissenschaftslehre 知識學 147

Wissenschaftstheorie 科學理論 13, 183, 219

Y

Yin-Yang-Lehre 陰陽家 15, 23

Yoga 瑜伽 19

Z

Zahl 數字 31

Zahlenverhältnisse 數字關係 95

Zeichen 符號 173

Zeit 時間 71, 137, 185

Zeitlichkeit 時間性 209

zeitlose Gegenstände 無時間性的對象 227

Zeug 器具 207

Zufall 偶然 189

Zuhandenheit 即手性 207

zureichender Grund 充足理由 115

Zweckmäßiges 合目的性 143

Zweckursache 目的因 49

Zweifel 懷疑 11, 61, 105

一畫

一切價值的翻轉 Umwertung aller Werte 179

一般意識 Bewußtsein überhaupt 201

二畫

二元論 Dualismus 107

二律背反 Antinomien 141

人文主義 Humanismus 93, 97

人民 Volk 101

人民主權；全民主權 Volkssouveränität 103, 133

人是萬物尺度 Homo-mensura-Satz 35

人家 Man 207

人類 Mensch 237

人類學 Anthropologie 13, 183, 199, 237

人權 Menschenrechte 103

八正道 achtfacher Pfad 21

十二因緣 Kausalnexus 21

三畫

三段論 Syllogistik 55

三段論；五段論式 Syllogismus 47

　—印度 Indien 17

三階段法則 Dreistadiengesetz 165

三態 gunas 19

上帝 Gott 67, 69, 73, 83, 87, 91, 109, 115, 123, 151, 163, 223

上帝之城 Gottesstaat 71

上帝出生地 Gottesgeburt 87

上帝存在的證明 Gottesbeweise 105, 141

　—聖多瑪斯 Thomas v. Aquin 83

上帝或（亦）自然 Deus sive natura 109

上帝的元性 Urnatur Gottes 227

士林哲學 Scholastik 65

士林學派方法學 scholastische Methode 75

大自然之書 Buch der Natur 95

大乘佛教 Mahayana 21

大學 Universitäten 65

大爆炸論 Urknall-Theorie 185

小亞細亞 Kleinasien 29

小乘佛教 Hinayana 21

工具主義 Instrumentalismus 173

工具理性 instrumentelle Vernunft 231

工業革命 industrielle Revolution 159

四畫

不二 advaita 19

不二 Nichtzweiheit 19

不朽 Unsterblichkeit 43

不動心 Apathie 57

不動的動因 unbewegter Beweger 49

中止判斷 Urteilsenthaltung 61

中止判斷；存而不論 Epoché 61, 195

中性 Adiaphora 57

中國 China 15

中期士林哲學 Hochscholastik 65

中道 mesotes 51

中道 Mitte 51

互補 komplementär 185

仁者；智者 Weiser 23, 25

元素 Elemente 31

內在 Innerlichkeit 101

（內在的）自我知覺 reflection 119

內在的自知之明 innere Selbstgewißheit 69

內在時間意識 inneres Zeitbewußtsein 71, 195

內在靈魂之聲 daimónion 37

內涵 Konnotation 165

公意 volonté générale 133

分化 Differentiation 189

分享 methexis 39

分享；參與 Teilhabe 39, 205

分析 Analyse 183, 219, 221

分析性的 analytisch 137

分析哲學 analytische Philosophie 219-225

分權 Gewaltenteilung 103, 131

反抗 Auflehnung 205

反叛 Revolte 205

天文學 Astronomie 95

天意 Vorsehung 57

天擇 Selektion 189

太一 Eine 63

太陽神 Sonnengottheit 27

太極 Tai Ji 23

幻相 maya 19

弔詭 Paradox 163

弔詭 Paradoxien 25, 33

心 Herz 129

心理分析 Psychoanalyse 237

心理主義 Psychologismus 195

心理物理學 Psychophysik 175

心理學 Psychologie 181

心靈哲學 Philosophie des Geistes 225

心靈哲學 philosophy of mind 225

文化 Kultur 133, 237

文化人類學 Ethnologie 239

文化的悲劇 Tragödie der Kultur 193

文本 Text 237

方位性 Positionalität 237

日心說 heliozentrisches Weltbild 95

日常語言 Normalsprache 223

日喻 Sonnengleichnis 39

水 Wasser 31

犬儒學派 Kyniker 37

五畫

世界 Welt 91, 201

　一三個世界 drei Welten 235

世界法則 Weltgesetz 17

世界精神 Weltgeist 157

世界靈魂 Weltseele 99

世界觀體系 Weltanschauungssystem 181

主權 Souveränität 101

以人為本的研究 studia humanitatis 93

他性 aliud esse 91

代表功能 Darstellungsfunktion 175

充足理由 zureichender Grund 115

充足理由律 Satz vom Grunde 161

功能性概念 Funktionsbegriff 95

包藏 complicatio 91, 99

占有 Oikeiosis 57

可能實在 possest 91

（四種）自然 Naturformen 73

（外在的）感官知覺 sensation 119

外在條件 fortuna 101

外延 Denotation 165

市民階級 Bürgertum 103

平行關係 Parallelismus 107

必然 Notwendigkeit 189

本有觀念 idea innata 105

本來 Eigentlichkeit 207

本能 Instinkt 193

本能的消退 Instinktreduktion 11, 191, 237

本質 essentia 83

本質 Wesen 49, 83

本質主義 Essentialismus 235

本質的 eidetisch 195

本質直觀 Wesensschau 195

本體 Noumenon 139

末世的審判 Weltgericht 27

正反雙方論證同樣有力 Isosthenie 61

正理 Nyaya 17

正義 Gerechtigkeit 43, 51, 233

正確性 Rechtheit 73

民主；民主制 Demokratie 35, 45

民族國家 Nationalstaat 159

永恆回歸 ewige Wiederkehr 179

玄密 Mystisches 215

生命 Leben 181, 193

生命的脈動 élan vital 193

生命哲學 Lebensphilosophie 183, 193
生物學 Biologie 189, 191, 237
生活方式 Lebensform 217
生活世界 Lebenswelt 197
生產力 Produktivkräfte 171
生產關係 Produktionsverhältnisse 171
生源學說的基本規則 biogenetische Grundregel 189
白紙 tabula rasa 119
目的因 Zweckursache 49
目的論 Teleologie 49
矛盾律 Satz vom Widerspruch 47

六畫
伊利亞學派 Eleaten 33
伊朗 Iran 15, 27
光 Licht 79
光之形上學 Lichtmetaphysik 69, 79
光速 Lichtgeschwindigkeit 185
光照 Illumination 69, 79
光照 Lichtung 209
光學 Optik 79
先天 a priori 137
先蘇期 Vorsokratik 29
先驗的 transzendental 147
先驗的觀念性 transzendentale Idealität 137
先驗感性論 transzendentale Ästhetik 137
先驗辯證 transzendentale Dialektik 139
全才 uomo universale 97
全能原理 Omnipotenzprinzip 89
共在 Mitsein 207
共和（制） Republik 131
共相 Universalien 75, 89
共相之爭 Universalienstreit 65
共相實在論 Universalienrealismus 75
共通項 Phrastikon 223
印刷術 Buchdruck 93
印度 Indien 15

印象 Eindrücke 125
印象 impressions 125
同一哲學 Identitätsphilosophie 151
同情 Mitleid 161
同感 Sympathie 127
名字 Eigenname 221
合目的性 Zweckmäßiges 143
合併式法則 Kombinationsgesetz 79
因 Ursache 125
回憶 Anamnesis 41
回憶 Wiedererinnerung 41
地中海思想 mittelmeerisches Denken 205
地心說 geozentrisches Weltbild 95
在己存有 An-sich-Sein 203
在世存有 In-der-Welt-sein 207
如是 Sosein 199
存在 Existenz 151, 163, 201, 203, 207
存在分析項 Existenzialien 207
存在主義 Existentialismus 203
存在即被知覺 esse est percipi 123
存在的要素 Daseinsfaktoren 21
存在的照明 Existenzerhellung 201
存在的層次 Stadien der Existenz 163
存在哲學 Existenzphilosophie 163, 183, 201-205
存有 Sein 83, 87, 209
存有行動 Seinsakt 83
存有物 ens 81
存有物 Seiende 81
存有的秩序 Seinsordnung 67
存有為唯一 Einheit des Seins 33
存有論相對性 ontologische Relativität 225
存有學；存有論 Ontologie 13, 225
　—新 neue 197
存有學論證 ontologisches Argument 73
宇宙 Kosmos 31, 185
宇宙 Universum 99, 185
宇宙論 Kosmologie

—中國 China 23
成為自我 Selbstsein 201
收縮 contractio 91
早期士林哲學 Frühscholastik 65
早期社會主義者 Frühsozialisten 171
旨趣 Interesse
　　—對認識具引導作用的 erkenntnisleitendes 233
有 Haben 205
有效性的訴求 Geltungsanspruch 233
有機體 Organismus 227
此在；實際我 Dasein 199, 201, 207
此有 haecceitas 87
死亡 Tod 11, 201, 207
死後審判 Totengericht 27
百科全書 Enzyklopädie 129
米利都學派的自然哲學 milesische Naturphilosophen 31
肉體；身體 Leib 43, 197
自主性 Autarkie 53
自由 Freiheit 99, 143, 151, 203
自由主義 Liberalismus 103, 159
自由觀念論 Idealismus der Freiheit 181
自我 Selbst 163
自我之愛 amour de soi 133
自我之愛 Selbstliebe 133
自我保存 Selbsterhaltung 117
自我意識 Selbstbewußtsein 105, 151
自我經驗 Selbsterfahrung 97
自知之明；自我認識 Selbsterkenntnis 37, 69
自然 Natur 95, 151
自然主義 Naturalismus 181
自然主義的謬誤 naturalistischer Fehlschluß 223
自然定律 Naturgesetze 95
自然法 Naturrecht 61, 101, 149
自然狀態 Naturzustand 117, 121
自然科學 Naturwissenschaften 93, 219
自然哲學 Naturphilosophie 13, 99

自戀 amour propre 133
自戀 Selbstsucht 133
行為生物學 Verhaltensbiologie 191
行動 Akte 199
行動 Handeln 233
行動 Handlung 237
行動力 virtù 101
西南學派 Südwestdeutsche Schule 175

七畫

佛教 Buddhismus 21
判斷 Urteil 47, 125, 137
利他主義 Altruismus 165
利維坦 Leviathan 117
即手性 Zuhandenheit 207
否定神學 negative Theologie 67, 77
否證 Falsifizierung 235
呂克昂學院 Lyzeum 47
君主（政體） Monarchie 131
吠陀 Veden 15
吠檀多 Vedanta 19
完型 Entelechie 49
希望 Hoffnung 229
希臘化時期哲學 hellenistische Philosophie 29
形上學 Metaphysik 13
形式 Form 49, 81
形式因 Formursache 49
忘我神迷 Ekstase 63
快樂 Lust 59
我 Atman 17
我 Ich 147
技術；科技 Technik 159, 209
批判理論 Kritische Theorie 183, 231
折衷（主義） Eklektik 61
折衷主義 Eklektizismus 29
折衷的共和制 Politie 53
投擲 Entwurf 203

材料因 Stoffursache 49

杜賓根修院 Tübinger Stift 135

私有財產 Privateigentum 121

系統；宗派 Systeme 153

　─印度 indische 15

良知 Synderesis 81

八畫

事行 Tathandlung 147

事態 Sachverhalte 215

亞里斯多德主義 Aristotelismus 93, 99

亞里斯多德全集 Corpus Aristotelicum 47

亞里斯多德研究 Aristotelesrezeption 65

享樂主義 Hedonismus 37

典範 Paradigma 187

函項 Funktion 211

卦 Trigramme 23

和平 Frieden 145

命運 Schicksal 57

命題邏輯 Aussagenlogik 211

始原 Ungrund 151

宗教 Religion 27, 35, 127, 149, 157, 167, 177, 193, 223

宗教改革 Reformation 93, 101

宗教哲學 Religionsphilosophie 13

宗教現象學 Religionsphänomenologie 237

定言律令 kategorischer Imperativ 143

幸福 Eudämonie 37, 51, 57

幸福 Glück 165

幸福 Glückseligkeit 37

彼岸 Jenseits 27

性質 Eigenschaften

　─次性 sekundäre 33

　─初性 primäre 33

或然率 Wahrscheinlichkeit 187

所知 Noëma 195

所產的自然 natura naturata 109

抽象知識 abstraktive Erkenntnis 89

昔蘭尼學派 Kyrenaiker 37

明證性 Evidenz 195

果 Wirkung 125

法 Gesetz

　─人 menschliches 85

　─永恆 ewiges 85

法 Recht 35, 145

法 dharma 17

法的精神 Geist der Gesetze 131

法律命題 Rechtssatz 149

法哲學 Rechtsphilosophie 13

法家 Legalisten 23

法國大革命 Französische Revolution 135, 159

法蘭克福學派 Frankfurter Schule 231

物理學 Physik 185, 187

物質 Materie 39, 63, 81, 229

物質 Stoff 49

物體 Körper 117

直覺 Intuition 193

直觀 Anschauung 137

　─公理 Axiome 139

直觀知識 intuitive Erkenntnis 89

知性；理性；睿智；理性 Intellekt 193

　─主動 aktiver 77, 81, 85

　─後天 erworbener 77

　─被動 potentieller 77, 85

知識 Wissen

　─直觀 intuitives 119

　─推證 demonstratives 119

　─感官 sensitives 119

知識考古學 Archäologie des Wissens 239

知識演化論 Evolutionäre Erkenntnistheorie 191

知識學 Wissenschaftslehre 147

知覺 Apperzeption 113

知覺的預料 Antizipationen der Wahrnehmung 139

社會 Gesellschaft 203, 231

社會主義 Sozialismus 159

社會性本能 Geselligkeitstrieb 101

社會契約 Gesellschaftsvertrag 117, 121, 133

社會哲學 Sozialphilosophie 13, 233

社會理論 Gesellschaftstheorie 233

社會學 Soziologie 165

空 Leerheit 21

空間 Raum 137, 185

表現 Ausdruck 181

表意功能 Bedeutungsfunktion 175

表意行為 illokutionärer Akt 223

表達功能 Ausdrucksfunktion 175

表徵 Supposition 89

阿拉伯哲學 arabische Philosophie 65, 77

阿波羅精神的 apollinisch 177

阿胡拉‧馬茲達 Ahura Mazda 27

非本來 Uneigentlichkeit 207

非我 Nicht-Ich 147

非決定論 Indeterminismus 187

非物質主義 Immaterialismus 123

九畫

信以為真 pistis 41

信仰命題 Glaubenssätze 81

前世 Präexistenz 43

前提 Prämisse 47

勇氣 Mut 43

勇氣 Tapferkeit 43

南義大利 Unteritalien 31

型態 Gestalt 197

城邦 Polis 53

契約論 Vertragstheorie 103

客觀化 Objektivationen 161

客觀觀念論 Objektiver Idealismus 39, 181

帝國主義 Imperialismus 229

後天 a posteriori 137

後設倫理學 Metaethik 13, 223

後結構主義 Poststrukturalismus 239

思想自由 Gedankenfreiheit 111

思想物 res cogitans 107

恨 Haß 31

恆真句 Tautologie 211, 221

持來 Protention 195

持往 Retention 195

指稱 Kennzeichnung 221

政治 Politik 101

政治哲學 Politische Philosophie 13

政治動物 politikon zoon 53

政體 Staatsformen 131

政體 Verfassungsformen 53

是什麼 quiditas 83

柏拉圖主義 Platonismus 93, 99

柏拉圖學院 Akademie 29, 39

流出 Emanation 63

洞見 Einsehen 41

洞喻 Höhlengleichnis 41

為己存有 Für-sich-Sein 203

為他存有 Für-Andere-Sein 203

界定性的否定 bestimmte Negation 155

相互主體性 Intersubjektivität 197

相信；信仰 Glaube 41, 67, 69, 163

相對主義 Relativismus 25, 35

相對論 Relativitätstheorie

　　—狹義 spezielle 185

　　—廣義 allgemeine 185

科學的發展 Wissenschaftsentwicklung 187

科學理論 Wissenschaftstheorie 13, 183, 219

突變 Mutation 189

美 Schöne 145

美索不達米亞 Mesopotamien 15

美學 Ästhetik 13, 145

苦；痛苦 Leiden 21, 161

苦行 Askese 17

述詞邏輯 Prädikatenlogik 211

重力 Gravitation 185

革命 Revolution 171, 229
　—科學 wissenschaftliche 187
音樂 Musik 161

十畫

個人利益 Eigeninteresse 127
個人法則 individuelles Gesetz 193
（個人實際使用的）話語 Sprachgebrauch 239
個別印象 species sensibilis 85
個別科學 Einzelwissenschaft 11
個體（鄧斯・司各脫） Individuelles (Duns Scotus) 87
個體；人身 Person 199, 225
倫理學 Ethik 13, 223
兼愛 Menschenliebe 25
原人 Purusha 19
原子 Atome 59
　—印度 Indien 17
原子論 Atomlehre 31, 33
原因 Grund 151
原始基奠 Urstiftung 197
原始種子 Urkeime 69
原型 Urbild 39, 67
原理 Prinzip 47
原罪 Erbschuld 71
原質 Prakriti 19
哥本哈根學派的詮釋 Kopenhagener Deutung 187
哥白尼轉向 kopernikanische Wende 137
哲君 Philosophenkönig 45
哲學的根本問題 Grundfragen der Philosophie 11
哲學的學門 Disziplinen der Philosophie 13
埃及 Ägypten 15, 27
埃及智慧古詩 ägyptische Weisheitsdichtung 27
家庭 Hausgemeinschaft 53
容受者 dechomenon 39
差異項 Neustikon 223
恐懼 Angst 207

恩寵 Gnade 71
效用主義 Utilitarismus 165
時空連續體 Raum-Zeit-Kontinuum 185
時間 Zeit 71, 137, 185
時間性 Zeitlichkeit 209
根本物質 Grundstoffe 31
根本德行 Kardinaltugenden 43, 85
氣 Luft 31
氣 Qi 23
涅美西斯 Nemesis 205
涅槃 Nirwana 21
烏托邦 Utopie 229
真理；諦 Wahrheit(en) 73, 83, 173
　—四聖（諦） vier edle 21
真理函項 Wahrheitsfunktion 211
真理值 Wahrheitswert 215
神祕主義 Mystik 65, 87
神祕的結合 mystische Vereinigung 79
神話 Mythos 175, 231
秩序 Ordnung 83
素養 Haltung 51
缺陷的動物 Mängelwesen 237
耆那教 Jainismus 21
能知 Noësis 41, 195
能產的自然 natura naturans 109
能量 Energie 185
荒謬 Absurdes 205
虔敬教派 Pietismus 153
衰落 ricorso 131
財權制 Timokratie 45
追求 Streben 147
馬克思主義 Marxismus 183, 203, 229
馬爾堡學派 Marburger Schule 175

十一畫

假知識 Scheinwissen 37
假設 Hypothesen 235

假說法 Abduktion 173
偶性 Akzidentien 83
偶然 Zufall 189
偶像 Idole 95
動力因 Antriebsursache 49
動物 Tier 237
唯名論 Nominalismus 65, 75, 235
唯物論 Materialismus 33, 169
國家 Staat 23, 117
國家總體經濟 Nationalökonomie 127
國家權力 Staatsgewalt 101
基本命題 Elementarsätze 215
基進亞里斯多德主義 radikaler Aristotelismus 85
基礎存有學 Fundamentalontologie 183, 207
婆羅門 Brahmanas 15
密碼 Chiffren 201
專制（政體） Despotie 131
崇高 Erhabene 145
常項 Konstante 211
常識 common sense 223
從假設出發 Hypothesenbildung 173
情緒主義 Emotivismus 223
接生術 Mäeutik 37
教父 Kirchenväter 65
教父時期 Patristik 65, 67
教育 Bildung 35
教育 Erziehung 45, 133
教育 Pädagogik 173
教養 Kultivierung 237
啟蒙 Aufklärung 11, 135
啟蒙的辯證 Dialektik der Aufklärung 231
晚期士林哲學 Spätscholastik 65
梵 Brahman 17
欲望 Begierde 43
混沌理論 Chaostheorie 187
涵攝者 Umgreifend 201
淨化作用 Katharsis 53

理 Li 23
理性 Vernunft 41, 43, 139, 201
理性；悟性 Verstand 85, 137
理性主義 Rationalismus 103, 107
理性的詭計 List der Vernunft 157
理性思度 dianoia 41
理性思度 Nachdenken 41
理性儀器 ratiomorpher Apparat 191
理型 eidos 39
理型 idea 39
理型論 Ideenlehre 39
理智；根本法則；道；理性 Logos 29, 33, 37, 55, 57
理想國 Idealstaat 45
理解 Verstehen 149, 181, 207, 237
現象 Phaenomenon 139
現象學 Phänomenologie 155, 183, 195, 197, 199
現象學存有論 phänomenologische Ontologie 203
現象學還原 phänomenologische Reduktion 195
產物 Produkt 151
異化 Entfremdung 171
眾意 volonté de tous 133
眼光 Blick 203
第三向度 dritte Dimension 197
符號 Zeichen 173
符號；記號 Symbol 175, 211, 237
統治者 Herrscher 101
被拋擲性 Geworfenheit 207
規定性的 präskriptiv 223
規則 Regel 217
規準學 Kanonik 59
規範邏輯 Deontik 213
責任論 Pflichtenlehre 149
貧困理論 Verelendungstheorie 171
逍遙學派 Peripatos 29
通識 Gemeinsinn 131
透視法 Perspektive 93
野性的存有 wildes Sein 197

野性思維 wildes Denken 239
陰陽家 Yin-Yang-Lehre 15, 23

十二畫

最初原理 archē 29, 31
最初原理 Urgrund 31
創世 Schöpfung 17, 69, 81, 85
創造力 Produktivität 151
剩餘價值 Mehrwert 171
勝論 Vaisheshika 17
單子 Monaden 99, 113
單面向的 eindimensional 231
單項論述 idiographisch 175
媒詞 Mittelbegriff 47
幾何學方法 more geometrico 109
惡 Übel 83
惡靈 genius malignus 105
揭穿術 Elenktik 37
揚棄 Aufhebung 153
斯多噶 Stoa 29, 55, 57
普遍性 species intelligibilis 85
普遍科學 Ars generalis 79
普遍語用學 Universalpragmatik 233
普遍論述 nomothetisch 175
普羅米修斯 Prometheus 205
智慧 Weisheit 43
替換 Substitution 219
植物 Pflanze 237
測不準原理 Unschärferelation 187
無助 Verzweiflung 163
無明 Nichtwissen 21
無知之知 belehrtes Nichtwissen 91
無為 Nicht-Tun 25
無限 Apeiron 31
無限性 Unendlichkeit 99
無時間性的對象 zeitlose Gegenstände 227
無隱 Alētheia 29

無隱 Unverborgenheit 209
結構 Struktur 197, 239
結構主義 Strukturalismus 183, 239
結構語言學 strukturale Linguistik 239
結論 Conclusio 47
絕境 Aporie 37
絕對者 Absolute 149
善 agathón 37
善 Gut 37, 51, 83, 85, 223
善的理型 Idee des Guten 39
菩薩 Bodhisattva 21
虛無 Nichts 203
虛無主義 Nihilismus 179
評注 Kommentar 77
貴族制 Aristokratie 45
超人 Übermensch 179
超越性語用學 Transzendentalpragmatik 233
超越界 Transzendenz 201
超越項 Transzendentalien 83, 87
進步思想 Fortschrittsglauben 103
量子物理 Quantenphysik 185
量詞 Quantoren 211, 213
量詞邏輯學 Quantorenlogik 211
開放社會 offene Gesellschaft 235
開明專制 aufgeklärter Absolutismus 103
開展 explicatio 91, 99
階級鬥爭 Klassenkämpfe 171
階層 Stände 45
雅典 Athen 29
集結 Nexus 227
黑格爾右派 Rechtshegelianer 167
黑格爾左派 Linkshegelianer 167

十三畫

奧坎剃刀 Ockhams Rasiermesser 89
奧義書 Upanishaden 15, 17, 161
意向性 Intentionalität 195

意志 Wille 51, 87, 141, 161

意義 lekton 55

意義 Sinn 219

意義；意指 Bedeutung 75, 219

意識 memoria 71

意識形態的上層建築 Ideologischer Überbau 169

感官知覺的能力 Sinnesvermögen 85

感官與料 sensuelle Hyle 195

感性 Sinnlichkeit 167

感知；感官知覺；知覺 Wahrnehmung 31, 195, 197

感覺 Fühlen 199

感覺 Gefühl 127

感覺；知覺 Perzeptionen 113, 123, 125

想像力 Einbildungskraft 125, 147

愛 Eros 41

愛 Liebe 31, 71, 199

愛的次序 ordo amoris 199

新柏拉圖主義 Neuplatonismus 63, 79

新康德主義 Neukantianismus 175

新象 Novum 229

新道路 via moderna 89

新實證主義 Neopositivismus 219

新儒學 Neukonfuzianismus 15, 23

新學院 Neue Akademie 61

業 Karma 17

概念 Begriffe 89

溝通 Kommunikation 201

溝通社群 Kommunikationsgemeinschaft 233

準概念 Vorbegriff 59

瑜伽 Yoga 19

當下意識 Gegenwartsbewußtsein 195

碎形 Fraktale 187

萬物有靈論 Hylozoismus 31

節制 Mäßigung 43

經濟原理 Ökonomieprinzip 89

經驗 Erfahrung 79, 119

經驗主義 Empirismus 103

經驗性思維設準 Postulate des empirischen Denkens 139

經驗的實在性 empirische Realität 137

經驗的類比 Analogien der Erfahrung 139

罪 Sünde 163

義大利哲學 italienische Philosophie 93

義務 Pflicht 143

解脫 Erlösung

　─印度 Indien 17, 19

解脫 moksha 17

詩學 Poetik 53

詰問形式 Quaestionenform 81

詭智學派；名家 Sophisten 29

　─中國 China 25

　─希臘 Griechenland 35

詮釋學 Hermeneutik 149, 183, 237

詮釋學循環 hermeneutischer Zirkel 237

資本主義 Kapitalismus 171

運算 Kalkül 113, 211

道 Dao 25

道家 Daoismus 15, 25

道德 Moral 177, 193

道德 Sittlichkeit 147

道德感 moral sense 127

道德感 moralisches Empfinden 125

遂意行為 perlokutionärer Akt 223

預見 Prolepsis 55

預定和諧 prästabilierte Harmonie 113

十四畫

團結 Solidarität 205

圖式 Schemata 139

圖式論 Schematismus 137

圖像 Bilder 193

圖像理論 Abbildungstheorie 215

圖騰崇拜 Totemismus 239

境態 Befindlichkeit 207

寡頭制 Oligarchie 45
實用主義 Pragmatismus 173
實在觀念論 Real-Idealismus 147
實現 Akt 81
實現 Wirklichkeit 81
實踐 performativ 223
實踐 Praxis 169
實證主義 Positivismus 159, 165
實證的 positiv 165
實驗 Experiment 79, 95
實體 Substanz 49, 83, 109
對上帝的愛 Gottesliebe 111
對世界的開放性 Weltoffenheit 237
對立物的際會 coincidentia oppositorum 91
對立項 Gegensätze 33
對話 Gespräch 37
對話錄；對話 Dialog 41, 167
慣性系統 Inertialsystem 185
構作 Konstitution 195
構想論 Konzeptualismus 75
演化 Evolution 189, 235
演化論 Evolutionstheorie 189, 193
瑪特 ma'at 27
睿智 Intelligenzen 77, 81
睿智；理性 Nous 31, 51, 63
種子形 Keimgründe 79
精神 ba 27
精神 Geist 51, 91, 99, 123, 153, 155, 193, 199, 201
精神 mens 91
精神科學 Geisteswissenschaften 159, 175, 181
綜合的 synthetisch 137
綿延 Dauer 193
綿延 durée 193
維也納會議 Wiener Kongreß 135
維也納學圈 Wiener Kreis 219
聚合 Integration 189
語文；語言 Sprache 97, 209, 215, 217, 219, 221, 223,
225, 239
語句函項 Satzfunktion 221
語言行動 Sprechakte 223
語言的使用 Gebrauch der Sprache 223
語言哲學 Sprachphilosophie 13, 215, 219
語言遊戲 Sprachspiel 217
語言學 Linguistik 239
語言學轉向 linguistic turn 183
語意理論 Semantik 211
語構 Syntax 211
認識方式 Erkenntnisweisen 111
認識過程 Erkenntnisvorgang 85
認識論 Erkenntnistheorie 13
誡律 Gebot 87
說話行為 lokutionärer Akt 223

十五畫
價值 Wert 175
價值理論 Wertlehre 199
價值論 Güterlehre 149
墮落 Verfallenheit 207
審美判斷 Geschmacksurteil 145
層次法則 Schichtengesetze 227
德行 aretē 37
德行；德 Tugenden 37, 43, 57
　　—知性的 dianoëtische 51
　　—倫理實踐的 ethische 51
　　—儒家的 konfuzianische 23
德行論 Tugendlehre 149
德穆革 Demiurg 39
慕尼豪森三重弔詭 Münchhausen-Trilemma 235
憂慮 Besorgen 207
摹仿 mimesis 53
數字 Zahl 31
數字關係 Zahlenverhältnisse 95
數論 Samkhya 19
數學 Mathematik 31, 79

暴君制 Tyrannis 45
樣態 modi 109
模態邏輯 Modallogik 213
潛能 Möglichkeit 81
潛能 Potenz 81
確定性 Gewißheit 105
範疇 Kategorie 47, 137, 227
範疇的混淆 Kategorienverwechslung 225
箴規 Maxime 143
線喻 Liniengleichnis 39, 41
衝動 Drang 199
衝動 Trieb 57
論過 Paralogismen 141
論議；論述 Diskurs 233, 239
論辯 Disputationen 65
質量 Masse 185
輪迴 Samsara 17
墨家 Mohismus 15, 25

十六畫
儒家 Konfuzianismus 15, 23
器具 Zeug 207
機構 Institutionen 237
機緣論 Occasionalisten 107
歷史 Geschichte 131, 157
歷史主義 Historismus 159, 181
歷史性 Geschichtlichkeit 181, 201
歷史哲學 Geschichtsphilosophie 13
歷史唯物論 Historischer Materialismus 169, 171
歷程；過程 Prozeß 227, 229
激情 pathos 57
激情；情感 Affekt 57, 111
澹泊寧靜 Ataraxie 59
獨立性 Autonomie
　—語意上的 semantische 237
獨靠信心 sola fide 101
獨靠聖經 sola scriptura 101

獨靠聖寵 sola gratia 101
積極哲學 positive Philosophie 151
築架 Gestell 209
興起 corso 131
諾斯替派 Gnostizismus 67
頹廢精神 décadence 177

十七畫
彌曼沙 Mimamsa 19
戴奧尼索斯精神的 Dionysisch 177
總個體 Gesamtperson 199
聰慧 Klugheit 51
聰慧 phronesis 51
聯想 Assoziation 125
臆測 eikasia 41
臆測 Vermuten 41
臨在 Vergegenwärtigung 71
臨界狀態 Grenzsituationen 201
薛西弗斯 Sisyphos 205
還原 Reduktion 195

十八畫
擴延物 res extensa 107
歸納法 Induktion 47, 95, 235
歸納邏輯 induktive Logik 165
翻譯的不確定性 Unbestimmtheit der Übersetzung 225
舊道路 via antiqua 89
轉世 Seelenwanderung 31, 43
轉世 Wiedergeburt 17, 21
離心的立場 exzentrische Position 237
雙重意義 Doppeldeutigkeit 197

十九畫
懷疑 Zweifel 11, 61, 105
懷疑主義 Skepsis 29, 97, 125
藝術 Kunst 157, 161
關切 Sorge 37, 207

關係 Relationen 213, 215
關聯 Junktoren 211
關聯邏輯學 Junktorenlogik 211
類型理論 Typentheorie 213

二十畫
蘊 Skandhas 21
繼性 Folgenatur 227

二十一畫
屬性 Akzidens 49
護教主義者 Apologeten 67
辯神論 Theodizee 115
辯術 Rhetorik 35
辯證法 Dialektik 153, 169
　一柏拉圖 Platon 41
辯證唯物論 Dialektischer Materialismus 169
顧慮 Fürsorge 207

二十二畫
權力 Macht 101, 239
權力意志 Wille zur Macht 179

二十三畫
纖細的精神 esprit de finesse 129
變項 Tropen 61
變項 Variable 211
變遷 Werden 33
邏輯 Logik 13, 17, 47, 155
　一形式 formale 47
　一現代 moderne 211, 213
邏輯原子論 Logischer Atomismus 221
邏輯經驗主義 Logischer Empirismus 219
邏輯學 Logistik 13
驚奇 Staunen 11
驗證 Verifikation 219
體驗 Erleben 181

二十四畫
靈知 Gnosis 65
靈精 Lebensgeister 107
靈魂 ka 27
靈魂 Seele 37, 41, 43, 63, 67, 85, 141, 193
　一印度 Indien 17, 21
靈魂的內部事件 Seelenleben 181
靈魂的火花 Seelenfünklein 87
靈魂的部分 Seelenteile 43, 51
靈魂的寧靜 Seelenruhe 61

二十五畫
觀念；表象 Vorstellungen 125, 161
觀念；理型 Ideen
　一巴克萊 Berkeley 123
　一叔本華 Schopenhauer 161
　一柏拉圖 Platon 39, 41
　一洛克 Locke 119
　一規範性的 regulative 141
　一黑格爾 Hegel 155
　一奧古斯丁 Augustinus 69
觀念論批判 Idealismuskritik 159

原著與二手文獻

在此參考書目中，首先會以最常見的德文翻譯書名，列出書中提及哲學家的主要著作，並註明出版年分。我們刻意忽略時下書店中可買到的單行本，因為現今的讀者大都能輕鬆地利用電子媒體來找到自己所需，基於此點，我們有必要全面更新參考書目。並且，我們也大量引用學術研究的標準全集版本。

而在二手文獻中，我們只會提及書名，以供讀者入門或概覽；至於深入探討哲學家思想觀點的純傳記和二手文獻，本書則收錄得較少。

📖 主要著作（最常見的德文書名）
📖📖 文集（德文譯本全集）
✎ 個別哲學家和原典的入門文獻

東方哲學

Indien
📖 Der Rig-Veda (Übers. K. F. Geldner)
Bhagavadgita (Übers. H. v. Glasenapp; S. Lienhard)
Upanishaden (Übers. P. Deussen; A. Hillebrandt; P. Thieme)
Buddha: Die vier edlen Wahrheiten (Übers. K. Mylius)
Reden des Buddha (Übers. H. Bechert)
Indische Geisteswelt (Hg. H. v. Glasenapp)

✎ P. Deussen: Allgemeine Geschichte der Philosophie mit besonderer Berücksichtigung der Religionen. Bd. I. Leipzig ⁵1922
E. Frauwallner: Geschichte der indischen Philosophie. 2 Bde. Salzburg 1953/56
H. v. Glasenapp: Die Philosophie der Inder. Stuttgart 1974
M. Hiriyanna: Vom Wesen der indischen Philosophie. München 1990
K. Lorenz: Indische Denker. München 1998
S. Radhakrishnan: Indische Philosophie. Darmstadt u. a. o. J.
H. Zimmer: Philosophie und Religion Indiens. Frankfurt 1973

China
📖 Konfuzius (Kongzi): Lehrgespräche (Lun Yü; Übers. E. Schwarz; R. Wilhelm)
Lao-Tse (Laozi): Tao Te King (Daodejing; Übers. G. Debon; V. v. Strauss; R. Wilhelm)
Menzius (Mengzi): Mengzi (Meister Meng Lehrgespräche; Übers. R. Wilhelm)
Zhuang Zi (Dschuang Dsi, Chuang tsu): Zhuang Zi (Meister Zhuang; auch: Das wahre Buch vom südlichen Blütenland, 4. Jh. v. Chr.; Übers. R. Wilhelm)

✎ W. Bauer: Geschichte der chinesischen Philosophie. München 2001
H. v. Ess: Der Konfuzianismus. München 2003
A. Forke: Geschichte der alten/mittelalterlichen/neueren chinesischen Philosophie. 3 Bde. Hamburg 1964

S. Gan: Die chinesische Philosophie. Darmstadt 1997
L. Geldsetzer, Hong Han-ding: Chinesische Philosophie. Eine Einführung (2. überarb. Aufl. von Grundlagen der chinesischen Philosophie. Stuttgart 1998). Stuttgart 2008
F. Reiter: Lao-Tzu zur Einführung. Hamburg 1994
F. Reiter: Taoismus zur Einführung. Hamburg ²2003
H. Roetz: Konfuzius. München 1995
H. Schleichert: Klassische chinesische Philosophie. Frankfurt 1980

古代哲學

Aristoteles
📖 Analytika (4. Jh. v. Chr.), Metaphysik (4. Jh. v. Chr.), Nikomachische Ethik (zw. 335 u. 323 v. Chr.), Poetik (zw. 367 u. 347 v. Chr.), Politik (zw. 345 u. 325 v. Chr.), Rhetorik (4. Jh. v. Chr.), Topik (4. Jh. v. Chr.), Über die Seele (4. Jh. v. Chr.)
📖📖 Werke in dt. Übersetzung. Hg. H. Flashar. Berlin 1966 ff.
Philosophische Schriften. 6 Bde. Hamburg 1995

✎ J. L. Ackrill: Aristoteles. Einführung in sein Philosophieren. Berlin 1985
J. Barnes: Aristoteles. Eine Einführung. Stuttgart 1992
W. Detel: Aristoteles. Leipzig 2005
O. Höffe: Aristoteles. München ³2006
Ch. Rapp: Aristoteles zur Einführung. Hamburg ³2007
G. Römpp: Aristoteles. Köln 2009

Boëthius
📖 Trost der Philosophie (um 523)

Epikur
📖 Hauptlehrsätze (oder Katechismus, 3. Jh. v. Chr.), Über die Natur (3. Jh. v. Chr.)

✎ C.-F. Geyer: Epikur zur Einführung. Hamburg ²2004
M. Hossenfelder: Epikur. München ³2006

Platon
📖 Apologie des Sokrates (nach 399 v. Chr.), Gorgias (nach 399 v. Chr.), Kratylos (nach 399 v. Chr.), Menon (nach 387 v. Chr.), Phaidon (zw. 385 u. 378 v. Chr.), Phaidros (um 370 v. Chr.), Philebos (nach 360 v. Chr.), Der Staat (nach 387 v. Chr.), Symposion (zw. 385 u. 375 v. Chr.), Theaitetos (um 369 v. Chr.), Timaios (zw. 360 u. 350 v. Chr.)
📖📖 Werke in 8 Bänden. Griech.-dt. Hg. G. Eigler (Übers. F. Schleiermacher). Darmstadt 1970–83
Gesamtausgabe der Werke Platons. Hg. O. Gigon (Übers. R. Rufener). Zürich/München 1960–86
Sämtliche Dialoge. Hg. u. Übers. O. Apelt. Hamburg 1988
Werke. Übersetzung und Kommentar. Hg. E. Heitsch, C. W. Müller. Göttingen 1993 ff.

✎ K. Bormann: Platon. Freiburg ⁴2003
M. Erler: Platon. München 2006
H. Görgemanns: Platon. Heidelberg 1994
E. Martens: Platon. Stuttgart 2009
G. Römpp: Platon. Köln 2008
M. Suhr: Platon. Frankfurt 2001
B. Zehnpfennig: Platon zur Einführung. Hamburg ³2005

Plotin
📖 Enneades (253–269)
📖📖 Plotins Schriften. 6 Bde. Griech.-dt. Hg. u. Übers. R. Harder. Hamburg 1956–71

✎ J. Halfwassen: Plotin und der Neuplatonismus. München 2004
S. Möbuß: Plotin zur Einführung. Hamburg 2000

Skepsis
📖 Sextus Empiricus: Grundriß der pyrrhonischen Skepsis (um 200)

✎ M. Gabriel: Antike und moderne Skepsis zur Einführung. Hamburg 2008
F. Ricken: Antike Skeptiker. München 1994

Sokrates
📖 siehe Platon

✎ G. Böhme: Der Typ Sokrates. Frankfurt 1988
G. Figal: Sokrates. München ³2006
E. M. Kaufmann: Sokrates. München 2000
Ch. Kniest: Sokrates zur Einführung. Hamburg 2003

Stoa
📖 *Epiktet*: Gespräche, Handbüchlein (2. Jh.)
Marc Aurel: Selbstbetrachtungen (ab 172)

📖📖 Stoa und Stoiker. Die Gründer, Panaitios, Poseidonios. Hg. u. Übers. M. Pohlenz. Zürich ²1964
Die Fragmente zur Dialektik der Stoiker. 4 Bde. Hg. K. Hülser. Stuttgart 1987/88
Die Stoa. Kommentierte Werkausgabe. Hg. W. Weinkauf. Augsburg 1994
Seneca: Philosophische Schriften. 5 Bde. Lat.-dt. Hg. u. Übers. M. Rosenbach. Darmstadt 1969–89

✎ G. Maurach: Seneca. Leben und Werk. Darmstadt ⁴2005
M. Pohlenz: Die Stoa. Geschichte einer geistigen Bewegung. 2 Bde. Göttingen 1990/92
P. Veyne: Weisheit und Altruismus. Eine Einführung in die Philosophie Senecas. Frankfurt 1993

Vorsokratiker
📖📖 Die Fragmente der Vorsokratiker. 3 Bde. Hg. H. Diels, W. Kranz. Dublin/Zürich ⁶1985
Die Vorsokratiker. Hg. W. Capelle. Stuttgart ⁹2008
Die Vorsokratiker. Hg. J. Mansfeld. Stuttgart 1987
Gorgias von Leontinoi: Reden, Fragmente und Testimonien. Griech.-dt. Hg. Th. Buchheim. Hamburg 1989

✎ C.-F. Geyer: Die Vorsokratiker zur Einführung. Hamburg 1995
Ch. Rapp: Vorsokratiker. München ²2007
B. Taureck: Die Sophisten zur Einführung. Hamburg 1995

中世紀哲學

Peter Abaelard
📖 Dialektik (1117–21), Ethik (zw. 1135 u. 1139), Ja und Nein (zw. 1121 u. 1140), Abhandlung über die göttl. Einheit und Dreieinigkeit (Theologia summi boni, 1120)

✎ M. Clanchy: Abaelard. Darmstadt 2000

Albertus Magnus
📖 Metaphysik (zw. 1262 u. 1270), Summe über die Geschöpfe (nach 1240), Summe der Theologie (nach 1270), Über die Einheit des Intellekts gegen Averroes (um 1260), Über das Wesen des Guten (zw. 1236 u. 1243)
📖📖 Ausgewählte Werke. Hg. u. Übers. A. Fries. Darmstadt ⁴2001

✎ I. Craemer-Ruegenberg: Albertus Magnus. Überarb. u. aktualisierte Neuauflage Leipzig 2005

Anselm von Canterbury
📖 Monologion (1076), Proslogion (um 1077), Warum Gott Mensch geworden (1094–98)

✐ R. Schönberger: Anselm von Canterbury. München 2004

Aurelius Augustinus
📖 Bekenntnisse (397–401), Die christliche Lehre (396–427), Der Gottesstaat (413–26), Über die Dreieinigkeit (399–419), Über den freien Willen (387–95), Die wahre Religion (um 390)
📖📖Deutsche Augustinusausgabe. Hg. C. J. Perl. Paderborn 1940 ff.

✐ K. Flasch: Augustin. Einführung in sein Denken. Stuttgart ²1994
Ch. Horn: Augustinus. München 1995
J. Kreuzer: Augustinus z. Einf. Hamburg 2005

Averroes
📖 Große, mittlere und kurze Kommentare zum Werk des Aristoteles
📖📖 Die Metaphysik des Averroes (Großer Kommentar). Hg. u. Übers. M. Horten. Frankfurt 1960
Philosophie und Theologie von Averroes. Hg. u. Übers. M. J. Müller. Osnabrück 1974
Averroes. Über den Intellekt. Hg. u. Übers. D. Wirmer. Freiburg 2008

Avicenna
📖 Das Buch der Anweisungen und Mahnungen (zw. 1030 u. 1034), Das Buch der Heilung (um 1027), Das Buch der Rettung (1026/27)
📖📖 Die Metaphysik Avicennas. Hg. u. Übers. M. Horten. Frankfurt 1960

✐ G. Strohmaier: Avicenna. München ²2006

Bonaventura
📖 Alleingespräch (nach 1257), Kurzes Gespräch (nach 1253), Das Sechstagewerk (1273), Pilgerbuch d. Seele zu Gott (1269)

✐ E. Gilson: Die Philosophie des hl. Bonaventura. Darmstadt ²1960

Johannes Duns Scotus
📖 Abhandlung über das erste Prinzip (um 1305), Ordinatio (um 1300)

✐ E. Gilson: Johannes Duns Scotus. Einf. in die Grundgedanken seiner Lehre. Düsseldorf 1959
L. Honnefelder: Johannes Duns Scotus. München 2005.

Johannes Scotus Eriugena
📖 Über die Einteilung der Natur (862–66)

✐ W. Beierwaltes: Eriugena. Grundzüge seines Denkens. Frankfurt 1994

Meister Eckhart
📖 Das Buch der göttlichen Tröstung (um 1318), Deutsche Predigten und Traktate (zw. 1294 u. 1327), Das Dreigeteilte Werk (nach 1311), Pariser Qaestionen (zw. 1302 u. 1313)
📖📖 Die deutschen und lateinischen Werke. 5 und 6 Bde. Hg. J. Quint u. a. Stuttgart 1936 ff.
Deutsche Predigten und Traktate. Hg. J. Quint. Hamburg ⁷2007
Werke. 2 Bde. Hg. N. Largier. Frankfurt 1993

✐ K. Flasch: Meister Eckhart: Philosoph des Christentums. München 2010
K. Ruh: Meister Eckhart. München ²1989
N. Winkler: Meister Eckhart zur Einführung. Hamburg 1997

Moses Maimonides
📖 Führer der Unschlüssigen (zw. 1180 u. 1190)

✐ F. Niewöhner: Maimonides. Aufklärung und Toleranz im Mittelalter. Heidelberg 1988

Nikolaus von Kues
📖 Der Laie über die Weisheit (1450), Über die belehrte Unwissenheit (1440), Über die Jagd nach Weisheit (1463), Über das Können-Ist (1460), Über Mutmaßungen (1440–44)
📖📖 Schriften des Nikolaus von Kues in deutscher Übersetzung. Hg. E. Hoffmann u. a. Leipzig/Hamburg 1936 ff.

✐ K. Flasch: Nikolaus Cusanus. München ³2007
K.-H. Kandler: Nikolaus von Kues. Göttingen ²1997
N. Winkler: Nikolaus von Kues zur Einführung. Hamburg ²2009

Ramón Lull
📖 Die neue Logik (1303), Die letzte Fassung der allgemeinen Kunst (Ars generalis ultima, 1303–1308), Die Kunst, die Wahrheit zu finden (Ars inventiva veritatis, 1290), Kurzfassung der allgemeinen Kunst (Ars brevis, 1308)

✐ E. W. Platzeck: Raimund Lull. 2 Bde. Düsseldorf 1962/64

Patristiker
📖📖 Bibliothek der Kirchenväter. Hg. O. Bardenhewer u. a. München 1911–38

Thomas von Aquin
📖 Erörterungen der Frage nach der Wahrheit (1256–59), Summe gegen die Heiden (1258–64), Summe der Theologie (1265–73), Über das Seiende und das Wesen (um 1254)
📖📖 Die deutsche Thomas-Ausgabe. Dt.-lat. Ausgabe der Summa theologica. Heidelberg 1933 ff.

Summe gegen die Heiden. 4 Bde. Lat.-dt. Hg. u. Übers. K. Albert u. P. Engelhardt. Darmstadt 1974 ff.

✏ M. Forschner: Thomas von Aquin. München 2006
R. Heinzmann: Thomas von Aquin. Stuttgart 1992
G. Mensching: Thomas von Aquin. Frankfurt 1995
R. Schönberger: Thomas von Aquin zur Einführung. Hamburg ³2006

Wilhelm von Ockham
📖 Sentenzenkommentar (um 1317/19), Summe der Logik (1323)
📖📖 Texte zur Theorie der Erkenntnis und der Wissenschaft. Lat.-dt. Hg. R. Imbach. Stuttgart 1984

✏ J. P. Beckmann: Wilhelm von Ockham. München 1995

文藝復興

Francis Bacon
📖 Essays oder Praktische und moralische Ratschläge (1597), Große Erneuerung der Wissenschaften (Bd. I: Über die Würde und den Fortgang der Wissenschaften, Bd. II: Neues Organon, Bd. III,1: Beschreibung der Natur und des Experiments, Bd. III,2: Stoffsammlung der Stoffsammlungen,1605–27)

✏ W. Krohn: Francis Bacon. München ²2006
Ch. Whitney: Francis Bacon. Frankfurt 1989

Giordano Bruno
📖 Das Aschermittwochsmahl (1584), Über die Monas, die Zahl und die Figur (1591), Die Vertreibung der triumphierenden Bestie (1584), Vom Unendlichen, dem Universum und den Welten (1584), Von den heroischen Leidenschaften (1585), Von der Ursache, dem Prinzip und dem Einen (1584)

✏ P. R. Blum: Giordano Bruno. München 1999
G. Wehr: Giordano Bruno. München 1999
J. Winter: Giordano Bruno. Düsseldorf 1999

Erasmus von Rotterdam
📖 Handbüchlein des christlichen Streiters (1504), Lob der Torheit (1511), Über den freien Willen (1524), Vertraute Gespräche (1518)
📖📖 Erasmus Studienausgabe. 8 Bde. Lat.-dt. Hg. W. Welzig. Darmstadt 1967–80

✏ C. Augustijn: Erasmus von Rotterdam. Leben – Werk – Wirkung. München 1986

Marsilio Ficino
📖 Die platonische Theologie (1469–74), Über die Liebe oder Platons Gastmahl (1469)
📖📖 Traktate zur platon. Philosophie. Lat.-dt. Hg. u. Übers. E. Blum u. a. Berlin 1993

✏ P. O. Kristeller. Die Philosophie des Marsilio Ficino. Frankfurt 1972

Hugo Grotius
📖 Drei Bücher vom Recht des Krieges und des Friedens (1625)

Niccolò Machiavelli
📖 Erörterungen über die erste Dekade des Titus Livius (Discorsi, zw. 1513 u. 1519), Der Fürst (1513)

✏ W. Kersting: Niccolò Machiavelli. München ³2006
Q. Skinner: Machiavelli zur Einführung. Hamburg ⁵2008
P. Schröder: Niccolò Machiavelli. Frankfurt 2004

Michel de Montaigne
📖 Essais (1572–88), Tagebuch der Reise nach Italien über die Schweiz und Deutschland (entst. 1580/81)

✏ P. Burke: Montaigne zur Einführung. Hamburg ³2004
H. Friedrich: Montaigne. Bern/München ³1993
J. Starobinski: Montaigne. Denken und Existenz. München/Wien 1986

Giovanni Pico della Mirandola
📖 Heptaplus (Sechstagewerk, 1489), Über das Seiende und das Eine (1492), Über die Würde des Menschen (1486)
📖📖 Ausgewählte Schriften. Hg. A. Liebert. Jena 1905

啟蒙時期

George Berkeley
📖 Eine Abhandlung über die Prinzipien der menschlichen Erkenntnis (1710), Alciphron oder Der kleine Philosoph (1732), Drei Dialoge zwischen Hylas und Philonous (1713)
📖📖 Philosophische Werke. 3 Bde. Hg. A. Hecht. Leipzig 1912–15

✏ J. Kulenkampff: George Berkeley. München 1987

René Descartes
📖 Abhandlung über die Methode des richtigen Vernunftgebrauchs und der wissenschaftlichen Wahrheitsforschung (1637), Die Leidenschaften der Seele (1649),

Meditationen über die Erste Philosophie (1641), Regeln zur Leitung des Geistes (um 1628)

✐ E.-M. Engelen: Descartes. Leipzig 2005
H. H. Holz: René Descartes. Frankfurt 1992
D. Perler: René Descartes. München ²2006
P. Prechtl: Descartes zur Einführung. Hamburg ²2004

Thomas Hobbes
📖 Anfangsgründe der Philosophie: I. Vom Körper (1655), II. Vom Menschen (1658), III. Vom Bürger (1642), Leviathan (1651)

✐ W. Kersting: Thomas Hobbes zur Einführung. Hamburg ⁴2009
H. Münkler: Thomas Hobbes. Frankfurt ²2001

David Hume
📖 Dialoge über natürliche Religion (zw. 1751 u. 1761), Ein Traktat über die menschliche Natur (1739/40), Eine Untersuchung über den menschlichen Verstand (1748), Eine Untersuchung über die Prinzipien der Moral (1751)

✐ H. F. Klemme: David Hume zur Einführung. Hamburg 2007
J. Kulenkampff: David Hume. München ²2003
G. Streminger: David Hume. Sein Leben und sein Werk. Paderborn ³1995

Gottfried Wilhelm Leibniz
📖 Abhandlungen über die Theodicee (1710), Metaphysische Abhandlung (1686), Monadologie (1720), Neue Untersuchungen über den menschlichen Verstand (1703–05), Neues System der Natur und der Gemeinschaft der Substanzen (1695)
📖📖 Philosophische Schriften. 5 Bde. Hg. H. H. Holz u. a. Darmstadt 1965 ff.
Philosophische Werke. 4 Bde. Hg. A. Buchenau u. a. Hamburg (Nachdruck) 1996

✐ H. H. Holz: Gottfried Wilhelm Leibniz. Frankfurt 1992
M.-Th. Liske: Gottfried Wilhelm Leibniz. München 2000
H. Poser: Gottfried Wilhelm Leibniz zur Einführung. Hamburg ²2010

John Locke
📖 Ein Brief über Toleranz (1689), Versuch über den menschlichen Verstand (1690), Zwei Abhandlungen über die Regierung (1690)

✐ W. Euchner: John Locke zur Einführung. Hamburg ²2004
R. Specht: John Locke. München ²2007

Montesquieu
📖 Vom Geist der Gesetze (1748)

✐ M. Hereth: Montesquieu zur Einführung. Hamburg 1995

Blaise Pascal
📖 Herrn Pascals Gedanken über die Religion (1669), Vom geometrischen Geist. Von der Kunst zu überzeugen (1655)
📖📖 Kleine Schriften zur Religion und Philosophie. Hg. A. Raffelt. Hamburg 2005

✐ J. Steinmann: Pascal. Stuttgart ²1962

Jean-Jacques Rousseau
📖 Bekenntnisse (1782–89), Diskurs über die Frage, ob die Wiederherstellung der Wissenschaften und Künste zur Läuterung der Sitten beigetragen hat (1750), Diskurs über den Ursprung und die Grundlagen der Ungleichheit unter den Menschen (1755), Émile oder über die Erziehung (1762), Vom Gesellschaftsvertrag oder Prinzipien des Staatsrechts (1762)
📖📖 Werke. 4 Bde. Hg. C. Kunze u. a. München 1978–81
Schriften. 2 Bde. Hg. H. Ritter. Frankfurt 1988

✐ B. Durand: Rousseau. Stuttgart 2007
M. Forschner: Rousseau. Freiburg 1977
G. Mensching: Jean-Jacques Rousseau zur Einführung. Hamburg ³2010
D. Sturma: Jean-Jacques Rousseau. München 2001

Baruch de Spinoza
📖 Abhandlung über die Verbesserung des Verstandes (1677), Ethik, nach der geometrischen Methode dargestellt (1677), Kurze Abhandlung von Gott, dem Menschen und dessen Glück (um 1660/61), Politischer Traktat (1677), Theologisch-politischer Traktat (1670)
📖📖 Sämtl. Werke in 7 Bde. Hg. C. Gebhardt. Hamburg 1976 ff. (versch. Aufl.)
Opera. 2 Bde. Hg. G. Gawlick u. a. Darmstadt 1967/79
Werke in 3 Bde. Hg. W. Bartuschat. Hamburg 2006

✐ W. Bartuschat: Baruch de Spinoza. München ²2006

Giovanni Battista (Giambattista) Vico
📖 Prinzipien einer neuen Wissenschaft über die gemeinsame Natur der Völker (1725)

✐ P. König: Giamb. Vico. München 2005
S. Otto: Giambattista Vico. Stuttgart 1989

Christian Wolff
📖 Grundsätze des Natur- und Völckerrechts (1754), Vernünfftige Gedancken vom gesellschaftlichen Leben der Menschen (Deutsche Politik, 1721), Vernünfftige Gedancken von den Kräften des menschli-

chen Verstandes (Deutsche Logik, 1712), Vernünfftige Gedancken von der Menschen Thun und Lassen (Deutsche Ethik, 1720), Vernünfftige Gedancken von Gott, der Welt und der Seele des Menschen (Deutsche Metaphysik, 1720)
📖📖 Gesammelte Werke. Hg. J. École u. a. Hildesheim 1962 ff.

德國觀念論

Johann Gottlieb Fichte
📖 Die Anweisung zum seligen Leben oder auch die Religionslehre (1806), Grundlage der gesammten Wissenschaftslehre (1794), Grundlage des Naturrechts nach Principien der Wissenschaftslehre (1796), Die Grundzüge des gegenwärtigen Zeitalters (1806), Reden an die deutsche Nation (1808), Das System der Sittenlehre nach den Principien der Wissenschaftslehre (1798), Die Wissenschaftslehre (1834/35)
📖📖 Historisch-kritische Gesamtausgabe. Hg. R. Lauth u. a. Stuttgart 1962 ff.
Werke in 2 Bde. Hg. W. G. Jacobs. Frankfurt 1997

✎ P. Baumanns: Johann Gottlieb Fichte. Freiburg 1990
P. Rohs: Johann Gottlieb Fichte. München ²2007
H. Seidel: Johann Gottlieb Fichte zur Einführung. Hamburg 1997

Georg Wilhelm Friedrich Hegel
📖 Enzyklopädie der philosophischen Wissenschaften im Grundrisse (1817), Grundlinien der Philosophie des Rechts (1821), Phänomenologie des Geistes (1807), Vorlesungen über die Ästhetik (1835–38), Vorlesungen über die Geschichte der Philosophie (1833–36), Vorlesungen über die Philosophie der Geschichte (1837), Vorlesungen über die Philosophie der Religion (1832), Wissenschaft der Logik (1812/16)
📖📖 Gesammelte Werke. Hamburg 1968 ff.
Sämtliche Werke. Hg. H. Glockner. Stuttgart 1927 ff.
Werke in 20 Bde. Hg. E. Moldenhauer, K. M. Michel. Frankfurt 1986

✎ H. F. Fulda: G. W. F. Hegel. München 2003
H. Schnädelbach: G. W. F. Hegel zur Einführung. Hamburg ³2007

Immanuel Kant
📖 Anthropologie in pragmatischer Hinsicht abgefaßt (1798), Grundlegung zur Metaphysik der Sitten (1785), Kritik der praktischen Vernunft (1788), Kritik der reinen Vernunft (1781), Kritik der Urteilskraft (1790), Die Metaphysik der Sitten (1797), Prolegomena zu einer jeden künftigen Metaphysik, die als Wissenschaft wird auf-

treten können (1783), Die Religion innerhalb der Grenzen der bloßen Vernunft (1793)
📖📖 Gesammelte Schriften (Akademie Ausgabe). Berlin 1902 ff.
Werke in 6 Bde. Hg. W. Weischedel. Darmstadt 1956–64

✎ V. Gerhardt: Immanuel Kant: Vernunft und Leben. Stuttgart 2002
J. Grondin: Kant zur Einführung. Hamburg ⁴2007
O. Höffe: Immanuel Kant. München ⁷2007
H. F. Klemme: Immanuel Kant. Frankfurt 2004
H. Schnädelbach: Kant. Leipzig 2005

Friedrich Wilhelm Joseph Schelling
📖 Ideen zu einer Philosophie der Natur (1797), Philosophie der Kunst (1859), Philosophie der Mythologie. Philosophie der Offenbarung (1856/58), Philosophische Untersuchungen über das Wesen der menschlichen Freiheit (1809), System des transzendentalen Idealismus (1800), Vom Ich als Princip der Philosophie (1795)
📖📖 Historisch-kritische Gesamtausgabe. Hg. H. M. Baumgartner u. a. Stuttgart 1976 ff.
Ausgewählte Werke. Studienausgabe. 10 Bde. Darmstadt 1966 ff.
Ausgewählte Schriften. 6 Bde. Hg. M. Frank. Frankfurt 1989

✎ H. M. Baumgartner, H. Korten: Schelling. München 1996
M. Frank: Eine Einführung in Schellings Philosophie. Frankfurt 1985
F. J. Wetz: Friedrich W. J. Schelling. Hamburg 1996

Friedrich Daniel Ernst Schleiermacher
📖 Dialektik (1839), Ethik (1836), Hermeneutik (1838), Über die Religion (1799)
📖📖 Kritische Gesamtausgabe. Hg. H.-J. Birkner u. a. Berlin/New York 1980 ff.

✎ H. Fischer: Friedrich D. E. Schleiermacher. München 2001
W. H. Pleger: Schleiermachers Philosophie. Berlin 1988

十九世紀哲學

Auguste Comte
📖 Abhandlung über die positive Philosophie (1830–42), Rede über den Geist des Positivismus (1844), System der positiven Politik (1851–54)

✎ W. Fuchs-Heinritz: Auguste Comte. Einführung in Leben und Werk. Opladen 1998
G. Wagner: Auguste Comte zur Einführung. Hamburg 2001

John Dewey
📖 Demokratie und Erziehung (1916), Erfahrung und Natur (1925), Logik. Theorie der Forschung (1938)

🖊 M. Suhr: John Dewey zur Einführung. Hamburg 2005

Wilhelm Dilthey
📖 Der Aufbau der geschichtlichen Welt in den Geisteswissenschaften (1910), Einleitung in die Geisteswissenschaften (1883), Das Erlebnis und die Dichtung (1906), Ideen über eine beschreibende und zergliedernde Psychologie (1894), Die Typen der Weltanschauung (1911)
📖📖 Gesammelte Schriften. Stuttgart/Göttingen 1914 ff. (versch. Auflagen)
Die Philosophie des Lebens. Eine Auswahl aus seinen Schriften. Hg. H. Nohl. Stuttgart/Göttingen 1961
Texte zur Kritik der historischen Vernunft. Hg. H.-U. Lessing. Göttingen 1983

🖊 M. Jung: Dilthey zur Einführung. Hamburg 1996
R. A. Makkreel: Dilthey. Philosoph der Geisteswissenschaften. Frankfurt 1991

Ludwig Feuerbach
📖 Das Wesen der Religion (1846), Das Wesen des Christentums (1841)
📖📖 Gesammelte Werke. 21 Bde. Hg. W. Schuffenhauer u. a. Berlin 1967 ff. (versch. Auflagen)
Sämtliche Werke. 13 Bde. Hg. W. Bolin, F. Jodl. Stuttgart 1959–64
Werke in 6 Bde. Hg. E. Thies. Frankfurt 1975/76

🖊 Ch. Weckwerth: Ludwig Feuerbach zur Einführung. Hamburg 2002

William James
📖 Der Pragmatismus (1907), Die Prinzipien der Psychologie (1890), Die Vielfalt religiöser Erfahrung (1902)

🖊 R. Diaz-Bone, K. Schubert: William James zur Einführung. Hamburg 1996

Sören Kierkegaard
📖 Abschließende unwissenschaftliche Nachschrift zu den Philosophischen Brokken (1846), Der Begriff Angst (1844), Entweder-Oder (1843), Die Krankheit zum Tode (1849), Philosophische Brocken (1844), Stadien auf dem Lebensweg (1845)
📖📖 Gesammelte Werke in 36 Abtlg. Hg. E. Hirsch u. a. Düsseldorf/Köln 1950–69
Die Tagebücher. 5 Bde. Hg. H. Gerdes. Düsseldorf/Köln 1962–74

🖊 K. P. Liessmann: Sören Kierkegaard zur Einführung. Hamburg ⁵2010

A. Pieper: Sören Kierkegaard. München 2000
R. Purkarthofer: Kierkegaard. Leipzig 2005

Karl Marx
📖 Die deutsche Ideologie (1845/46), Das Kapital (1867, Bd. 2/3: 1885/94), Manifest der Kommunistischen Partei (1848), Thesen über Feuerbach (1845), Zur Kritik der Hegelschen Rechtsphilosophie (1844)
📖📖 Marx/Engels: Werke. 43 Bde. Berlin 1956–68
Marx/Engels: Gesamtausgabe. Berlin 1975 ff.

🖊 M. Berger: Karl Marx. München 2008
W. Euchner: Karl Marx. München 1983
I. Fetscher: Karl Marx und der Marxismus. München u. a. Erweiterte NA 1988
J. Rohbeck: Marx. Leipzig 2006
R. P. Sieferle: Karl Marx zur Einführung. Hamburg 2007

John Stuart Mill
📖 Über die Freiheit (1859), Der Utilitarismus (1861)
📖📖 Gesammelte Werke. 12 Bde. Hg. T. Gomperz. Nachdruck Aalen 1968

🖊 D. Kuenzle, M. Schefczyk: John Stuart Mill zur Einführung. Hamburg 2009
P. Rinderle: John Stuart Mill. München 2000
R. Schumacher: John Stuart Mill. Frankfurt 1994

Friedrich Nietzsche
📖 Also sprach Zarathustra (1883), Die fröhliche Wissenschaft (1882), Die Geburt der Tragödie aus dem Geiste der Musik (1872), Jenseits von Gut und Böse (1886), Menschliches, Allzumenschliches (1878), Der Wille zur Macht (1901), Genealogie der Moral (1887)
📖📖 Werke. Kritische Gesamtausgabe. Hg. G. Colli, M. Montinari. Berlin/New York 1967 ff.
Sämtliche Werke. Kritische Studienausgabe. 15 Bde. München 1980
Werke. 3 Bde. Hg. K. Schlechta. München ⁹1982

🖊 G. Figal: Nietzsche. Eine philosophische Einführung. Stuttgart 1999
V. Gerhardt: Friedrich Nietzsche. München ⁴2006
B. Himmelmann: Nietzsche. Leipzig 2006
M. Montinari: Friedrich Nietzsche. Eine Einführung. Berlin 1991
W. Ries: Nietzsche zur Einführung. Hamburg ⁸2009
H.-M. Schönherr-Mann: Friedrich Nietzsche. München 2008

Charles Sanders Peirce
📖 Wie unsere Ideen zu klären sind (1878), Das vernünftige Argumentieren und die Logik der Dinge (entst. 1898)

📖 Schriften zum Pragmatismus und Pragmatizismus. Hg. K.-O. Apel. Frankfurt 1991
Semiotische Schriften. 3 Bde. Hg. Ch. Kloesel, H. Pape. Frankfurt 1986–93

🖋 K.-O. Apel: Der Denkweg von Charles S. Peirce. Eine Einführung in den amerikanischen Pragmatismus. Frankfurt 1975
L. Nagl: Charles Sanders Peirce. Frankfurt 1992
K. Oehler: Charles Sanders Peirce. München 1993
H. Pape: Charles S. Peirce zur Einführung. Hamburg 2004

Arthur Schopenhauer
📖 Die beiden Grundprobleme der Ethik (1841), Parerga und Paralipomena (1851), Ueber die vierfache Wurzel des Satzes vom zureichenden Grunde (1813), Die Welt als Wille und Vorstellung (1819/44)
📖 Sämtliche Werke. 7 Bde. Hg. A. Hübscher. Wiesbaden ⁴1988
Sämtliche Werke. 5 Bde. Hg. W. v. Löhneysen. Stuttgart/ Frankfurt 1960–65

🖋 D. Birnbacher: Schopenhauer. Stuttgart 2009
K.-J. Grün: Arthur Schopenhauer. München 2000
V. Spierling: Arthur Schopenhauer zur Einführung. Hamburg ³2010

二十／二十一世紀哲學

Theodor W. Adorno
📖 Dialektik der Aufklärung (zus. mit M. Horkheimer, 1947), Minima Moralia (1951), Negative Dialektik (1966)
📖 Gesammelte Schriften. 20 Bde. Hg. R. Tiedemann. Frankfurt 1970–86

🖋 H. Brunkhorst: Theodor W. Adorno. München 1990
G. Schweppenhäuser: Theodor W. Adorno zur Einführung. Hamburg ⁵2009
R. Wiggershaus: Theodor W. Adorno. München ³2006

Karl-Otto Apel
📖 Diskurs und Verantwortung (1988), Transformation der Philosophie (1973)

🖋 W. Reese-Schäfer: Karl-Otto Apel zur Einführung. Hamburg 1990

Hannah Arendt
📖 Vita activa oder Vom tätigen Leben (1958), Vom Leben des Geistes (1977/78), Elemente und Ursprünge totaler Herrschaft (1951)

🖋 D. Barley: Hannah Arendt. München 1990

K.-H. Breier: Hannah Arendt zur Einführung. Hamburg ³2005
H. Brunkhorst: Hannah Arendt. München 1999
I. Nordmann: Hannah Arendt. Frankfurt 1994

John L. Austin
📖 Zur Theorie der Sprechakte (1962)
📖 Gesammelte philosophische Aufsätze. Hg. u. Übers. J. Schulte. Stuttgart 1986

Henri Bergson
📖 Die beiden Quellen der Moral und der Religion (1932), Materie und Gedächtnis (1896), Die schöpfer. Entwicklung (1907)

🖋 G. Deleuze: Henri Bergson zur Einführung. Hamburg ⁴2007

Ernst Bloch
📖 Erbschaft dieser Zeit (1935), Experimentum mundi (1975), Geist der Utopie (1918), Das Prinzip Hoffnung (3 Bde., 1954–59)
📖 Gesamtausgabe. 16 Bde. Frankfurt 1959 ff.
Werkausgabe. 17 Bde. Frankfurt 1985

🖋 D. Horster: Bloch zur Einführung. Hamburg ⁶2001

Albert Camus
📖 Der Mensch in der Revolte (1951), Der Mythos von Sisyphos (1942)

🖋 A. Pieper: Albert Camus. München 1984
A. Schillinger-Kind: Albert Camus zur Einführung. Hamburg 1999

Ernst Cassirer
📖 Das Erkenntnisproblem in der Philosophie und Wissenschaft der neueren Zeit (4 Bde., 1906–57), Der Mythos des Staates (1946), Philosophie der symbolischen Formen (3 Bde., 1923–29), Versuch über den Menschen (1944)
📖 Gesammelte Werke. Hamburger Ausgabe. Hg. B. Recki u. a. Hamburg 2000 ff.
Nachgelassene Manuskripte und Texte. Hg. K. Ch. Köhnke u. a. Hamburg 1995 ff.

🖋 A. Graeser: Ernst Cassirer. München 1994
H. Paetzold: Ernst Cassirer zur Einführung. Hamburg ³2008

Michel Foucault
📖 Archäologie des Wissens (1969), Die Ordnung der Dinge (1966), Die Ordnung des Diskurses (1971), Geschichte der Sexualität (3 Bde., 1976–84), Überwachen und Strafen (1975), Wahnsinn und Gesellschaft (1961)
📖 Dits et Ecrits. Schriften in 4 Bde. Hg. D. Defert, F. Ewald. Frankfurt 2001–05
Die Hauptwerke. Frankfurt 2008

H. L. Dreyfus, P. Rabinow: Michel Foucault. Weinheim ²1994
H.-H. Kögler: Michel Foucault. Stuttgart ²2004
U. Marti: Michel Foucault. München ²1999
R. Ruffing: Michel Foucault. München ²2010
Ph. Sarasin: Michel Foucault zur Einführung. Hamburg ⁴2010

Gottlob Frege
Begriffsschrift (1879), Function und Begriff (1891), Grundgesetze der Arithmetik (1893), Über Begriff und Gegenstand (1892), Über Sinn und Bedeutung (1892)
Funktion, Begriff, Bedeutung. Hg. G. Patzig. Göttingen 2008
Kleine Schriften. Hg. I. Angelelli. Hildesheim ²1990
Schriften zur Logik und Sprachphilosophie. Hg. G. Gabriel. Hamburg ⁴2001

V. Mayer: Gottlob Frege. München 1996
M. Stepanians: Gottlob Frege zur Einführung. Hamburg 2001

Hans-Georg Gadamer
Wahrheit und Methode (1960)
Gesammelte Werke. 10 Bde. Tübingen 1985–95

J. Grondin: Einführung zu Gadamer. Tübingen 2000
K. Hammermeister: Hans-Georg Gadamer. München ²2006
U. Tietz: Hans-Georg Gadamer zur Einführung. Hamburg ³2005

Arnold Gehlen
Der Mensch: Seine Natur und seine Stellung in der Welt (1940), Moral und Hypermoral (1969), Urmensch und Spätkultur (1956)
Gesamtausgabe. 7 Bde. Hg. L. Samson, K.-S. Rehberg. Frankfurt 1978–93

Ch. Thies: Gehlen zur Einführung. Hamburg ²2007

Jürgen Habermas
Erkenntnis und Interesse (1968), Faktizität und Geltung (1992), Strukturwandel der Öffentlichkeit (1962), Theorie der Gesellschaft oder Sozialtechnologie (zus. mit N. Luhmann, 1971), Theorie des kommunikativen Handelns (2 Bde., 1981), Zur Logik der Sozialwissenschaften (1970)
Philosophische Texte. 5 Bde. Frankfurt 2009

H. Brunkhorst: Habermas. Leipzig 2006
J. Greve: Jürgen Habermas. Konstanz 2009
D. Horster: Jürgen Habermas zur Einführung. Hamburg ³2006

A. Pinzani: Jürgen Habermas. München 2007
W. Reese-Schäfer: Jürgen Habermas. Frankfurt 2001

Nicolai Hartmann
Der Aufbau der realen Welt (1940), Ethik (1926), Grundzüge einer Metaphysik der Erkenntnis (1921)

M. Morgenstern: Nicolai Hartmann zur Einführung. Hamburg 1997

Martin Heidegger
Beiträge zur Philosophie (entst. 1936–38), Die Grundbegriffe der Metaphysik (entst. 1929/30), Holzwege (1950), Nietzsche (1961), Sein und Zeit (1927), Wegmarken (1967)
Gesamtausgabe. Hg. F.-W. v. Herrmann u. a. Frankfurt 1975 ff.

G. Figal: Martin Heidegger zur Einführung. Hamburg ⁵2007
U. Tietz: Heidegger. Leipzig 2005
P. Trawny: Martin Heidegger. Frankfurt 2003
W. van Reijen: Martin Heidegger. München 2009

Max Horkheimer
Dialektik der Aufklärung (zus. mit Th. W. Adorno, 1947), Kritische Theorie (1968), Zur Kritik der instrumentellen Vernunft (1947)
Gesammelte Schriften. 18 Bde. Hg. A. Schmidt, G. Schmid-Noerr. Frankfurt 1985 ff.

Z. Rosen: Max Horkheimer. München 1995
R. Wiggershaus: Max Horkheimer zur Einführung. Hamburg 1998

Edmund Husserl
Ideen zu einer reinen Phänomenologie und phänomenologischen Philosophie (1913), Die Krisis der europäischen Wissenschaften und die transzendentale Phänomenologie (1936), Logische Untersuchungen (2 Bde., 1900/01), Vorlesungen zur Phänomenologie des inneren Zeitbewußtseins (1928)
Husserliana – Gesammelte Werke. Den Haag, jetzt: Berlin 1950 ff.
Gesammelte Schriften. 8 Bde. Hg. E. Ströker. Hamburg 1992

P. Janssen: Edmund Husserl. Einführung in seine Phänomenologie. Freiburg 1976
W. Marx: Die Phänomenologie Edmund Husserls. München 1987
V. Mayer: Edmund Husserl. München 2009
P. Prechtl: Edmund Husserl zur Einführung. Hamburg ⁴2006
E. Ströker: Husserls transzendentale Phänomenologie. Frankfurt 1987

Karl Jaspers
Allgemeine Psychopathologie (1913), Die geistige Situation der Zeit (1931), Philosophie (3 Bde., 1932), Psychologie der Weltanschauungen (1919), Vom Ursprung und Ziel der Geschichte (1949), Von der Wahrheit (1947)

K. Salamun: Karl Jaspers. Würzburg ²2006
W. Schüßler: Jaspers zur Einführung. Hamburg 1995

Ludwig Klages
Der Geist als Widersacher der Seele (3 Bde., 1929–32)
Sämtliche Werke. 9 Bde. Hg. E. Frauchiger u. a. Bonn 1964–92

M. Großheim: Ludwig Klages und die Phänomenologie. Berlin 1994
H. Kasdorff: Ludwig Klages. Werk und Wirkung. 2 Bde. Bonn 1969/74

Claude Lévi-Strauss
Die elementaren Strukturen der Verwandtschaft (1949), Mythologica (4 Bde., 1964–71), Strukturale Anthropologie (2 Bde., 1958/73), Traurige Tropen (1955), Das wilde Denken (1962)

M. Kauppert: Claude Lévi-Strauss. Konstanz 2008
Th. Reinhardt: Claude Lévi-Strauss zur Einführung. Hamburg 2008
A. de Ruijter: Claude Lévi-Strauss. Frankfurt 1991

Gabriel Marcel
Metaphysisches Tagebuch (1927), Homo viator (1945), Sein und Haben (1935)
Werkauswahl. 3 Bde. Hg. P. Grotzer. Paderborn 1992

V. Berning: Das Wagnis der Treue. Gabriel Marcels Weg zu einer konkreten Philosophie des Schöpferischen. Freiburg 1973

Maurice Merleau-Ponty
Phänomenologie der Wahrnehmung (1945), Das Sichtbare und das Unsichtbare (1964), Die Struktur des Verhaltens (1942)

Ch. Bermes: Maurice Merleau-Ponty zur Einführung. Hamburg ²2004
P. Good: Maurice Merleau-Ponty. Bonn 1998

Helmuth Plessner
Die Einheit der Sinne (1923), Lachen und Weinen (1941), Macht und menschliche Natur (1931), Die Stufen des Organischen und der Mensch (1928)
Gesammelte Schriften. 10 Bde. Hg. G. Dux u. a. Frankfurt 1980–85

K. Haucke: Plessner zur Einführung. Hamburg 2000
H. Kämpf: Helmuth Plessner. Düsseldorf 2001

Karl R. Popper
Die beiden Grundprobleme der Erkenntnistheorie (1930–33), Logik der Forschung (1935), Die offene Gesellschaft und ihre Feinde (1945)

J. A. Alt: Karl R. Popper. Frankfurt 2001
E. Döring: Karl R. Popper. Einführung in Leben und Werk. Bonn 1992
H. Keuth: Die Philosophie Karl Poppers. Tübingen 2000
L. Schäfer: Karl R. Popper. München ³1996

Willard Van Orman Quine
Wort und Gegenstand (1960), Von einem logischen Standpunkt (1953)

G. Keil: Quine zur Einführung. Hamburg 2002
H. Lauener: Willard Van Orman Quine. München 1982

John Rawls
Die Idee des politischen Liberalismus (1992), Eine Theorie der Gerechtigkeit (1971)

W. Kersting: John Rawls zur Einführung. Hamburg 2001
Th. W. Pogge: John Rawls. München 1994

Paul Ricoeur
Die Interpretation: ein Versuch über Freud (1965), Das Selbst als ein Anderer (1990), Zeit und Erzählung (3 Bde., 1983–85)

J. Mattern: Ricoeur zur Einführung. Hamburg 1996

Bertrand Russell
Die Analyse des Geistes (1921), Principia Mathematica (zus. mit A. N. Whitehead, 3 Bde., 1910–13), Eine Untersuchung über Bedeutung und Wahrheit (1940)
Studienausgabe. München 1972 ff.

A. J. Ayer: Bertrand Russell. München 1973

Gilbert Ryle
Der Begriff des Geistes (1949), Begriffskonflikte (1954)

Jean-Paul Sartre
Der Existentialismus ist ein Humanismus (1946), Kritik der dialektischen Vernunft (1960), Das Sein und das Nichts (1943), Die Transzendenz des Ego (1936/37)
Gesammelte Werke in Einzelausgaben. Hg. T. König u. a. Reinbek 1976 ff.

H. Hastedt: Sartre. Ditzingen 2011
P. Kampits: Jean-Paul Sartre. München 2004
M. Suhr: Jean-Paul Sartre zur Einführung. Hamburg ³2007
D. Wildenburg: Jean-Paul Sartre. Frankfurt 2004

Max Scheler
Der Formalismus in der Ethik und die materiale Wertethik (2 Bde., 1913/16), Die Stellung des Menschen im Kosmos (1928), Wesen und Formen der Sympathie (1913)
Gesammelte Werke. 16 Bde. Hg. M. Scheler, M. S. Frings. Bern/Bonn 1954–98

W. Henckmann: Max Scheler. München 1998
A. Sander: Max Scheler zur Einführung. Hamburg 2001

Georg Simmel
Hauptprobleme der Philosophie (1910), Lebensanschauung (1918), Philosophie des Geldes (1900), Philosophische Kultur (1911), Soziologie (1908)
Gesamtausgabe. 24 Bde. Hg. O. Rammstedt. Frankfurt 1989 ff.

W. Jung: Georg Simmel zur Einführung. Hamburg 1990
K. Lichtblau: Georg Simmel. Frankfurt 1997

Alfred North Whitehead
Der Begriff der Natur (1920), Principia Mathematica (zus. mit B. Russell, 3 Bde., 1910–13), Prozeß und Realität (1929)

M. Hauskeller: Alfred North Whitehead zur Einführung. Hamburg 1994

Ludwig Wittgenstein
Logisch-philosophische Abhandlung (1921), Philosophische Untersuchungen (1935–49), Über Gewißheit (1949–51)
Schriften. 7 Bde. Frankfurt 1960–82
Wiener Ausgabe. Hg. M. Nedo Wien 1993 ff.

Ch. Bezzel: Wittgenstein. Ditzingen 2007
K. Buchholz: Ludwig Wittgenstein. Frankfurt 2006
A. Kenny: Wittgenstein. Frankfurt ⁴1989
J. Schulte: Ludwig Wittgenstein. Leben. Werk. Wirkung. Frankfurt 2005
W. Vossenkuhl: Ludwig Wittgenstein. München ²2003

Naturwissenschaften
Charles Darwin: Die Entstehung der Arten durch natürliche Zuchtwahl (1859)
Albert Einstein: Zur Elektrodynamik bewegter Körper (Spezielle Relativitätstheorie, 1905), Die Grundlage der allgemeinen Relativitätstheorie (1916)

Werner Heisenberg: Die physikalischen Prinzipien der Quantentheorie (1930), Physik und Philosophie (1959), Der Teil und das Ganze (1969)
Thomas S. Kuhn: Die Struktur wissenschaftlicher Revolutionen (1962)
Konrad Lorenz: Das sogenannte Böse (1963), Die Rückseite des Spiegels (1973)
M. Planck: Das Weltbild der neuen Physik (1929)

M. Born: Die Relativitätstheorie Einsteins. Berlin ⁷1990
J. Browne: Charles Darwin. Die Entstehung der Arten. München 2007
M. Carrier: Wissenschaftstheorie zur Einführung. Hamburg ²2008
J. Hacking: Einführung in die Philosophie der Naturwissenschaften. Ditzingen 1995
D. Hoffmann: Max Planck. Die Entstehung der modernen Physik. München 2008
G.-L. Ingold: Quantentheorie. Grundlagen der modernen Physik. München ⁴2008
U. Krohs: Philosophie der Biologie. Eine Einführung. Frankfurt 2005
E. Scheibe: Die Philosophie der Physiker. München 2007
G. Vollmer: Evolutionäre Erkenntnistheorie. Stuttgart ⁸2002
G. Vollmer: Biophilosophie. Ditzingen 1995
J. Voss: Charles Darwin zur Einführung. Hamburg 2008
F. M. Wuketits: Darwin und der Darwinismus. München 2005
F. M. Wuketits: Evolution, Erkenntnis, Ethik. Darmstadt 1984

詞典

Chinesisch-deutsches Lexikon der Klassiker und Schulen der chinesischen Philosophie. Hg. L. Geldsetzer u. a. Aalen 1991
Enzyklopädie Philosophie und Wissenschaftstheorie. 4 Bde. Hg. J. Mittelstraß. Stuttgart ²2005 ff.
Enzyklopädie Philosophie. 3 Bde. Hg. H. J. Sandkühler. Hamburg 2010
Großes Werklexikon der Philosophie. 2 Bde. Hg. F. Volpi. Stuttgart 2004
Historisches Wörterbuch der Philosophie. 13 Bde. Hg. J. Ritter u. a. Basel 1971–2007
Metzler Lexikon Ästhetik. Hg. A. Trebeß. Stuttgart/Weimar 2006
Metzler Philosophen Lexikon. Hg. B. Lutz. Stuttgart/Weimar ³2003
Metzler Lexikon Philosophie. Hg. P. Prechtl, F.-P. Burkard. Stuttgart/Weimar ³2008
Philosophenlexikon. Hg. S. Jordan, B. Mojsisch. Stuttgart 2009
Philosophisches Wörterbuch. Hg. M. Gessmann. Stuttgart ²³2009
Wörterbuch der antiken Philosophie. Hg. Ch. Horn, Ch. Rapp. München ²2008

Wörterbuch der philosophischen Begriffe. Hg. A. Regenbogen, U. Meyer. Hamburg 1997

Wörterbuch der phänomenologischen Begriffe. Hg. H. Vetter. Hamburg 2005

哲學史

G. Böhme (Hg.): Klassiker der Naturphilosophie. München 1989

F.-P. Burkard: Grundwissen Philosophie. Stuttgart 1999

F. C. Copleston: Geschichte der Philosophie im Mittelalter. München 1976

M. Erler, A. Graeser (Hg.): Philosophen des Altertums. 2 Bde. Darmstadt 2000

K. Flasch: Das philosophische Denken im Mittelalter. Stuttgart ²2000

M. Fleischer, J. Henningfeld (Hg.): Philosophen des 19. Jh. Darmstadt 1998

M. Fleischer (Hg.): Philosophen des 20. Jh. Darmstadt ⁴1996

O. Höffe (Hg.): Klassiker der Philosophie. 2 Bde. München 2008

O. Höffe: Kleine Geschichte der Philosophie. München ²2008

A. Hügli, P. Lübcke (Hg.): Philosophie im 20. Jh. 2 Bde. Reinbek ³1998

Th. Kobusch (Hg.): Philosophen des Mittelalters. Darmstadt 2000

L. Kreimendahl (Hg.): Philosophen des 17. Jh. Darmstadt 1999

L. Kreimendahl (Hg.): Philosophen des 18. Jh. Darmstadt 2000

J. Nida-Rümelin (Hg.): Philosophie der Gegenwart in Einzeldarstellungen. Stuttgart ⁵2007

W. Röd (Hg.): Geschichte der Philosophie. 14 Bde. München 1976 ff.

W. Röd: Der Weg der Philosophie. 2 Bde. München ²2008/1996

U. Rudolph: Islamische Philosophie. Von den Anfängen bis zur Gegenwart. München ²2009

R. Ruffing: Einführung in die Geschichte der Philosophie. München ²2006

R. Ruffing: Einführung in die Philosophie der Gegenwart. München 2005

E. R. Sandvoss: Geschichte der Philosophie. Von den Anfängen bis in die Gegenwart. Wiesbaden 2004

W. Stegmüller: Hauptströmungen der Gegenwartsphilosophie. 4 Bde. Stuttgart ⁶1976 ff.

»Ueberweg«. Grundriß der Geschichte der Philosophie. Völlig neubearbeitete Ausgabe. Basel 1983 ff. (Versch. Hgg., unterteilt in: Philosophie der Antike, des Mittelalters, der Renaissance und des Humanismus, des 17. Jh., des 18. Jh., des 19. Jh., des 20. Jh., Die Philosophie der islamischen Welt, Die Philosophie Ostasiens)

電子文獻

Texte auf CD/DVD

Digitale Bibliothek (www.digitale-bibliothek.de): Versch. Sammlungen, Werkausgaben, Nachschlagewerke, Philosophiegeschichten

InfoSoftWare (www.infosoftware.de): Literatur im Kontext (Textausgaben zu versch. Philosophen)

Internet

Intute (www.intute.ac.uk/philosophy)

Die Philosophie-Seiten (www.philo.de)

Pyrrhon.de (www.pyrrhon.de)

Text-Archive

InteLex Past Masters (www.nlx.com)

Forum Romanum (www.forumromanum.org)

Perseus Digital Library (www.perseus.tufts.edu)

Philosophy Collection (philosophy.eserver.org)

Project Gutenberg (www.gutenberg.org)

The Internet Classics Archive (classics.mit.edu)

The Labyrinth. Resources for Medieval Studies (www.georgetown.edu/labyrinth)

繪圖

本書繪圖在作者起草後均視需要重新描製。下列繪圖有特定的臨摹對象：

頁 10-1：A. Rodin: Der Denker (1880)；頁 22-4：Fung Yu-Lan: A History of Chinese Philosophy. Band 2. Princeton 1953. S. 436；頁 30-3、30-4：B. Russell: Denker des Abendlandes. Stuttgart 1962. S. 22, 30；頁 32-2：B. Russell: a. a. O. S. 24, 26；頁 34：C. Helferich: Geschichte der Philosophie. Stuttgart 1985；頁 46-2：B. Russell: a. a. O. S. 86；頁 48-2：B. Russell: a. a. O. S. 82；頁 64：H. Kinder u. W. Hilgermann: dtv-Atlas zur Weltgeschichte. Bd. 1. München 1964 u. ö. S. 180；頁 88-1：B. Russell: a. a. O.；頁 98-1：Carolus Bovillus, Liber de Intellectu (1509)、Jacob de Gheyn, Melancholie，兩者收錄於 Sem Dresden: Humanismus und Renaissance. S. 67, 235；頁 132：Moreau le Jeune，收錄於 Emile ou de l'éducation. Hg. E. -P. Duharcourt. Paris o.J.；頁 152-1：R. Magritte: Lob der Dialektik；頁 184-2：H. Breuer: dtv-Atlas Physik. Bd. 2. München 1988 u. ö. S. 348；頁 184-3：H. R. Pagels: Cosmic Code. Frankfurt 1983. S. 50；頁 184-4：M. Drieschner: Einf. in die Naturphilosophie. Darmstadt 1981. S. 107 f.；頁 188-1、188-3：J. Knoll: Evolution. Braunschweig 1980. S. 7 f. u. 119；頁 188-2：C. Bresch，收錄於 Lust am Denken. Hg. Von K. Piper. München 1984. S. 30；頁 200-1：D. Attenborough: Das Leben auf unserer Erde. Berlin 1979. S. 311；頁 202-2：Antonello da Messina (London, National Gallery)，見 W. Biemel: Sartre. Rowohlts Bildmonographien Reinbek 1964. S. 48；頁 230-2：Walt-Disney-Figur

國家圖書館出版品預行編目資料

德國國民必讀圖解世界哲學史／彼得・昆茲曼（Peter Kunzmann），
法蘭茲・彼得・布卡特（Franz-Peter Burkard）著；黃添盛譯. ——
　　二版. ——台北市：商周出版：家庭傳媒城邦分公司發行，
2017.07
　　面；公分.
　　譯自：dtv-Atlas Philosophie
　　ISBN 978-986-477-273-5（平裝）

1. 哲學史

109 　　　　　　　　　　　　　　　　　　　106010164

德國國民必讀
圖解世界哲學史

原 文 書 名／dtv-Atlas Philosophie
作　　　者／彼得・昆茲曼（Peter Kunzmann）、法蘭茲・彼得・布卡特（Franz-Peter Burkard）
繪　　　者／阿克瑟・維斯（Axel Weiß）
譯　　　者／黃添盛
責 任 編 輯／李尚遠、賴芊曄

版　　　權／林心紅
行 銷 業 務／李衍逸、黃崇華
總 編 輯／楊如玉
總 經 理／彭之琬
發 行 人／何飛鵬
法 律 顧 問／台英國際商務法律事務所　羅明通律師
出　　　版／商周出版
　　　　　　城邦文化事業股份有限公司
　　　　　　台北市中山區民生東路二段141號9樓
　　　　　　電話：(02) 2500-7008 傳真：(02) 2500-7759
　　　　　　E-mail：bwp.service@cite.com.tw
發　　　行／英屬蓋曼群島商家庭傳媒股份有限公司城邦分公司
　　　　　　台北市中山區民生東路二段141號2樓
　　　　　　書虫客服服務專線：02-25007718・02-25007719
　　　　　　24小時傳真服務：02-25001990・02-25001991
　　　　　　服務時段：週一至週五09:30-12:00・13:30-17:00
　　　　　　郵撥帳號：19863813 戶名：書虫股份有限公司
　　　　　　讀者服務信箱 E-mail：service@readingclub.com.tw
　　　　　　歡迎光臨城邦讀書花園網址：www.cite.com.tw
香 港 發 行 所／城邦（香港）出版集團有限公司
　　　　　　香港灣仔駱克道193號東超商業中心1樓 E-mail：hkcite@biznetvigator.com
　　　　　　電話：(852) 25086231 傳真：(852) 25789337
馬 新 發 行 所／城邦（馬新）出版集團 Cité (M) Sdn. Bhd.
　　　　　　41,Jalan Radin Anum,Bandar Baru Sri Petaling,57000
　　　　　　Kuala Lumpur, Malaysia.
　　　　　　電話：(603)90578822 傳真：(603) 90576622 E-mail：cite@cite.com.my

封 面 設 計／黃聖文
排　　　版／極翔企業有限公司
印　　　刷／卡樂彩色製版印刷有限公司
總 經 銷／聯合發行股份有限公司
　　　　　　電話：(02) 29178022 傳真：(02) 29110053
　　　　　　地址：新北市231新店區寶橋路235巷6弄6號2樓

■2017年（民106）7月二版　　　　　　　　　　　Printed in Taiwan
■2022年（民111）3月8日初版6刷

定價 420元

中文版初版書名《dtv哲學百科》
本書為根據德文版2015年版本最新修訂之2017年中文版